普通高等教育“十二五”应用型本科规划教材

通用礼仪实训教程

主　编　谢瑶涵　金秀美

中国人民大学出版社
·北京·

图书在版编目（CIP）数据

通用礼仪实训教程/谢瑶函，金秀美主编. —北京：中国人民大学出版社，2015.8
普通高等教育“十二五”应用型本科规划教材
ISBN 978-7-300-21773-4

Ⅰ.①通… Ⅱ.①谢… ②金… Ⅲ.①礼仪-高等学校-教材 Ⅳ.①K891.26

中国版本图书馆 CIP 数据核字（2015）第 182035 号

普通高等教育“十二五”应用型本科规划教材
通用礼仪实训教程
主　编　谢瑶函　金秀美
Tongyong Liyi Shixun Jiaocheng

出版发行　中国人民大学出版社
社　　址　北京中关村大街 31 号　　　　**邮政编码**　100080
电　　话　010－62511242（总编室）　　010－62511770（质管部）
　　　　　　010－82501766（邮购部）　　010－62514148（门市部）
　　　　　　010－62515195（发行公司）　010－62515275（盗版举报）
网　　址　http://www.crup.com.cn
　　　　　　http://www.ttrnet.com(人大教研网)
经　　销　新华书店
印　　刷　北京昌联印刷有限公司
规　　格　185 mm×260 mm　16 开本　　**版　　次**　2015 年 8 月第 1 版
印　　张　16.75　　　　　　　　　　　**印　　次**　2015 年 10 月第 2 次印刷
字　　数　390 000　　　　　　　　　　**定　　价**　37.00 元

前　言

Preface

作为文明古国、礼仪之邦，从古至今，中国人民的生活就充满着礼仪规范与制度。礼仪作为中华民族的传统精神，绵延不息地传递着炎黄子孙的行为方式、风俗习惯和道德理念。古语有云："人无礼则不立，事无礼则不成，国无礼则不宁。"习近平总书记在主持中共中央政治局就培育和弘扬社会主义核心价值观、弘扬中华民族传统美德的集体学习时也曾指出："要建立和规范一些礼仪制度，组织开展形式多样的纪念庆典活动，传播主流价值，增强人们的认同感和归属感。"现代公民的礼仪素养成为构建和谐社会、实现社会"大同"、促进社会主义精神文明建设的重要力量。本教材内容涵盖国家工作人员在会议、外交、宴请，社会公民在生活、学习、工作等场合遇到的各种礼仪常识和规范问题，旨在普及礼仪知识，提升国民素质，扭转社会"文明缺失"现象，彰显国家的正能量。

我国从古代就有"仓廪实而知礼节"之说，马克思主义也有"经济基础决定上层建筑"的理论，这似乎意味着只要有足够的物质基础，把经济建设搞好，公民的精神文明问题、礼仪道德问题就可以迎刃而解了。诚然，没有充足的物质和经济基础，仅仅靠单纯的精神说教，是不可能提高公民的道德文明和礼仪文明修养的，但是即使保证了充足的物质基础和经济基础，公民也不一定就有较高的道德和礼仪文明修养。市场化的大潮，一方面促进了公民的精神文明和礼仪道德文明建设，另一方面也造成了物质化的趋势，刺激了"拜金主义"、"个人主义"的滋长，对精神文明和礼仪道德的建设产生了冲击，公共场合不遵守秩序、长幼易位、待人无礼、礼仪"物质化"的现象频频可见。

礼仪规范是实现"中国梦"的助推力，而中国梦的本质内涵是实现人民幸福、社会和谐、国家富强和民族复兴，具有中华民族在复兴中进一步演进的"文明特征"。学习礼仪文化、做有素养的公民，创造文明有序的社会环境，才能为中国梦的实现打下良好的基础。编写《通用礼仪实训教程》，目的在于实现礼仪知识的全民普及，促进和谐社会的建设和"中国梦"的实现。崇德尚礼是中华民族的优良传统，"中国梦"也包含了全民礼仪素养的提高。"不学礼，无以立"、"人而无礼，焉以为德"，古人不仅把礼仪作为道德规范的基础，更把学"礼"上升到加强人们道德修养的高度。

礼仪规范也是民族文化的重要组成部分，普及礼仪文化知识，将礼仪文化"符号化"。文化通过一套"标记符号"能够构造一种意识形态，对人类的生活进行深层次的"介入"、"引导"、"控制"、"约束"。文化是社会成员对政治统治一种宽泛的认同，而礼仪仪式则是文化诠释世界的方式之一。

礼仪活动可以为政治生活和社会生活注入活力。本教材中涉及的各种礼仪活动不仅是直接影响政治生活的形式资源，还通过象征性的符号渗透人民社会生活内部，影响人们的文化修养和价值观念，塑造形成人的思维和行为方式，彰显出国家对人民生活的主动介入和规训，社会主义核心价值观所体现的礼仪制度，是党和国家在新时期对人民政治生活、精神生活的重构，是党和国家整合政治资源、政治符号的基本措施，体现出党和国家对社会主义意识形态的坚守和发展。

《通用礼仪实训教程》具有覆盖面广、实用性强、创新性强的特点。

广义的“礼仪”等同于“礼”，它涵盖“礼”的全部内涵。包括典章制度的礼制，规范教化的礼教，乡土民俗的礼俗，伦理风范的礼节，法度容貌的礼容等。狭义的“礼仪”主要指人际交往中为维护正常社会秩序而形成的行为规范。《通用礼仪实训教程》的“礼仪”范畴，主要指的是狭义的礼仪。教材内容包括社会公民在生活、学习、工作中遇到的各种礼仪常识，如人际交往会面礼仪、职场礼仪、仪态礼仪、仪容礼仪、仪表服饰礼仪、餐饮礼仪、涉外礼仪等。大到国家外交行为，小至公民衣食住行，方方面面，均有涉及。

礼仪文明有特定的动作规范和语言规范，即使是道德修养很高的人，因为不知道这些动作和语言规范，也很可能会失礼于人前。本教材内容涵盖常见的礼仪原则、礼仪运用技巧及礼仪次序，详细讲解礼仪规范动作要领以及操作的具体步骤，辅以详细的示范图片作参考，具有很强的可操作性和实用性。全书行文简洁流畅、内容简明扼要，突出步骤和流程，读者可以一目了然，很快可以融会贯通，并运用于现实生活中。

我国传统礼仪资源十分丰富，具有鲜明的民族个性。本教材在继承优秀传统的基础上，突出了对礼仪方面的创新。在充分保持民族个性的基础上，将现代礼仪知识作为教材的主要内容。同时，在每一章前面配以古文引言，旨在使学生了解礼仪之缘起，感受礼仪之古韵，增强学生的民族自信心和自豪感，培养他们的爱国情怀，从情感、态度和价值观等方面教育和引导学生。此外，教材编写突破以往教材文字冗长、描述复杂等弊端，配以大量示范图片，鲜明直观；教材内容层次分明，知识点一目了然，在每一章节前面都配有案例导入、案例评析，增强了可读性与趣味性。不仅如此，本教材在内容中还特别添加了“小贴士”等文化链接，补充相关常识，开拓读者的视野，内容风趣，形式多样。

本书共分为七章，由谢瑶函、金秀美负责编写提纲和统稿、定稿。参与本书编撰的合作单位及撰稿人分别是成都文理学院蒋敏、吴亚男、周俊霞、张丽莉；四川师范大学商学院李妮；旅游学院刘婷；贵州财经大学旅游管理学院谢飞、李亚斌；成都理工大学王敏；成都大学杨阳；通灵珠宝股份有限公司刘蓉。

书中女模由成都文理学院航空学院学生杨诗琪、陈宇洁等担任，男模由胡云龙等担任，照片拍摄由成都文理学院宣传部负责，书中插图由余正奎负责。

由于作者个人见解及水平所限，编写尚有疏漏之处，恳请读者提出宝贵意见！

特别感谢成都文理学院领导，成都文理学院教务处、科研处、宣传处领导及老师们的大力支持。在书中图片拍摄过程中，明宇豪雅酒店也给予了热情支持和帮助，在此一并表示感谢！

谢瑶函

成都文理学院

2015 年 5 月 16 日

目 录

Content

礼仪绪论 …… 1

第一章 服饰礼仪 …… 7

第一节 服饰基本概述 …… 8

第二节 女士服饰礼仪 …… 12

第三节 男士服饰礼仪 …… 25

基础练习 …… 38

第二章 仪态礼仪 …… 39

第一节 站姿与坐姿规范 …… 40

第二节 走姿与蹲姿规范 …… 56

第三节 手势、表情礼仪 …… 63

基础练习 …… 81

第三章 仪容礼仪规范 …… 83

第一节 面部卫生与修饰 …… 84

第二节 发部修饰与造型 …… 87

第三节 肢体卫生与修饰 …… 92

第四节 化妆礼仪规范 …… 95

基础练习 …… 109

第四章 人际交往见面礼仪 …… 112

第一节 问候礼仪 …… 113

第二节 称呼礼仪 …… 116

第三节 介绍礼仪 …… 120

第四节 握手礼仪 …… 127

第五节 常见的其他会面礼节 …… 131

第六节 名片礼仪 …… 144

基础练习 …… 149

第五章　职场礼仪 …… 151
第一节　办公室礼仪 …… 152
第二节　通信礼仪 …… 160
第三节　面试礼仪 …… 170
基础练习 …… 178

第六章　餐饮礼仪 …… 180
第一节　宴会礼仪 …… 181
第二节　中餐礼仪 …… 186
第三节　西餐礼仪 …… 199
第四节　酒水礼仪 …… 213
第五节　饮茶礼仪 …… 222
第六节　咖啡礼仪 …… 228
基础练习 …… 233

第七章　涉外礼仪常识 …… 234
第一节　接待准备 …… 235
第二节　迎送宾客 …… 237
第三节　会见与会谈 …… 243
第四节　礼宾仪式礼仪 …… 251
第五节　礼宾次序与国旗升挂 …… 255
基础练习 …… 260

本书主要参考文献 …… 261

礼仪绪论

引言：古人云："人无礼则不立，事无礼则不成，国无礼则不宁。"（《荀子》）

释义：人没有礼仪就不能立足社会，做事没有礼仪就不能成功，治国没有礼仪国家就不能安宁。

中国是礼仪之邦，中国古代文化是礼乐文化。从周代开始，礼乐文明就成为中华文明的主要特征。"禹、汤、文、武、成王、周公，此六君子者，未有不谨于礼者也，以著其义，以考其信，著有过，刑仁讲让，示民有常。"礼作为一种客观的社会现象和既成的社会意识，早在禹、汤之际就已经出现，并成为调节人际关系的有力工具、约束民众行为的重要规范。先秦典籍《左传》曾多次提到，华夏族之所以区别于其他族类是因其拥有"礼义"。唐代学者孔颖达在解释《左传》时指出："中国有礼义之大，故称夏；有服章之美，谓之华，华、夏一也。"

礼既是人类文明的产物，是人类区别于动物的标志，它存在于各民族之中，并成为野蛮与文明的分界线，《礼记·冠义》："凡人之所以为人者，礼义也。"古代理学家认为礼义是人的本质，是人区别禽兽、脱离自然状态的根本标志。礼又是儒家文化体系的总称，是维护社会秩序的思想意识、制度规则，是约束社会成员、协调人际关系的社会规范与准则。人类社会是群体社会，人们生活在一起，就必须建立必要的秩序。没有秩序的社会，就像一盘散沙、一群乌合之众，不仅缺乏凝聚力和向心力，而且是混乱的、动荡的、没有希望的。在中国，伴随着华夏文明而产生的礼是通向有序社会的规范和准则。讲"礼"重"仪"是我们的民族世代沿袭的传统，源远流长的礼仪文化是先人留给后人的一笔宝贵财富。中国上下五千年的渊源历史，形成了博大广袤的灿烂文化，培养了高尚的道德，形成了一整套完善的礼仪，为人类的文明进步作出卓越的贡献。

一、礼仪的含义

礼仪，最早是"礼"和"仪"分开使用的。《辞海》注释道："礼，本指敬神，引申为表示敬意的统称。"《说文解字》注释道："仪，度也。"本义为法度准则、典范的意思，后引申为礼节、仪式和仪表。古籍对"礼"的解释有三层意思：一是等级制度以及与其相适应的礼节；二是尊敬和礼貌；三是礼物。"仪"在古语中也有三层意思：一是指容貌和外表；二是指礼节和仪式；三是指准则和法度。"礼仪"合并的一词出自《诗经》："为宾为客，献酬交错，礼仪卒度。”意为宴会上宾客们相继举杯，其言谈举止都十分讲究得体。《诗经》和《周礼》中，“礼仪”被当作典章制度、法则规范、道德教化来使用。时至今日，礼仪泛指人们在社会交往中形成并共同遵守的行为规范和准则，具体表现为礼节、礼貌、仪式等内容。

“礼节”一词，出自于《荀子·非十二子》：“遇友则修礼节辞让之义。”礼节是人们日常生活，特别是交际场合中，逐渐形成的约定俗成的和惯用的各种行为规范之和，反映了对人对己的尊重，是人们心灵美的外在化。如中国古代的作揖礼、跪拜礼、拱手礼、道万福礼，当今世界同行的握手礼、鞠躬礼、介绍礼、脱帽礼等，表示致意、问候、祝愿等惯用形式。

“礼貌”一词，出自《孟子·告天下》：“迎之致敬以有礼，则就之，礼貌衰，则去之。”礼貌是指人们在交往过程中表示敬重、友好的规范行为。礼貌包含行为礼貌和语言礼貌，即一个人在待人接物时的仪表、言谈举止。讲究礼貌要求人们在社会交往中要严于律己、宽厚待人、热情友好、和善温馨。

仪式是礼的具体过程或程序，即为表示敬意或隆重而在一定场合举行的、具有专门程序的规范化的活动，如常见的仪式有结婚仪式、安葬仪式、凭吊仪式、开业仪式、开幕闭幕仪式、欢迎仪式、升旗仪式、颁奖仪式、宣誓就职仪式、签字仪式、剪彩仪式、奠基仪式、交接仪式等。仪式带有程序化的特点，有些是地方约定俗成的，现在已越来越简化，但有些仪式的程序是不可省略的，否则就是非礼。

礼仪与礼节、礼貌、仪式三者相互关联、密不可分。礼节，与礼貌相比处于“表层”，是人尊重他人这种内在品质的外在表现形式；礼貌是礼仪的基础和具体要求，是谦恭友好的言行规范；仪式是为表敬意而举行的，由诸多礼节和礼貌构成的完整过程。所以，礼仪是由一系列具体的礼节、礼貌、仪式所构成。

二、中国礼仪的起源与发展

礼仪起源于原始社会中晚期人类最原始的两大信仰：天地信仰和祖先信仰。古代先民为了表达对各种神灵和祖先的崇拜，举行各种祭祀天地神明、保佑风调雨顺、祈祷祖先显灵、拜求降福免灾的敬神拜祖仪式，期望虔诚能感化神灵和祖先，从而得到力量和保护。因此，礼，主要用于供神、祭祀，以示对天地神灵、祖先等的敬意。

我国的礼仪形成于奴隶社会。夏、商、周统治阶级为了维护本阶级的利益，巩固自身的统治地位，制定了比较完整的国家礼仪与制度，如“五礼”（吉礼、凶礼、军礼、宾礼、嘉礼）。《礼记·经解》：“朝觐之礼，所以明臣子之恩也。”礼仪成为维护统治阶级尊严和权威、调整统治阶级内部关系、统治人民的工具，把原始宗教礼仪发展为符合奴隶社会政治需要的礼制。《周礼》——中国最早的描述国家典章的礼仪论著，它的出现标志着礼仪内涵从单纯祭祀天地鬼神、祖先跨入了全面制约人们行为的领域。

礼仪变革于春秋时期。春秋战国时期是我国从奴隶社会向封建社会转型时期，礼仪发展到极盛而致“礼崩乐坏”，涌现出孔子、孟子、荀子为代表的儒家学者，他们对礼仪的起源、本质和功能进行了系统阐述。孔子提出“不学礼，无以立”、“非礼勿视、非礼勿听、非礼勿言、非礼勿动”。倡导“仁者爱人”，强调人与人要相互关心、彼此尊重，主张“和”——和为贵、仁而爱人，“让”——谦虚忍让，“序”——贵贱有等、亲疏有体、长幼有序，删《诗》、《书》，定《礼》、《乐》，编《仪礼》，后人将《仪礼》与前述的

《周礼》、孔门后学编的《礼记》，合称“三礼”，是中国古代最早、最重要的礼仪著作。孟子将“礼治”发展为“仁政”，主张“以德服人”，“恭敬之心，礼也”，将“礼”看作是人善性的发端。荀子将“礼”看作人生哲学思想的核心，认为“礼”是做人的根本目的和最高理想，提出“礼者，人道之极也”。管仲将“礼”看作人生的指导思想和维持国家的第一支柱，“礼”关系到国家存亡，提出“礼义廉耻，国之四维，四维不张，国乃灭”。

礼仪在秦以后逐渐强化。秦汉到清末时期，不同朝代礼仪文化有不同特征，但都有共性，即尊君抑臣、尊夫抑子，作为封建统治阶级维护封建社会等级秩序的工具，在一定程度上压抑人性。西汉董仲舒将儒家礼仪程序及礼仪道德归纳为“三纲五常”，即“君为臣纲、父为子纲、夫为妻纲”和“仁、义、礼、智、信”，成为封建社会礼仪、伦理道德的准则。汉代，孔门后学编撰的《礼记》问世，堪称上承远古奴隶社会、下启封建社会的礼仪汇集，是封建时代礼仪的主要源泉。唐代，《礼记》上升为“礼经”；宋代，礼仪注入了理学思想，从“三纲”发展到“五伦”，通过深化亲孝思想达到“移孝于君”的政治目的，“家礼”的发展极盛，如“三从四德”；明代，交友之礼更加完善，忠、孝、节、义等礼仪日趋繁多；清代，沿用汉族礼仪，但使其更为复杂，导致一些礼仪显得虚浮、繁琐，如一跪三叩、三跪九叩。

礼仪衰于清代后期而“新生”。清王朝政权腐败，民不聊生，随着西方列强的入侵，一些西方礼仪传入中国，古代礼仪盛极而衰，现代礼仪逐渐形成。辛亥革命结束了中国漫长的封建社会，推翻封建制度的同时，也遗弃了“君权神授”、“三纲五常”、“愚忠愚孝”、“三从四德”等封建教化，新的符合现代文明的礼仪逐步建立起来，变封建制度为人人平等，用法律形式来规定并保证了人人平等的尊严、人格和权力，废除了“刑不上大夫，礼不下庶人”的陋俗。与此同时，现代礼仪也是对文明的继承与超越，尊老爱幼、讲究信义、以诚待人、先人后己、礼尚往来、鞠躬抱拳礼等中国传统礼仪中的精华，得到继承发扬，同时接受了人类世界一切文明之果，尊重各地区、各民族的风俗习惯、宗教信仰，这是礼仪文明和人民素养不断进步的表现，礼仪也发展得更加文明、高雅。

小贴士：繁琐的跪拜叩头礼

2 500 年前的春秋战国时期，统治阶级就规定了人际间相互致敬的最佳方式——跪拜、叩头，并根据动作和内容划分了九类：稽首、顿首、空首、振动、吉拜、凶拜、奇拜、褒拜、肃拜，称之为“九拜”。前四种为正拜，即常用的拜礼，后五种依附于四种正拜。稽首，是臣子对君父的拜礼，叩头至地停留一段时间，是九拜中最重的一种；顿首，平辈之间的拜礼，叩头至地立刻抬起，触地时间短，故名顿首。空首，君对臣的致意礼，身体先取跪姿，然后拱手至地，接着引头至手。九拜中最轻是肃拜，是古代的军礼，因军人身着甲胄不能跪坐，便俯身拱手向下示意，这也是后来作揖礼的前身。从这些跪拜礼仪中，不难看出中国古代礼仪的繁琐与森严。

三、礼仪的特征

（一）普遍性

在人类历史上，礼仪始终渗透其中。凡是有人类生活的地方，都有各式各样的礼仪规范，尽管具体内容和表现形式不同，但礼仪这种行为准则是普遍存在的。礼仪是一个社会群体约定俗成、共同认可且普遍遵守的准则，在现代社会中，大到国家庆典，小到日常交际应酬、会面问候、家庭宴请等，无处不渗透着礼仪规范，需要人们共同、普遍地认可与遵守。除了某一地区的礼仪在该地区具有普遍性外，全世界都通用的问候语“您好！再见”，无不反映了礼仪不受地域限制，全面覆盖人类社会的绝对的普遍性。

（二）继承性

在礼仪发展的源流中，礼仪文化的发展是一个扬弃的过程，一个剔除糟粕、继承精华的过程。中国礼仪的发展离不开对历史的借鉴与传承，《周礼》《仪礼》《礼记》“三礼”作为中国礼仪规范的渊源，经过西汉董仲舒“罢黜百家、独尊儒术”、南宋朱熹的天理人欲论的发展，逐渐形成完整的文化系统，成为规范社会成员的礼仪行为准则。反映劳动人民精神风貌、道德水平和气质修养的礼仪文化得到了肯定与继承，如“温良恭俭让”、“尊老爱幼”，而代表剥削阶级帝王将相“君权至上”的统治规则则被屏弃，如三叩九拜、三纲五常。礼仪的继承除了针对本国历史文化外，还会随着时代要求吸收、继承外来文化中优秀的部分，如替代中国古代磕头跪拜、抱拳作揖的西方握手礼，以及日本民族表示尊重的鞠躬礼，无不体现着礼仪的继承性。

（三）差异性

由于继承性源于区域群体的认可，故必然存在着地域不同而造成的差异性。在人类共同的历史发展中，由于种种原因，造成不同社会、不同民族、不同地区发展的不平衡，使得不同人群的交往习惯、礼仪规范迥然而异。“十里不同风，百里不同俗”，例如，见面问候时，有的点头致意，有的脱帽，有的拥抱亲吻，有的双手合十，更多的是握手。这些礼仪形式的不同都由地方不同的文化决定的。

礼仪除了地域差异外，还存在等级差别。对不同身份、不同等级的对象施以不同的礼仪，这是沿袭至今的礼仪规则，如宴会根据招待对象的身份地位不同，选择不同档次、规格的标准，或是对长辈的问候可以是叩拜，而平辈之间却是平等的。

（四）相对稳定性

礼仪通过继承融合，内容不断扩大，但人们在遵循礼仪规则时，仍保持有相对的稳定性，不会因为接触外来文化的影响，而抛弃传统礼仪规则，如年轻人接受了西方婚礼中必不可少的白婚纱后，新娘还要换上一身红色的礼服，中国民俗“红色”是吉利的象征，喜事必穿戴红色这种礼仪规则仍稳定地被继承下来。礼仪文化摆脱不了民族传统的影响，礼仪在不断丰富的过程中会有些变化，但民族文化的稳定性、习俗的保守性必然会制约礼仪文化，使得礼仪在稳定的继承中发展。

（五）时代发展性

礼仪属于文化范畴，文化具有时代性，礼仪同样如此。礼仪的表现形式带有明显的时代特征，如辛亥革命推翻封建王朝，一些封建社会的礼仪规则则同样被推翻、被取代，压抑人性、不平等的跪拜、叩头在提倡自由平等时代，自然遭到唾弃，取而代之是象征平等友善尊敬的握手礼，又如，1912 年 3 月《时报》记载："清朝灭，总统成，皇帝灭……新礼服兴，翎顶补服灭，剪发兴，辫子灭，爱国帽兴，瓜皮帽灭，放足兴，菱鞋灭，鞠躬礼兴，跪拜礼灭，卡片兴，大名刺灭……"礼仪文化是一个时代的写照，但不是永远定格于某个时代。时代不断前进，礼仪文化也不断得到发展与更新。一方面随着时代、地域和对象的不同而变化，另一方面随着外交范围的扩大，国界阻碍的减少，使得我国礼仪在继承传统优秀文化的基础上增添了许多新鲜的内容。如现在常见的网络贺卡、电子请帖等，虽然形式随着经济技术的发展而与以往不同，但祝贺、恭请的内涵是一脉相承的。

（六）操作性

礼仪规范以人为本，重在实践，人人可学，习之易行，行之有效。"礼者，敬人也。"待人之敬意，应当如何表现，都有切实可行、行之有效的具体操作办法。礼仪既有总体上的原则、规范，又有具体的细节上的一系列的方式、方法，仔细周详地对原则、规范加以贯彻。礼仪的操作性说明礼仪的行为是互动的，在一方施礼的情况下，另一方则作出相应的反应，表现出双方是相互尊重有礼貌的，否则即被视为失礼。正所谓"礼尚往来，往而不来，非礼也；来而不往，亦非礼也"。

四、礼仪的原则

（一）遵守原则

《左传》："礼，国之干也；敬，礼之舆也。不敬，则礼不行；礼不行，则上下昏，何以长世？"礼仪是因人们共同认可，为维护社会生活稳定而存在和发展的。它客观上反映着人们的共同利益，需要每个成员去遵守实行，不仅要求别人遵守，自己也不例外，否则就会受到公众指责。礼仪是一种行为规范或行为模式，见面不自觉地伸手行"握手礼"，临走时下意识地说声"再见"，这种自觉遵守的行为才会让你觉得合适与正确，正如托马斯·福特说过："谦恭有礼，人人欢迎。"

（二）尊重原则

《礼记》："夫礼者，自卑而尊人。"孔子也曾高度概括了礼仪的核心，即"礼者，敬人也"。"敬"是一种庄重严肃的心理，是对待人际关系和社会关系的一种认真诚实的态度，折射的是行礼者内心的真实情感。礼仪所谓尊重原则，要求人们在交际中，既要自尊自爱，也要与交往对象互谦互让，友好相待，和睦相处，将对交往对象的重视、恭敬、友好放在第一位。

自尊是对自身的态度，一个人只有尊重自己，自强不息，修身养性，保持自己的人格和尊严，才能赢得他人的尊重；尊人是礼仪的核心，是对他人的一种态度，这种态度要求承认和重视他人的人格、感情、爱好、事业、家庭、习惯以及所享有的权力和利益等。敬人之心当长存，处处不可失敬于人，如进入别人房屋要敲门，家里来客要起立招呼，上茶要双手奉上等，"恭敬之心，礼也"，掌握了尊重原则，等于掌握了礼仪的灵魂。

恭敬是美好品德的集中表现，随时随地能保持待人接物的恭敬态度，是衡量一个人礼仪素养、道德品行的最高原则。恭敬的心态不因交际对象而异，也必须是发自内心的真诚情感，若仅仅是装模作样、流于礼仪形式，则不算恭敬。《论语·为政》："今之孝者，是谓能养。至于犬马，皆能有养。不敬，何以别乎？"孝必须以"敬"为原则，不能像喂养犬马那样仅仅是供给父母饮食。

（三）自律原则

"己所不欲，勿施于人"，礼仪的最高境界则是自律，即在没有任何要求与监管下，仍能自觉按照礼仪规范来约束自己的行为。礼仪的学习，不仅能使我们掌握更多礼仪知识，同时还能使我们心中树立起一种道德信念和行为修养。这是礼仪潜移默化地改变我们、影响我们，使我们不断深化对人际关系的认识，不断提高自我约束、自我克制的能力。

（四）适度、平等原则

《礼记·郊特牲》云："礼之所尊，尊其义也。失其义，陈其数，祝史之事也。"义指礼的精神实质、思想内涵，数指仪式的陈设规模、程序行为。"义者，宜也。"指恰当、适度、相称。适度即交往应把握分寸，根据具体情况、具体情境而行使相应的礼仪，注意交往距离，控制感情尺度。不能认为无论在哪里，都是"礼多人不怪，无礼或欠礼人才怪"，不可因敬人而表现得唯唯诺诺、或阿谀奉承，既要彬彬有礼，又不能低三下四；既要热情大方，又不能轻浮；既要老练持重，但又不能世故圆滑。

平等是人与人交往时建立情感的基础，是保持良好人际关系的诀窍。在尊重交往对象时，不可表现得区别对待、厚此薄彼，不可因交往对象之间的地位、身份、亲疏等不同，就给予不同待遇，切忌以貌取人，或以职业、地位、权势压人，而应时刻平等谦虚的待人。

（五）宽容原则

"惟宽可以容人，惟厚可以载物。"人们在交往中，既要严于律己，又要宽以待人。宽容就是心胸宽广，"海纳百川，有容乃大"，能原谅别人过失，这是一种礼仪素养。宋代宰相吕端也有句名言："水至清则无鱼，人至察则无徒。"没有原则性错误，出现小的过失都可以一笑了之，没有必要斤斤计较。宽容是一种非凡的气度，是对人对事的包容和接纳；宽容是仁爱的光芒，是对别人的释怀，也是对自己的善待；宽容是理解的桥梁，真诚是它的基石；宽容是芬芳的花朵，友谊是它的果实。因此，礼仪以宽容为要，实际上也是尊重对方的一个主要表现。

（六）真诚原则

《礼记·利器》："先王之立礼也，有本有文。忠信，礼之本也；义理，礼之文也。无本不立，无文不行。""礼"作为人际交往中的基本行为规范，在践履的过程中，不仅要有尊敬的情感，而且要有诚信的品德。诚信是道德的基石，是实现"礼"的前提。礼仪所讲的真诚原则，就是要求在人际交往中运用礼仪，务必待人以诚，诚心诚意，诚实无欺，言行一致，表里如一。只有如此，自己在运用礼仪时所表达的对交往对象的尊敬和友善，才会更好地被对方所理解、接受。倘若仅把礼仪作为一种道具和伪装，在具体操作礼仪规范时口是心非，言行不一，弄虚作假，投机取巧；或是当时一个样，事后另一个样；人前一个样，人后另一个样；有求于人时一个样，被人所求时另一个样。则是有悖礼仪的基本宗旨。礼仪不等同于"厚黑学"，务必真诚敬人。

第一章　服饰礼仪

【知识目标】

1. 了解服饰礼仪基本知识。
2. 懂得服饰礼仪的含义和基本功能。
3. 了解服饰礼仪形象策划原则。
4. 把握中外交往过程中的着装要求及禁忌。

【能力目标】

1. 能够根据 TPO 原则，得体而应景地选择适合自己的服饰。
2. 掌握男士西服着装规范和女士套裙着装规范。
3. 掌握有关服饰面料、款式、色彩的选择与职业特征、肤色、体型合理的搭配技巧。

【案例导入】

我国元朝，有一个名叫胡石塘的文人进京赶考。此人满腹经纶、才超群儒，但有一个最大的缺点就是不修边幅，经常衣冠不整，别人提醒他，他也满不在乎。在元世祖忽必烈召见他时，他所戴的帽子还像平常一样歪斜着。元世祖就问他都学了些什么？胡生答道："修身、治国、平天下之学。"元世祖笑着说："自己的一顶帽子都戴不端正，还能平天下吗？"胡生汗颜，从此回家教书，第一课即教学生注重仪容仪表："衣贵洁，不贵华，冠必正，纽必结。袜必履，俱紧切。"

【案例评析】

古人说，衣着是内心世界的展现，穿戴要与内心的品行相称。君子的服装不求华美，但求整洁。三国时期曹操也曾说："君子整其衣冠，尊其瞻视，何必蓬头垢面然后为贤？"意思是说，即使是谦谦君子，也要使其衣冠整齐，使与瞻视有关的内容看上去令他人感到受尊敬。良好的礼仪风范，出众的形象风采，是我们自尊尊人之本，更是我们立足、立业之源。保持良好的仪表，不仅能赢得他人的信赖，给人留下良好的印象，而且还能提高与人交往的能力。

引言：古人说："冠者，礼之始也。"在正式场合，不仅要"冠正"，而且服饰要做到"三紧"，就是帽带、腰带、鞋带三者都要扎紧，这样，人的精神状态才会显得振作，才能表现出对人、对事的郑重。反之，就显得懒散，漫不经心。衣冠不整，通常被认为是不尊重自己，也不尊重别人。

释义：礼是从端正容貌和服饰开始的。一个有良好修养的人，一定是体态端正、服饰整洁、表情庄敬、言辞得体。这既是他内在修养的流露，也是尊敬他人的表现。

我国是一个文明古国，自古以来服饰文化源远流长。汉族先民古称华夏族，以汉族为主体的中国遂称华夏。《尚书·武成》疏曰："夏，大也，故大国曰夏，华夏谓中国也。"《左传·定公十四年》疏曰："中国有礼仪之大，故称夏；有服章之美，谓之华。"正因为如此，"华夏"中国就是一个衣冠文明的先导大国，历朝历代的服饰文化曾全面地展示了那个时期所达到的文明高度。

第一节　服饰基本概述

服饰是服装和佩饰的总称，是人的外在表象，由服装本体及其延伸饰物所构成。延伸物包括首饰、帽子、发夹、围巾、腰带、领带、提包、胸花、鞋子、眼镜、手套、手表等等。服饰，是一种文化，是一种文明。它可以反映一个民族的文化素养、精神面貌和物质文明的发展程度；服饰又是一种语言，在一定程度上反映了一个人的社会地位、爱好、个性、文化素质和审美品位，是一种特殊的"身份证"。因此，我们必须注重服饰，使之与自己所扮演的社交角色和所从事的社会活动相符，与所在企业的整体形象相协调。

一、服饰礼仪的基本原则

中国古代对服饰穿着不端庄者称"服妖"。《汉书·五行志》（中之上）："风俗狂慢，变节易度，则为剽轻奇怪之服，故有服妖。"《后汉书·五行志一》："桓帝元嘉中，京都妇女作愁眉啼妆，堕马髻，折要（腰）步，龋齿笑……始自大将军梁冀家所为，京都翕然，诸夏皆放（仿）效，此近服妖也。"可见，中国传统观念上，对服饰美要求端庄有度，这是人们修养的标志。

随着国际的交流日益加深，服饰逐渐向国际化、多样化、个性化方向发展。然而整洁、大方、典雅、和谐永远是着装的追求目标，着装要与自己的年龄、职业相称，与周围的环境相协调。

（一）TPO 原则

"TPO 原则"的概念是由日本男装协会于 1963 年提出来的，之后便成为世界服装界所公认的着装"TPO"审美原则。TPO 是英文 Time、Place、Object 三个词首字母的缩写。T 代表时间、季节、时令、时代；P 代表地点、场合、职位；O 代表目的、对象。着装的 TPO 原则是世界通行的着装打扮的最基本的原则，是目前国际上公认的衣着标准。

服饰的品位与时尚，跟品牌无关，跟流行无关，跟金钱无关。所谓得体的服饰，是契合年龄、季节、地点、场合的服装；是考虑他人感受，尊重对方，整体上让对方觉得舒服悦目的服装。也就是说，是遵循礼仪之道的服装。

（二）整体性原则

得体的着装，能起到修饰形体、容貌等作用，形成和谐的整体美。服饰的整体美构成，包括人的形体、内在气质和服饰的款式、色彩、质地、工艺及着装环境等。服饰美就是从这多种因素的和谐统一中显现出来。正如培根所说："美不在部分而在整体。"孤立地看一个事物的各个部分可能不美，但就整体看却可能显得很美。

着装整体美是由服饰的内在美与外在美构成的。外在美指人的形体及服饰的外在表现；内在美指人的内在精神、气质、修养及服装本身所具有的"气韵"。

（三）个性化原则

着装的个性化原则，主要指依个人的性格、年龄、身材、爱好、职业等要素着装，力求反映一个人的个性。选择服饰因人而异，着重点在于展示所长，遮掩所短，显现独特的个性魅力和最佳风貌。现代人的服饰呈现越来越强的表现个性的趋势。

各式服饰有自己的风格和内涵，理解服饰应如同理解自身一样，就能找到适合自己穿的衣服。只有个性化的着装，才能与自己的个性和谐一致，才能烘托个性，展示个性，保持自我以区别于他人。只有当服饰与个性协调时，才能更好地发挥其效应，塑造出自己的最佳形象和礼仪风貌。

（四）整洁原则

在任何情况下，服饰都应该是整洁的。衣服不能沾有污渍，不能有绽线的地方，更不能有破洞，扣子等配件应齐全。衣领和袖口处尤其要注意整洁。

服饰并非一定要高档华贵，但必须保持清洁，熨烫平整，穿起来也就大方得体，显得精神焕发。整洁并不完全是为了自己，更是尊重他人的需要。这是良好仪表的第一要素。

（五）内外有别原则

俗语说："十里认人，百里认衣。"不同地方有不同的服饰原则，比如说在有些国家，尤其是亚洲地区，进入别人家、寺庙或者清真寺时，必须脱鞋。因此，请注意你的袜子是否干净，是否有破洞或出现抽丝。在阿拉伯或热带国家，因为气候炎热，在工作场所男士可以不穿外套，不系领带。而在泰国，人们平时多穿衬衫、长裤与裙子。只有在商务交往中，才会穿深色的套装或裙装。但在公共场合，尤其是在参观王宫、佛寺时，穿背心、短裤、和超短裙是被禁止的。在国外，正式餐厅，则不论男女应该着正式服装，有些高级场所，还有男士不打领带不得入内的规定，最好事先问清楚，以免被拒绝在门外。

真正做到尊重交往对象，首先就必须尊重对方所独有的风俗习惯。在前往其他国家或地区进行工作、学习、参观、访问、旅游的时候，尤其要对当地所特有的风俗习惯，加以认真的了解和尊重。做不到这一点，对于交往对象的尊重、友好和敬意，就好似敷衍了事，无从谈起。

总之，世界上没有不得体的衣服，只有不得体的人在不恰当的时候穿了不恰当的衣服。在任何特殊场合，如果你能够事先弄明白着装的基本原则，就能首先在外在印象上占得先机，胜人一筹。

二、不同场合服饰的款式要求

在"TPO"原则的指引下，面对不同的场合应着不同的服装。一般会面临的场合有正式场合和休闲场合，正式场合又可以分为公务场合与社交场合两大类。

公务场合，主要是指在工作单位上班办公的场合。在这一场合，正统、庄重、保守是着装的基本要求。在公务场合的着装最为标准的，是以深色毛料为主的套装、套裙、套服或制服。具体而言，男士最好是身着藏蓝色、灰色的西装套装或中山装，内穿白色衬衫，脚穿深色袜子、黑色皮鞋。穿西装套装时，务必要戴领带。女士最佳的衣着是，身着单一色彩的西服套裙，内穿白色衬衫，脚穿肉色长丝袜和黑色高跟皮鞋。有时，穿着单一色彩的连衣裙亦可。不符合在公务场合穿着的服装款式有：牛仔装、运动装、沙滩装、文化衫、家居装等等。

社交场合，广义上指的是一切人际交往场合。从狭义上讲，它指的则是在工作之余进行应酬活动的场合。比如，在工作之余经常有拜访亲朋好友、应邀赴宴、出席舞会、观看演出等业余活动，都属于典型的社交活动。在社交场合里，着装的基本要求是时尚、典雅和个性。一些不宜在公务场合穿着的服装，例如，礼服、民族服装等，改在社交场合穿着，则显得适得其所。如在需要穿礼服的场合，男士应穿着黑色的中山套装或西装套装，女士则穿单色的旗袍或下摆长于膝部的连衣裙。其中，尤其以黑色中山套装和单色旗袍最具有中国特色，并且应用最为广泛。而不适合在社交场合穿着的服装款式有制服、工作服、牛仔装、运动装、沙滩装、家居装等。

休闲场合，一般是指人们在公务活动之外用于个人休息的场合，以及在公共场所里与不相识者共处的场合。如居家生活、健身运动、浏览观光、商场购物等。休闲场合对着装没有正式场合规范、严格，人们可以根据自己的着装爱好和舒适感进行选择，充分展示自己的个性特点。休闲场合对于服装款式的基本要求是：舒适、方便、自然。过于正式，既没必要，也与所处的具体环境不符。而符合这一要求，适用于休闲场合的服装款式为：家居装、牛仔裤、运动装、沙滩装等等。不适合在休闲场合穿着的服装款式则有：制服、套裙、套装、工作服、礼服、时装等。

三、服饰礼仪的禁忌

服饰体现所处单位的形象和个人形象，要求着装要符合本国的道德传统和常规做法，忌穿过露、过透、过短和过紧的服装。身体部位的过分暴露，不但有失自己身份，而且也失敬于人，使他人感到多有不便。因此，每个人都必须对着装礼仪禁忌有所了解和掌握，否则，不分场合地乱穿衣，会给工作带来不必要的麻烦。

（一）忌脏

服饰要做到无异味、无异物、无异色、无异迹，若衣服上汗臭扑鼻，或是遍布油垢、墨水，这都会留给他人不讲卫生、邋里邋遢的职业形象。这样的人即使满腹经纶，也不会留给他人良好的印象。正如丹麦有句谚语："服装整洁，胜过言语奇巧。"所以服装的清洁与否，一定要时刻留意。一旦发觉它弄脏了，就应当马上进行换洗。这是每个人用以维护自我形象的自觉而主动的行为。此外，与之配套的内衣、衬衫和鞋袜也应定期进行换洗，最好能做到"一天一换"。

（二）忌破

衣服穿久了，会自然地产生"老化"，例如开线、磨毛、磨破等，发现衣服有了这些损坏可以采取一些必要的补救措施，如开线，纽扣丢失可以经过认真修补后继续穿着。但如果已有破洞经修补后痕迹明显者，则不宜再度在正式场合穿着。此外不能用贴胶布或别针等不规范的方式进行修补，虽然要崇尚节俭，但也不能衣衫褴褛，破坏现场气氛。

（三）忌乱

着装时要注意遵守规范，不能自行其是，随便乱穿。比如说，穿中山装不系领扣，穿西装不打领带，衬衫下摆不束起来，穿西裤挽起裤腿，穿衬衫敞胸露怀，穿裙子袜子口露在衣裙外，用白袜子配黑皮鞋，这些都不符合着装的整体和谐。

（四）忌透

着装时不能选择面料太透的服饰，里面穿的内衣、内裤若隐若现，这是非常不雅观的。即使是对着装比较开放的西欧人也是笑透不笑露的，即认为在社交场合中穿露一些是可以接受的，但穿透了就是太欠文雅。尤其是女式在选择质薄面料的衣服时，应配以同色的胸衣或衬裙，才能显得庄重得体，同时也符合自身的形象。

（五）忌露

着装时要体现自身综合素质，维护职业形象。尤其是夏天，一些女士不太注重自己的身份，穿着颇为性感，这样反而会使这些女士的能力和智慧被埋没，甚至会被看成轻浮。因此，再热的天气也要注意自身仪表的整洁大方，切记着装不能露出胸部、肩部、背部、臀部、肚脐、腋毛、腿毛等。在公众场合，女士不穿超短裙、超短裤、吊带衫，男士不穿背心、短裤。

（六）忌皱

着装时要保持衣服的外观完好，不能皱皱巴巴。为了防止服装产生褶皱，要采取一些必要的措施。例如，脱下来的制服应当挂好或叠好，切勿随手乱扔。洗涤后的衣服应加以熨烫，挂好。要在思想上认识到，再高档的衣服如果褶痕遍布也只会给人留下低档的感觉。

（七）忌怪

有的年轻人喜欢追求个性、时尚，在选择服装时过分地赶时髦、求新求奇，比如衣服上印有怪异的、不文明的英文字母或图案；或者穿着过分随意散漫，例如，上身随便穿一件T恤或吊带衫，而下面配上一条泛白的破烂不堪的牛仔裤；还有过分可爱类的服装，如中年人身着俏皮可爱的款式，容易给人以不稳重的感觉等。

正如美国心理学家彼得·罗福所说：“一个人的服装并不只是表露他的情感，而且还显示着他的智慧。一个人的衣着习惯，往往透露出他的人生哲学和价值观。”伟大的剧作家莎士比亚则进一步强调：“服装往往可以表现人格。”因此，一个人能否成功，关键在于他的心态，成功人士都有一种积极的心态。而仪表正是积极心态的外在表现，正式的、得体的、优雅的仪表能够增加人的自信以及乐观进取的心态。所以，在着装方面必须更具道德魅力、审美魅力、知识魅力以及行为规范的魅力，使服装在无形中为协调人际关系、提高工作效率、增加职位升迁机会等方面起到良好的作用。

第二节　女士服饰礼仪

【案例导入】

吊带衫、露背装、紧身裤这类性感的衣服，浙江档案系统的女公务员在上班时不允许再穿了。今日，该省档案局颁布全系统《女公务员办公礼仪规范》，在着装、语言、交往、行为四方面对女公务员提出了要求。据悉，制订专门针对女公务员的礼仪规范，在全国还是首次。

规范把“服饰美”摆在第一条，要求女公务员的“办公服装应合乎身份，庄重得体、朴素大方，忌过于前卫招摇。在一定程度上体现自身修养与素质”。同时规定，在工作中及正式场合，着装不应过于单薄紧身，内衣不应外露，佩戴的饰物以少为好。除了服饰，《规范》还在语言、交往、行为方面对女公务员提出要求。

【案例评析】

穿衣有三层境界：和谐、美感和个性，而舒适与和谐、美感息息相关。衣着是社会的产物，但也必将受到社会规范的约束。随着人们生活水平的不断提高，人们对服装的追求再也不是简单地以保暖为目的了，现代社会普遍要求职业女性着装要正式、端庄、典雅、大方，所以着装也成了职业女性极其重视的一个问题。“云想衣裳花想容”，每个女性都希望自己能够穿着漂亮，但是，在政界、商界和学术界等领域，女性打扮过于时髦并不吃香。太过花哨的服饰，会掩饰女性本身的素质和内涵，使女性的工作能力和作风遭到怀疑。于是，如何得体、适度地穿着，成为一门大学问。

一、女士套裙礼仪

线条流畅、柔美雅致的套裙既能展现女性婀娜多姿的身材，又能体现女性端庄文雅的性情。可以说，套裙是能够体现职业女性的工作态度与女性美的“最好道具”，尤其代表着一个企业，一个组织的形象时，更要追求大方、简洁、纯净、素雅的风格。所以套裙备受职业女性的青睐，越来越成为女性的标准职业着装。为了更好地展示女性风采，应该注意套裙着装的科学选择、合理搭配和得体穿着。

一套正规的西装套裙是由西装上衣与同色同料的西装裙组合而成。其形式上基本分为两种，一种是两件套，即仅是上装与一条半截裙构成；另一种是三件套，即在两件套的基础上，加上了一件背心。一般在正式场合或半正式场合，为表明职业女性对工作的严谨和认真，套裙多整套穿。

（一）套裙的选择

1. 面料

在面料上，套裙（见图1—1）所选用的面料是纯天然质地的，比如除了薄花呢、人字呢、女士呢、华达呢、凡立丁、法兰绒等纯毛面料之外，高档的府绸、丝绸、亚麻、麻纱，以及一些化纤面料也在选择之列。在外观上，套裙所选用的面料讲究的是匀称、平整、滑润、光洁、丰厚、柔软、悬垂、挺括，所以套裙的面料不仅弹性、手感要好，而且要不起皱、不起毛、不起球。一般羊毛制成的套裙，四季皆宜，经久耐穿。在夏天，则可选择棉织品。选择亚麻材质的套裙时，要选择混有人造纤维，如聚酯纤维、人造丝或丙烯酸系纤维的，否则衣物很容易出褶子。对丝绸制成的套裙也要谨慎，因为其极容易起皱。检验一种面料是否抗皱的方法是用手攥住布料，然后松开，如果起褶子，要谨慎购买。虽说“女人的衣服永远是少一件的”，但是把一些质料、剪裁俱佳的服装搭配在一起，可能远胜于一大堆廉价低俗拼凑而成的套装。

图 1—1　女士套裙

2. 色彩

在色彩方面，套裙的色彩选择应注意两个方面，一是力求色调淡雅、清晰、庄重，不宜选择过于鲜亮、刺眼的色彩。因此，应与“流行色”保持一定的距离，以示穿着者的传统与庄重。二是标准的西装套裙的色彩，应注意与穿着者所处场所的环境要协调，应能体现出穿着者的端庄与稳重。比如，藏青、炭黑、烟灰、雪青、茶褐、土黄、紫红等稍冷一些的色彩，往往都是女士可予考虑的。

3. 造型

在套裙的造型（即款式）方面，西装套裙的造型与其他一般套裙不同，主要在于它的上衣为女式西装。随着时代的发展，其造型也在不断变化，其变化主要集中在长短和宽窄两个方面。套裙之中上衣衣领的款式分为：平驳领、枪驳领、一字领、圆状领、“V”字领、“U”字领、青果领、披肩领、燕翼领、蟹钳领、数带领等等领型。同时，上衣衣扣也讲究款式，有无扣式的、单排式、双排式、明扣式、暗扣式。而套裙的裙子的款式也较多，有西装裙、一步裙、筒式裙、折锏裙等等，此类裙子款式端庄、线条优美，此外还有百褶裙、旗袍裙、开衩裙、“A”字裙、喇叭裙等等，此类裙子则飘逸洒脱、高雅漂亮。西装套裙的造型采用四种形式，即上长下长、上短下短、上长下短、上短下长。并根据身材和体型，对上衣选用紧身式或松身式，配以宽窄适度的裙子，展现着装者的风姿。体型苗条或过瘦者，则应以紧身式上衣与喇叭裙搭配以显示其女性的线条美；肥胖者则可选择宽松式上衣与筒裙搭配，以掩饰肥胖的身躯和过于突出的臀部，使之显得优雅和帅气。

4. 图案

在套裙图案上，力求简洁。正式的套裙一般不带任何图案，也可根据个人喜好选择格子、圆点等图案，但花卉、人物、符号、动物、单位名称和 LOGO 等不宜出现在套裙上。这些图案一方面与职业女性特点不相符合，另一方面也会分散交往对象的注意力。一般情况下，套裙上不宜有过多的点缀，如花边、彩条、亮片、珍珠、皮革等，这些点缀过多会使着装者失之稳重。适当地用装饰扣、蕾丝等可以增加衣服的变化性。关键是这些装饰宜少不宜多，宜精不宜糙，宜简不宜繁。

5. 尺寸

在套裙尺寸上，大小适度，上衣应略长一些，不可在穿职业装时露出肚子。袖长以盖住着装者的手腕为好，衣袖如果过长，甚至在垂手而立时挡住着装者的大半个手掌，会使着装者显得很矮小。而衣袖过短将手腕完全暴露，又会显得过于随意，禁穿无袖上衣。筒裙应合体，如过于肥大会使着装者显得没有精神，过小的紧身裙不适合在工作场合穿。虽然超短的筒裙已经逐渐被大家所接受，但是出于自尊自爱与职业道德等方面的缘故，女士仍需注意筒裙中的超短并不是越短越好越“迷你”，过多地裸露自己的大腿无论如何都是不文明的。年轻女性的裙子下摆可在膝盖以上 3～6 厘米，但不可太短；中老年女性的裙子应在膝盖以下 3 厘米左右。

（二）套裙的搭配原则

1. 套裙与衬衫的搭配

女士在选择搭配套裙的衬衫时，也有颇多讲究。面料上，主要选择轻薄而柔软的面料，以真丝、麻纱、府绸、罗布、花瑶、涤棉等为主。色彩上，除了作为“基本型”的白色之外，也可有其他的色彩，包括流行色在内，只要不是过于鲜艳，结合套裙的色彩搭配原则选择与套裙颜色互相般配的颜色。款式上，女式衬衫的款式甚多，其变化多体现在领型、袖管、门襟、轮廓、点缀等方面。为了搭配方便，与外套搭配时最好应遵循“外浅内深”或“外深内浅”的原则。

女性穿衬衫时的注意事项：一是衬衫的下摆必须掖入裙腰之内；二是衬衫的纽扣要一一系好，特别注意胸前纽扣一定系牢固，避免松开；三是又薄又透的衬衫在公共场合不宜直接外穿。

2. 套裙内的衬裙搭配

衬裙，特指穿在裙子之内的裙子。选择衬裙时，可以考虑各种面料，但是以透气、吸湿、单薄、柔软者为佳。衬裙的色彩，宜为单色，如黑色、灰色、白色和肉色等。在一般情况下，衬裙上不宜出现任何图案，并有意识地注意应使衬裙的色彩与同时所穿的套裙的色彩相互般配。从款式方面来看，衬裙亦须与套裙相配套。

穿衬裙的注意事项：一是衬裙的裙腰切不可高于套裙的裙腰，从而暴露在外；二是应将衬衫下摆掖入衬裙裙腰与套裙的裙腰二者之间，切不可将其掖入衬裙裙腰之内。

3. 套裙与内衣的搭配

一套内衣往往由胸罩、内裤以及腹带、吊带、连体内衣等构成。它应当柔软贴身，并且起着支撑和烘托女性线条的作用。内衣所用的面料，以纯棉、真丝等面料为佳。它的色彩可以是常规的白色、肉色、也可以是粉色、红色、紫色、棕色、蓝色、黑色。不过，一套内衣最好同为一色，而且其各个组成部分亦为单色。就图案而论，着装者完全可以根据个人爱好加以选择。内衣的具体款式甚多。在进行选择之时，特别应当关注的是，穿上内衣以后，不应当使它的轮廓一目了然地在套裙之外展现出来。不然，就很有可能使自己为他人所藐视。

内衣穿着的注意事项：一是内衣一定要穿；二是内衣不准外穿；三是内衣不准外露；四是内衣不准外透。

4. 套裙与鞋袜的搭配

搭配套裙的鞋子以高跟或中跟的船鞋为首选，鞋跟在 3～5 厘米为佳，也可选用盖式皮鞋。但系带式皮鞋、丁字式皮鞋、皮靴、凉鞋等不宜采用。鞋子的颜色以黑色最为适宜，此外也可选择与套裙色彩一致的皮鞋或与手提包色彩一致的皮鞋。鞋子应当完好无损，不能穿开线、裂缝、掉漆、残破的鞋子，而一双精心擦拭过的鞋子体现了细节的完美。

在任何场合穿裙装均应搭配长筒丝袜或连裤袜。袜子颜色以肉色、黑色为宜。腿细的女性可选择穿浅色丝袜，腿粗的女性应穿深色丝袜，以产生修长之感。有洞、挑丝的袜子均应立即更换，紧急情况下可用透明的指甲油对破损处进行黏合，但最好能随身携带一双作为备用。

女性穿袜子时要注意：一定要大小相宜，不要出现走路时往下掉的情况；穿袜子时，不可将袜口暴露于裙摆或裤脚之外，所以中筒袜、低筒袜不宜搭配套裙。

如图 1—2 所示。

图 1—2　女士套裙搭配

(三) 女士穿套裙时需注意的问题及禁忌

女士在正式场合要想显得衣着不俗，不仅要注意选择一些符合常规要求的套裙，更要注意的是，套裙的穿着一定要得法。也就是说，在穿着套裙时，套裙的具体穿着与搭配的方法多有讲究，比男士服饰复杂，完全是一个复杂的系统的工程。因此希望女士在穿着套裙时注意以下五个方面：

1. 大小适度

通常认为套裙中的上衣最短可以齐腰，而其中的裙子最长则可达到小腿中部。特别应注意，上衣的袖长以恰恰盖住着装者的手腕为好，还要注意，上衣或裙子不可过于肥大或包身，肥大乃显得萎靡不振，过于包身的套裙则往往令着装者“引火烧身”，惹来麻烦。

2. 穿着到位

特别需要指出是女士在正式场合露面之前，一定要抽出一点儿时间仔细地检查一下自己所穿的衣裙的纽扣是否系好，拉锁是否拉好。在大庭广众之下，如果上衣的衣扣系得有所遗漏或者裙子的拉锁忘记拉上，稍稍滑开一些，都会令着装者一时无地自容。

3. 考虑场合

女士尽管与套裙非常般配，但是并不意味着不论干什么事情都可以以套裙应付下来。与任何服装一样，套裙自有适用的特定场合。在不同场合，也要注意套裙的选择，如在喜庆的场合，不宜穿着黑色或深色套裙，适宜穿颜色鲜艳明亮的套裙；在悲伤的场合，如追悼会等，则应穿着深色套裙或白色的套裙，花色素雅，不宜穿着颜色过分鲜艳的套裙；女士在工作岗位特别是涉外场合中不宜穿黑色皮裙。此外要注意裙子、鞋子和袜子的整体协调性搭配，重要场合不光腿，不宜三截腿。

4. 协调妆饰

高层次的穿着打扮，讲究的是着装、化妆与配饰风格统一、相辅相成。因此，在穿着套裙时，女士必须具有全局意识，注重妆饰、着装、配饰的整体协调。

5. 兼顾举止

虽说套裙最能体现女性的柔美曲线，但是假如着装者举止不雅，对个人的仪态毫无要求，甚至听任自己肆意而为，则依然不会将套裙自身的美感表现出来。穿上套裙之后，女士站姿应该庄重而典雅，不可双腿分开，站得东倒西歪。就座以后，务必注意姿态，以免失态。

二、女士旗袍礼仪

旗袍，20 世纪以来特指民国款式的女式时装，流行的群体也早已不限旗人。在民国时代成为国内都市上中层女性普遍穿着的时装。旗袍起源于旗人（即现在所称的满族）的传统民族服装。

20 世纪上半叶经过大幅度改进后由中华民国政府于 1929 年 4 月确定为国家礼服之一。旗袍现在常被视为代表中国文化精髓、反映中国传统女性美、体现中国元素的传统女性服饰，同时也被誉为近代中国女性时装的代表。以其流动的旋律、潇洒的画意与浓郁的诗情，表现出近代中国女性的贤淑、典雅、性感、清丽。

旗袍，满语称"衣介"。分为单、夹、皮、棉四种，这种"衣皆连裳"（古代上为衣，下为裳）与汉族的上衣下裳的两截衣裳有明显区别。它是满族男人喜着的服饰，也叫大衫、长袍。满族男子穿的旗袍，其样式和结构都比较简单，原为满族骑射时穿用，圆领（无领，后习惯加一假领）、大襟、窄袖、四面开衩、左衽、带扣绊、束带，适于骑马射猎。满族妇女穿的旗袍，样式美观大方，讲究装饰，领口、袖头、衣襟都绣有不同颜色的花边，有的多至十几道，穿起来匀称苗条，婀娜多姿。20 世纪 20 年代看作是旗袍流行的起点。当时上海是上流名媛的福地，她们热衷于游泳、打高尔夫、骑马，奢华的社交活动和追赶时髦，注定了旗袍的流行。由于上海一直是崇尚海派的西式生活方式，因此后来出现了"改良旗袍"，从遮掩身体的曲线到显现玲珑突兀的女性曲线美的服装，用最中国的布料，丝绸、锦缎做成最中国的服装——旗袍，穿在发髻高挽身段窈窕的中国女性身上，那种东方审美观的完美结合、东方的神韵，令人叹为观止。以致 20 世纪 30 年代到了顶峰状态，很快从发源地上海风靡至全国各地。

对于中国女士来说，剪裁得体、做工精细的旗袍也能被视为礼服，可以在任何正式场合穿着。

（一）旗袍的分类

旗袍（见图 1—3）的样式很多，开襟有如意襟、琵琶襟、斜襟、双襟；领有高领、低领、无领；袖有袖长、袖短、无袖。开衩有高开衩、低开衩；还有长旗袍、短旗袍、夹旗袍、单旗袍等。

图 1—3　女士旗袍

旗袍款式的变化主要是袖式、襟形的变化。袖形的款式主要有：宽袖形、窄袖形、长袖、中袖、短袖或无袖。襟形的款式主要有：圆襟、直襟、方襟、琵琶襟等。圆襟旗袍礼服：襟处线条圆顺流畅。直襟旗袍礼服：身材丰满、圆脸形的女性适合这一款式，可使身材显得修长。方襟旗袍礼服：将襟部进行了大胆的改革，适合不同脸形的女性穿着。还有琵琶襟旗袍礼服、双圆襟旗袍、双开襟旗袍等款式。

（二）旗袍的材质、色彩和图案

制作旗袍的面料有布料、丝绸、锦缎等，目前又有真丝双绉、绢纺、电力纺、杭罗等真丝织品。清代满人旗袍以蓝、黑二色为主，但读书人却有相当一部分人穿白、红、紫色的。至于黄色，因是皇家独尊之色，民众是忌用的。清代满族妇女的旗袍色彩鲜艳复杂、对比度高，在领口、袖口和掖襟上加上几道鲜艳花边或彩色牙子，且认为越多越美。旗袍图案繁多，以花、鸟、兽为主。清代旗袍纹样多以写生手法为主，龙狮麒麟百兽、凤凰仙鹤百鸟、梅兰竹菊百花以及八宝、八仙、福禄寿喜等都是常用题材；现代常见的旗袍图案为中国水墨画手法描绘的花卉图案设计。女士选择旗袍色彩应以淡雅为主、图案以刺绣花朵为宜，且图案不宜过于繁琐复杂。

（三）旗袍的选料

旗袍选料是很广泛的。日常女士一般穿着的旗袍，夏季可选择纯棉印花细布、印花府绸、色织府绸、什色府绸、各种麻纱、印花横贡缎、提花布等薄型织品，该类织品质地柔软、轻盈不粘身、舒适透凉。春秋季可选择化纤或混纺织品，旗袍面料应选各种缎和丝绒类，如织锦缎、古香缎、金玉缎、绉缎、乔其立绒、金丝绒等等，这些高级面料制作的旗袍能充分体现东方女性形体美，点线突出，风韵而柔媚，华贵而高雅，如果在胸、领、襟处稍加点缀装饰，更为光彩夺目。

（四）旗袍的选择

在选择旗袍时，最好量体裁衣。市场上成衣旗袍的规格是按大众化的身材体型量制的。由于每个人身材都有自己的特殊性，而旗袍又是趋于紧身、饱和性强的服装，尺寸规格则是选购旗袍的重要指标。所以，购买旗袍必须准确地测量出自己的三围，即胸围、腰围、臀围，并与旗袍三围相适或略有余；然后，在更衣室试穿观其三围是否贴切舒适；最后还要看领子、衣身、袖子的长短与肥瘦等。旗袍尺寸大小的选购不同于连衣裙等服装，要求十分严格，否则将会失去其风格和独到之处。

因为旗袍的款式多种多样，女性的体型也千姿百态，所以要根据你的体型来选择旗袍的款式。脖子粗而短的女性，应选择无领型的旗袍。这种款式具有连衣裙开敞领型的特点，中式斜襟，保留着东方女服的风格。不过，脖子细长的女性，还是应选择立领型的旗袍。脸型胖而圆的女性，领型应开得略为深一些，微微袒胸，可以对脸型起到引长的作用，既可以避免立领妨碍脖子的活动，又可以掩饰脸过圆的缺陷，还可以端庄之中表现出几分浪漫的气息，更加活泼了。身体不太高的女性，可以选用旗袍中间一道竖的线条，给人在视觉上产生修长感。这个款式把旗袍的长度延到脚面，再穿上一双高跟或半高跟皮鞋，看上去更加显得修长了。

（五）旗袍的穿着

作为礼服的旗袍，最好是单一的颜色，一般常在绸缎面料上刺绣或配以饰物。面料以典雅华丽、柔美挺括的织锦缎、古香缎和金丝绒为佳。为了体现女性的端庄，旗袍的长度最好是长至脚面，开衩的高度，应在膝盖以上，大腿中部以下。穿无袖式旗袍，不要暴露其内衣，冬天可选择裘皮大衣、毛呢大衣、开襟小毛衣和各种方形毛披肩与旗袍配套穿着，但不适合戴手套。

穿旗袍时，鞋子、饰物要配套，鞋子可配穿高跟鞋或半高跟鞋，或配穿面料高级、制作考究的布鞋，或绣花鞋。饰物应当佩戴金、银、珍珠、玛瑙等精致的项链、耳坠、胸花。

虽然旗袍是我国女性的礼服，但现在这类服装人们平时却极少穿用，使得人们不禁在为中华古国的传统女装旗袍大声疾呼。我国妇女在国外，常常穿着旗袍去参加正式的社交活动。旗袍这种民族服装，得到许多外国人的赞赏。据说，旗袍曾一度对西方女服的剪裁产生过影响。

（六）旗袍的整理

现在大部分女性所穿着的旗袍大都为织锦缎的面料，而这类锦缎都是不宜水洗的，所以穿着时应非常小心，尤其是注意不要沾染上油渍、可乐和口红，因为这类物质最难清洗，就算是送去干洗店也未必能完全清除。旗袍不要连续穿着好几天，要留意尖锐的物件，以避免旗袍钩洞与抽丝。穿时不要将袖子高高卷起。

1. 旗袍的洗烫

如果新穿的旗袍不小心被弄脏了，可以用块微湿的布铺在脏处用熨斗熨烫一下，这样一些灰尘就会附着在布上，既清洁了旗袍，又起到了平整的作用。

2. 旗袍的收藏

旗袍如果不穿了要用宽衣架把旗袍挂起来，注意肩部要撑妥当。在挂进衣橱前，还要记得放上防蛀用品。

3. 穿着丝绸衣服的注意事项

丝绸衣服要勤换、勤洗，脱下后切勿搁置。穿着丝绸衣服时不要贴身，避免过多的汗液侵蚀衣服，使衣服变色、变质、破损。穿着丝绸服装也不要在席子、藤椅、木板等粗糙物上睡觉，以免造成不必要的破损和脱丝。另外，收藏丝绸服装时，应放在樟木箱内，以防虫蛀。

三、女士佩饰礼仪

佩戴服饰品，已成为当今的一种时尚，成年人和青年人都喜欢。一件美丽的饰品可以使人更漂亮、更迷人。因此，巧妙地使用服饰品，是构成衣着美不可忽视的点睛之笔。服饰的附加物是很多的，从大的范围来说，可分为装饰和实用两种。耳环、手镯、戒指、项链、胸花等属于装饰一类。

饰物佩带的目的是提升人的气质，增加美感，达到“锦上添花”的效果。但是某些饰物的佩带并非是随意性的，它往往有约定俗成的意义。对此，只有了解，才能在达到高雅美丽的同时，又合乎于礼仪规范。其主要规范是：符合身份、以少为佳、区分品种、佩戴有方。

（一）戒指

戴戒（见图1—4）指的习俗可以追溯到古代埃及。中国早在汉初，宫廷里就盛行戴指环。将戒指作为男女婚姻的信物在中国则开始于南北朝时期。此外，戒指不仅作为一种信物，也是一种装饰品。结婚戒指最初并不镶嵌钻石、翡翠以及蓝宝石等饰物，圆形象征着由婚姻而在一起的两个人的团圆。在一些民族中戒指象征着一种魔力，保佑夫妇幸福长寿，“钻石恒久远，爱情永流传”，钻戒成了国内外女士结婚时必戴的饰品，同时，还表示施予者对接受者的信任以及接受者对施予者的忠诚。

戒指一般只可佩戴一枚，款式美观自然，大小不超过 0.5 cm，戒环宽度不超过 0.3 cm。不同的戒指戴法也有不同的讲究，例如戒指按照惯例戴在食指上，表示目前未婚并在寻求意中人；戒指戴在中指上，表示已经订婚；戒指戴在无名指上，表示已婚；戒指戴在小指上，表示想要独身。因此戒指不能乱戴，否则容易引起误会。女士通常要戴薄纱手套则戒指戴在手套里，只有新娘才可以把戒指戴在薄纱手套外面。

图 1—4　戒指

此外，戒指要与指形相配。女士的指形一般可分为四种形态，即修长形、丰满形、肥短形、纤秀形。修长形手指宜佩戴宽阔的指环、单粒宝石或粗线款式，如方戒、榄戒及钻戒；丰满形手指宜选择圆形、梨形和心形的戒指，且应注意戒指的分量要相对加重，否则会使手掌显得更大；肥短形手指宜戴细小的指环或梨形、椭圆形的单粒宝石的戒指，可使肥短的手指显得修长；纤秀形手指则适合佩戴任何类型的戒指。男士按其指形选戴戒指的要求，则与女士有所不同，手指短粗肥胖者，宜戴花纹、榄尖、V 型等款式戒指；手指修长者宜戴造型较为饱满的戒指，如方戒、宝石戒等。

小贴士

戒指不仅是一种重要的饰物，还是特定信息的传递物。戒指通常戴在左手上，不同的手指有不同的意义：

◇ 把戒指戴在食指上，表示无偶而求爱；戴在中指上，表示正在恋爱中；戴在无名指上，表示已结婚或已订婚；戴在小手指上，表示自己是一位独生主义者。

◇ 在不少国家，未婚女子的戒指是戴在右手而不是左手上。修女的戒指总是戴在右手无名指上的，意味着她已把爱献给了上帝。

一般情况下，一只手上只戴一枚戒指，两枚或两枚以上是不适宜的。

（二）项链

项链（见图 1—5）也是深受女性青睐的主要饰品之一，其种类很多，但根据质地基本上可分为两大系列，一种是以金银等贵重金属制成的金属项链系列，一种是以钻石、玛瑙、水晶、珍珠等为材料制成的珠宝项链系列。项链的粗细，应与脖子的粗细成为正比。

不同长度的项链适用于不同场合。

1. 项链的长度

（1）短项链。约长40厘米，适合搭配低领上装。

（2）中长项链。约长50厘米，可广泛使用。

（3）长项链。约长60厘米，适合女士社交场合使用。

（4）特长项链。约长70厘米，适合女士于隆重的社交场合佩戴。

图1—5　项链

2. 项链的选配

（1）选配项链应根据自己的年龄。年轻女士宜佩戴细形、花色丰富的项链；中年女士宜佩戴粗形、传统设计的项链；年龄较大的女士宜佩戴金银项链系列中的马鞭链。

（2）选配项链应适合自己的脸形。脖子长的人宜佩戴颗粒大的短项链或佩戴方丝链，不宜戴过长的项链；脖子短的人选择项链的尺寸应大些，宜佩戴颗粒小而长的项链，不宜戴多层或短而宽的项链；脸圆而短小的女性，最好戴细长而有坠子的项链。

（3）选配项链应与服装的色彩、款式、质地相协调。一般而言，衣着较薄时，则以金银项链为佳，不能选用粗大的造型，项链的粗细最好不超过直径5毫米。穿单色或素色服装，宜戴色泽鲜艳的项链；穿着低领口衣服宜选用短项链；穿着套装或连衣裙宜选用长项链；穿着衣服的衣领较高时，项链的尺寸不宜过长，否则挂件不易露出；穿高领羊毛衫、绒线衫时项链应戴在衣服外面。

（4）项链佩戴应根据场合选择。在正式、隆重场合，女士身着礼服，宜选择金银、钻石的特长项链，可以增添华贵高雅的气质；休闲或旅游场合，宜选择仿金、贝壳、陶制等项链，可更显年轻活泼；上班时则应选择一条体积不大的金或银项链，以免给人造成一种招摇的感觉；在音乐会场合，宜选择长项链；舞会场合宜选择精巧细致、发光发亮的项链。

（三）耳环

耳环（见图1—6）的大小不一，形状多样，色泽也是五颜六色。恰如其分的耳环配饰也可以让着装者更增风采，但选择耳环时要注意圆柱形、心形、椭圆形均适合身材娇小的女性佩戴，大环形的耳环较适合身材高大的女性。但在工作时间要慎选耳环，最好不要佩戴，特别是带有长坠的耳环和形状夸张奇异的耳环是不允许在工作场合出现的。

1. 选择耳环首先应当考虑自己的脸型

圆形脸的女士宜佩戴长方形、叶形、“之”字形等各种款式的长耳环及有坠耳环；瓜子脸适合戴各种造型的耳环，尤以扇形耳环更显秀丽妩媚；方脸形的女士选择精致细巧、造型柔和的中小型耳环，宜戴富有卷曲线条或圆形、纽扣形、螺丝形耳环，使脸形更有曲线之美。三角形脸的女士宜佩戴星点状的贴耳式耳环，这样可使头部的发型更加生动，使下颚宽度不太明显。

2. 耳环的佩戴必须同整体服饰协调一致

服装色调鲜艳的，选配耳环应色泽淡雅或同色调，以映衬服装的色彩，如身穿暖色调的米黄或浅棕色衣服，宜佩戴黄色、牙白的耳环；身穿冷色调，如蓝、白、灰等服装，宜戴银、白金耳环。

3. 耳环的选配应与所处场合相协调

在各种比较正规的社交场合，如参加宴会、婚礼、庆典仪式，应尽量选用高档的耳环，如钻石、翡翠、宝石镶嵌的耳环，宝石色彩要鲜艳一些，以增加喜庆气氛。

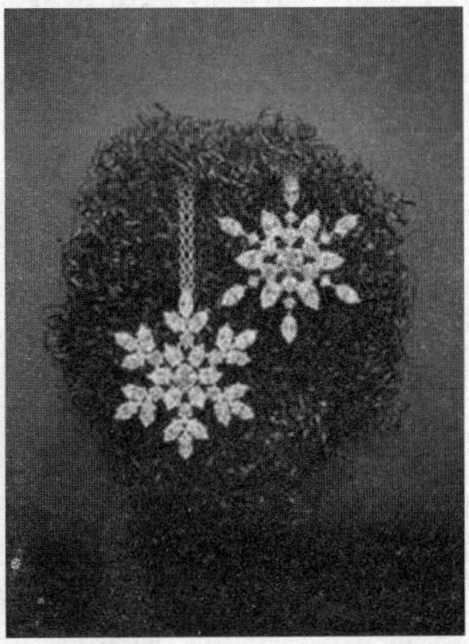

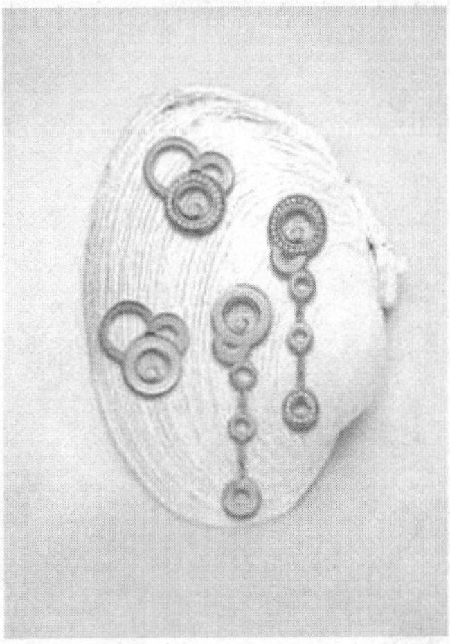

图 1—6　耳环

(四) 胸针、胸花和胸牌

1. 胸针

胸针有大有小，形状各异。大的胸针，多镶珠宝，而且图案精致、复杂；小胸针，一般以单一的材料制成，色彩简洁、图案简单。

胸针佩戴的位置，可视自己意欲突出的重点而定。一般多佩戴于左胸上方，以强调自己胸部线条的优美。穿套裙时，将其别在衣领处，可在庄重之中平添一分妩媚。

佩戴胸针比较强调场合，在一些正式场合，如参加舞会、宴会、音乐会等戴上一枚精致的胸针，既能造成视线上移，现出身材高挑，还能衬托出美丽的面庞，显得雍容华贵。须注意的是，佩戴胸针时，既不能和胸花、徽章等同时佩戴，也不能和项链，尤其是与带坠式项链同时佩戴，否则只会分散他人的注意力，影响整体装扮效果。

2. 胸花

胸花应与服装的色彩、面料和款式相协调。圆脸形的人宜佩戴长方形的胸花；长脸形的人宜佩戴圆形的胸花；方脸形的人宜戴圆形胸花；年轻女性宜戴式样活泼或景泰蓝质料的胸花；年纪较大的女性则可以选用嵌有珠宝而富有价值感的胸花，以衬托出一种高雅的气质。胸花的颜色最好与衣服颜色形成深浅对比，起到更好的点缀协调作用。穿裤装、裙装和便装时，可佩戴动物、人物、瓜果、花形图案的胸花。

3. 胸牌

胸牌，又称身份识别卡、姓名卡、简称名牌。它所指的是服务人员在工作岗位上佩戴在身、用以说明本人具体身份、经由单位统一制作、有着一定规格的专用标志牌。在工作岗位上佩戴胸牌，有利于服务人员表明自己的身份，进行自我监督，同时也方便服务对象更好地寻求帮助，或是进行监督。胸牌应佩戴在外套左上方口袋边处以不超过口袋上边为准，胸牌应佩戴平整，字迹清晰，无破损。

胸牌的具体佩戴：春秋季制服、冬季制服佩戴在左上侧上衣口袋边缘处（保持端正），夏季制服佩戴在胸部左上侧（约为衬衣从上至下第二颗纽扣和第三颗纽扣之间中心线平行左移的位置）。胸牌佩戴禁忌：不可将党徽、团徽或特色服务标牌佩戴于胸牌之上。

如图 1—7 所示。

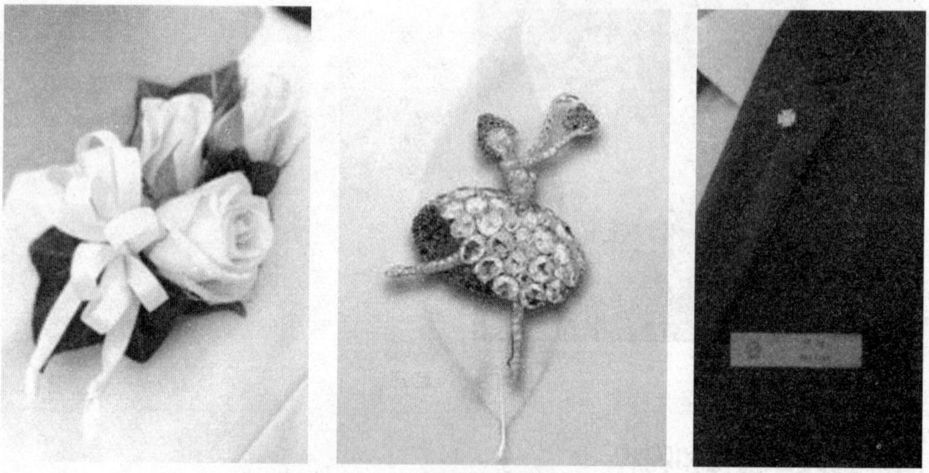

图 1—7　胸花、胸针和胸牌

（五）腕饰

腕饰（见图 1—8）有手镯、手链、手表等。对于职业女性而言，一款质地精雅，品质上乘的腕表是最佳选择，它同时兼具了实用功能和装饰功能。一般而言戴手表就不戴手镯或手链，女性在工作场所通常是不戴手镯的。国际品牌 Chanel、Dior、Cartier 等都有装饰功能极强的腕表设计，可以让腕表同时兼具社交功能和装饰功能。如穿西式套裙不能佩戴木质的、石头的、绳编的及塑料制成的手镯或手链。标榜前卫、张扬个性的鼻环、脐环、脚戒指等不适合职业女性佩戴。同时佩戴首饰应遵循同质、同色、同风格的“三同原则”。

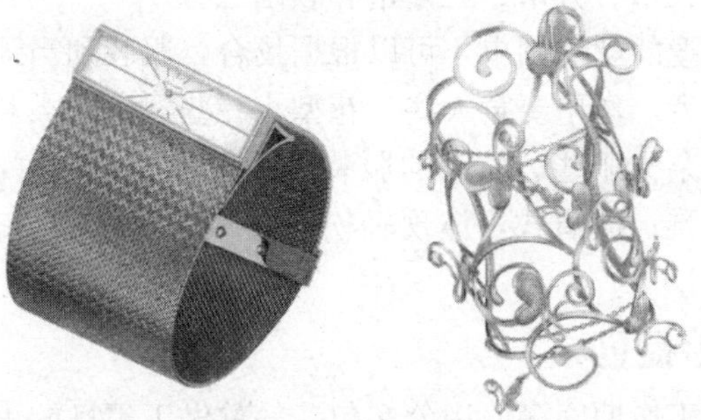

图 1—8 腕饰

手镯的佩戴方法是：如果只戴一个，通常应该戴在左手上；如果是两个，应该分别戴在左右手上；如果是戴三个或三个以上手镯（比较少见），则应该全部戴在右手上，切不可分别戴在两只手上。

（六）头饰

头饰（见图 1—9）主要是指装饰头部、发部的小饰物，如头花、发箍、发卡、插梳和簪子等。头饰大多由布、塑料、木制、金属等一般原材料制成。贵重的头饰价格较为昂贵，一般有玉制、宝石等。

运用得当可以让女性增添风采，让人耳目一新；但运用不当，也会带来画蛇添足的感觉。头饰的选择要考虑到发型、发色、整体服饰的协调性，也要与整体服饰的色彩、风格协调，与佩戴者的年龄、气质相符合。当衣着素雅时，可选择精致与头发颜色相近的头饰。当着装颜色较多时，则不宜再佩戴头饰，以免画蛇添足。

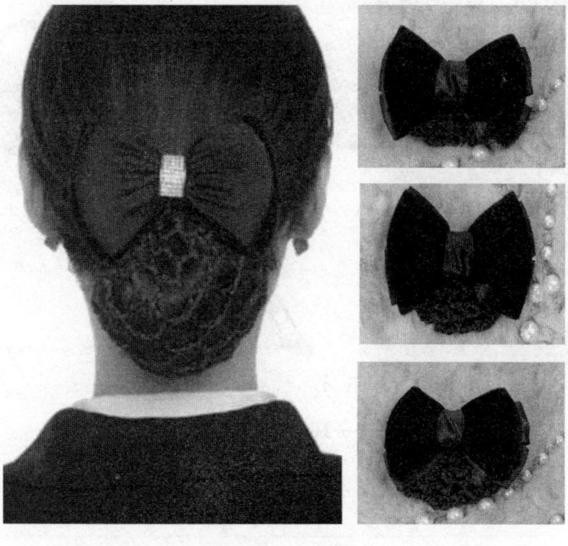

图 1—9 头饰

（七）围巾

围巾指围在脖子上保暖、保护衣领或用作装饰的针织品或纺织品，其装饰作用越来越突出。从外观上看，有长巾、方巾、三角巾和领围之分。

女性们偏爱轻柔飘逸的丝织围巾，可以根据场合，服装和当天的化妆、发型来选配丝巾的色泽和款式。身高者，丝巾要宽大些、花型小一些，色彩柔和一些；体型纤弱者，丝巾应短一些，花色可繁杂艳丽些。新潮的服装可配素雅围巾陪衬，围巾的扎法各种各样，如蝴蝶结，显得婉约典雅；披肩式，体现轻松自然，俏丽或有动态轻快的感觉；小花型，显得简洁大方。

（八）公文包与手提包

对职场女性而言，工作期间多使用公文包。一款做工精良的黑色皮质公文包无疑是一个百搭包。此外在选择包时应注意其实用性，要有足够的空间放下工作用品、生活用品，要注意常用物品应分类摆放井然有序，又不能把东西放得过多，破坏了包的款型。

手提包（见图1—10）是女性社交场合、日常生活时使用的重要饰物。精美的手提包使人赏心悦目，可以在动态中显示出独特的魅力，自古以来就受到高雅女性的青睐。手提包的面料很多，有金属、漆皮、塑料、串珠、刺绣、布制品等。其款式应是可以拿在手中的小皮包型或手提型。女性选择日常手提包的原则是：看起来大小适中但容积率一定要大。因为，化妆包、钱包、工作笔记、手机、名片夹、钥匙甚至雨伞、丝袜、纸巾等都是需要一股脑儿装进去的。此外，主张选择精良材质的、做工考究的、款式经典耐用的。Loewe、LV、Gucci、丹比奴等皮具名牌都是很好的选择。包的搭配应考虑到服装的整体和谐性，质地上，多选择皮质的；颜色上，大多选择单色，对于杂色、花色、多色、艳色的皮具应慎重选用；包的形状多为长方形、正方形、半圆形、椭圆形等较规范的几何图案。

图1—10　女士手提包

小贴士

饰品的佩戴要与环境协调，即要掌握时令和场合。年轻的女性在夏季可戴鲜艳的工艺仿制品，冬季则可戴一些珍珠、宝石、金银饰品。上班时少戴首饰为好，可选淡雅简朴的胸针、耳环、项链等。参加晚会或外出参加重要社交活动，可佩带大型胸针、项链和带坠子的耳环等闪光的饰品。

第三节　男士服饰礼仪

【案例导入】

1983年，章文晋任中国驻美国大使。在出国之前，章文晋和张颖夫妇几乎花光了所有积蓄置办服装，尽管在当时看来已经非常“资产阶级意味”了，但是还是有所不足。

当年7月1日，美国邀请他们夫妇参加在白宫玫瑰园举行的大型宴会。请柬上注明“请着便装”。以往在这种正式宴会的请柬上一般都写着“请着正装”，当然，这是针对男性的，女性可以相对随便。如果没有注明，那便是一般的西装就可以。

可是这次却写着“请着便装”，让章文晋夫妇琢磨不透。商量了好久，章文晋最后决定穿一套浅驼色的猎装参加晚宴。结果到白宫玫瑰园一看，多数到场的男士穿的还是深色的“铜扣子”，所谓的铜扣子，指的是上下身不是一套的西装，上衣多为深蓝色、藏青色或者红色等较深颜色，而裤子可以随便搭配。章文晋那天的衣着，虽然说不上失礼，但是当天只有他一人穿着浅色衣服，有点显眼。所以他们夫妇和总统夫妇握手之后，就匆匆离开了宴会。

以后章文晋的着装更加讲究了，置办了短的晚礼服，居然引起了美国媒体的议论，说中国改革开放让章大使穿上了“黑领带”。

【案例评析】

章文晋大使在国内时生活十分简朴，但是到了美国之后，着装就非常讲究，西服的料子、颜色和做工都选择国内最好的，衬衣一天要换三次。这些都是值得我们学习的地方。男士着正装参加的场合，一般都是举行重大活动的场合，尤其需要注意自己的衣饰礼仪。而上述案例中，我们还可以看到另一点，那就是“便装”并不能随便。

一、男士西装礼仪

西装，又称西服、洋服。它起源于欧洲，目前是全世界最流行的一种服装，也是我们男士在正式场合着装的优先选择。西装的造型典雅高贵。它拥有开放适度的领部、宽阔舒展的肩部和略加收缩的腰部，穿在男士的身上，会使之显得英武矫健，风度翩翩，魅力十足（见图1—11）。男士在正式场合穿着西装应注意以下几点：

（一）面料

鉴于西装在男士正式场合中往往充当正装或礼服之用，故此，其面料的选择应力求高档。在一般情况下，毛料应为西装首选的面料。具体而言，纯毛、纯羊绒的面料以及高比例含毛的毛涤混纺面料皆可用作西装的面料。而不透气、不散热、发光亮的各类化纤面料，则尽量不要用以制西装。

目前，以高档毛料制作的西装，大都具有轻、薄、软、挺等四个方面优点。轻，指的是西装不笨重，穿在身上轻飘犹如丝绸；薄，指的是西装的面料单薄，而不过分地厚实；软，指的是西装穿起来柔软舒适，既合身，又不会给人以束缚挤压之感；挺，则指的是西装外表挺括雅观，不起皱、不松垮、不起泡。

（二）颜色

男士在穿西装时，往往将其视作自己出席正式场合的礼服。因此，西装的具体色彩必须显得庄重、正统，而不过于轻浮和随便。根据此项要求，适合于男士在正式场合所穿的西装的色彩，理当首选藏蓝色。在世界各地藏蓝色的西装往往是每一位商界男士的首选色彩。

除此之外，还可以选择灰色或棕色的西装。黑色的西装亦可予以考虑，不过它更适于庄严而肃穆的礼仪性活动之中穿着。要是平日里，上班时穿黑色的西装，未免有些小题大做。

在国外，人们在评价一位男士的服饰品味时，往往要看其是否遵守以下原则：

1.“三色”原则

“三色”原则是指全身上下的衣着应当保持三种颜色之内。这样有助于保持正装庄重、保守的总体风格，并使正装在色彩上显得规范、简洁、和谐。正装的色彩若超出三种颜色，一般会给人以繁杂、低俗之感。它所规范的依旧是色彩搭配问题。

2. 三一律原则

指男士在出席正式场合时，其体现着装细节完美的三大件即公文包、鞋子、腰带这三样饰品在色彩、质地上应相同或相近。如身穿黑色皮鞋，其公文包、腰带也最好选择黑色皮质，使这三样饰品在风格上保持一致。

图 1—11　男士西装

3. 男士配饰色彩统一

男士在出席正式场合时，手表链、皮带扣、眼镜框架三色统一。男士的穿着不要求华丽、鲜艳，一身上下五彩缤纷，像只大孔雀只会使自己显得俗气。

（三）款式

西装的款式可分为欧式、英式、美式和日式四种流派，造型各有特色，可供各位参考，欧式西装洒脱大气，英式西装剪裁得体，美式西装宽大飘逸，日式西装贴身凝重。尽管西装在款式上有流派之分，但是各流派之间差异并不大，只是在后开衩的部位有开一个叉的、开两个叉的和不开叉的，扣是单排还是双排，以及西装领的大小等方面有所不同。而且，在胸、腰围的胖瘦，肩的宽窄上也是有所变化的。因此，我们在选择西装时，要充分考虑到自己的身高、体型，如身材较胖的人最好不要选择瘦型短西装；身材较矮者也最好不要穿上衣较长、肩较宽的双排扣西装。

（四）衬衫

1. 正装衬衫具备的特征

据说，法国男人一般至少要有 7 件衬衣，因为一个星期有七天，每天都换，以保持袖口和领子的洁净。衬衫除了搭配西装之外，也可以单穿。在颜色和图案的选择上，衬衫比西装更富于变化，最能穿出特色和风格。其中质地和搭配是关键。购买西装衬衫的时候，一定要选择面料质地精良的。好衬衫让人感到舒适，好面料利于人体健康，尤其是衣领部位的剪裁与设计会更加挺括，且不易变形，耐洗耐穿。

从面料上讲，正装衬衫主要以纯棉、纯毛制品为主；从色彩上讲，正装衬衫必须为单一色彩；从图案上讲，正装衬衫大体上以无任何图案为佳；从衣领上讲，正装衬衫的领型多为方领、短领和长领，具体进行选择时，须兼顾本人的脸型、脖长以及将打的领带结的大小，千万不要使它们相互之间反差过大；从衣袖上讲，正装衬衫必须为长袖衬衫，袖口的扣子越多越为上品，短袖的衬衫一般是不打领带的，除非是企业制服；从衣袋上讲，正装衬衫以无胸袋者为佳。

2. 正装衬衫与西装的穿法

穿西装，衬衫是一个重点，颇有讲究。一般来说，与西服配套的衬衫必须挺括整洁无褶皱，尤其是领口。西装穿好后，衬衫领应高出西装领口 2 厘米，衬衫衣袖要露出西装袖口 2 厘米左右，白领露出部分与袖口露出部分相互呼应，可有一种匀称感。在正式场合，不管是否与西装合穿，长袖衬衫的下摆必须塞在西裤里，袖口必须扣上，不可翻起，不系领带时，衬衫领口可以敞开，如系领带，应着有衬硬领的衬衫，领围以合领后可以伸入一个手指头为宜。衬衫袖长应比西装上装衣袖长出 2 厘米。这样可以避免西装袖口受到过多的磨损，而且用白色衬托西装的美观。显得更干净、利落、活泼有生气。夏季着短袖衬衫时，一般也应将下摆塞在裤内，但着无衬软领短袖衬衫例外。如图 1—12 所示。

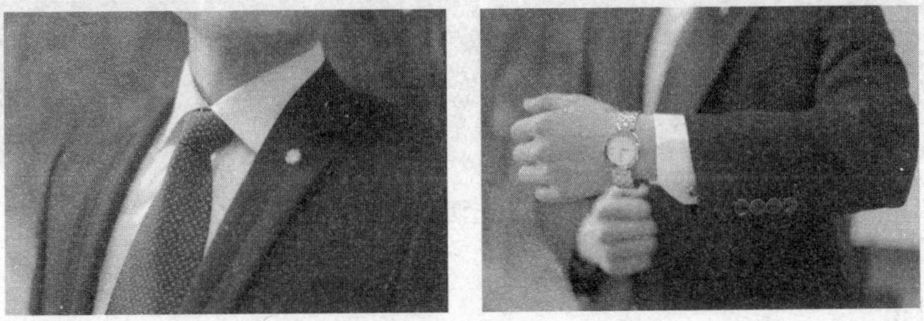

图 1—12 男士衬衫的领袖标准

（五）西裤

西裤作为西服整体的另一个主体部分，要求与上装互相协调，以构成和谐的整体。西裤立档的长度以裤带的鼻子正好通过胯骨上边为宜，裤腰大小以合扣后伸入一手掌为标准，裤长以裤脚接触鞋面最为适合。西裤穿着时，裤扣要扣好，拉锁全部拉严。西裤的裤带宽度一般在 2.5～3 厘米较为美观，裤带系好后留有皮带头的长度一般为 10 厘米左右，过长或过短都不合美学要求。如图 1—13 所示。

图 1—13 男士西裤穿着

（六）纽扣

西装的纽扣除实用功能外，还有很重要的装饰作用。西装有单排扣和双排扣之分。正式场合，应穿单排扣。穿着西装站立必须按规则扣好，坐下时可以不系扣。单排扣又有单粒扣、双粒扣、三粒扣、四粒扣之别。单排两粒扣，应当只系上边的那粒衣扣；单排三粒扣，则应当系上面的两粒衣扣，或只系中间的那粒衣扣，也是正确的；单排四粒扣，则应当系上面的三粒衣扣，最底下一颗不扣。我们可以发现，不管是双粒扣、三粒扣、四粒扣最下面一颗不扣，是为了露皮带扣。这就是西装纽扣扣法的礼仪。如图 1—14 所示。

图 1—14　男士西装纽扣的规范

（七）领带

据说，领带（见图 1—15）的前身是领巾，出现于 17 世纪。当时，有一支克罗地亚的骑兵部队来到巴黎，他们的脖子都系有一条彩色围巾。法国军官看后争相仿效。巴黎街头爱时髦的贵族和公子哥儿们也纷纷系起围巾来。一次，一位大臣上朝时，也按流行方式在颈上围了一条白围巾，并在前面打了一个漂亮的领结作为高贵的标记，国王看了大加赞赏，当即下令凡尔赛的上流人士都这样打扮。领带的前身——领巾就这样诞生了。18 世纪工业革命兴起，大量生产时髦服装，这时领带才真正问世。从此，领带风靡了整个西方世界，并逐渐传遍全球，成为男子喜爱的装饰品。美国有些大公司规定职员上班必须打领带。夏天在办公室，可以脱去外衣，穿着衬衫，但也要打上领带。

领带是西装的重要装饰品，在西装的穿着中起画龙点睛的作用。克林顿说："领带是男人个性的宣泄，不同的领带或张扬或含蓄地向人们表达它的佩戴者是一个真诚、可以信赖的人。"一条好的领带，必须具有良好的质量。其主要特征为：外形美观、平整，无跳丝、无疵点、无线头，衬里为毛料，不变形，悬垂挺括较为厚重。在正式场合穿西装必须打领带，领带的颜色、花纹和款式要与所穿西装相协调。

图 1—15　领带

1. 领带的长度

成人日常所用的领带，通常长约130～150厘米，宽度为10～12厘米（见图1—16）。领带打好之后，外侧应略长于内侧。其标准的长度应当是下端正好触及腰带扣的上端。这样，当外穿的西装上衣系上扣子后，领带的下端便不会从衣襟下面“探头探脑”地显露出来。当然，领带也别打得太短，不要让它动不动就从衣襟上面跳出来。出于这一考虑，不提倡在正式场合选用难以调节其长度的“一拉得”领带或“一挂得”领带，有损职业形象。

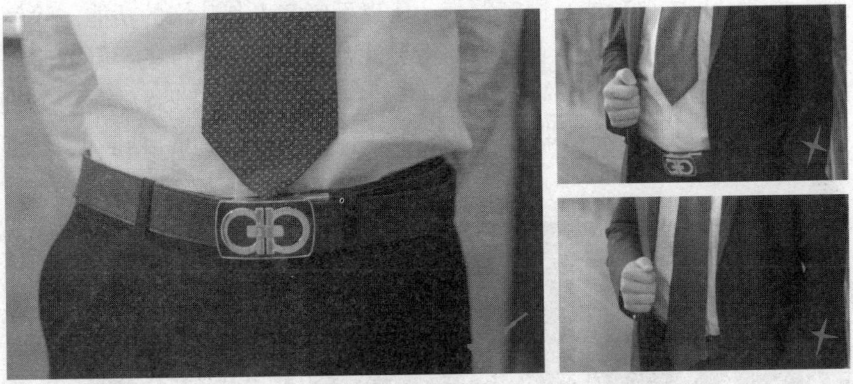

图1—16 领带的长度

2. 领带的种类

领带的种类很多，大体分为一般型领带和变形领带两种。一般型领带有活结领带、方型领带、蝴蝶结领带；变型领带有阿司阔领带、西部式领带、线环领带等。从领带面料分，有毛织、丝质、化纤几种。从花型上分，又有小花型、条纹型、点子花型、图案花型、条纹图案结合花型、古香缎花型等。领带选用丝质的为上乘，使用最多的花色品种是斜条纹图案领带。这种领带分美式、英式两种，其区别在于斜条图案的走向：美式从左上斜到右下，英式从右上斜到左下。穿英、法式西服配英式领带，穿美、意式西服配美式领带，不宜互相错用。

3. 领带的选择

作为西装的灵魂，领带的选择讲究甚多。男士在挑选领带时，至少要重视如下几点：

（1）面料。制作领带的最高档、最正宗的面料是真丝或纯羊毛。除真丝之外，以其他面料，例如，棉麻、皮革、塑料、珍珠等制作的领带，大多不适合在正式场合使用。国外以意大利领带为最有名，国内要数上海产的真丝领带为上品。

（2）色彩。从色彩上讲，领带有单色、多色之分。单色领带适用于公务活动和隆重的社交场合，并以蓝色、灰色、黑色、棕色、白色、紫红色最受欢迎。多色领带一般不应超过三种色彩，可用于各类场合。色彩过于艳丽的领带用途并不广泛，只有在非正式的社交、休闲时，使用它才不会为人非议。

（3）款式。领带的款式，即其形状外观。一般来说，它有宽窄之分，这主要受到时尚流行的左右，进行选择时，领带的宽窄最好与本人的胸围或西装的上衣衣领成正比，而不要反差过大。它还有箭头与平头之别。前者下端为倒三角形，适用于各种场合，比较传统。后者下端为平头，比较时髦，多适用于非正式场合。此外，简易式的领带如“一拉得”领带、“一挂得”领带不适合正式场合、商务场合使用。领结宜于同礼服、翼领衬衫搭配，并且主要适用于社交场合。

（4）图案。用于正式场合的领带，其图案应规则、传统，最常见的有斜条、横条、竖条、圆点、方格以及规则的碎花。它们多有一定的寓意：碎花的代表体贴；圆点的代表关怀；方格的代表热情；斜条纹的代表果断以及权利的象征。印有人物、动物、植物、花卉、房屋、景观、怪异神秘图案的领带，仅适用于非正式的场合。印有广告、团体标识、家族徽记的领带，最好不要乱用。

（5）领带的配饰。所以领带的配饰包括领带夹（见图1—17）、领带棒、领带针、领带别针等，有各种型号，主要功能是固定领带，所以不应突出其装饰的功能。除经常做过大幅度的动作，或者用领带夹作为企业标志的情况外，最好不用领带夹。佩戴时应注意，领带夹的位置不能太靠上，以衬衣领第一粒纽扣开始往下数衬衫的第四粒与第五粒纽扣之间为宜。军人以及执行公务的人员的领带夹应夹在第三粒与第四粒之间。西装上衣系好扣子后，领带夹是不应被看见的。

图1—17　领带夹

4. 领带的系法

领带不同的系法可以产生不同的视觉效果，最常用的系法有以下几种（见图1—18）：

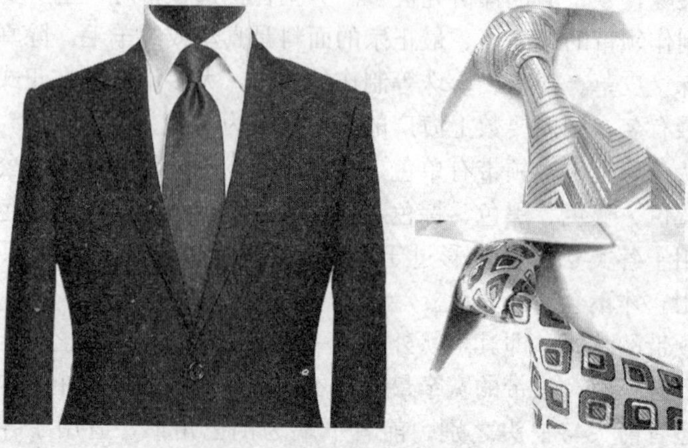

图1—18　领带的不同系法

（1）平结。平结（见图 1—19）为多数男士选用的领结打法之一，几乎适用于各种材质的领带。要诀：领结下方所形成的凹洞需让两边均匀且对称，不过这种凹洞一般只有真丝或纯毛的领带才能打出来。

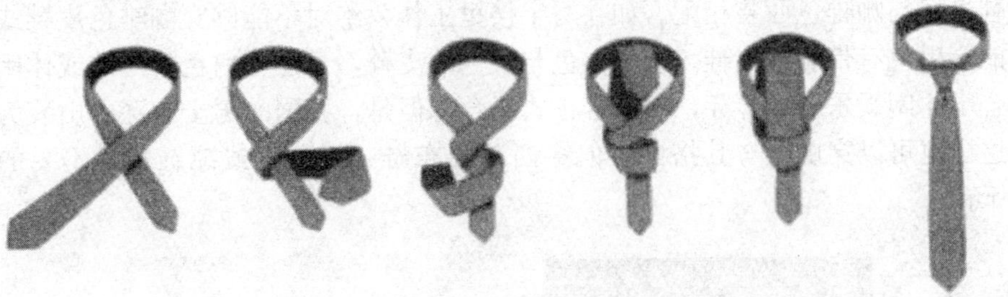

图 1—19　平结

（2）温莎结。温莎结（见图 1—20）是最常用的领结打法之一，适合用于宽领型的衬衫。该领结因多往横向发展，应避免选用材质过厚的领带，领结也勿打得过大。

图 1—20　温莎结

（3）双交叉结。双交叉结（见图 1—21）的领结很容易让人有种高雅且隆重的感觉，适合正式场合选用。该领结多运用在素色且丝质领带上，适合搭配大翻领的衬衫，有种尊贵感。

图 1—21　双交叉结

（八）鞋袜

古人云："千里之行，始于足下。"人要走路，必须穿鞋。鞋，也是一种身份的象征。鞋子和袜子在西方被称为"脚部时装"和"腿部景致"，因此每一位爱惜自身形象的男士都切不可对其马虎大意。男士穿袜子要从长度、颜色和质地着手，袜颈的长度要高于踝关节之上，太短的袜子坐下来时若稍微不留意就会露出皮肉，风度全无。袜子的颜色以单一色调为佳，穿彩条、带图案的袜子不适合商务场合和工作场合，穿黑皮鞋最好配一双黑色袜子。男袜不能太薄或太厚，以棉线袜最好，丝质其次，尼龙袜最好不穿。

男士的皮鞋不管新旧，首先要保持鞋面的清洁。在一切正式场合，男士宜穿黑色或深咖啡色皮鞋。黑色的皮鞋可与任何颜色的西装搭配，如黑色、灰色、藏青色西装，深咖啡色的皮鞋最好与咖啡色西装相配。如在写字楼里工作，绝对不能够穿咖啡色皮鞋或无带皮鞋，只能穿黑色有带制式皮鞋。至于白色与灰色的皮鞋，只能与白色的西装或休闲衣装相配，适合于休闲娱乐的场合穿，不适合正式场合。但是，我国的男士有穿中山装为正装的习惯，这样也可以穿皮鞋与其搭配。但穿西装配布鞋、旅游鞋或凉鞋都是不妥的。如图1—22 所示。

图 1—22 男士鞋袜搭配

（九）手帕

西装手帕（见图 1—23）起装饰作用，是以熨烫平整的各种单色帕折叠而成的，式样很多，如三角形、三尖峰形、任意形和 V 形等，插入西装的上衣口袋，根据不同场合需要，变化成各种图形。装饰手帕使用得当能起到画龙点睛、锦上添花的效果。

图 1—23 手帕

（十）衣袋

上衣两侧的两个衣袋只作为装饰用，不宜装东西；上衣左胸部的衣袋是专装手帕之用的，而名片夹、钱包可置于上衣内侧衣袋。西裤的左右插袋和后袋同样不宜放鼓囊之物，以求臀围合适，裤型美观。

（十一）着西装的七个注意事项

（1）要拆除衣袖上的商标。

（2）要熨烫平整。

（3）要扣好纽扣。

（4）要不卷不挽。

（5）要慎穿毛衫。

（6）穿黑皮鞋禁穿白袜子、尼龙袜。

（7）重要的涉外商务交往中忌穿夹克打领带。

如图 1—24 所示。

图 1—24　男士西装搭配

（十二）西装、衬衫、领带的搭配

正确选用西装、衬衫和领带后，应注意三者间的和谐搭配。整体协调会使你风度翩翩，格外优雅。按一般规律，深色西装配穿白色衬衫，从来就是最合适的搭配。如果杂色西装，配以色调相同或相似的衬衫，结果也可能不坏。但带条纹的西装不可配以方格的衬衫，反之亦然。因为条条加块块，给人以散乱的感觉。总之，人们的一般思路是，衬衫和西装在色调上要成对比，西装颜色越深衬衫越要明快，同时也不能忘了领带的映衬作用。西装的色调深沉稳重，领带的颜色不妨相对明快；而西装的色调朴实淡雅，领带则必须华丽而又明亮，否则看上去会是模糊不清，尤其当衬衫的颜色也不明快时。当然，这也不是绝对的，假如，西装与领带的色调一致，只要两者在颜色上有深浅变化，成为互补，或两者成对比色，且这种对比又是整套西装中唯一的对比，也是有特殊效果的。这里要提醒注意的一点是：西装和领带的花纹（如条纹型）不能重复，即使两者花纹不一样，可以相配，但图案也不宜太大，否则看起来过于奇巧。

在礼仪场合，西装、衬衫、领带通常的搭配方法有：

（1）黑色西装，配白色或浅蓝色衬衫，系砖红色、绿色或蓝色调领带；

（2）中灰色调西装，配白色或浅蓝色衬衫，系蓝色、深玫瑰色、褐色、橙黄色调领带；

（3）墨绿色调西装，配白色或银灰色衬衫，系银灰色、灰黄色领带；

（4）乳白色西装，配以红色略带黑色、砖红色或黄褐色调领带互补的衬衫会更显得文雅气派。

二、男士中山装礼仪

（一）中山装的形成与发展

中山装为服装的一种，是以中国革命先行者孙中山命名的男用套装。上身左右各有两个带盖子和扣子的口袋，下身是西式长裤，由孙中山提倡而得名。由于新中国开国领袖毛泽东经常在公开场合穿中山装，西方也习惯称呼中山装为“毛装”。在20世纪六七十年代，亿万中国成年男性大多穿着中山装。20世纪80年代以后，随着改革开放的深入，西装和其他时装逐渐开始流行。虽然中山装在民间逐渐被人们遗忘，但值得一提的是中国国家领导人在出席国内重大活动时，依旧习惯穿着中山装，比如国庆大阅兵等等。2009年中华人民共和国60周年华诞，胡锦涛主席等国家领导人身着中山装面向世人、面向世界。它具有我国民族的特点，穿着简便、舒适。中山装是广泛吸收欧美服饰优点的基础上形成的，孙中山综合了西式服装与中式服装的特点，设计出的一种直翻有袋盖的四贴袋服装，定名为中山装，此后几十年，中山装大为流行，成为中国男士喜欢的标准服装。在那个年代，作为国家的着装形象，“中山装”关联着民族认同和民族自尊的情感，也体现了民族的凝聚力，是国家的象征和民族的标志。

（二）中山装的设计理念及文化内涵

关于“中山装”（见图1—25），《中华文化习俗辞典》记载说：“孙中山参照中国原有的衣裤特点，吸收南洋华侨的‘企领文装’和‘西装样式’，本着‘适于卫生，便于动作，易于经济，壮于观瞻’的原则，亲自主持设计，由黄隆生裁制出的一种服装式样。”

中山装由于孙中山的提倡，也由于它的简便，实用，自辛亥革命起便和西服一起开始流行。1912年民国政府通令将中山装定为礼服，修改中山装造型，并赋予了新的含义。立翻领，对襟，前襟五粒扣，四个贴袋，袖口三粒扣。后片不破缝。这些形制其实是有讲究的，根据《易经》周代礼仪等内容寓以意义：

图1—25　男士中山装的文化内涵

一是，前身四个口袋表示国之四维（礼、义、廉、耻），袋盖为倒笔架，寓意为以文治国。

二是，门襟五粒纽扣区别于西方的三权分立的五权分立（行政、立法、司法、考试、监察）。

三是，袖口三粒纽扣表示三民主义（民族、民权、民生）。

四是，后背不破缝，表示国家和平统一之大义。

五是，衣领定为翻领封闭式，显示严谨治国的理念。

（三）中山装的材质和做工

中山装做工比较讲究，领角要做成窝势，后过肩不应涌起，袖子同西装袖一样要求前圆后登，前胸处要有胖势，四个口袋要做得平服，丝缕要直。在工艺上可分精做和简做两种，前者有夹里和衬垫，一般用作礼服，与裤子配套穿用；后者不加衬料，适合于日常做便服穿用。中山装的优点，主要是造型均衡对称，外形美观大方，穿着高雅稳重，活动方便，行动自如，保暖护身，既可作礼服，又可作便装。中山装素以其特有的沉着老练、稳重大方的风格博得了广大中老年人和海外华人的青睐，尤其是知识分子依然视中山装为自己的日常服装。在穿着时，要注意由中山装所传递出的意蕴与其人生态度相吻合，要把风纪扣系好，有人图一时的舒适而敞开领扣，这样会使自己在众人眼里显得不伦不类，有失风雅和严肃。

（四）中山装的面料色彩

中山装的色彩很丰富，除常见的蓝色、灰色外，还有驼色、黑色、白色、灰绿色、米黄色等。一般来说，南方地区偏爱浅色，而北方地区则偏爱深色。在不同场合穿用，对其颜色的选择也不一样，作礼服用的中山装色彩要庄重、沉着，而作便服用时色彩可以鲜明活泼些。对于面料的选用也有些不同，作为礼服用的中山装面料宜选用纯毛华达呢、驼丝锦、麦尔登、海军呢等，这些面料的特点是质地厚实，手感丰满，呢面平滑，光泽柔和，与中山装的款式风格相得益彰，使服装更显得沉稳庄重；而作为便服用的面料，选择相对较灵活，可用棉布、卡其、华达呢、化纤织物以及混织毛纺物。

（五）穿着中山装的礼仪

中山装简便实用、庄重大方、寓意丰富，它的诞生成为了中国服饰文化划时代的经典（见图 1—26），代表了中国人民振兴中华、自强不息的爱国精神。穿中山装时，不仅要扣上全部衣扣，而且要系上领扣，如在穿着时图一时舒适而敞开领扣和领钩，这样会有失风雅和严肃，使人觉得不伦不类。此外，穿中山装时不允许挽起衣袖，衬衣要收到裤子里面，不能

图 1—26　男士中山装的穿着

放在外边。特别要注意的是，如果外面没有外衣的时候，不能把衬衣袖子卷起来。同时还要注意皮带不要露在外面。穿中山装和穿西装一样，要配好鞋袜，不能穿凉鞋，运动鞋，不能只穿鞋不穿袜子。

三、男士配饰礼仪

男士的装饰品不多，但很有个人的风格和品位，要精心挑选，宁缺毋滥。

（一）手表

手表对于男士来说是极为重要的（见图1—27）。男士可从中得到一种自信和力量。在正规的社交场合，手表往往被视为首饰，对于平时只有戒指一种首饰可戴的男士来说，更是备受重视。在西方国家，手表、钢笔、打火机曾一度被称为成年男子的“三件宝”，是每个男人须臾不可离身之物。因此手表是男士的首选饰品，它不仅实用，也可以体现出有较强的时间观念。男士应选用风格庄重、保守的手表。在形状上正圆、正方、椭圆、长方形手表都可以考虑，但异型表就不适合了，在颜色上应力戒繁杂凌乱，一般宜选择单色手表或双色手表，不应选择三色或三种颜色以上的手表。不论是单色手表还是双色手表，其色彩都要清晰、高贵、典雅，全黄、全银、全黑色是首选，也可以表壳、表带为金色、银色、黑色中任意两种颜色混搭。同时要注意不能戴失效表、劣质表、怀式表、广告表、卡通表。

图 1—27　男士手表的搭配

（二）钢笔

虽然随着电脑的普及，钢笔（见图1—28）的使用频率远远低于以前，但钢笔也是常用的工作用品之一。因为使用的场合较多，所以在选择时，男士可以选择一款自己经济能力能承受的品牌钢笔。在颜色上，传统的黑色、灰色、金色、银色是首选，避免使用装饰较复杂的钢笔。钢笔应随身携带，同时保证墨水充足，甩墨水是一个不雅的动作。钢笔应放在公文包、上衣口袋处，不可乱放在西装上衣外侧左上方的口袋上、裤兜内，更不可夹在耳朵上。做到藏而不露，一旦要用时，在露出笔来的一刹那，让人不禁惊羡其笔的精致与高级，从而达到瞬间提高自己在别人眼中文化品位的目的。

图 1—28　钢笔

（三）眼镜

眼镜不仅仅适用，而且它越来越时尚、个性，是现代人修饰脸形的重要饰物。男士在选择眼镜时，应考虑镜架与身材、脸形和肤色是否相协调。身材矮小者不宜戴深色宽边的大眼镜，因为它会给人压抑感和沉重感，身材消瘦的人戴浅色、细边框的眼镜较适合。圆脸脸形，面部轮廓线圆满，最好选用圆中带方、稍有棱角的细边眼镜或无底边眼镜框。对于长形脸，可选方形或长方形镜框，镜框上下框将脸横向切割，会打破长脸的直线感。方形脸的人不宜选用圆镜框，眉毛粗浓的人不要戴眉框粗重的镜架，否则，仿佛又生了两条眉毛，最好选择扁圆形的镜架，以柔和脸上突出的棱角。对三角形脸，镜架应设计成上重下轻，上侧眉框要粗重有力，下侧要醒目有力，以使别人目光向两边打开。皮肤较黑的人，应选用较为明亮的镜框，皮肤白皙者可选用浅色镜架，皮肤发黄的人，宜用暖色调镜架。

（四）公文包

公文包已被大家公认为“移动的办公桌”，男士在选择公文包时要注意其实用性和美观性。面料以真皮为宜，并以牛皮、羊皮制品为最佳。在常规的情况下，黑色、棕色公文包为最正统的选择，当然公文包若是和皮鞋、腰带色彩一致，则看上去十分完美而和谐。男士所用的公文包在外表上不宜再带有任何图案、文字。最标准的公文包，是手提式的长方形公文包。穿休闲装时也可以选择一个好的尼龙帆布电脑包。使用公文包的基本要求：用包不宜多、用包不张扬、用包不乱装、用包不乱放。

（五）皮夹

皮夹是男士重要的随身物品，是男士整体形象不可忽略的一部分。颜色可选含有华贵之感的暗咖啡色和黑色。但值得注意的是，无论你携带的皮夹款式如何，质量如何，都不应该塞满东西，使得皮夹过分鼓胀，有失雅观。

（六）皮带

男士在选择皮带时，要注意颜色应选用单色，多色皮带是不能配正装的，一般黑色、棕色是首选，皮带上的图案除了商标以外，不应有其他任何图案，配正装的皮带最好宽 3 厘米，系好后长过皮带环扣约 10 厘米，皮带的环扣一般为金属制品，最好选择金色、银色和黑色，皮带上不宜挂手机、钥匙、打火机等任何物品。

如图 1—29 所示。

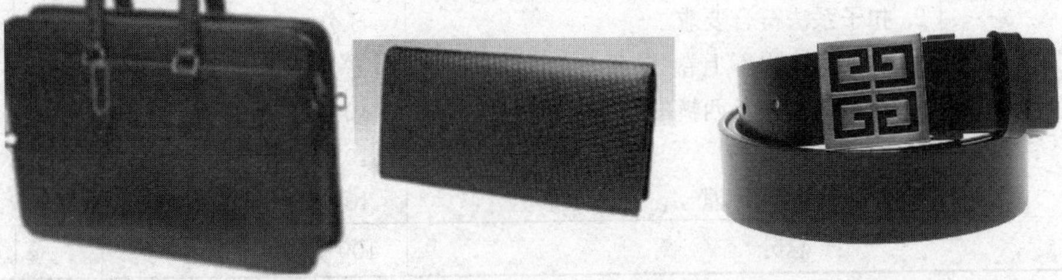

图 1—29　公文包、皮夹和皮带

基础练习

一、解答题

1. 在不同的场合下，对服装的款式有哪些要求？
2. 请简述中山装的设计理念及文化内涵。
3. 职业女性穿着套裙时需要注意哪些问题？
4. 男士穿西装应注意哪些与配饰相关的基本常识和技巧？
5. 女士佩戴首饰为什么以少为佳？佩戴首饰有哪些原则？

二、实训题

将学生分为男女两组，按各自的服饰搭配原则、方法进行搭配，教师对每个学生的服饰进行点评。针对每个学生自身的体型和气质进行相应的服饰指导。测评见表1—1。

表1—1 **服饰礼仪测评表**

考生单位： 考生姓名：

项目	评分细则	配分	评价等级			得分
			优	良	及格	
选择服装款型	1. 会辨别各种服装款型 2. 根据自己体型特点选择相应的款型	5分 10分				
选择服装领型	1. 会辨别各种服装领型 2. 根据自己脸型特点选择相应的领型	5分 10分				
选择服装色系	1. 分析各种色系对肤色产生的影响 2. 根据自己肤色选择相应的色系	10分 10分				
女士服饰搭配	1. 套裙的款式、面料选择合理 2. 衬衫穿着符合规范 3. 内衣的色彩和穿着规范 4. 裙装不短于膝上15厘米 5. 衣领不低于两个腋窝直线以下 6. 鞋袜的穿着符合规范要求 7. 配饰的选择与服装相协调并不超过三件	10分 10分 5分 5分 5分 5分 10分				
男士服饰装搭配	1. 领带打法符合标准 2. 扣子系法符合要求 3. 衣袖、裤边不上卷 4. 西装的上衣及西裤的口袋不可装物品 5. 配好鞋袜 6. 衬衫的选择合理	10分 5分 5分 10分 10分 10分				
总分		100分				

注：此处为男女分开计分，基础分50分加上女士服饰礼仪50分为女士考核总分100分，基础分50分加男士服饰礼仪50分为女士考核总分100分。

第二章　仪态礼仪

【知识目标】

1. 深刻认识到仪态礼仪在学习、生活、工作中的重要性。

2. 熟练掌握站、坐、走、蹲姿、微笑、手势和表情礼仪的动作要领。

3. 学会标准的站姿、优美的走姿、典雅的坐姿和蹲姿。

【能力目标】

1. 掌握在社交场合中常用的几种规范手势的具体做法与要求，以及如何巧妙运用表情、眼神和微笑礼仪等。

2. 懂得怎样控制眼神，怎样保持自然微笑，并能熟练地掌握和巧妙运用各种手势和表情。

3. 仪态礼仪最终应达到：全面提高身体素质，矫正形体的不良姿态，增强自身的控制能力和美感。

【案例导入】

1972 年 2 月 21 日，美国总统尼克松访华，他乘坐的专机中午抵达北京，周恩来总理和其他接待人员前往机场迎接。当时，中美双方正谋求改善两国的紧张关系。尼克松步出机舱后，周总理并没有带头鼓掌，周围的气氛顿时紧张起来，其他接待人员都诧异地看着周总理。然而就在尼克松下到舷梯中央时，周恩来才鼓起了热烈的掌声，这时候，尼克松也微笑着报以掌声。

在接下来的欢迎宴会上，周总理也没有像往常和其他国家领导人碰杯时一样，让自己的酒杯上沿去碰对方杯子的中间部分。向尼克松敬酒时，周恩来总理特意让自己酒杯的杯沿和尼克松杯沿持平碰杯。这一次的会晤结束时，尼克松对我方的接待工作，给予了“合于礼而不热”的极高评价。

【案例评析】

“真诚的笑容，刚毅的眼神，适宜的肢体语言，不仅能征服一个又一个困难，更能传递出一种坚定的信念，民族的声音。”——周恩来。有一句老话说：“行动胜于语言。”周总理合理的肢体语言既尊重了对方又显示了我方不卑不亢的立场。在以后的外交中，面对外国首脑和记者的挑衅，周总理也是一次次用自己的语言和举止，维护了中国的尊严与主权。可见适度而自然、自信的肢体语言，能使我们的沟通更加自如。

引言：古人并非只重外表，而是主张表里一致。“威仪文辞，表也；德行忠信，里也”，圣人必须表里齐一。孔子则说：“质胜文则野（粗野），文胜质则史（虚浮）。”所以君子必须文质彬彬。

释义：内在品质胜过外在文采，就会粗野；外在的文采胜过内在品质，就会浮夸虚伪。“礼”是协调各种关系，维护社会秩序的制度规范中所蕴涵的基本精神和原则，“仪”则是体现这种精神原则的外在形式，二者相辅相成。“礼”要靠“仪”来体现，“仪”则必须贯彻“礼”的精神。“礼”没有“仪”的形式，就成为空洞而抽象的东西；“仪”如果脱离了“礼”的精神实质，只注重揖让周旋、章服制度等外在形式，也就会失去其意义。只有德性动于内，礼仪动于外，才可能显示君子的气质风度。

古人无论是在社会交往还是在家庭生活中，都十分注意仪态举止的文明合“礼”。注重仪表仪态是作为君子必备的品性，“文质彬彬，然后君子”。“文”指一个人的外在容仪，“质”指一个人的内在德行，内外并具，才可称君子。古人说：“夫容貌者，人之符表也。符表正，故情性治；性情治，故仁义存，故盛德著。”可见古人是把言行举止这样属于个人修养的事提高到了齐家、治国、平天下的高度。

仪态，又称体姿，指一个人的姿态，泛指人的身体呈现出来的样子。人的姿态是无声的语言，能够表达有声语言所不能表达的真情，而且比有声语言更加简洁生动、真实形象，仪态礼仪在交往活动中往往受到高度的重视。根据社交礼仪规范，仪态主要包括：站姿、坐姿、走姿、蹲姿、手势和面部表情等等。仪态美可以反映出一个民族的文明素质，道德水准。从这一点来说，仪态是体态语的一个子集。中华民族的传统文明是我们进行精神文明建设的根基。正确地运用仪态礼仪要做到：自然、文明、稳重、美观、大方、优雅、敬人。

第一节　站姿与坐姿规范

【案例导入】

20世纪60年代，美国总统约翰逊访问泰国。在受到泰国国王接见时，约翰逊竟毫无顾忌地跷起了二郎腿，脚尖正对着国王。而这种姿势，在泰国被认为具有侮辱性，因此引起泰国国王的不满。更为糟糕的是，约翰逊在告别时居然用德克萨斯州的礼节紧紧拥抱了王后。在泰国，除了泰国国王外，任何人都不得触及王后，这使得泰国举国哗然。约翰逊的举动造成了不小的遗憾，也成了涉外交往中的典型笑话。

一、标准的站姿

人的仪表美，是从优美的形体姿态来体现的，而优美的姿态又是以正确的站姿为基点。站姿是人们生活、工作及交往中最基本的举止之一。古人有云“立必方正，不倾听”，意思就是说在正式的场合，站立的姿势一定要正向一方，不要歪着头，探听左右。姿态是一个人内在修养的最直接的外在表现，正确的站姿要站得端正、稳重、自然、亲切。优美、典雅的站姿能衬托一个人美好的气质和风度，因而站姿作为一切动作的基础，应当得到真正的重视和有效的训练。

(一) 站姿的动作要领

标准站立的姿势：脖颈挺直，双目平视前方，抬头挺胸收腹，下颌微收，面带微笑，两肩放松。气息提到胸部，胃部向上顶，整个气息保持在胃部胸部，有节奏地呼吸，避免下沉。双手臂放松，自然下垂于体侧，虎口向前，手指自然弯曲，中指贴近裤缝，同时立腰提髋，大小腿并拢，两脚跟相靠，身体重心主要支撑于脚掌、脚弓上，整个站姿能给人以挺拔、舒展、线条优美、精神焕发的感觉。如图 2—1 所示。

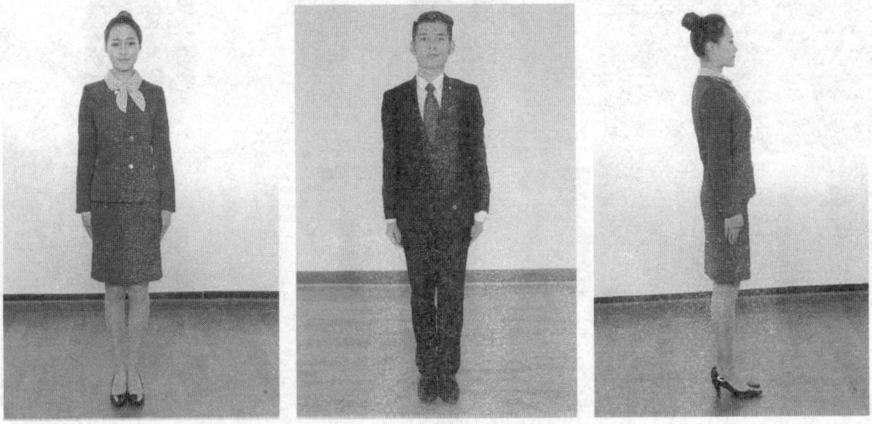

图 2—1　标准站姿

(二) 常用的站姿类型

站立姿势，又称站姿或立姿，是指人在停止行动后直立身体双脚着地的姿态。这种静态的身体造型是其他动态的身体造型的基础与起点。人际交往中，站姿是一个人全部仪态的根本。“站有站相”既是对自然美的一种要求，又是对一个人礼仪修养的基本规范，良好的站姿能衬托出一个人超凡脱俗的气质和风度。但由于男女性别差异，因而对其基本站姿又有一些不尽相同的要求。男士站姿要求稳健、挺拔的阳刚之美；女士站姿要求端庄典雅、亭亭玉立的阴柔之美。

1. V 字步站姿

在做好标准站姿规范的基础上，大小腿并拢，两脚跟相靠，两脚跟之间夹角 45°～60°(在训练过程中，两脚尖之间的距离为自己的脚长)。如图 2—2 所示。

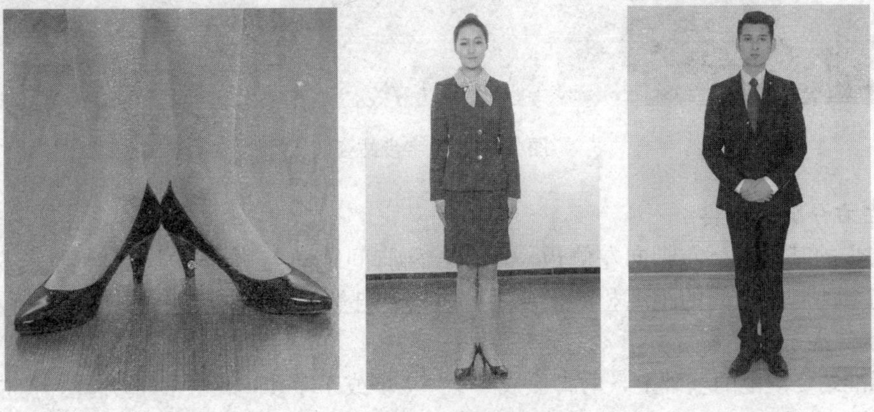

图 2—2　V 字步站姿

2. 并腿式站姿

在做好标准站姿规范的基础上，两脚并拢，两膝并严，两腿直立，立腰提髋，抬头挺胸收腹，下颌微收，双目平视前方，双手自然下垂，脚尖正对前方。如图 2—3 所示。

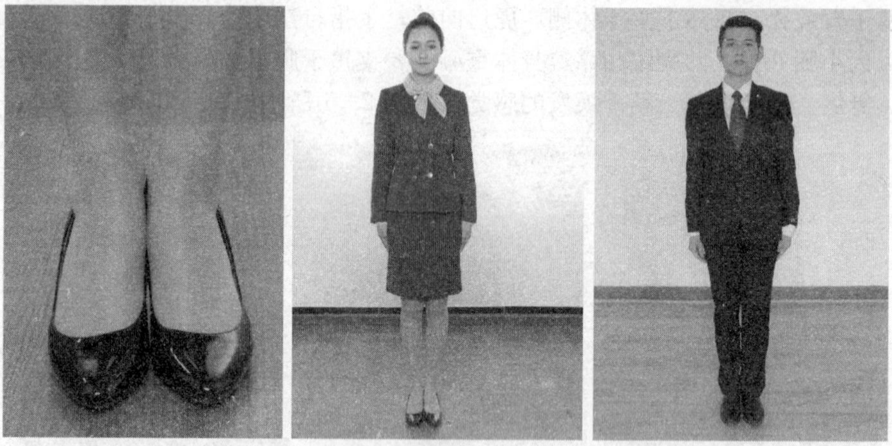

图 2—3　并腿式站姿

3. 丁字步站姿

在 V 字步的基础上，两脚尖略展开，右脚在前，将右脚脚跟靠于左脚内侧中间部位，两脚尖展开 45°，身体重心可于两脚之上，也可于一脚之上，通过两脚重心的转移以减轻疲劳。这是右脚的丁字步，若左脚在前，则为左脚的丁字步（动作规范同右脚丁字步）。如图 2—4 所示。

图 2—4　丁字步站姿

4. 左右分腿式站姿

在并步的基础上，左脚向左侧迈一小步，两脚间距离与肩同宽，以 20 厘米为宜，两脚尖之间与两脚跟之间的距离相等，两手臂放松，自然下垂于体侧。如图 2—5 所示。

5. 体前握手式站姿

在标准站姿规范的基础上，两脚形成“V”字步或丁字步，两手四指并拢，拇指打开交握于体前，成握手式（男士左手重叠于右手上），身体重心在两脚之间。如图 2—6 所示。

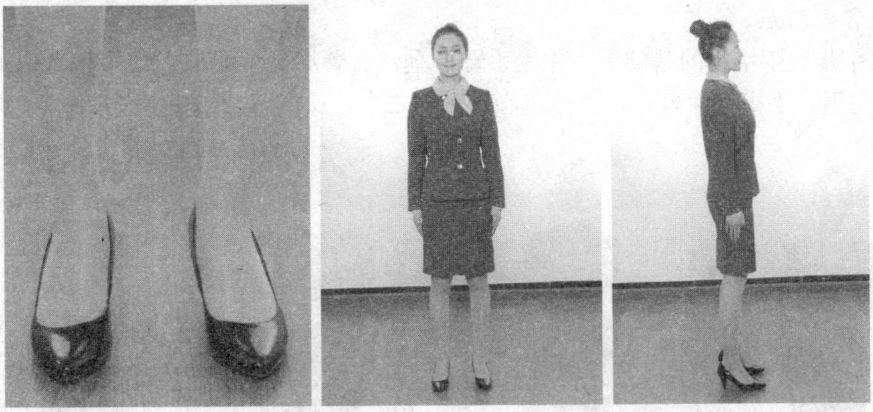

图 2—5　左右分腿式站姿

图 2—6　体前握手式站姿

6. 体后背手式站姿

在标准站姿规范的基础上，两腿并拢，两脚形成“V”步，脚尖分开形成 60°～70°，两手在身后握手。或两腿分开，两手体后背手，形成“大八字”。如图 2—7 所示。

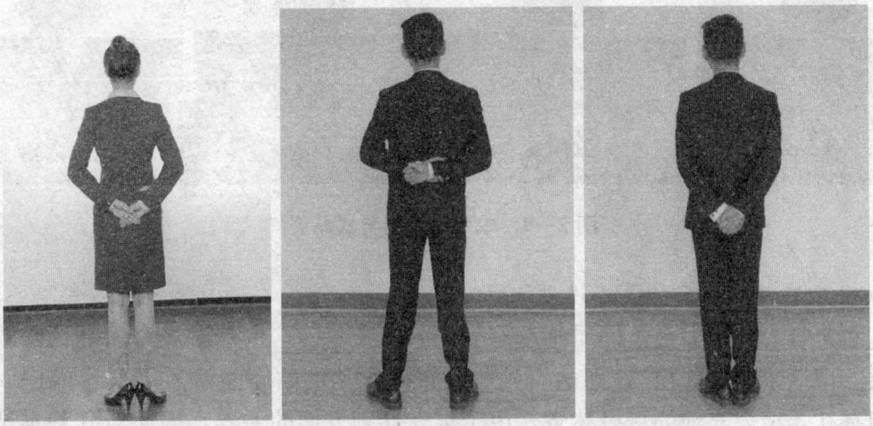

图 2—7　体后背手式站姿

7. 曲臂式站姿

在V字步或丁字步的基础上，左手手臂下垂，右臂肘关节弯曲，前臂抬至横膈膜处，右手手心向里，手指自然弯曲，身体重心于两脚之上。反方向动作相同。如图2—8所示。

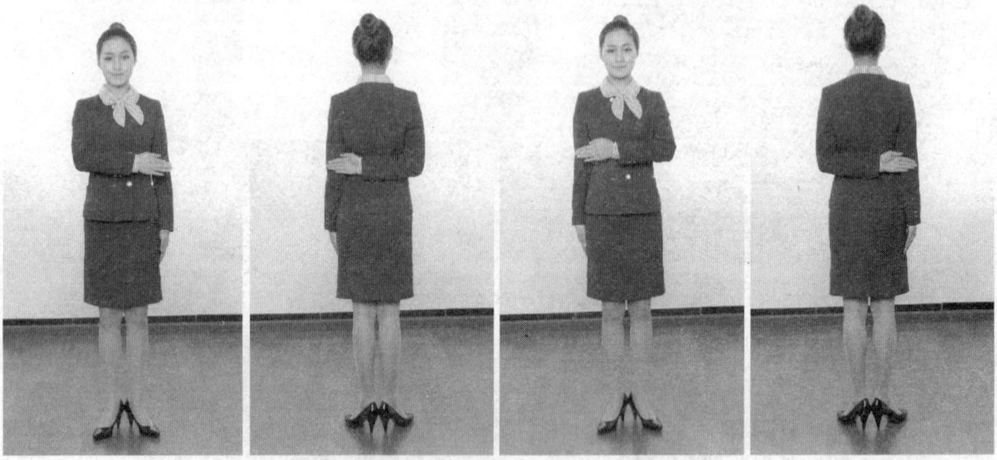

图2—8 单手体前（体后）曲臂式站姿

8. 单手体后斜背式站姿

两腿并拢，两脚尖展开60°，左脚向前，脚跟靠于右脚脚心内侧，形成左丁字步，身体重心分布于两脚上。两肩自然下沉，右手斜背、左手臂下垂于体侧，身体重心于两脚之上。反方向动作相同。如图2—9所示。

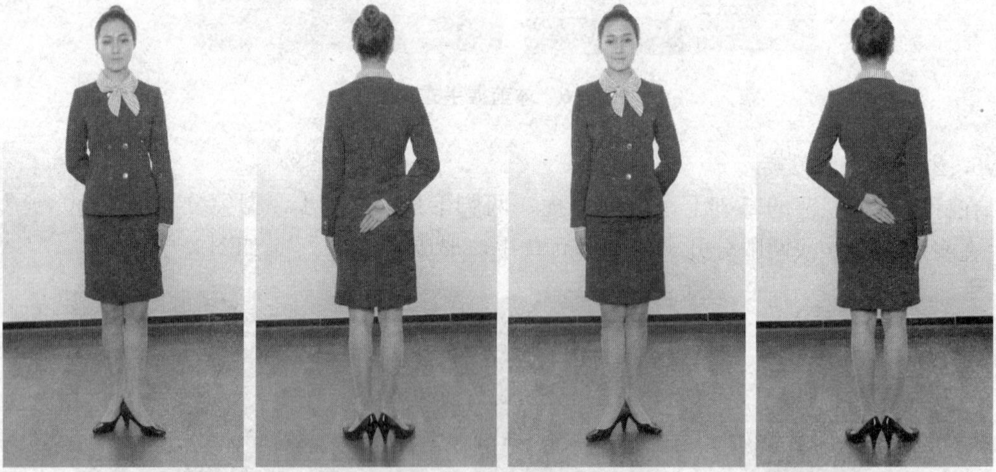

图2—9 单手体后斜背式站姿

9. 女士常态站立姿态的手姿造型

优美而典雅的站姿，是不同质感动态美的起点和基础，也是对一个人礼仪修养的最基本的要求。俗话说“站如松”，即站有站相，正确优美的站姿能给人以典雅端庄、俊美大方、亲切有礼、精力充沛的良好感觉，由于男女性别方面的差异，因而对其基本站姿又有不同的要求，一般而言，女士常态站立姿态的手姿造型有以下几种（见图2—10）：

（1）下压式；
（2）重叠式；
（3）扣握式；
（4）交叉卷握式。

图 2—10　下压式、重叠式、扣握式、交叉卷握式（从左至右）

（三）不同场合的站姿

在不同的场合下，站姿应符合以下礼仪规范（见图 2—11）：

（1）回答问题时，站姿应该是身体微微前倾，表示对提问者的尊重。

（2）在升国旗、奏国歌、接受奖品、接见等庄严的仪式场合，应采取“肃立”的姿势。“肃立”类似标准站立姿态，但神情严肃，身体不可中途乱动，眼可随物慢慢移动（如升国旗、接见人等），可看着有关人员，目光不一定平视。

（3）在演讲时，两脚脚跟落地，站稳站直，胸膛自然挺起，不要耸肩，或过于昂着头。为了减少身体对腿部的压力，减轻双腿的疲倦，可以用双手支撑在讲台上，两腿轮流放松。

图 2—11　不同规格礼宾接待站立姿态的手姿造型（迎宾、礼宾和贵宾）

(4) 在主持公关性质的文艺活动和庆典仪式时，为了使站立姿势更加优美，可以将双腿并拢，站成“V”字步，或“丁字步”。站“V”字步时，双手臂体前握，右手在左手上，分低位、中位、高位。身体重心向上，抬头、挺胸、立腰、收腹、提臀，亭亭玉立，富有女性魅力。

(四) 站姿的训练方法

1. 五点靠墙法

背墙站立，脚跟、小腿、臀部、双肩和头部靠着墙壁，以训练全身的控制能力。

2. 头上顶书法

站立者按基本动作要领站好后，在头上顶一本书，努力保持书在头上的稳定性，以训练头部和身体的控制能力。

3. 双腿间夹纸法

站立者两腿并拢，在两腿之间夹上一张纸，保持纸不松、不掉，以训练全身的控制能力，养成站立时不分腿的好习惯。

4. 对镜训练法

面对镜子，检查自己的站姿及整体形象，看是否歪头、斜肩、含胸、驼背、弯腿等，发现问题及时调整。

站姿训练（见图 2—12）每次的时间不少于 20 分钟，训练时最好配上节奏感强、欢快、有较强的呼吸感、能调动人体的内在潜力的音乐，这样可以缓解疲劳，提高训练效果。

图 2—12 站姿的训练

(五) 应避免的不良站姿

所谓不良的站姿，就是指人们不应当出现的站立姿势。他们有的姿态不雅，有的则显得对他人不尊重，且有损自己的形象。因此，在日常生活中我们需要避免下列的不良站姿：

1. 身躯歪斜

古人对站姿曾提出过“站如松”的要求，因此人们在站立时是以身躯正直为美，而不允许出现歪歪斜斜的情况。在站立时，身躯出现歪斜，如头偏、肩斜、身斜歪、腿曲，或是膝部不直，不但看上去东倒西歪，破坏自己的美感，而且让人觉得你颓废消沉、自由放纵。

2. 弯腰驼背

弯腰驼背，除了有腰部弯曲、背部弓起之外，还大多伴有颈部弯曲、胸部凹陷、腹部挺出、臀部撅起等一些其他的不良体态。显得一个人缺乏锻炼、健康不佳，无精打采，往往对个人形象的损害很大。

3. 趴伏倚靠

在工作岗位上，你要确保自己“站有站相”，就不能在站立时自由散漫，随便偷懒。在站立时，随随便便地趴在一个地方，伏在某处左顾右盼，倚着墙壁或趴前而靠后，都是不可取的。

4. 双腿大叉

不管是基本的站姿还是变化的站姿，均应切忌：双腿自由站立时分开的幅度在一般情况下以越小越好，在可能之时，双腿并拢最好。即使是将其分开，通常也要注意不能使二者间的距离大于肩宽，这样才能使自己的站姿好看。

5. 脚位不当

在工作岗位上时，双脚的位置是有一定要求的，在正常的情况下，双脚站立成V字形式或丁字形式、平行式等脚位。不能站成“人”字式脚位，即内八字脚位，站立时双脚脚尖靠在一起，而后脚跟却大幅度地分开来。也不能站成蹬踏式，即站立时为图舒服，一只脚踩在地的同时，另一只脚踩在椅面上或桌面上。这两种脚位看上去都是不堪入目的，歪着脚站，也很不美观。

6. 手位不当

在站立时，手位不当就与脚位不当一样，也会影响整体美观。在站立时不当的手位主要有：一是将手放在衣服口袋里；二是将手抱在胸前；三是将手放在脑后；四是双肘支于某处；五是有双手托着下巴；六是手持私人物品。

7. 浑身乱动

在站立时，是可以略做体位变动的，但是站立是一种相对静止的状态，因此不宜在站立时频繁地变动体位，甚至浑身上下乱动不停，手臂挥来挥去，身体扭来扭去，双脚抖来抖去，这都是非常影响站姿美感的，因此一定要避免。

8. 半坐半立

在工作时，不能因为想偷懒，而擅自采取半坐半立之态，这样给人一种非常随便的感觉。

二、典雅的坐姿

坐姿是一种静态的造型，“坐要有坐相”，这是对一个人礼仪素质的基本要求之一，优雅的坐姿传递着自信、友好、热情的信息，同时也显示出高雅庄重的良好风范；端庄优雅的坐姿，会给人以文雅、稳重、自然大方的美感。而不良的坐姿则显得散漫不礼貌，因而我们应根据所处场合、着装以及沙发或椅子的高低采用不同的坐姿，保持正确的坐姿仪态。

（一）坐姿的动作要领

1. 坐姿基本要领

（1）头部。头部端正，双目平视，面带微笑，下颌微收，脖子挺直，不能出现仰头、低头、歪头、扭头等情况。

（2）躯干。落座后，身体端正舒展，重心垂直向下或稍向前倾，腰背挺直，臀部占椅面的 2/3，沙发的 1/2。

（3）腿部。小腿与地面成 90°，女子双膝并拢，男子可分开一些，但不要过大，一般不超过肩宽，双脚并齐。

（4）双手。两臂自然弯曲内收，双手放于左右大腿上或座位的扶手上

（5）整体协调。注意四肢协调配合，即头、胸、髋三轴，与四肢的开、合、曲、直对比得当，便会形成优美的坐姿。

如图 2—13 所示。

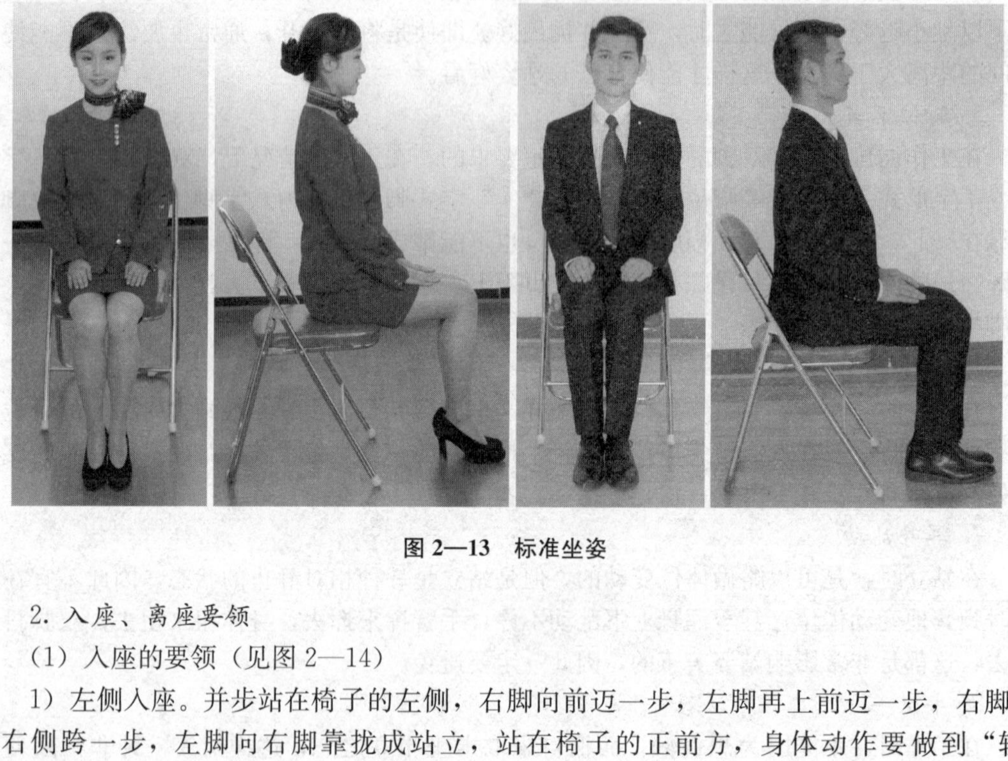

图 2—13　标准坐姿

2. 入座、离座要领

（1）入座的要领（见图 2—14）

1）左侧入座。并步站在椅子的左侧，右脚向前迈一步，左脚再上前迈一步，右脚再向右侧跨一步，左脚向右脚靠拢成站立，站在椅子的正前方，身体动作要做到“轻、柔、紧”。

2）确定位置。不论从哪个方向入座，都应在离椅前半步远的位置立定，右脚轻轻地向后退半步，小腿有触碰椅子的感觉，以确定位置。

3）整理裙装。女士着裙装入座时，应用手沿大腿侧后部轻轻地把裙子向前拢一下，以显示娴雅端庄，切不可在坐下后再整理衣裙。

4）轻缓就座。坐下时，身体重心徐徐垂直落下，臀部接触椅面要轻，避免发出声响。

5）调整体位。坐下之后，双腿并拢，落座轻缓。为使坐得端正舒适，可在坐下后调整一下体位。入座时，臀部占椅子的 2/3、沙发的 1/2，避免瘫坐、斜坐、靠坐。

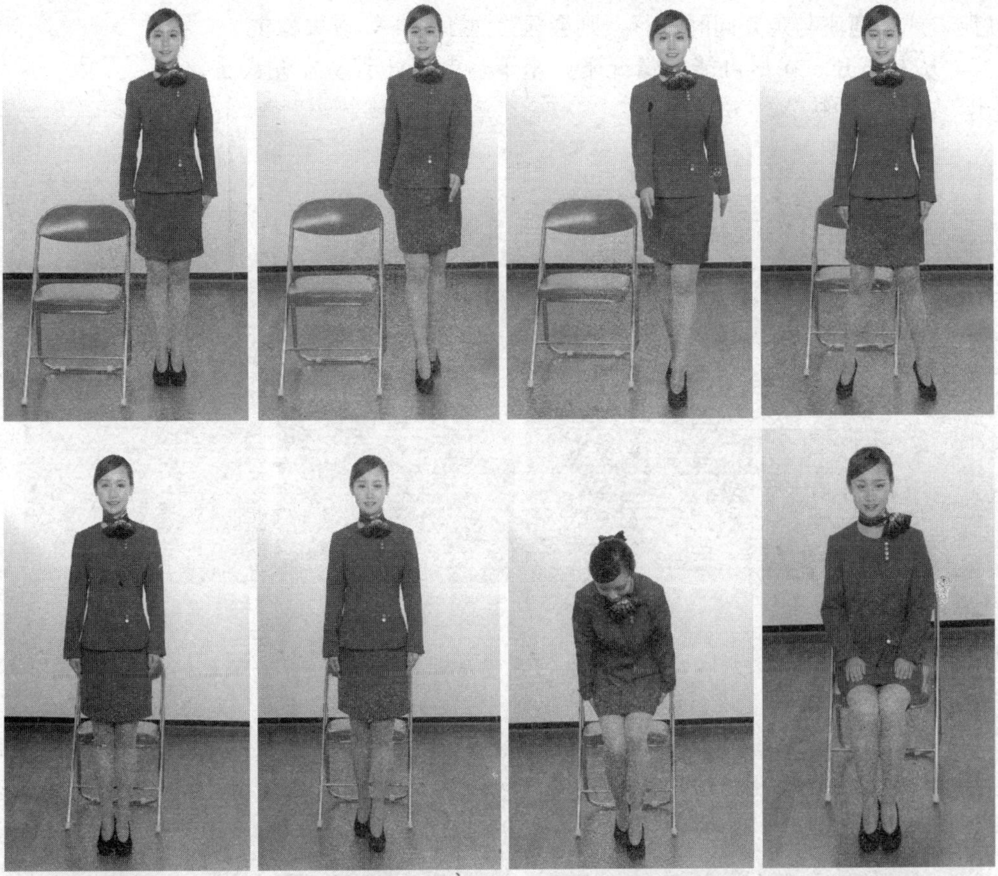

图 2—14　入座

小贴士：为什么要从椅子左侧入座？

古时的西方，男女都要佩剑防身。这个传说如今我们依然可以在某些欧洲王室的护卫队演习中看得到。因为佩剑是挂在左腰间的，所以为了使剑身不妨碍入座，当时的人们都有站在椅子的左边，然后右脚向前跨一步后入座的习惯。沿袭至今，这个站在椅子左侧的入座方式也自然而然成了餐桌礼仪的一部分。

（2）离座的要领（见图 2—15）

1）先有表示。离座时，身旁若有人在座，须以语言或动作向其先示意，右脚向后退半步，身体向前倾斜，前脚掌着地，腿紧张腰紧张，控制身体重心，随后起身站立。猛然起身会惊扰邻座和周围的人。

2）注意次序。与他人同时离座，须注意起身的先后次序。地位低者，应稍后离座；地位高者，则可首先离座。

3）缓慢起身。起身离座时，动作要轻缓，无声无息，尤其要避免“拖泥带水”，弄响坐椅，或将椅垫、椅套弄掉在地上。

4）站好再走。离开坐椅后，先要采用“基本的站姿”。站定之后，方可离去。若是起身便跑，或是离座与走开同时进行，则会显得过于匆忙，有失稳重。

5）从左离开。在尽可能的情况下，坐下后起身，宜从左侧离去。与“左入”一样，“左出”也是一种礼节。

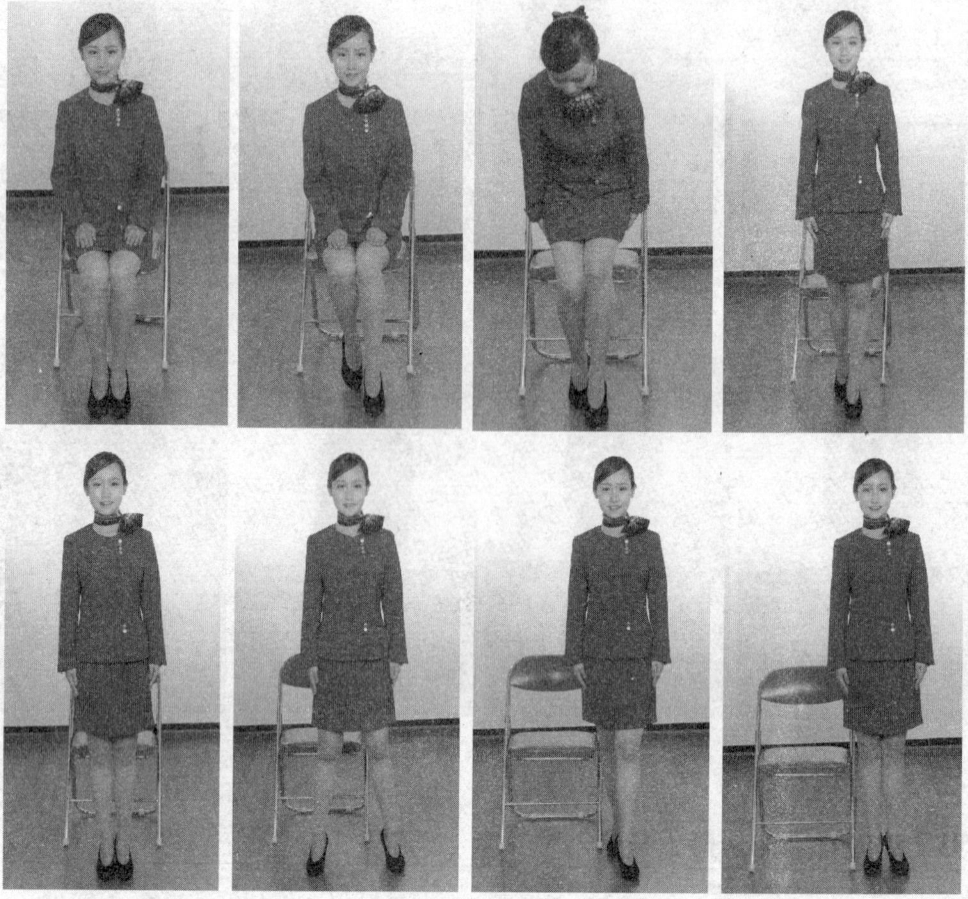

图 2—15　离座

（二）常用的坐姿类型

按照国际惯例，坐姿可分为端坐、侧坐、跪坐、盘坐等，常用的坐姿有以下几种：

1. 并步式（见图 2—16）

在正式场合，入座者头部端正，下颌微收，双眼平视前方，面带微笑，腰背挺直，小腿与地面垂直，两膝并拢，脚尖正对前方，两臂自然弯曲内收，双手放在大腿上。

2. 左右分腿式（见图 2—17）

在并步式坐姿的基础上，双腿左右分开，脚尖正对前方，女士两膝靠拢，男士两膝分开与肩同宽。

3. 前后错步式（见图 2—18）

在并步坐姿的基础上，左腿垂直于地面，右腿向后退半步，用前脚掌着地，脚后跟稍有抬起，两膝靠拢，身体稍向前倾，双手叠放在双腿之间，若左腿在前，就右手重叠于左手之上。

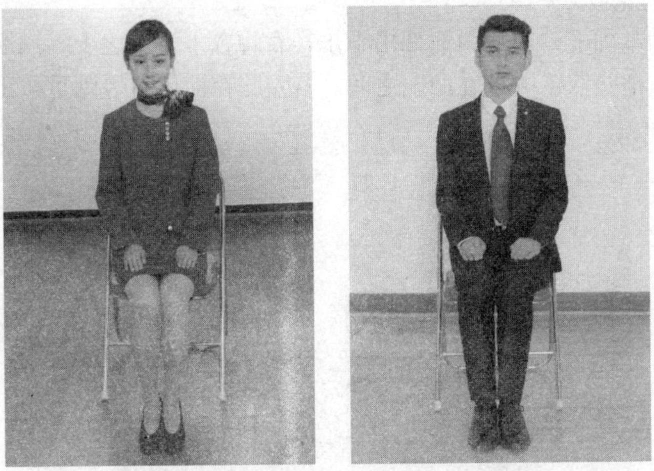

图 2—16　并步式坐姿

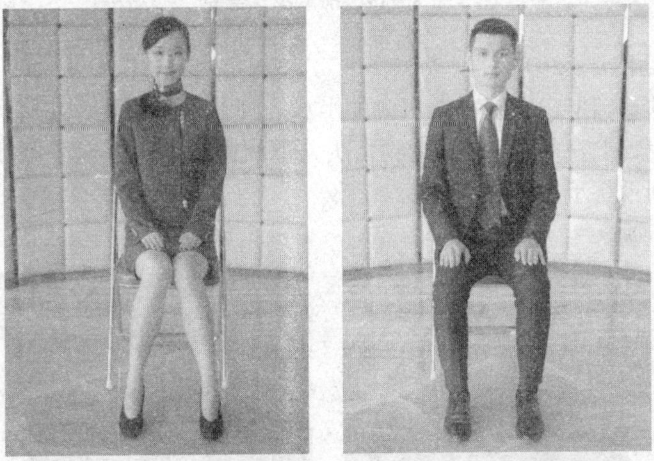

图 2—17　左右分腿式坐姿

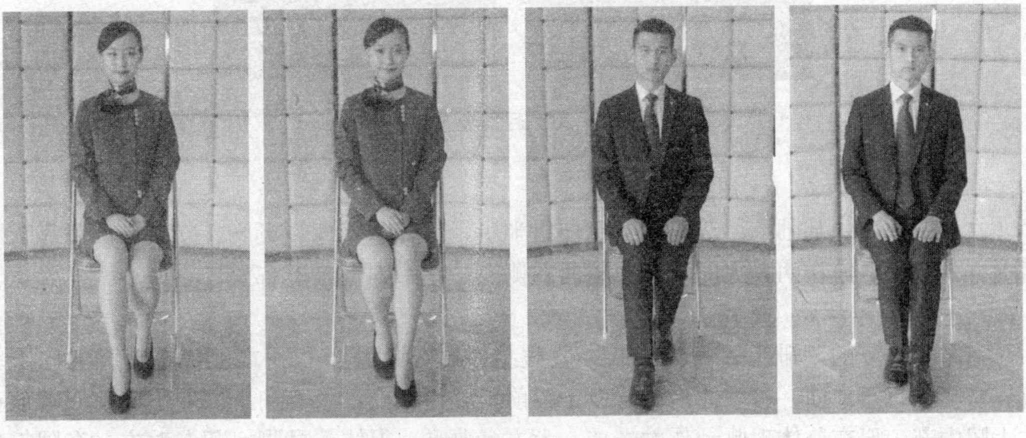

图 2—18　前后错步式坐姿

4. 前索步式（见图 2—19）

在并步坐姿的基础上，双腿向前伸出半步，右脚置于左脚之上，两踝关节处相交，两腿并拢，两脚尖点地。双手叠放在两腿之间（若左腿在前，右手则重叠于左手之上）。

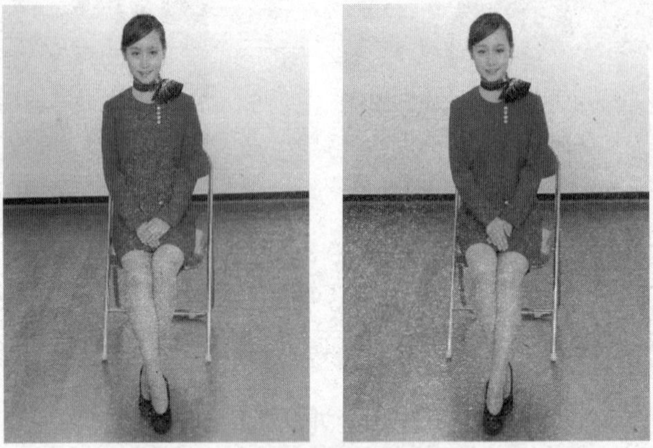

图 2—19　前索步式坐姿

5. 后索步（见图 2—20）

在并步坐姿的基础上，右腿稍向右侧伸半步，脚掌内侧着地。左脚提起，挂在右脚踝关节处。双腿并拢，上身左转 45°，挺胸抬头，下颌微微上抬。双手叠放在双腿之间（若左腿在后，左手则重叠于右手之上）。

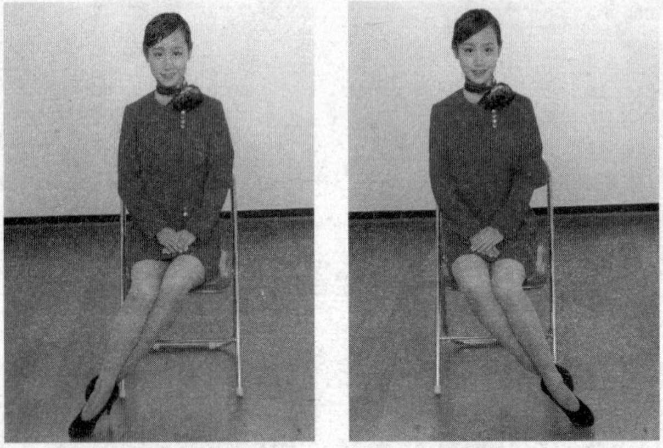

图 2—20　后索步式坐姿

6. 双腿侧点步式（见图 2—21）

在并步坐姿的基础上，双腿向左侧伸出半步，前脚掌着地，挺胸、立腰，两膝靠拢正对前方，双手叠放在两腿之间（若双腿向左侧点，左手则重叠于右手之上）。

7. 向前小攀步式（见图 2—22）

在并步坐姿的基础上，身体正直，收腹抬左腿，重叠于右腿之上，左腿脚尖向下绷直，右腿垂直于地面，右手体前屈臂放于腹前，五指并拢，手心向下，左手向前屈臂放在左大腿中部。要充分体现此动作的端庄、大方、典雅、得体，忌脚底朝向对方（在阿拉伯国家以及东南亚国家，认为这是极其不礼貌的动作）。

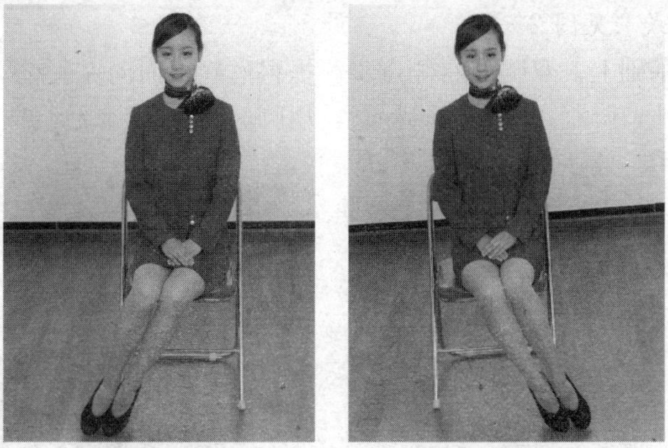

图 2—21　双腿侧点步式坐姿

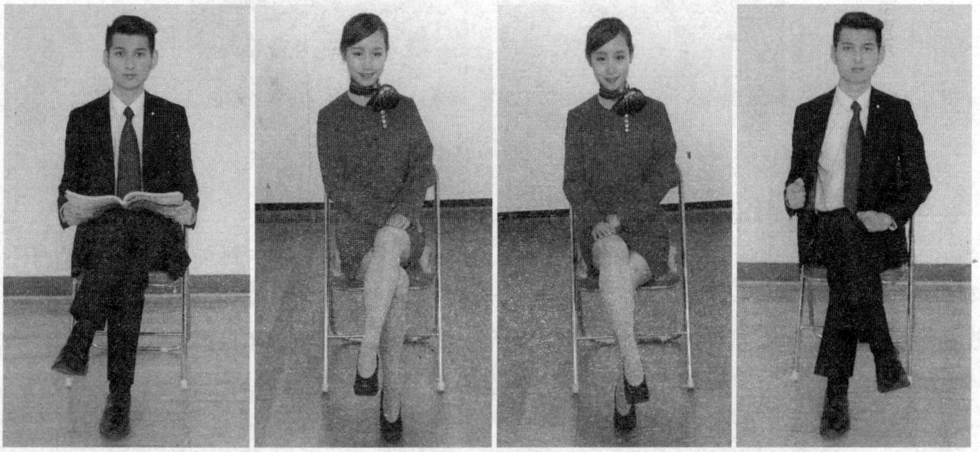

图 2—22　向前小攀步式坐姿

8. 侧攀步式（见图 2—23）

在并步坐姿的基础上，右腿向右侧点步，收腹抬左腿，屈膝重叠于右腿之上，双腿并拢，双手重叠放在大腿中部。腰背挺直，双目平视前方（若左腿在下，则右手重叠与左手之上）。

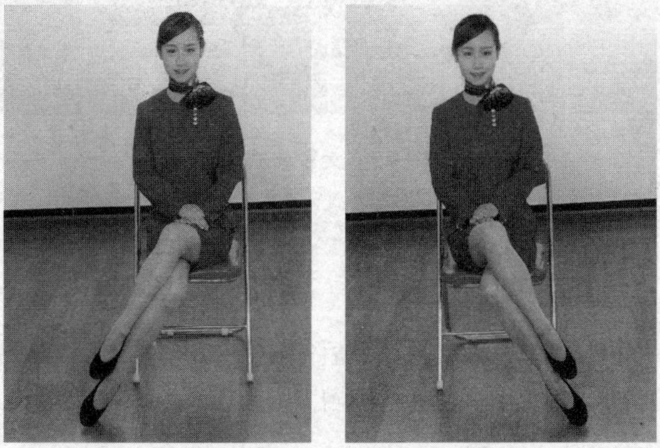

图 2—23　侧攀步式坐姿

9. 斜侧后索步式（见图 2—24）

在并步坐姿的基础上，双腿向右侧点步。提臀送髋，面向左斜前，右脚内侧点地，脚绷直，脚掌内侧着地，脚跟离地。左脚提起，用脚面贴住右脚踝后部，脚尖向下，双腿并拢，抬头挺胸。双手叠放在双腿之间。

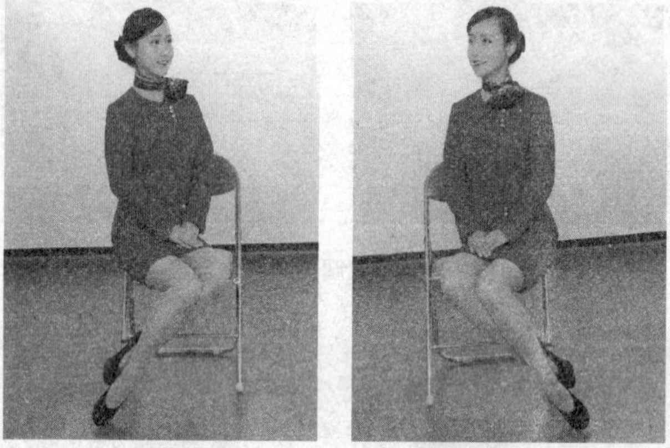

图 2—24　斜侧后索步式坐姿

10. 大攀步式（见图 2—25）

在并步坐姿的基础上，左脚向左斜前伸出半步，脚尖正对左斜前，左腿垂直于地面，两膝靠拢，同时身体转向左斜 45°，收腹抬起右腿叠放于左腿上，右脚尖向下绷直，双手叠放在右腿之上，左手叠放于右手之上，然后拧腰，转身面向正前方。

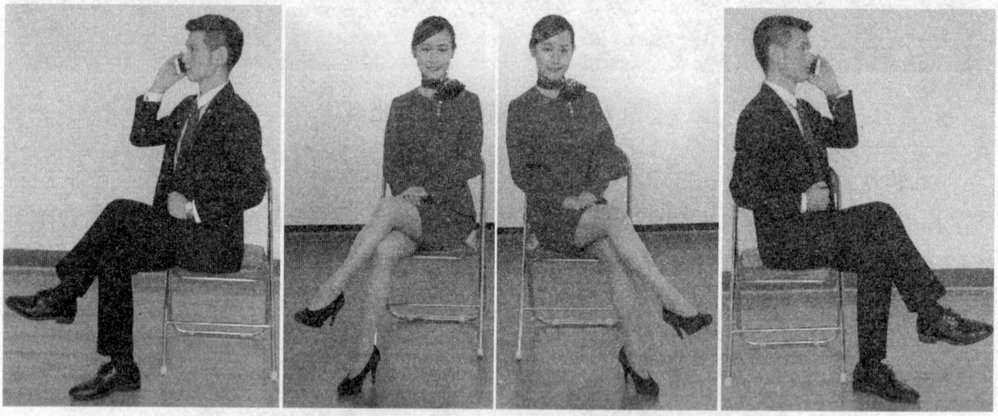

图 2—25　大攀步式坐姿

（三）坐姿的训练方法

1. 示范讲解训练

落座后，最影响坐姿美感的是人们坐下后的腿位和脚位，所以应先由老师示范不同坐姿，腿和脚的摆放方式，再指导学生反复练习。

2. 动作分解训练

分解坐姿入座，腿位、脚位摆放以及离座的几个步骤，并反复练习。

3. 对镜纠正训练

该训练方法最好在形体房进行，学生坐在镜子前，对着镜子检查自己的坐姿，发现问题及时纠正。

4. 同学互评训练

该训练方法可以在教室或宿舍内进行，同学之间互相评价，并指导纠正。

5. 两腿间夹纸训练

为保证女性在公众场合保持坐姿的正确仪态，避免由于两膝分开走光，所以在教学训练中常采用此训练法，养成良好的坐姿习惯。如图 2—26 所示。

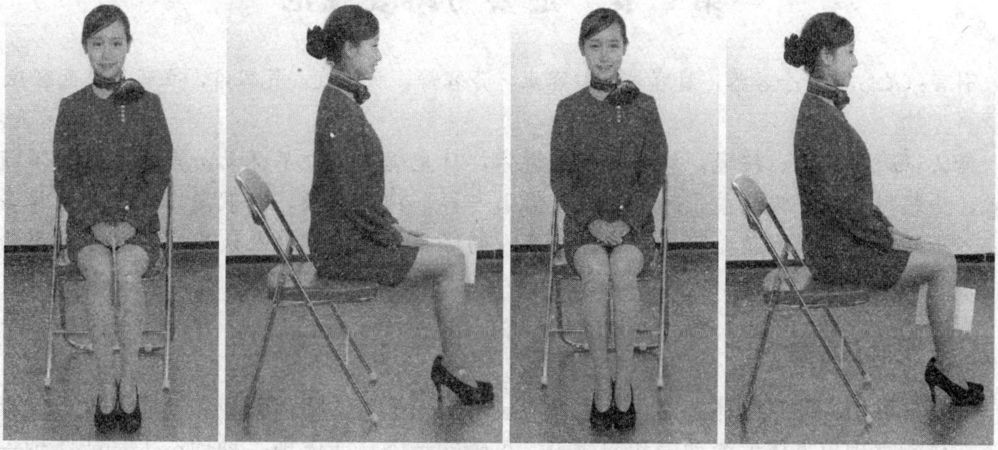

图 2—26　坐姿训练（一）

6. 坐姿训练

每次训练的时间一般在 20～30 分钟，训练时最好配上抒情优雅的钢琴、萨克斯或古筝伴奏的音乐，在音乐的快慢、刚柔中通过动作展示优雅的体姿体态，真正体会到一种静态的美。如图 2—27 所示。

图 2—27　坐姿训练（二）

（四）应避免的不良坐姿

以下是几种不合礼仪规范的坐姿，应着力避免：为求放松，坐下后抖动或晃动双腿；两腿叉开过大，无论是大腿叉开还是两膝分开，都是极其不雅的；两膝盖分开，两腿呈八字形，这一点对女士尤为不雅；将一条小腿架在另一条大腿上，两者之间还留出大大的空隙，就是我们所说的“跷二郎腿”；身体完全放松，瘫软在椅子或沙发上；就座后，用手抚摸小腿或脚部，或双手抱在腿上；坐下后，将双手夹在两腿之间；叉开两腿倒骑在椅子上；把脚架在桌椅上；斜身、后仰、前趴、侧坐在椅子上。

第二节　走姿与蹲姿规范

引言：足容量，手容恭，目容端，口容止，声容静，头容直，气容肃，立容德，色容庄。

——《礼记·玉藻》

释义：脚步稳重、缓慢，双手的位置得体，目光端正，口不乱动，声音平静，不随意咳嗽，头颈挺直，呼吸轻柔，站立的样子像山一样，神色庄敬，不散漫——这是一种多么雍容不凡的气度呀！容貌之间最能体现一个人的修养。所以，古人认为，礼文于细微曲折中，最能涵养本原。

一、优美的走姿

走姿是最引人注目的体态语言，也最能显示出一个人的精神面貌和气质风度，优雅的走姿往往能表现出人体的流动美和韵律美。正确的走姿，能体现一种动态美，能体现一个人的风度和韵味，更能显示出青春活力的魅力。中国古代有许多对人的走路姿态的描述，如：“大步流星”、“款步轻移”、“踱方步”、“莲步生春”、“健步如飞”等等。历史上还有出名的“邯郸学步”的典故。当今还有T台上的模特走步秀等。行走姿态反映人的内心境界和文化素养，能展现出一个人的风度、风采和韵味。在日常生活和交际中，优美的走姿有利于展现个人良好的精神面貌和气质风度，赢得别人好感，也增强个人自信心。

（一）走姿的动作要领

（1）手臂伸直放松，手指自然弯曲，摆动时要以肩关节为轴，上臂带动前臂向前，手臂要摆直线，肘关节略屈，前臂不要向上甩动，向后摆动时，手臂外开不超过30°。前后摆动的幅度为30～40厘米。

（2）上体前倾，提髋屈大腿带动小腿向前迈步。

（3）脚尖略开，脚跟先接触地面，依靠后腿将身体重心推送到前脚脚掌，使身体前移。

以上的行走动作，符合人体结构的机制，是最省力的。因此，是标准的行走姿态（见图2—28）。

（二）正常行走的速度标准

一般的情况下行走的速度取决于人的兴奋程度。兴奋程度高，动作就积极，动作的速度也快。兴奋程度低，动作必然迟缓。在服务工作中，态度应是兴奋热情的，因而，动作也应是积极的。保持一定的速度。一般行走的速度标准是：

（1）步幅：男子40厘米左右；女子30厘米左右，不宜太大。

（2）行走速度：男子每分钟108～110步；女子每分钟118～120步。

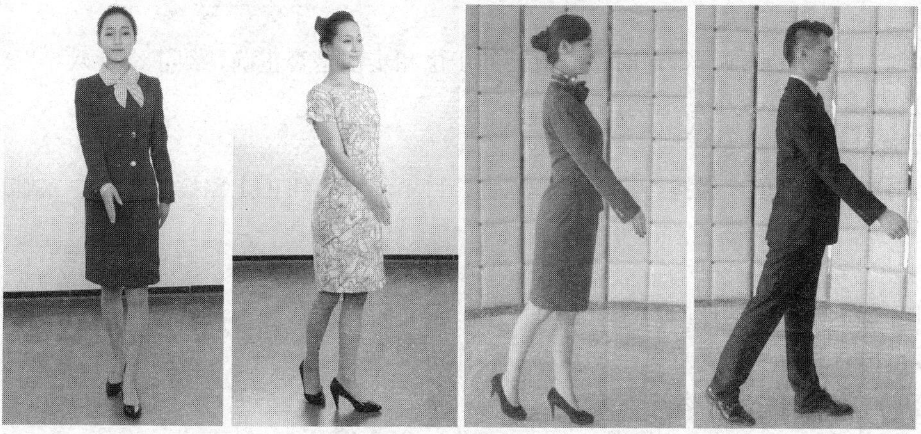

图 2—28 走姿

（三）常用的走姿类型

1. 标准走姿

需要注意：避免走路时前俯、后仰或脚尖成“外八字”、“内八字”，步幅太小或双手反背。

2. 平行步

平行步即两脚朝前走，呈两条平行线。在社交场合，男士要体现自己的绅士风度，走平行步即可。

3. 柳叶步

柳叶步，即行走时，两脚交替行走，两脚跟在一条直线上，双脚尖各自向左右斜前略微分开。女士为了体现形体美，在社交和工作中常用柳叶步。

（四）走姿的训练方法

1. 双臂摆动训练

身体直立，重心向上，以肩关节为轴，上臂带动前臂前后自然摆动，前摆摆幅不得超过 45°，后摆摆幅不得超过 15°，虎口向前，手心朝向体侧。两肩不要前后晃动，避免一肩高一肩低，双肩亦不要过于僵硬。如图 2—29 所示。

图 2—29 走姿训练

2. 步位、步幅训练

在地上划一条直线，行走时检查自己的步位和步幅是否正确，纠正“外八字”、“内八字”，及脚步过大、过小的毛病。

3. 顶书训练

将书本置于头顶，保持行走头正、颈直、目不斜视，纠正走路摇头晃脑、东瞧西望的毛病。

4. 步态综合训练

训练行走时各种动作的协调，最好配上节奏感较强的音乐，注意掌握好走路时的速度和韵律。保持身体平衡，双臂摆动对称，动作协调。

(五) 服务中行走路线

在服务接待场所，要按规定的路线行走。一般来说，必须靠右行，不能走中间。

1. 在与宾客相遇时

行进过程中，当客人从对面走来时，员工应放慢步伐，在离客人大约 2 米处，目视客人，面带微笑，点头行礼致意，并伴随“您好”礼貌问候语言。在与客人擦肩而过时，员工的头部和上身应同时转向客人，并向客人问候，不能斜视客人。在路面较窄的地方或楼道上与客人相遇时，应面向客人，并让客人先行，不可与客人抢道并行更不能将后背转向客人。有急事要超越前面的客人时，不可跑步，要在口头示意，致歉后在加紧步伐超越。

2. 陪同引导客人时

陪同引导客人（见图 2—30）时，要注意方位、速度、关照及体位。如与客人并排同行时，应遵循“以右为尊”的原则，让客人处在右侧。引导时，上体稍向右转体，左肩稍前，右肩稍后，侧身向着来客，保持两三步距离，可边走边向客人介绍环境，不要只给客人一个后背，不要不管不顾客人只顾自己往前走。要转弯或上楼梯时，先要有所动作，让对方明白所往何处。引导客人时，陪同人员的行进步速要尽量配合客人的步速，太快或太慢都是不礼貌的。

图 2—30　陪同引导客人

3. 上下楼梯时

在上下楼梯时，要减少在楼道里的停留时间，坚持“右上左下”的原则，并让客人先行。若是陪同人员和客人同行时，上楼时陪同人员应走在后面，下楼时陪同人员应该走在前面。

4. 出入电梯时

乘电梯时应当遵循“先下后上”和“客人优先”的原则。进出电梯都应当侧身而行，进入电梯时要尽量靠里面站。引导客人进出无人驾驶的电梯时，陪同引导人员必须“先进后出”，以便控制电梯。引导客人进入有人驾驶的电梯时，陪同引导人员则应“后进后出”。

值得注意的是，在等电梯时，应站在电梯门的两侧，不要站在中间，堵住门口。

如图 2—31 所示。

图 2—31　陪同引导客人出入电梯

5. 出入他人房间时

进入他人房间（见图 2—32）时，一定要先敲门，得到对方允许后方可用手轻轻开门，不可以用肘部顶门或膝盖拱门、用脚踢门。开门时要注意，当门把手对着自己的左手时，要用右手开门，把手对着自己的右手时，用左手开门。通常房门可分为外开门和内开门。如果门是向外开的，用手或身体挡住门，让客人先进，相反若门向内开，应自己先进入，按住或挡住门后，请客人进入。这通常叫作外开门客先入，内开门己先入。还应注意，挡门时要侧身，留出入口，微笑着对客人说“请进”并伸手示意方向。客人进房后再慢慢关上房门。在陪同引导客人时，陪同人员有义务在客人进出房门时替客人开门或关门。

图 2—32　出入他人房间

（六）走路时的礼仪

1. 走路时的礼节

（1）以前为尊，后为卑，右边大，左边小为原则。

（2）三人行，如全为男士则以中间为尊，右边次之，左边为末。如果系一男二女行，则男士应走在最左靠行车道位置。

（3）多人行，以最前面为大，依前后秩序，越后越小。

（4）接近门口，男士应超前服务，开门后，让女士先行，男士随后。

（5）经过危险区域或黑暗地带，及上下楼梯时，男士应给妇女或老人臂助。

（6）男女二人行，以男左女右为原则。

（7）二男一女同行时，女士居中。

（8）正式宴会或进入歌剧院，男士先行，以便验票及找座位。

（9）男士应帮助女士提贵重物品，不必替女士拿皮包或遮阳伞，但下雨共撑雨伞，则系合乎礼节。

（10）男士与妇女同行，不宜先示意挽手。

2. 应注意避免的不良走姿

按照社交礼仪的要求，应当注意避免以下几种不良的走姿：走路时步态不雅，出现“外八字”或“内八字”；走路时趿地，发出吧嗒吧嗒的噪音；走路时大甩手或双臂横摆，或摇头、晃肩、甩胯、扭臀等；男士步幅太碎；女士走路步幅太大；女士应避免两脚或两脚跟不落在一条直线上，叉开两脚走路；走路时弓腰驼背，或腆着肚子，显得松松垮垮、无精打采。在正式场合行走，双手倒背在身后或双手插在衣裤口袋内；走路时东张西望、左顾右盼或低着头、耷拉着眼皮；通过人多路窄之处，抢道先行；在公共场合边吃东西或边抽烟边行走。

二、正确的蹲姿

在日常生活中，人们对于掉在地上的东西，一般习惯直接捡起来，不注意场合，不顾及周边是否有人，不考虑自己的姿势，这是非常不合礼的。蹲姿是人的身体在低处取物，拾物或整理自己的鞋袜时所呈现的姿态，它是人体静态美和动态美的结合。蹲是由站立的姿势转变为两腿弯曲和身体高度下降的姿势。

（一）蹲姿的动作要领

下蹲时注意两腿靠紧，臀部始终向下。如果旁边站有他人，尽量使身体的侧面对着别人，保持头、胸和膝关节的自然、大方、得体。蹲姿虽用得不多，但也最容易犯错误。女士在公共场所拾起落地物品或拿取低处物品时，需要使用下蹲和屈膝动作，应避免弯身翘臀。特别是穿短裙时，弯身翘臀容易走光，很不雅观。

（二）常用的蹲姿类型

1. 高低式

高低式蹲姿，它的基本特点是双膝一高一低。动作要求：站在所拾物品的正后面，屈膝下蹲时，左脚在前，右脚稍后，两腿靠紧往下蹲。左脚完全着地，小腿基本垂直于地面；右脚脚跟提起，脚掌着地。右膝内侧靠于左小腿内侧，形成左膝高右膝低的姿势，臀部向下，基本上靠一只腿支撑身体。如图 2—33 所示。

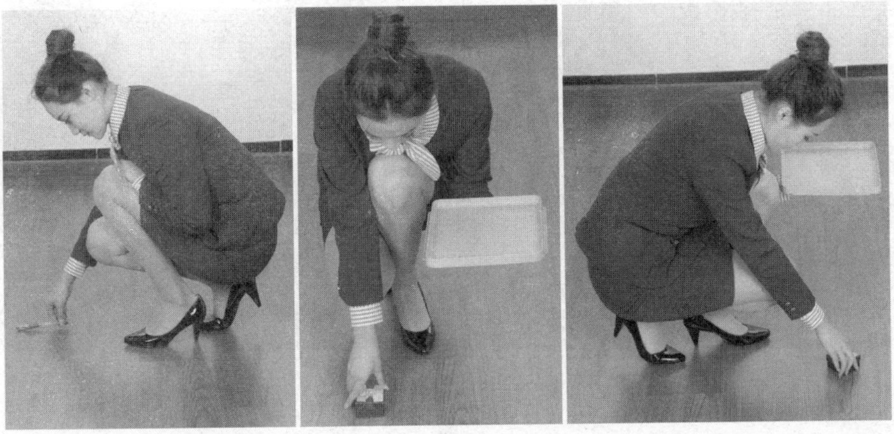

图 2—33　女士高低步蹲姿

男士选用高低式蹲姿，两腿之间可有适当距离，右腿屈膝跪地。而女士无论是采用哪种蹲姿，都要注意将腿靠紧，臀部向下。如果使头、胸和膝关节不在一个角度上，这样的蹲姿就更典雅优美。如图 2—34 所示。

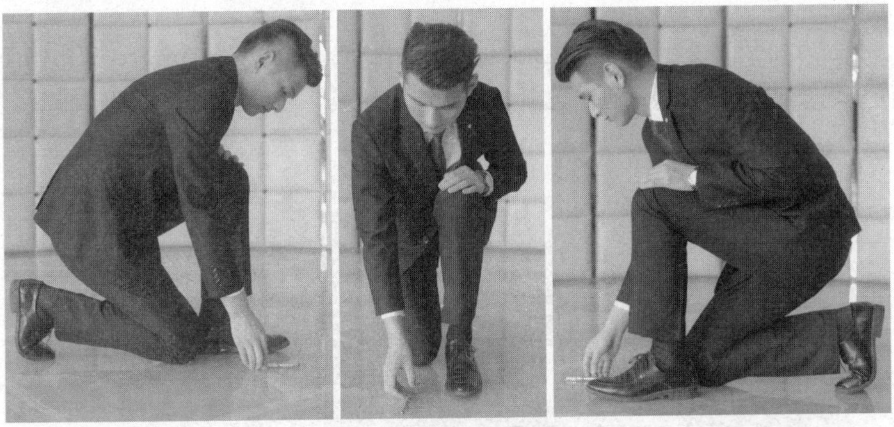

图 2—34　男士高低步蹲姿

2. 交叉式

右脚在前交叉式蹲姿，通常适用于女士，特别是穿短裙的女士采用。优点在于造型优美典雅。动作要求是：站在所拾物品旁边，屈膝蹲下去拾，下蹲时右脚在前，左脚在后。右小腿垂直于地面，全脚着地。左腿在后与右腿交叉重叠，左膝由后面伸向右侧，左脚跟抬起脚掌撑着地。两腿前后靠紧，合力支撑身体。臀部向下，上身稍向前倾，拧腰顺肩，右手臂垂直于地面，保持所拾物品在身体右侧。（左脚在前交叉式蹲姿与右脚在前交叉式蹲姿动作要领相同。）如图 2—35 所示。

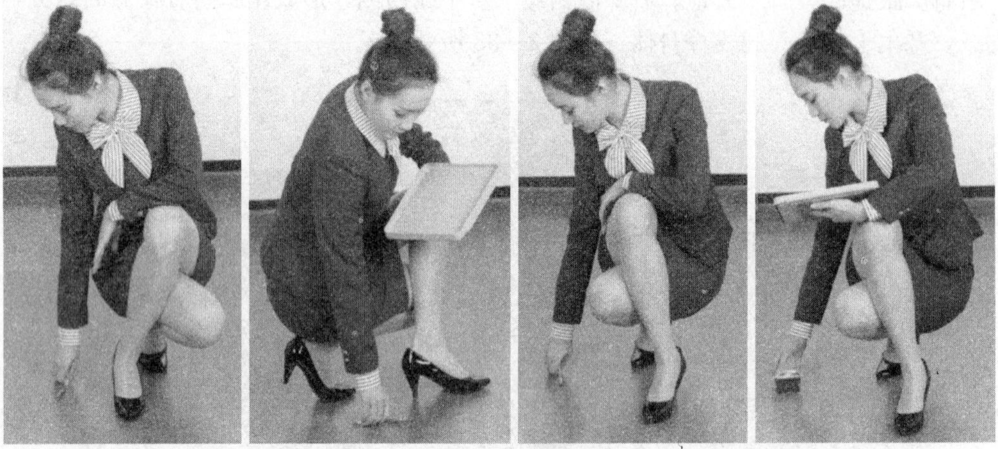

图 2—35　交叉式蹲姿

(三) 蹲姿的训练方法

一般情况下，训练主要以锻炼蹲姿的整体保持效果为主。蹲姿训练可采取分解动作训练和场景假设训练等方式。如图 2—36 所示。

第一，示范讲解训练。老师从正面、侧面、背面示范动作，讲解动作要领。

第二，动作分解训练。分解高低式、左右交叉式蹲姿手臂动作、上身和脚的配合练习，分步骤进行。

第三，对镜纠正训练。学生根据老师所讲的动作要领，对着镜子练习，纠正错误动作。

第四，场景假设训练。分动作类别捡书、笔、垃圾，或系鞋带、整理鞋袜等。

图 2—36　蹲姿的训练

(四) 蹲姿的注意事项

第一，忌突然下蹲。蹲下来的时候，速度切勿过快，尤其是在行进中需要下蹲时。

第二，忌距人过近。在下蹲时，应与他人保持一定的距离，以防迎头相撞。

第三，忌方位失当。在他人身边下蹲时，最好与之侧身相向。正对或背对他人下蹲，通常都是不礼貌的。

第四，忌毫无遮掩。身着裙装的女士下蹲时，一定要避免个人隐私暴露在外。

第五，忌弯腰撅臀。下蹲时，切不可直腿弯腰撅臀或双腿下蹲，尤其是女士不可采用这种蹲姿，以避免个人的隐私暴露在外。

第六，忌平行下蹲。两腿左右分开平行下蹲，即便是直腰下蹲，也有伤大雅，对他人也是一种失礼、不敬的行为。

第三节 手势、表情礼仪

【案例导入】

英国的撒切尔夫人有一次在官邸里面请客吃饭，一个女侍者送汤，捧到了内政大臣面前，一不小心这碗汤洒了，倒在了内政大臣的衣服上面，当然衣服弄脏了，内政大臣也被烫了。这时候满座的人都觉得很意外，撒切尔夫人作为主人，赶紧跑过来，她的第一反应是搂住这个闯祸的女侍者——端汤过来的女孩子，拍她的肩膀安慰她，给她压惊。跟她说，亲爱的这种错误我们每个人都会发生，这种不小心的事情我们每个人都会遇到。先安慰这个女孩子，然后再安慰这个内政大臣。

心理学家埃克曼认为，表情是用来表达情绪的，而身体语言，如姿势、手势、眼神等是用来传递信息、加深理解和印象的。他总结出肢体语言的七大功能：（1）提供信息；（2）调节交流；（3）表达亲和力；（4）表达社会控制；（5）表现功能；（6）情感影响管理；（7）协助达到目标任务。

一、手势

手势，又叫手姿。手势是一种形体语言，通过手和手指活动传递信息，它能够较鲜明地表达内在情感。得体适当地运用手势，可以给人以良好的印象。布罗斯纳安认为“手势实际上是体态语的核心”。法国大画家德拉克洛瓦则指出：“手应当像脸一样富有表情。”手势和表情一样，都是个人情感的外在表现，还可起到口头语言无法取代的作用，因此，手势是人们在人际交往中不可缺少的，最具表现力的一种“体态语言”，它是一种“动态美”，做的得体适度，会在交际中起到锦上添花的作用。

（一）手势的动作要领

手势的标准规范是，五指伸直并拢，并将五指并严，腕关节伸直，手与前臂形成直线。在做动作时，肘关节既不要成 90°直角，也不要完全伸直，弯曲 140°为宜。掌心斜向上方，手掌与地面成 45°角。

在运用手势时，要强调摆动过程。其形体动作的规律为：先扬后抑，欲左先右，欲上先下。手势的运用要使人看清看懂，并能根据你的手势领会你的心理和意向。在服务人员的手势中，可强化动作的内涵，并显得柔和，带有商量的意思，而不是生硬的、指挥式的、毫无回旋余地的。同时，还要注意配合眼神、步伐和其他各种礼节。例如在迎接来宾时，要主动向前上步问候，然后退步做“请进”的手势，当手臂往旁边摆动时，一定要目视来宾，这样更能体现出对来宾的礼貌和尊敬。

(二) 手势的分类

根据功能和意义，手势原则上可分为以下六类：

1. 情意性手势

情意性手势（见图 2—37）一般用于人际交往中，传递情感。例如，跷起大拇指，表示赞赏；手掌平放胸前，然后掌心向上展开，指向对方，表示我和你；强调、鼓励时握一下拳头表鼓励、加油。

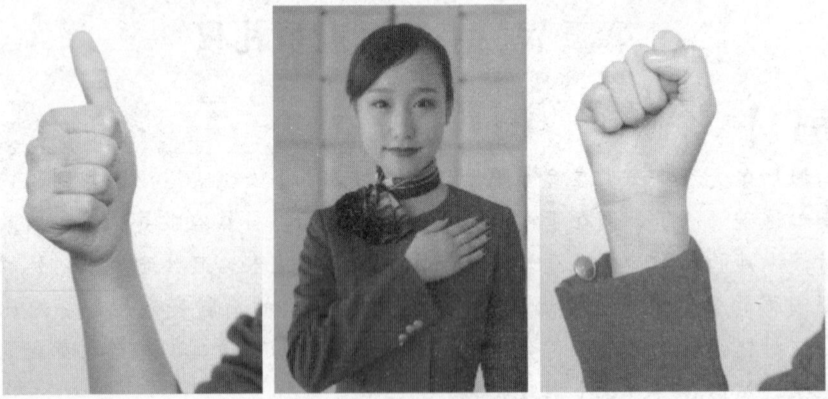

图 2—37 情意性手势

2. 指令性手势

指令性手势（见图 2—38）一般用于向对方发出指令之时。例，右手臂以肩关节为轴，从体侧抬起到体前，略高于肩部，五指并拢，掌心向上，身体重心向前倾斜，面带微笑，指向发言者，和蔼亲切地说“请发言”、“请起立”。

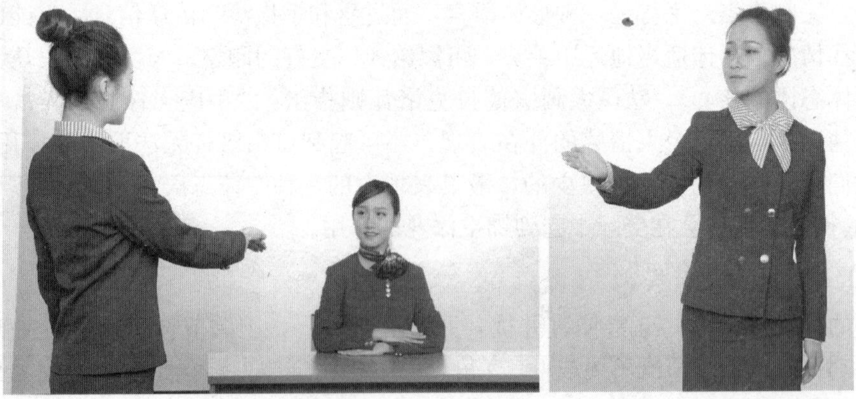

图 2—38 指令性手势

3. 暗示性手势

暗示性手势（见图 2—39）一般用于启发对方思维。例如，老师需要启发学生独立思考，也可用暗示性手势。暗示性手势运用恰当，可以启发学生的形象思维，减少学生因无法回答问题而产生的挫折感。又如在博物馆、礼堂等公共场所，工作人员可以用手势暗示大家“请安静”。

图 2—39　暗示性手势

4. 说明性手势

此类手势（见图 2—40）一般与语言并行，并对语言进行说明和解释。例如，在会议上发言说明若干问题，一边说一边伸出手指加以说明和强调，增强了发言的逻辑性和层次性。

图 2—40　说明性手势

5. 象形性手势

象形性手势（见图 2—41）一般用于模拟具体的事物，用来描述人物、形貌。例如对物体形状、空间关系的描绘。

图 2—41　象形性手势

6. 指引性手势

指示性手势（见图 2—42）一般用于指引具体的人或物。例如，教师展示教具，导游指示游客看景点、看人、看物等等。但要注意，运用指引手势，一定要做到：手臂伸直，手指自然并拢，手掌向上，以肘关节为轴，指向目标，讲解时身体与讲解物形成 45°。指引性手势运用得当，能加强讲解的直观性和生动性。

“三位”手势：

第一，低位手势。该手势手的高度一般在腰部上下，对方距离 1 米左右。

第二，中位手势。该手势手的高度一般在肩部上下，对方距离 2～5 米左右。

第三，高位手势。该手势手的高度一般在头部上下，对方距离 5 米以外。

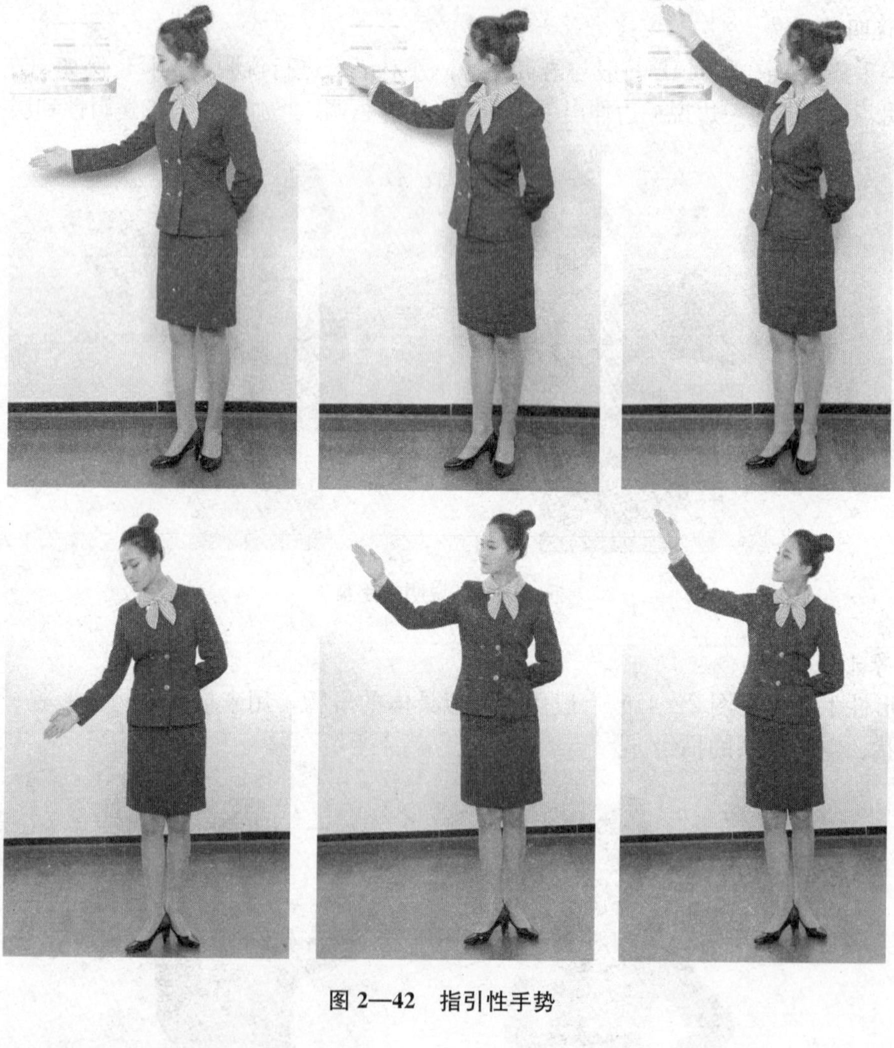

图 2—42　指引性手势

（三）日常生活中常用的手势

1. 招呼

在中国和日本，人们习惯手臂前伸、手心向下、伸屈手指数次，示意“过来”；但在欧美，这一手势是唤狗的表示。

欧美国家招呼人过来的手势是掌心向上，手指来回勾动；而在中国和日本，这一动作是招呼幼儿和狗的手势。注意：请使用该手势时，“内外有别”。

如图 2—43 所示。

图 2—43　招呼

2. 请坐

请来宾入座时，手势要向斜下方。在完成这个动作时，手要从上向下摆动，也可从体侧向前提。首先，要用双手将椅子向后拉开。然后，左手自然下垂，右手以肘关节为轴，从体侧摆至体前，使手臂向下成一斜线，并微笑点头示意来宾“请坐”。如图 2—44 所示。

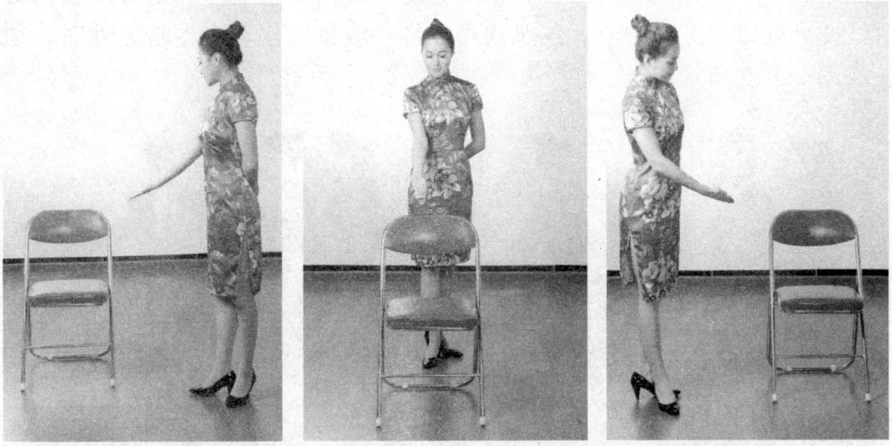

图 2—44　请坐

3. 鼓掌

鼓掌（见图 2—45）一般表示欢迎、祝贺、赞同、致谢等意。鼓掌的具体做法：两臂屈肘抬至于胸前，双手四指并拢，自然弯曲，拇指张开，左手手心向上，右手手心向下，用掌心互相拍击，有节奏地发出响声。注意一般不要过分用力、时间过长，必要时，应起身站立。女士鼓掌可以左手抬起于左侧上方，手指与肩同高，手心向前，用右手手指拍击左手掌心，这种鼓掌方式充分体现了女性的妩媚、优雅，所以我们经常会从电视上看到女主持人用此种方式鼓掌。

图 2—45 鼓掌

4. 引领

陪同引导客人时，要注意方位、速度、关照及体位。如与其并排同行时，应遵循“以右为尊”的原则，让客人处在右侧。若双方单行行进时，应居于客人左斜前 1.5 米左右的位置（具体就是前后二三步的位置，两者中间距 20 厘米）。当客人不熟悉行进方向时，陪同人员应走在前面，走在外侧。陪同引导客人时，行进速度要尽量配合客人的步速，太快或太慢都是不礼貌的，同时，有必要采取一些特殊的体态，如请对方开始行进时，应面向对方点头欠身；在行进中与对方交谈或答复其提问时，头部和上身应转向对方。陪同引导时，要处处以对方为中心。经过拐角、楼梯或道路坎坷、昏暗之处时，须提醒对方留意。如图 2—46 所示。

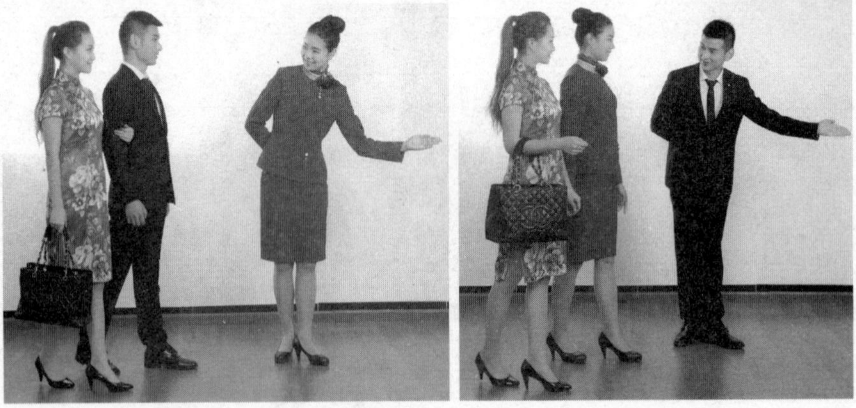

图 2—46 引领

5. 举手致意与挥手道别

举手致意的具体做法：面带微笑，目视对方，略微点头；右手手臂轻缓地由下而上，向右侧斜上方伸出，手臂可全部伸直，也可稍有弯曲；致意时伸开手掌，四指并拢，拇指分开，掌心向外对着对方，轻轻地来回摆动。

挥手道别的具体做法：保持身体站直，尽量不要走动、乱跑，更不要摇晃身体；目送对方远去直至离开，若不看道别对象，便会被对方理解为“目中无人”或敷衍了事；道别时，可用右手，也可双手并用，但手臂应尽力向前伸出；注意手臂不要伸得太低或过分弯曲，保持掌心向外，将手臂向左右两侧轻轻地来回挥动，但尽量不要上下摆动。

如图 2—47 所示。

图 2—47　举手致意和挥手道别

(四) 窗口服务业常用的几种规范手势

1. 横摆式

迎接来宾时，可采用“横摆式”手势，这种手势多用于指引较近的方向，男女士均可采用。

具体的做法是：手从腹前抬起，以肘关节为轴，小臂轻缓地从一侧摆出，略成水平至身体右前方，不要将手臂摆至体侧或身后。大臂要自然垂直，手掌与小臂要在一条直线上，腕部不可弯曲，且手部与地面成 45°。另一只手自然下垂或背在体后，头部和上身微向前倾，目视对方，面带微笑，双脚站成右丁字步，同时配合礼貌用语，如“请”、“请进”等。如图 2—48 所示。

2. 直臂式

在日常交往中，给人指引方向时，可采用“直臂式”手势，这种手势用来指引或引领较远方向，男女士均可采用。

具体的做法是：五指伸直并拢，屈肘由身前向右前方抬起抬到与肩同高时，再向要指示的方向伸出前臂，手部、腕部、肩部均在一条直线上，肘关节稍有弯曲，目视对方，掌心向上，身体微向指示方向前倾。身体侧向宾客，眼睛要看着手势所指引方向处，同时配合礼貌用语，如“先生/女士，请往前面走”、“先生/女士，请往左边走”、“先生/女士，请往右边走”。如图 2—49 所示。

图 2—48　横摆式

图 2—49　直臂式

3. 单手体前曲臂式

把来宾请入室内、上客车或进入电梯时可采用“单手体前曲臂式”手势。

具体的做法是：（以右手为例）五指伸直并拢，从身体的侧前方，由下向上抬起，抬至上臂离开身体 45°的高度，然后以肘关节为轴，手臂由体侧向体前向左摆动成曲臂状，掌心向上，手尖指向一方，头部随客人由右方转向左方，目视对方，面带微笑，配合礼貌用语，如“先生/女士，里面请”。如图 2—50 所示。

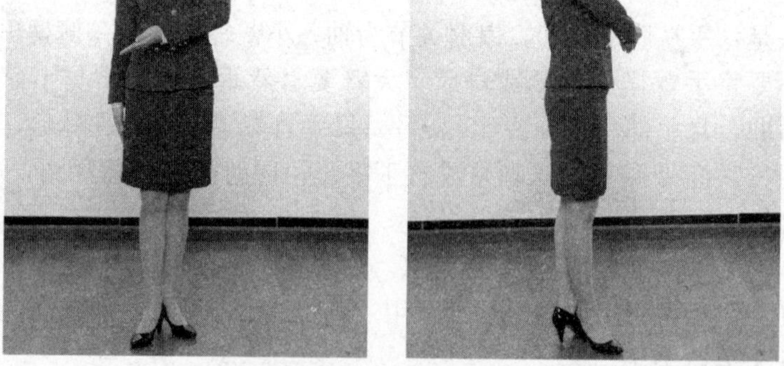

图 2—50　单手体前曲臂式

4. 双手体前曲臂式

当面对较多来宾表示“请”时，站在来宾的侧面，可采用双手体前曲臂式。右手体前曲臂，左手体侧曲臂，两只手臂向一侧摆动，并微笑点头示意来宾，配合礼貌用语，如“各位来宾，请跟我走；各位来宾，请随我来”。如图 2—51 所示。

图 2—51　双手体前曲臂式

5. 斜式

接待来宾入座时，可采用“斜式”（见图 2—52）手势，即手势以肘为轴，手掌翻转向上，手臂向前抬起到腰部，再以肘关节为轴，小臂由上向下摆动，使手臂向下成一条斜线，掌心向前，目视对方。微笑施礼“请坐”。

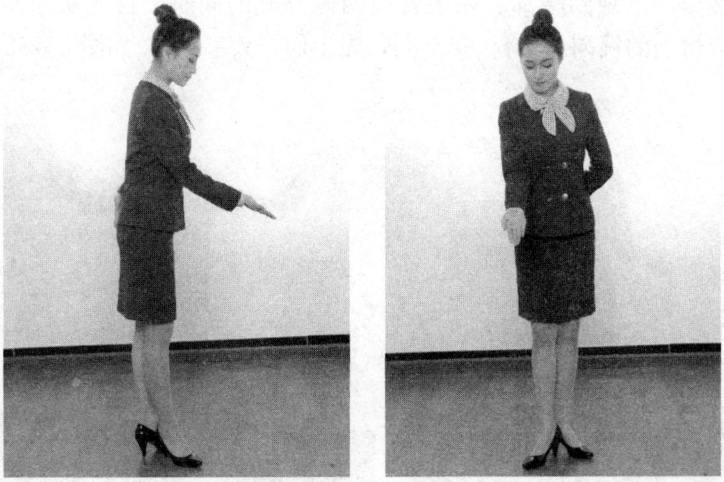

图 2—52　斜式

6. 体侧曲臂式

站在来宾的左斜前两三步处，将左手或右手从体前摆至体侧，手指并拢，掌心向上，朝欲指方向伸出前臂，手和前臂成一直线，整个手臂略弯曲，肘关节基本伸直。在指示方向时，上体稍前倾，面带微笑，配合礼貌用语，如“请跟我来”，身体侧向来宾，眼睛看着所指目标方向，并兼顾来宾是否看清或意会到目标，直到来宾表示清楚了，再放下手臂。如图 2—53 所示。

图 2—53　体侧曲臂式

7. 双臂体前横摆式

当面对较多来宾表示“请”时，可采用双臂体前横摆式。两手从腹前抬起，至横膈膜处，双手上下重叠，同时向身体两侧摆动，摆至身体的侧前方。上身稍前倾，提臂、立腰、挺胸、收腹，微笑施礼并配合礼貌用语，如：“诸位请”。如图 2—54 所示。

8. 双臂体前竖摆式

在较隆重的场合，需同时要向广大的来宾表示“请入座”，“请开始”等时，为了使前后的来宾都能看到手势，可采用双臂体前竖摆式手势，将双手手指相对，由腹前抬到头的高度，再向两侧分开下划到腰部。在手臂向两侧分开的同时，目光从左至右环视全场来宾，并微笑伴以恰当的祝词，如：“女士们，先生们，大家请!”如图 2—55 所示。

图 2—54　双臂体前横摆式

图 2—55　双臂体前竖摆式

(五) 端、倒、递、展

1. 端物

有双手端和单手端两种方法：双手端物时，双手轻轻地将托盘端起，置于身体前方，高度在腰部的位置，抬头挺胸，以自然步前行。单手端则是用左手端起托盘，分为高托和低托，高托是指把托盘托至齐肩处，手指向后；低托是指将托盘托至齐胸处，手指向前，抬头挺胸，保持自然步前行。托盘时，大小臂成 90°，手握在盘后的 1/3 处，四指托住盘底，拇指置于盘的边缘。在托盘转身时，注意保持托盘平衡，人转盘不转，托小盘时应放低托盘后再转身。如图 2—56 所示。

图 2—56 端物

2. 倒水

倒水（见图 2—57）时，左手握住杯子中部，右手拿壶，倒至八分满左右的位置。倒水时，壶和杯子要低于桌面或离开桌面，不可高于或置于桌面直接倒，更不可把杯子放在客人手中倾倒。同时，胳膊不可抬太高，要避免壶口与杯口接触，倒好水后要面带微笑，双手将杯子捧给客人，要注意的是，不要为了拿得更稳而直接握住杯沿，这是不礼貌的。

图 2—57 倒水

3. 递接物品

递物与接物是常用的两个动作，在递物接物时应做到轻拿轻放，递物时要五指并拢，两臂夹紧，双手奉上（不方便双手并用时也应尽量用右手，左手递接物品被认为不礼貌），不可随意一扔；接物时应道谢或点头示意。在递送物品时，要将物品递到对方手中，若双方相距过远，应主动上前，在递带尖或带刃的物品给他人时，切勿以尖、刃直指对方。递资料、文件、书、名片等时，字体要正对接受者，以便让对方看清楚。如图 2—58 所示。

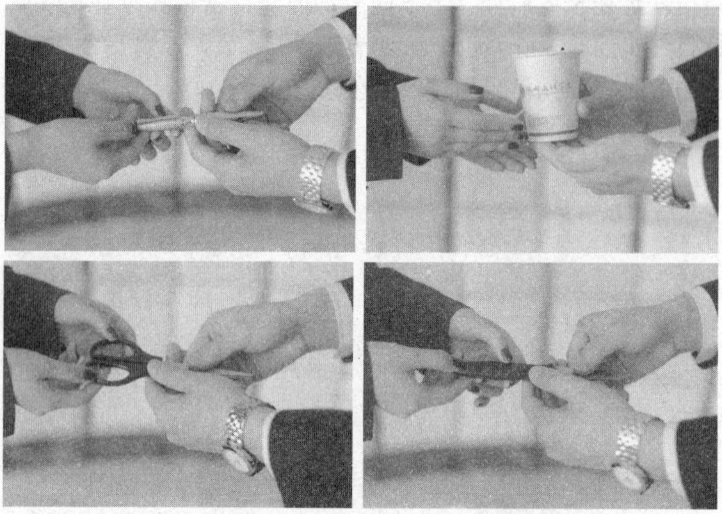

图 2—58　传递物品

4. 低处取物

拿取低处物品或者拾起掉在地上的物品（见图 2—59）时，最好要走近物品，上体垂直、单腿下跪，利用下蹲和屈膝的动作，慢慢低下拿取，以显得文雅，不要只弯上身，翘臀。具体的做法是：脚稍分开，站在要拿或捡的物品旁边，蹲下屈膝去拿，而不要低头也不要弯背，要慢慢把腰部低下。

在接待工作中，给客人送茶水、饮品时，如果是低矮的茶几，也应该使用优美典雅的蹲姿。

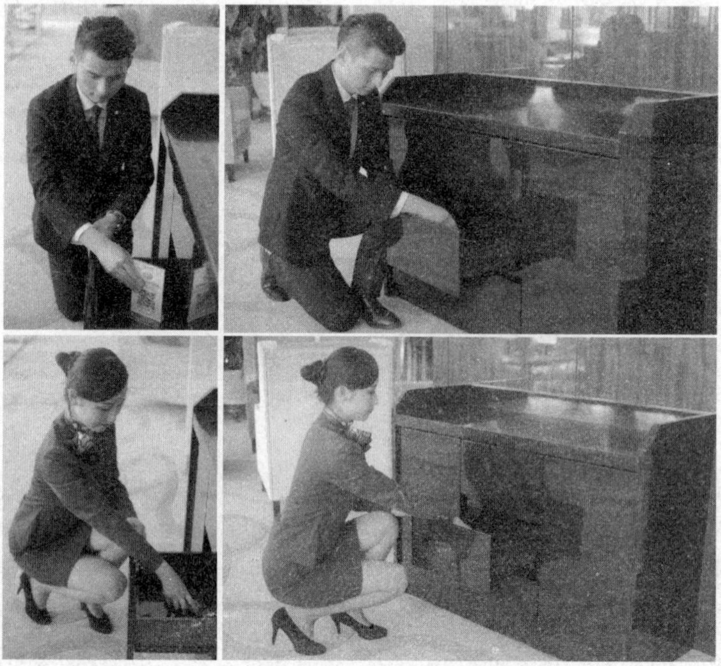

图 2—59　低处取物

5. 手持物品的姿势

手持物品（见图 2—60）时，应遵循稳妥、自然、到位、卫生的原则。稳妥，手持物品时可根据物品重量、形状及易碎程度采取相应手势，切记确保物品的安全。尽量轻拿轻放，防止伤人伤己；自然，根据本人的能力与实际需要，酌情采用不同的姿势，但一定要避免在持物时手势夸张、"小题大做"，失去自然美；到位，就是持物到位。例如箱子应当拎其提手，杯子应当执其耳，有手柄的物品应当持其手柄。持物时若手不能到位，不但不方便，而且也很不自然；卫生，为客人取拿食品时，切忌直接用手。敬茶、斟酒、送汤、上菜时，千万不要把手指搭在杯、碗、盘边沿，更不可无意之间使手指浸泡在其中。

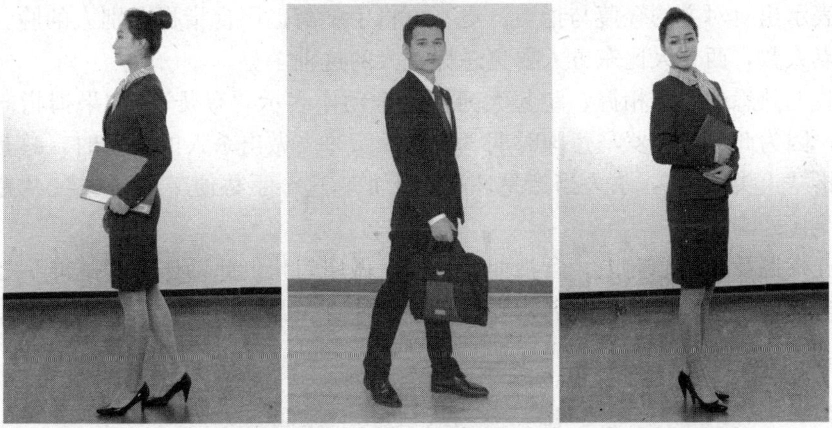

图 2—60　手持物品

小贴士：在办公场所手持文件的姿势

手持文件时，文件要拿在右手，文件开口向上，正面向里，在电梯等空间窄小的地方也可以把文件抱在胸前。递交文件要用双手，并将文件的正面朝向对方。

6. 展示物品

展示物品（见图 2—61）时，一定要方便现场的观众观看，一定要将被展示物的正面

图 2—61　展示物品

朝向观众，并举到一定高度，展示时应能让观众充分观看并适当地变换角度。在展示物品时，不论是口头介绍还是动手操作，均应符合相关标准，解说时应口齿清晰，语速舒缓，动手操作时，手法应干净利索，速度适中，并进行必要的重复。在展示物品时，一般是双手捧住物品，前伸双手，高度在客人胸前的位置，活动范围自肩至肘处，上不过眼部，下不过胸部，但离对方要有一定的距离，动作要平稳缓慢，避免物品掉落或碰到客人身上。

(六) 禁忌手势

(1) 忌食指指他人。在日常交往中，伸出食指向对方指指点点是很不礼貌的举动。这个手势，表示出对对方的轻蔑与指责。更不可将手举高，用食指指向别人的脸。忌讳用此种手势清点人数，西方人比东方人要更忌讳别人的这种手势。

(2) 我们熟悉的四指相握、跷起大拇指这个动作表示“夸赞”。如果拇指向下，则是不允许的，因为此手势在罗马帝国时期，凯撒大帝每当做出杀人的决定时，总是做出这种手势。意指“人头落地”，杀人当然是坏事，于是，这个手势便带着“坏”、“差”的含义在社会上流传开来。

(3) 五指握拳，拳心向上，食指伸直，然后做屈勾状。此动作有“挑衅”之意。

(4) 拇指、食指、中指、无名指卷握，小指伸直。此动作有“小人”之意。

如图 2—62 所示。

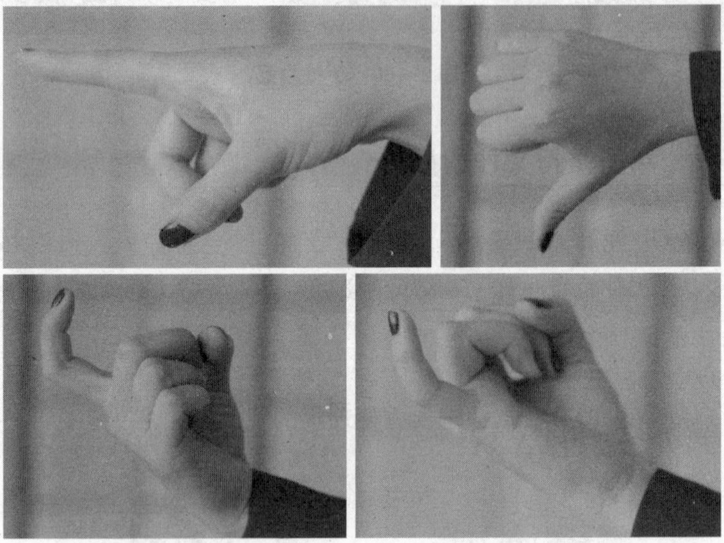

图 2—62 禁忌手势

二、表情

表情是人内心的情感在面部、声音或身体姿态上的表现。人们常说情动之于心、行之于外、传之于声就是这个意思。古人云：“人身之有面，犹室之有门，人未入室，先见大门。”现代心理学家总结过一个公式：感情的表达＝言语（7%）＋声音（38%）＋表情（55%）。比如打电话时虽然对方看不到你的人，但表情却能影响你的声音，没有哪一个人能以愤怒的表情说出优美动听的问候语。可见表情在人与人之间的感情沟通上占有相当重要的地位。健康的表情留给人们的印象是最深刻的，它是优雅风度的重要组成部分。

心理学家艾克曼认为，表情是用来表达情绪的，而身体语言，如姿势、手势、眼神等是用来传递信息、加深理解和印象的。表情类型通常有三种：

1. 面部表情

“面部是思想的荧光屏”，各种复杂的思想活动无不在面部呈现出来。面部表情能反映出人们瞬间的心理与情绪，有时转眼即逝，因此在交际过程中要随时注意对方面部表情的变化，特别是眉宇间细腻而微妙的变化。在与人交往中，要善于观察对方的心理和习惯，学会“察言观色”。

2. 身段表情

在现实生活中，我们常常有这样的经验和体会：你往往不看一个人的面孔，只观察一下他的姿态，就明白他的心理状态了。如果他低头不语，很有可能表示不快或深思；如果他大摇大摆、大大咧咧，很有可能表示不满或不在乎。

3. 声音表情

在社会生活中，我们从打交道的对方声音里，也就是说从说话人的语调里，可以知道他的内心状态。一个有才能的演说者，是最懂得用语调来征服人心的。说话像唱歌一样，不仅要吐字清晰，要抑扬顿挫，还必须注意韵律、节奏和声调，也就是说要充满着感情。

心理学研究表明：人的上述三种表情，即面部表情、身段表情和声音表情，是相互联系、密不可分的，一个人不可能以愤怒的面部表情和动作姿态，说出轻柔缠绵的话语，要想表达某一种情感，三种表情必须协调一致。

(一) 微笑

有人说：“严肃使人拘谨，愤怒使人气恼，佯笑给人虚伪印象，冷笑给人以奸诈之疑，至于捧腹大笑又有失身份，唯有微笑恰到好处。”人们的交往是以微笑开始的，微笑可以给对方良好的第一印象，微笑可以产生融洽的交际气氛，微笑是对人谦和尊重的表示，微笑是打破僵局的手段。中国向来以“礼仪之邦”著称于世，微笑外交是国际友人对我们一再肯定的交往方式，也有人称之为“东方式的微笑”。著名的印度诗人泰戈尔说过：“微笑是世界上最美丽的语言。当你微笑时世界爱上了你。”有人把微笑比作全世界通用货币，因为它被世界上所有的人所接受。

1. 正确的微笑方法

在与人交往中如何正确地运用好微笑呢，这一方面要靠必要的礼仪修养，另一方面还要靠技巧或训练，这样才能把最美的微笑送给对方。

(1) 掌握好微笑要领。面含笑意，但笑容不可太显著；嘴角微微向上翘起，让嘴唇略成弧形；在不牵动鼻子、不发出笑声、不露出牙齿的前提下，轻轻一笑。

(2) 注意整体配合。微笑是面部各部位的一项综合运动。整体配合协调的微笑，应当目光柔和发亮，双眼略微睁大，眉头自然舒展，眉毛微向上扬起。

(3) 力求表里如一。面含微笑，应当是发自内心的自然流露。做到表里如一，要求微笑一定要以良好的心境与情绪作为前提，学会控制不良情绪的外露，增强自制力。

(4) 适当借助技术上的辅助。有些词、字发音时形成的口型，正好是微笑的最佳口型。如默念英文单词Cheese、英文字母G，或普通话“茄子”、“钱”时均可收到一定效果。

（5）注意服务场合。微笑服务是接待人员的一种总体要求，在具体运用时必须注意服务对象的具体情况。有些情况微笑是不允许的，如：进入气氛庄严的场所时；对方满面哀愁时；对方有某些先天的生理缺陷时；对方出了洋相而感到极其尴尬时。

2. 微笑的种类

（1）自信的微笑，这种微笑充满着自信和力量，一个人即使在遇到困难或危险时，若能微笑以待，那一定能冲破难关。

（2）礼貌的微笑，这种微笑像春风化雨，滋润人的心田。一个懂得礼貌的人，会将微笑当作礼物，慷慨地赠予他人。

（3）真诚的微笑，表现对别人的尊重、理解、同情。

3. 微笑的四个结合

（1）口眼结合。微笑要做到口到、眼到、神色到，眼睛会“说话”，也会笑，如果内心充满温和、善良和厚爱时，那眼睛的笑容一定非常动人，扣人心弦。

（2）笑与神、情、气质相结合。这里说的神，就是要笑出自己的神情、神色、神态，做到情绪饱满，神采奕奕；情，就是要笑出感情，笑得亲切、甜美，反映美好的心灵；气质，就是要笑出谦逊、稳重、大方、得体的良好气质。

（3）笑与语言相结合。语言和微笑都是传播信息的重要符号，只有微笑与美好的语言相结合，声情并茂，相得益彰，微笑方能发挥出它应有的特殊功能。如微笑地说“早上好”、“您好”、“欢迎光临”等礼貌用语。

（4）笑与仪表、举止相结合。以笑助姿，以笑促姿，如餐厅员工呈体前握手式站姿，面带微笑，亲切自然，形成完整、统一、和谐的美。

4. 微笑的训练方法

（1）眼睛笑容法。即用眼睛笑。眼睛笑分为两种，一是眼形笑，二是眼神笑，这是可以练习的。取一张纸遮住眼睛以下部位，对着镜子，心里想着最使你高兴的事情，鼓起双颊，嘴角两端做出微笑的口型，这时你的眼睛便会露出自然地微笑，然后再放松面部肌肉，眼睛也恢复原样，可目光仍旧含笑脉脉，这就是眼神在笑。

（2）模拟训练法。先端坐镜前，整理好衣装，以轻松愉快的心情调整呼吸至自然顺畅，静心3秒，最好能同时听听较欢乐的音乐，比如《请把我的歌带回你的家》、《微笑》等。

练习步骤如下：

1）轻合双唇。

2）两手食指伸出（其余四指自然并拢），指尖对接，放在嘴前15～20厘米处。

3）让两食指指尖缓慢匀速分别向左右移动，使之拉开5～10厘米的距离。同时嘴唇随两食指移动速度同步加大唇角的展开度，并在意念中形成美丽的微笑，让微笑停留数秒钟。

4）两食指再缓慢匀速向中间靠拢，直至两食指相接，同时，唇角开始以两指移动的速度同步缓慢收回。需要提示的是，训练微笑缓缓收住很重要，切忌不能让微笑突然停止。

(3) 牙齿暴露法。数一数自己笑得最美时露出了几颗牙。标准的微笑是露出 6～8 颗牙齿，嘴角肌、颧骨肌与其他笑肌同时运动，是一种会心的微笑。

(4) 记忆提取法。记忆提取法是指从记忆中唤醒过去那些愉快、令人喜悦的情景，使这种情绪重新袭上心头，重享惬意的微笑。要求学生在镜中找到适合自己的最佳的微笑状态。

微笑的秘诀就是发自内心、自然亲切，做到表里如一。真正的微笑应当有丰富的内涵，渗透一定情感，这样才能具有感染力，这就是所谓笑中有情，笑以传情。

(5) 口型对照法。面对镜子深呼吸，然后慢慢地吐气，并将嘴角两侧对称往耳根部提拉，发出普通话“一”、“七”、“啊”、“衣”、“叶”、“钱”的声音，也可发出词语“茄子”、“田七”的音，还可发出英语单词“lucky”、“Cheese”的声音。这些字、词形成的口型，正是微笑的最佳口型。

如图 2—63 所示。

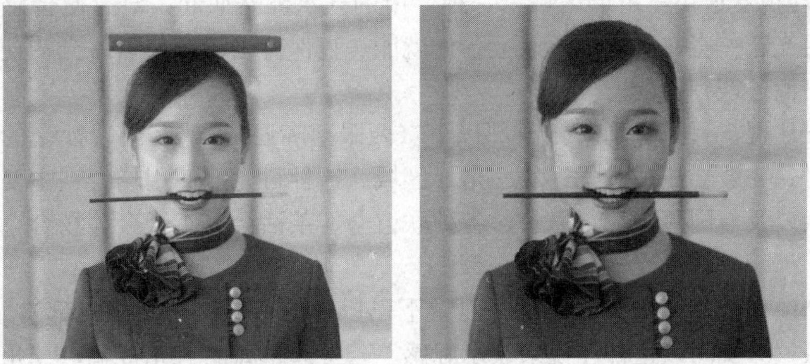

图 2—63 微笑训练法

(二) 目光

眼睛是心灵的窗口，你的目光几乎可以反映出你心中的一切情感波澜，或喜或怒，或烦或安，甚至你看时的眼神及看的方式可以注释衍生成一篇长长的文字。因此，目光是最富表现力的一种“体态语”，切不可小看了这简简单单的“一眼”。在人际交往中，目光的礼仪非常重要，尤其在与人交谈时，目光的视线要正视着对方而不能左顾右盼，以免造成不尊重对方的印象。

1. 视的角度

(1) 俯视。即目光向下注视对方，一般表示爱护、宽容之意。

(2) 平视。即目光与对方的目光约在同一高度平等接触，一般体现平等、公正、自信、坦率等语义。

(3) 仰视。即目光向上注视对方，一般体现尊敬、崇拜、期待的语义。

(4) 斜视。即视线斜行，一般表示怀疑、疑问之意。

(5) 侧扫视。即目光向一侧扫视，一般表示兴趣、喜欢或轻视、敌意态度的语义。表示兴趣、喜欢时，伴有微笑和眉毛上扬；表示轻视、敌意时，伴有皱眉、嘴角下撇。

2. 注视的时间

谈话时，有些人令我们感觉舒服，有些人却令我们不自在，有些人甚至看起来不值得信任。这主要与对方注视时间的长短有关。对方与你的目光接触时间超过全部谈话时间的1/3，意味着两种情形：(1) 认为你很吸引人，这情形可能包含了瞳孔的扩张；(2) 怀着敌意，表示着非语言的挑战，这情形瞳孔会收缩。你如果与对方谈得来，你一直看着他，引起他意识到你喜欢他，他可能会回报你，建立起良好的默契。这样，谈话过程中，起码要有 60%以上的时间注视对方，让他感知你的真情而作出回应。

不难想象，如果谈话时心不在焉、东张西望，或只是由于紧张、羞怯不敢正视对方，目光注视的时间不超过三分之一，就不容易被别人信任。谈话时若戴深色眼镜，对方看不清你的瞳孔，感觉是你在瞪着他，自然很难交流。

3. 注视的位置

注视对方的什么位置，传达的信息有区别，造成的气氛也相异。不同的场合和对象，目标所及之处应有差别。如图 2—64 所示。

(1) 公务注视。谈判或谈生意，可以假设对方的前额上有块三角形区域（额头至两眼间），若一直注视着这块三角形区域，一种严肃的气氛油然而起，对方便会感觉到你想谈正事。你的目光若一直在对方眼部以上，你就能一直保持主动。公事目光的使用场合主要是外交谈判、商务谈判等。

(2) 社交注视。目光降到对方眼部以下（两眼至嘴唇），就会出现社交的气氛，人们在交际应酬时，一般会注视对方这块三角形区域。这种目光的使用场合，主要是上下级之间的友好交谈以及与同事交往。另外，各种联谊会、茶话会、座谈会等场合，也适用这种目光。

(3) 亲密注视。目光横过对方眼睛以及下巴以下的部位（两眼至胸部），便有一种亲密接触的气氛，男女间以这种注视来表示好感。若是远距离的目光接触，三角区域则是在两眼与裆部之间。它是亲人、爱人、家庭成员之间使用的一种凝视。

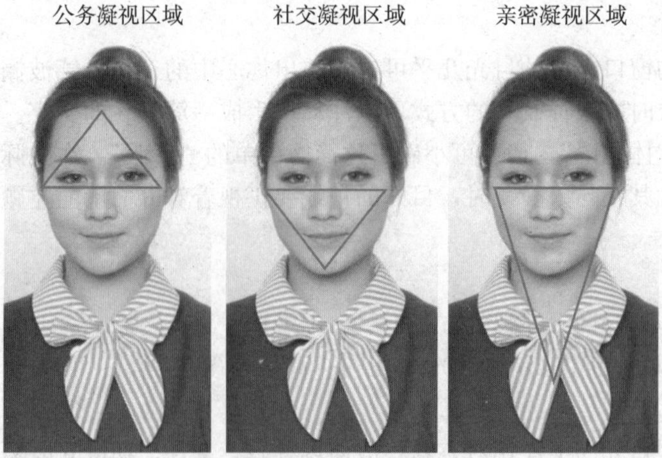

图 2—64　目光注视的位置

(4) 轻轻的一瞥。这表示兴趣或敌意。表示兴趣时轻轻一瞥加上轻轻扬起的眉毛和笑容，常用来传递求爱的信息。但若一瞥加上皱眉或压低的嘴角，则表示疑虑、敌意或批评的态度。

4. 传“情”达“意”三法

通过眼神来传达情意，是一种心理现象，喜怒哀乐，悲欢离合都会从微妙变化的眼神里真实地流露出来。

(1) 目光回避。在某些服务场合，交往对方说错话或者无意中做出了不雅的行为时，有时也会显得很拘束。遇到这种情况，我们应当及时自然地以目光回避。

(2) 目光运用。迎宾，3 米之内目光真诚地注视对方，以示期盼。送客时，目光向下，以示谦虚。会谈时，目光平视，表示自信、平等、友好。倾听时，目光专注，适时回应、交流。

(3) 目光时值。凝视的时值，一般情况下为 1～2 秒。初次见面不超过 10 秒，不可长久地注视对方。

5. 眼神的注意事项

(1) 不要长时间凝视某人，或将目光盯在某一侧，而应将目光放虚一点，让目光笼罩全场。

(2) 忌用斜视、瞥视、瞪视、眯视等，这样的眼神会引起他人的反感。

(3) 与人谈话时，眼睛注视对方的时间超过整个交谈时间的 60%，属超时注视；少于整个交谈时间的 30%，属注视不足。这些都是失礼的注视。

(4) 眼睛转动速度应适中，范围要适度。眼睛转动太快表示不诚实、不成熟，给人以轻浮、不庄重的印象，太慢则是头脑迟钝的反映。眼睛转动范围要适度，范围过大给人以白眼多的感觉，过小则显得木讷。

小贴士

眼神，代表着一个人所具有的特质，但按不同民族的习惯，不同的眼神代表着不同的意思。例如：中国人交谈时，可以礼貌、自然地看着对方；瑞典人交谈时，喜欢你看着我，我看着你；英国人交谈时，很少互相对视；美国西南有一个少数民族的人一般不打量对方，认为向对话人投射目光是不文明的举动；南美印第安人互相攀谈时，眼睛务必东张西望；日本人在闲谈时，喜欢看着对方的脖子，认为直截了当地盯着对方的脸，是不礼貌的举动；非洲肯尼亚卢奥部族，女婿与岳母不得面对面地交谈；地中海诸国的人们，认为呆滞的目光是不吉祥的，会给人们带来灾祸；希腊人交谈时，不能久久凝视对方；非洲尼日利亚人认为久久直视对方是对其不尊重。

基础练习

一、简答题

1. 站姿的基本动作要领是什么？
2. 保持得体的坐姿应注意哪些礼仪？
3. 女性行走时应注意哪些问题？
4. 使用手势时，有哪些注意事项？

二、实训题

1. 运用五点靠墙法、双腿夹纸法、头上顶书法、对镜训练法等进行站姿实训练习。

2. 分解练习不同坐姿和入座、离座的动作要领，并对整体动作进行纠正训练。

3. 在音乐的伴奏下分步骤进行走姿双臂摆动训练，步位、步幅训练和步态及退步转身综合实训练习。

4. 根据学生的性别分别采用高低式或交叉式进行蹲姿分组实训练习。

5. 采用眼睛笑容法、模拟训练法、牙齿暴露法、记忆提取法、口型对照法进行微笑实训练习，对镜练习常用手势动作要领。

测评见表 2—1。

表 2—1 **仪态礼仪测评表**

考生单位： 考生姓名：

项目	评分细则	配分	评价等级			得分
			优	良	及格	
站姿	V字步、并腿式、丁字步、左右分腿式（只限男士）、体前握手式、体后背手式（只限男士）、单手体后曲臂式（只限男士）、单手体前曲臂式。	20（女） 30（男）				
坐姿	入座、并步坐、左右分腿式、前后错步、前索步、后索步（女）、双腿侧点步（女）、向前小攀步、侧攀步、大攀步、离座。	20				
走姿	标准走姿、柳叶步（女）、平行步（男）。	20				
蹲姿	高低步、交叉步（女）。	20（女） 10（男）				
微笑、手势	微笑、眼神和手势（请坐、鼓掌、递物、指示）的协调配合。	20				
总分		100				

注：男女分开计分。

第三章　仪容礼仪规范

【知识目标】

1. 了解仪容礼仪及个人卫生的基本常识。
2. 熟悉仪容礼仪的含义与要求。
3. 学习不同场合仪容礼仪规范。
4. 能够掌握修饰类化妆品基本知识。

【能力目标】

1. 能运用美发基本理论设计发型。
2. 掌握化妆的操作规范。
3. 了解化妆的基本原则、掌握使用香水的正确位置。
4. 能根据不同场合，有针对性地修饰和美化自己的仪容。

【案例导入】

周恩来一生的风度和仪表，堪称世人的楷模。他在南开读书时，南开学校在入门处的大立镜旁糊了一面“纸镜”，上面写着：“面必净，发必理，衣必整，钮必结，头容正，肩容平，胸容宽，背容直，气象：勿傲、勿暴、勿怠，颜色：宜和、宜静、宜庄。”这些仪表风度方面的要求，使得年轻的周恩来在礼仪修养方面打下了最初的基础，在后来的革命生涯中，他一直严格要求自己，身体力行，坚持不懈。所以，周恩来当了国家总理之后，他总是能在外交活动中光彩照人，赢得人们的称赞。上述格言，当然也可作为我们现在学习仪容礼仪的准则。

【案例评析】

美国前总统尼克松在他的回忆录中是这样描写周恩来的：“他待人很谦虚，但沉着坚定。他优雅的举止、直率而从容的姿态，都显示出巨大的魅力和泰然自若的风度。”凡是与周恩来接触过的中外人士无不为他的风度所倾倒。在上述案例中，讲到了周总理对于自己言行举止、风度气质的严格要求，这说明良好的文化修养、渊博的学识、精深独到的思辨能力，是构成高雅风度的内在因素。我们需要通过对仪容礼仪的学习，自然地将内在修养转换为外在仪容的表现。

引言：仪容仪表指一个人的外在形象。古人衣着穿戴讲究冠正仪整，容颜庄肃。成年男子出门不戴冠或戴冠不正，都被视为有失礼节。仪容仪表是同内心德行联系在一起的。因此古人说："服不成像，而内心不变。内心修德，外被礼文，所以成显令之名也。"又说："是故皮弁（biàn）素积，百正不易，既以修德又以正容。"

释义：意思是说仪表不像样子，内心一定还未被礼化。如果内在注意修养，外在就一定会修饰以整，呈现出美好的形象，因此古代君王上朝的朝服百年不衰，为的是严格仪容，更为的是德行修养。仪容外表是一个人德行修养的外在显示，甚至古人认为凭一个人的仪容外表就能判断出其人才品质，虽说时代不同了，穿着习惯以及讲究同古代也大不相同，但是古人对仪容仪表的重视及其整洁的容仪要求，仍是我们今天追求文明形象所应吸取发扬的。

仪容，是指人的容貌，是个人礼仪的重要组成部分，包括面容、发式及身体裸露在外的肌肤部分。它体现出了一个人的气质与修养。正如两汉戴圣所言："凡人之所以为人者，礼仪也。礼仪之始在于正容体，齐颜容，顺辞言。"仪容美，是一个人给别人的外在形象感，是一个人的气质与精神面貌的外在表现，也是一个人的内在修养的显露。仪容美的基本要素是貌美、发美、肌肤美，美好的仪容一定能让人感觉到和谐。

第一节　面部卫生与修饰

【案例导入】

王老师是位资历颇深的老教师，从事教育工作已近30年的时间。王老师在学校是位德高望重的老师，学校的老师都十分敬重他。在学校的年度总结上，王老师获得了"最杰出教师"的荣誉称号。是因为王老师不仅课上得好，学生教得好，更重要的是王老师给年轻的教师树立了杰出教师的榜样。王老师平时十分注重个人的仪容仪表，每天上班前都会换上干净整洁的衣服，把自己的头发梳得整整齐齐的，同时王老师也十分注重自己的面部修饰，每天把胡子剃得干干净净，每天坚持漱口三次，保持口气清新，每天在上课前王老师都要检查自己的仪容仪表是否得体，并且一直坚持了20年，他的仪容、举止、着装、谈吐不仅为年轻的教师树立了重视仪容礼仪的榜样，而且给学生留下了好印象，使自己成为了学生最为尊敬、最爱亲近的教师。

面部，又称面孔、脸部、脸面。面部仪容不仅指一个人的长相，还包括得体自然的面部修饰。在人际交往中，个人仪容中最容易被人关注到的是其容貌，因此必须对自己的面部修饰予以高度的重视。在进行个人面部修饰时，应当遵循面部修饰的总的指导性原则，即达到洁净、卫生、自然。

面部是个人的"门脸"。面部修饰除了面部的清洁，还要根据面部不同器官进行适当的护理和修饰。将自己的面部修饰得当，会给他人留下洁净、文明的形象。面部修饰的重点在于眼部、眉部、口部、鼻部和耳部，通过修饰使自己的面部美观、整洁、端庄。

一、眉部的修饰

人的眉毛虽不像眼睛一样引人注意，但它却十分重要，对眉部的修饰要注意以下三点：

(一) 眉形的美观

大凡美观的眉型，不仅形态自然优美，而且还应又黑又浓，对于那些不够美观的眉型，诸如残眉、断眉、竖眉、八字眉或过淡、过稀的眉毛，必要时应该采取措施进行适当的美化修饰。如修眉和画眉。

(二) 眉毛的修整

要使自己拥有美观的眉形，要通过平时的认真修整，应养成习惯，每天上班前梳理一下自己的眉毛，令其眉清目秀。

(三) 眉部的清洁

在洗脸、化妆及其他可能的情况下，也要特别留意一下自己的眉部是否整洁，以防止在眉部出现诸如灰尘、死皮或脱落的眉毛等异物。

二、眼部的修饰

“眼睛是心（）灵的窗户”，一个人的眼睛是否有神，往往反映了他的精神状态。眼部修饰应该注意以下三点：

(一) 眼部的洁净

眼部保持干净是基本要求。在这一方面最重要的是要及时去除眼角的分泌物。

(二) 眼部的健康

眼部的健康主要包括眼部的保健和眼病的防治。眼部一旦生病，往往会传染给他人，而且看起来有损形象，因而对眼部的保健非常重要，一旦感觉眼部不适，就应及时就诊治疗。勤做眼保健操，对于眼睛的保护有着重要的作用，同时要注意科学用眼，保证充足的睡眠，以防止黑眼圈和红血丝。

(三) 眼部的美观

现在许多人都需要佩戴眼镜，但应该注意三点：一是要注意眼镜的选择；二是要注意眼镜的清洁；三是要注意隐形眼镜的佩戴，佩戴隐形眼镜一定要注意隐形眼镜的卫生和消毒，佩戴时间不可过长等；四是要注意墨镜或太阳镜的佩戴，它主要适合户外活动，以防止紫外线对眼睛的伤害，在室内不宜佩戴太阳镜。

三、口部的修饰

口腔卫生是个人仪容仪表的重要内容之一，主要应注意口中无异味。与人交谈时，如口中散发出难闻的气味，会使对方很不愉快，也会使自己尴尬。在进行口部修饰时，应注意以下五点：

(一) 口腔的整洁

口腔的清洁除了要使之做到无异味、无异物外，还要注意保持牙齿的洁白。软垢、牙石、色素沉淀是改变牙色的三大杀手。具有刺激性气味的食物会让口腔沾染异味，牙周疾病、口腔溃疡、消化道疾病等病症也会引发口臭。口腔的清洁可以通过刷牙、洗牙等方式完成，成年人半年左右应洗牙一次。如果牙齿不整齐可以通过牙齿矫正等方式纠正自己的牙齿。

小贴士

在刷牙时要做到“四个三”：

◇ 每天刷牙 3 次；

◇ 每次刷牙宜在餐后 3 分钟进行；

◇ 每回刷牙时间不应少于 3 分钟；

◇ 刷牙时要刷 3 个面，即牙齿的三个面。

（二）禁食

禁食是指要防止口中因为饮食等方面的原因而产生异味，因此要避免一些气味过于刺鼻的饮食，它们主要包括葱、蒜、韭菜、腐乳、虾酱、烈酒以及香烟等等。

（三）护唇

一个人闭口不言时，最引人注意的就是他的嘴唇，如何呵护自己的双唇，使其不干裂、暴皮或生疮是十分重要的问题。男士可使用无色的润唇膏护唇，女士可使用色彩浅、色泽清亮的润唇膏护理双唇。若嘴唇不慎破皮，也不可用手去撕扯或用舌添，以免流血或肿胀，具体的做法是在睡觉前，双唇涂抹一些蜂蜜再入睡，持续数日，情况可有所改善。

（四）剃须

男士若无特殊的宗教习惯，应该坚持每天剃须，这样既能令自己显得干净整洁、精明强干，又能充满阳刚之气，切忌胡子拉碴地在工作岗位上抛头露面。

（五）嘴角清洁

在每餐后，应及时清洁自己的嘴角，用纸巾拭去食物残渣和汁渍，不可用手擦拭嘴角，这样十分不雅也不卫生。讲话时也要避免口角泛白沫、口喷唾沫等不雅情况。

四、鼻部的修饰

在进行鼻部的修饰时，应当注意以下两个问题：

（一）鼻垢的清理

当鼻子感觉不适，有必要去除鼻垢时，切勿当众以手擤鼻涕、挖鼻孔、乱弹或乱抹鼻垢，宜在无人场合以手帕或纸巾辅助轻声进行，同时男士更要注意经常修剪鼻毛。

（二）“黑头”的清理

黑头是硬化油脂阻塞物，通常出现在面部的额头、鼻子等部位，鼻部周围，往往毛孔较大，油脂分泌较为旺盛，如果洁面部时对此不加注意，便会在此处存积“黑头”。在清理头时，最明智的做法是：一是平时要认真对该部位进行清洗；二是可用专门的去黑头鼻贴或鼻膜，将其处理掉，切忌乱挤乱抠，以免造成局部感染。

五、耳部、颈部修饰

耳部、颈部的修饰要注意以下三个方面的问题：

（一）耳部的除垢

平时应注意耳部的清洁，耳内不能存有明显的分泌物或灰尘，否则是十分不雅的。因而，每天洁面后要注意用棉签清洁耳孔。此外，耳周也是藏污纳垢的地方，同时也要及时清理耳周污垢，避免留下污渍。需要注意的是，此举不宜在工作岗位上进行。

（二）耳毛的修剪

随着年龄的增加，部分人的耳部会长一些浓密的毛发，这种情况需要及时修剪耳毛，否则会很不美观。

（三）颈部的修饰

颈部是人体最易显现年龄的部位，因此要注意修饰脖颈，保持颈部皮肤的清洁，并加强颈部的运动与营养按摩，这样会使颈部皮肤绷紧，光洁动人，尽早护理能有效延缓颈部衰老。

第二节　发部修饰与造型

【案例导入】

精心雕琢的乱发

2008年5月当选的伦敦市长鲍里斯·约翰逊以特立独行著名，他的一头乱蓬蓬的金色长发成为他的形象标志。

一位身居英伦的中国学者对鲍里斯当选做了如下的评价："只有一头乱发的鲍里斯，以自己貌似愚蠢的形象，打破了禁忌，用鲁莽释放伦敦人的政治正确，让他们可以毫无愧疚地投给一个轻度种族主义者一票，反正他是个疯子。"

但事实上，这一头"乱发"却是精心整理的后果，而并非普通人那样因为不理发而乱发飞舞。乱发释放的信息就是诚实面对选民，不做假，不做作，因而获得了一个贴近老百姓的普通形象。他的乱发是在诚实价值至上的环境下，政治人物的一种自我包装。

对美的追求，是人类的共性，人类自身的美最具有崇高的意义。头发是人体之首，一头柔美秀丽的头发，选择适宜的发型，会使人的仪表更美。发部修饰，一般是指人们按照自己的审美习惯、工作性质和自身特点，而对自己的头发进行的清洁、修剪、保养和美化。

中国古代十分讲究妇女的发型。《中华古今注》中记载：周文王制平头髻。秦始皇下诏令皇后梳凌云髻。汉高祖命宫人梳奉圣髻。汉武帝时，宫女梳十二鬟髻。灵帝时，梳瑶台髻。魏文帝时，宫人梳百花髻，芙蓉归云髻。男子的发型也有一个演变的过程，它与社会的生活条件、劳动方式及风俗习惯紧密相关。

一、发部的整洁

对任何人而言，一头干净整洁的头发，都能为他在人际交往中增色不少。为了确保自己发部的整洁，维护本人的完美形象，每个人都必须自觉主动地对自己的头发进行清洗、修剪和梳理。

保持发部整洁的基本方法包括定期清洗、定期修理、每天梳理。

（一）定期清洗

除了要选择正确的洗发露外，最重要的是要定期清洗，并坚持不懈。一般认为，每周至少应清洗头发两至三次，窗口服务行业的工作人员，最好每天能清洗一次。

（二）定期修剪

与头发的清洗一样，头发的修剪也需要定期进行，并持之以恒。对于从事一线服务工作的服务人员来说，应做到每半个月左右修剪一次头发，至少也要确保每个月修剪一次。

（三）每天梳理

梳理头发是我们每天必须要做的事，而且往往应当不止一次。一般在以下情况时，应当自觉梳理头发：一是出门上班前，二是换装上岗前，三是摘下帽子时，四是下班回家时，五是其他必要时。

小贴士

在梳理头发时要注意以下几个问题：

◇ 梳理头发不宜当众进行；

◇ 梳理头发不宜直接用手，最好随身带一把梳子，以便随时使用；

◇ 断发、头屑不能随便乱扔，这是缺乏教养的表现。

二、发型的选择

发部造型即头发经过一定修饰之后呈现出来的形状。为一个人选择发型时，需要考虑多方面的因素，如年龄、性别、民族、宗教、身材、脸型、发质、性格、服饰、时尚以及职业等等。在选择发型时必须予以综合考虑，忽略任何一项因素，都可能导致发型选择的失败。

（一）发型要与脸型相协调

人的脸型不同，一般来说人的脸型可以分为八大类：鹅蛋脸、圆脸、“甲”字形脸形、“由”字形脸型、菱形脸、方脸、长脸、大脸型，各种脸型都可以选择不同的发型，使发型与脸型相配，使其柔美和谐。

1. 鹅蛋脸

我们亚洲人非常推崇鹅蛋脸，这是因为我们五官的轮廓不是那么突出，只有鹅蛋脸那圆润的曲线才能把五官的清丽、柔美完美地表现出来。鹅蛋脸是标准的脸型，鹅蛋脸型的人的发型长、短都适合。

2. 圆脸型

圆脸型的人应将头顶部的头发梳高，额前不要梳浓刘海，使脸部显长，并利用头发遮住脸颊，分发线最好选择中分，使脸部看起来显长而不显宽。这种脸型的发式宜长不宜宽，可蓄直线型长发，不宜剪短发。若烫发，可选择波浪式，波浪深一些、宽一些，修剪成椭圆形轮廓，使脸型呈现漂亮的鹅蛋形。

3. “由”字形脸型

“由”字形脸型的人应使头顶部分的头发具有蓬松感，而两侧的头发要紧贴着脸部，线条柔和，发线自中心向外侧斜伸，能改变三角形感觉。可烫成花瓣式发型，顶部由花瓣形纹样组成，较为蓬松，可以弥补头部较窄的缺陷。

4. “甲”字形脸型

“甲”字形脸型的人应将头发往上梳，显得头部稍长，要增加两侧的发量，并且尽量梳得蓬松，发线宜采用直线中分。这种脸型适宜留双花式等长发，由于脸颊与下巴斜成一线，因此要注意头发的长度，若发长及耳，加强脸颊的倾斜感，不宜留短发与发髻。

5. 菱形脸

菱形脸型的人设计发型应注意增加前额的宽度和饱满度，使整体呈现椭圆形，发线宜侧分，自眉上斜伸向外，头发要遮住颧骨，增加脸型柔和感。以烫成蓬松的大波浪最为美观，如果梳理直发，前发自顶部剪成刘海，将前额覆盖，而后束发，有婷婷之姿。

6. 方脸

方脸型的人应使头顶部的头发梳高、有蓬松感，额前两鬓角用刘海遮盖，腮处以弧形发式紧贴。头发侧分，不宜太偏，两侧发型必须收紧，成弧形紧贴两腮，使头发遮挡耳轮廓的上半部渐向后鬓，呈椭圆形。这种脸型适于烫发，波浪要大，避免头发平直。短发的女士也可以梳理出挡住轮廓的款式，头顶部分比较厚，后部的发头较薄，斜向前包裹住颈部。

7. 长脸

长脸型人的发型应当顶部低，适当遮额，尽量让头发往两旁分散，使脸形开阔，或将前发剪成“刘海”，使脸蛋显得丰满。发分线宜采用侧分法，长脸型的女性宜选择短而宽的发型，如童花式、翻翘式短发或娃娃头均适宜，不宜留直线型的长发，头发不能往后梳。

8. 大脸型

大脸型的人应使头发自然服贴遮住两颊轮廓，使脸庞看起来集中，紧凑。不宜过于蓬松的发型，剪短头发的要把两侧头发压低，将头发全部向后梳，不要分线，留长发的应把头发收拢向后。

（二）发型要与性别、年龄相符合

男士的发型（见图3—1）要求：男士的头发不能过长，在修饰头发时必须做到：前发不覆额，侧发不掩耳，后发不触领，不留大鬓角，也不能剃光头，也不能为追求时尚而留长发或辫子。

女士的发型（见图3—2）要求：女士的发型比较多变，但是不可过短。同时，发型要

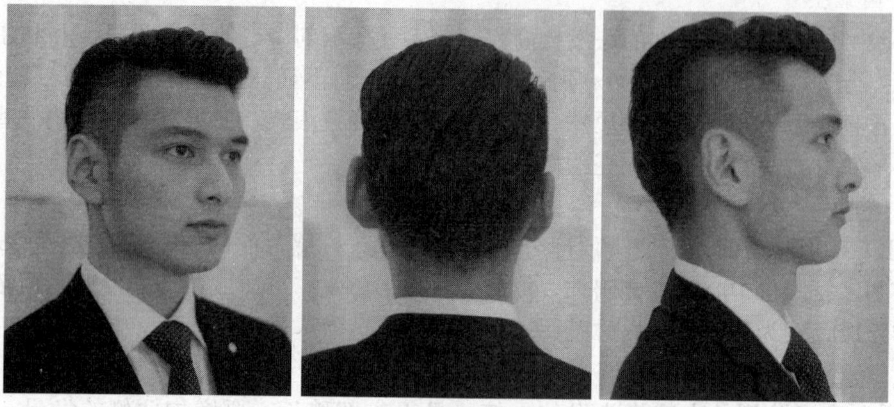

图 3—1　男士发型

与年龄相符。通常，年长的女士发型要求简约、端庄、稳重、大方，给人以温柔可亲的印象。年轻的女士要注重整洁、美观、健康、大方，适合采用马尾、扎辫、盘发等。一般来说，长发是女士的最爱，或直或卷，都会给人以不同的美感。

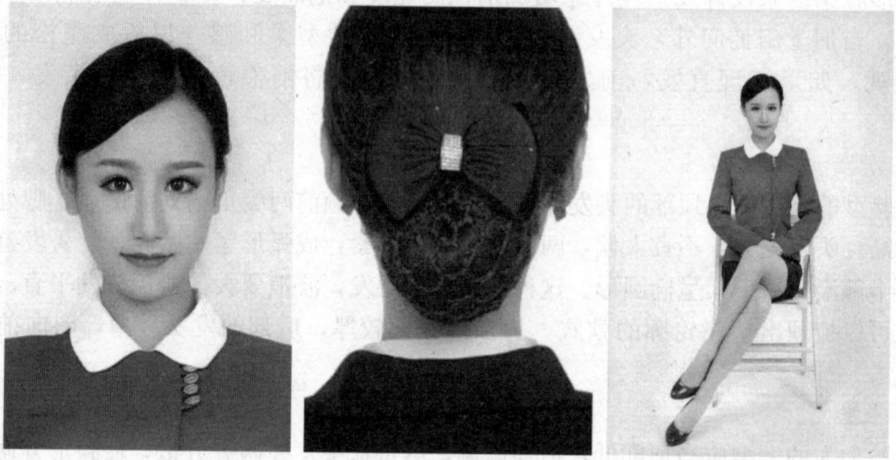

图 3—2　女士发型

（三）发型要与体态相协调

一般而言，身材瘦高的女士不宜留过短的头发，适合留长直发或卷发，给人以潇洒、活泼、飘逸的美感。身材矮小的女士不宜留长发、披肩发，适合短发或盘发，显得脖颈更长、身材高挑一些。身材高大的女士适合留直发或大波浪的卷发、盘发。身材矮胖的女士适合留随意一点的运动式发型或盘发等。

三、发部的修饰与护理

发部修饰的基本方法包括护发、染发、烫发、佩戴假发、佩戴发饰、佩戴帽子等。

（一）头发的护理

一头柔顺的头发是要靠精心护理的，只有真正的重视护发，才能使自己的头发完美无缺。要正确地护发，一是要选择好的护发产品，二是要采用正确的方法，三是要长期坚持。

（二）适当染发

首要考虑染黑发。中国人历来以一头黑发为美，若是自己早生白发或有一头杂色的头发，均可以染成黑发。但是女士发型较多，也可以配合发型进行一些其他颜色的染发，但是务必染的颜色要符合身份、要低调，而不是五彩斑斓的。

（三）慎重烫发

烫发时要考虑为自己做出端庄大方的造型，不得烫得过于复杂、繁乱、夸张，要符合自己的职业和脸型。

（四）佩戴假发

要明确只有在自己出现一定的情况，如掉发、秃发时，才适于佩戴假发，以弥补自己的缺陷，而如果是出于妆饰目的，则不宜佩戴假发。

（五）佩戴发饰与帽子

可以选择一些点缀发型的发饰，但是不要选择佩戴一些造型夸张、色彩绚烂与自己的年龄或职业不符的发饰，要注意的是，只有在需要佩戴工作帽的岗位，才可以佩戴帽子，否则会被认为是很不礼貌的。

小贴士：窗口行业对发型的要求

◇ 女性：

（1）必须留长发：长发应束起来盘于脑后，佩戴统一的发网花，不可低于上耳部分，发网花必须呈现饱满状态。只能用发夹固定发型，发夹的样式应简单，颜色限黑色，不得有任何镶嵌物。（不允许使用压发条）

（2）刘海自然梳于额后，用有定型效果的护发产品进行固定，露出额头，不可有掉落的碎发。

（3）染发：自然黑色。

（4）不允许戴假发。

（5）发夹的样式简单、大方、黑色为宜。

◇ 男性：

（1）发型要轮廓分明，样式健康整洁，修剪得体，两侧鬓角不得长于耳垂底部，背面不得超过衬衣领底线，前面不遮盖眼部。

（2）保持头发清洁、整齐，用有定型效果的护发产品使头发定型。

（3）选择发型应符合头发的发质。不允许留奇特发型、光头等。

（4）梳头应在洗手间进行。

（5）染发只限于自然黑色。

胡须：执行任务前要净面，修剪鼻毛，不留大胡子和大口角。

第三节　肢体卫生与修饰

【案例导入】

夏天天气非常炎热，人们的着装也越来越清凉，许多女士也会选择穿裙装或是无袖上装等。小丽是一名公司高层白领，由于气温升高，小丽也自然地换上了无袖连衣裙。当她站在台上给同事开会时，同事们却开始窃窃私语。原来，小丽换上无袖裙装后，没有处理自己的腋毛，上台时一抬手就使其完全暴露在大家面前，场面极其尴尬。会后同事们也议论了小丽很长一段时间。小丽自己也非常尴尬，事后上班也极不自然，一旦有同事窃窃私语，她就会认为是在议论自己，久而久之让自己上班的注意力涣散很多，业绩也一直不高。

肢体主要指的是人们的手臂与腿脚。在人际交往中，人们的肢体因为动作最多，因此常常备受关注，在某些情况下，人们对于肢体的关注甚至会超过对面部的关注。因此对自己的肢体进行一定的修饰是非常有必要的。肢体的修饰主要包括手部修饰、下肢修饰、体毛修饰、香水使用等等。

一、手臂部修饰

手可谓是人的第二张脸。在仪容礼仪中，手部修饰占有十分重要的位置（见图 3—3）。在人际交往中，随时都会用到双手，如敲打键盘、传递物品、与人握手等。一双保养良好、干净秀美的手，往往会给自己增添美感，所以对于自己始终处于显著位置的手，要悉心加以保养和修饰。

（一）手臂的保洁

手部的保洁，要真正保持无泥垢、无污痕。一切碍眼的污迹，如手上所沾的墨水、印记、酱汁、油渍等，均应清洗干净。一般正确的洗手方式是用流动的水清洗，涂抹洗手液或肥皂等双手相互揉搓，然后在水流下冲洗干净，一般洗手时间大约 30 秒左右较为合理，洗完手后，用清洁的毛巾或纸巾将手擦干。至少在以下五种情况下必须洗手：一是吃东西之前要洗手，二是手脏之后要洗手，三是接触食物、精密物品前要洗手，四是规定洗手时要洗手，五是上过卫生间之后要洗手。

（二）手臂的保养

由于平时手部使用较多，使得手部肌肤比较粗糙，可以通过手部保养，从而使手部肌肤恢复弹性与细滑，如果一个人的手上总是粗糙、皲裂、红肿、生疮或伤口不断，说明他很不注重自己的手部保养。手部养护的方法主要有常备润手霜、手部按摩、消除手部浮肿、调理饮食等。保养自己的手臂，需要注意以下两点：一是方法要得当，二是重在坚持。

（三）手臂的修饰

为了增加美感，在对手部清洁保养的同时须进行必要的修饰，手的修饰主要包括手指甲的修饰。指甲要勤剪，不能让自己的指甲缝藏污纳垢。手部指甲首先要清洁，其次要修剪形状，指甲应修成椭圆形，不要修得过尖，修完指甲后，应用小锉刀将指甲边缘修饰光滑。同时，要用剪子去除指甲沟附近的“暴皮”、“死皮”。在选择指甲油时，要选择不含甲醛或丙酮的指甲油或亮光剂，最好选择透明的颜色，这样既低调朴素。不要选择色彩浓烈的指甲油，一周使用的次数最好不要超过一次，指甲油停留在指甲上的时间不要超过5天。

（四）注意腋毛的处理

在夏季，女士都喜爱穿着露肩的吊带装或无带装，但是这样的服装使得自己的腋窝被他人一览无余，因此必须要注意自身腋毛的处理，要提前剔除自己的腋毛，千万不要置之不理。此外，部分人的手臂上的其他部位长有较为浓密的汗毛，此种现象，不符合我国的传统审美标准，必要时要采取有效的方法将其去除。

（五）调理日常饮食

手部保养还应充分摄入富含维生素A、E及锌硒的食物，如绿色蔬菜、瓜果、鸡蛋、牛奶、海产品、瓜仁等，以避免手部干燥。此外、还应注意钙、铜等营养素的摄入。因为一旦缺钙、缺铜，指甲就易变脆、易折断。

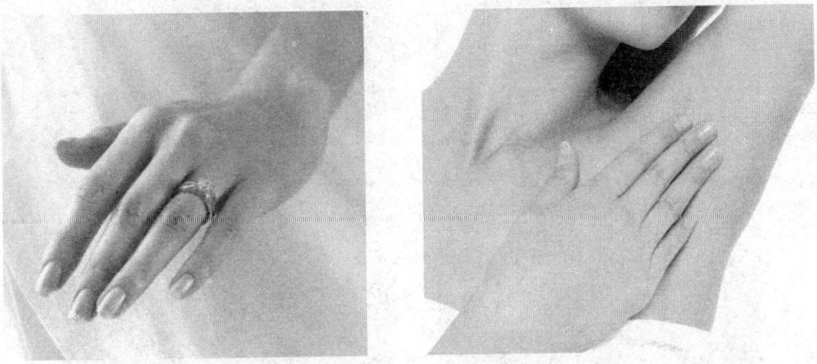

图3—3 手臂的护理

小贴士：手部修饰规范

女士指甲：保持手及指甲的干净，修剪整洁。指甲不超过指尖的2 mm，各指甲长度保持一致。指甲染色限于透明色、肉色和淡粉红色，均匀涂抹，并且保持染色的完整，忌描绘指甲。

男士指甲：保持手的干净、无斑点，手指不得有抽烟留下的尼古丁熏黄痕迹，指甲应保持清洁，修剪整齐，无凹凸不平的边角，长度不超过手指尖2 mm。

二、下肢的修饰

在日常人际交往中，人们有“远看头、近看脚”的习惯，特别是在夏季，下肢一般都会显露在外，若不注重下肢的修饰，脚趾甲又长又脏，会给人留下极其不雅的印象。下肢修饰（见图3—4）的基本要求有以下三点：

（一）勤于清洁

下肢清洁要注意四点：第一，坚持每天洗脚；第二，坚持每天换洗袜子；第三，定期更换自己的鞋子；第四，勤剪脚趾甲。在夏天，女士一般穿着凉鞋，脚趾会外露，所以一定要修剪好自己的脚趾甲，才会给别人留下好的印象。

（二）适当的遮掩

在日常生活中，尤其是在夏天，我们需要以自己的服装与鞋袜，适当地对自己的下肢进行必要的遮掩。一般来说，在选择服装和鞋袜时应做到“四不”：

1. 不要光腿

如果将下肢暴露在别人视线之内，则最好不要光腿（女士可配连裤袜、长丝袜等），男士如果光腿会使人对他的“飞毛腿”感到厌恶，如果女士光腿，则会被误认为是故意向异性展示自己的性感和魅力。如果天气炎热或特殊情况需要光腿，必须选择长及膝盖的短裤、裙子。

图 3—4　下肢的护理

2. 不要光脚

在正式的社交场合，千万不要赤脚穿鞋，一定要穿上袜子，提出这一要求既是为了美观，也是为了在人际交往中不至于失礼。

3. 不要露脚趾

在选择鞋子时，不仅要注意鞋子的尺码、款式，还需特别注意，穿上鞋子后，无论是否穿了袜子，都不能让自己的脚趾露在外面。特别注意的是，在正式的场合，一般不允许穿露脚趾的凉鞋或拖鞋。

4. 不要露脚后跟

与不许露脚趾的要求一样，在正式场合中，穿的鞋子露出自己的脚后跟会显得十分散漫，因此不宜穿着无后跟或者露后跟的鞋子。

（三）适度美化

在进行下肢美化时，应当注意以下两个问题：

1. 注意腿毛

由于多种因素的影响，部分女性的腿部会长出一些腿毛，假如遇上此种情况，又不得不穿裙子，最好想办法将腿毛去除，或者选择穿颜色深而不透明的袜子。

2. 趾甲的修饰

和修剪自己的手指甲一样，下肢的修饰需要经常修剪和检查自己的趾甲，维护自己的形象。有很多时尚的女性对于自己在脚部的化妆，即在脚趾甲上涂指甲油十分热衷，但值得注意的是，对于服务行业的女士来说，是不宜采用的。

第四节　化妆礼仪规范

【案例导入】

戴安娜王妃天生丽质，和所有的美人一样，她也特别重视化妆。她的化妆师曾告诉她："你的脸色本身就很红润，所以你不需要鲜艳的胭脂，如果还涂鲜艳的胭脂，会适得其反，看上去像个害羞的小姑娘。"戴安娜接受化妆师的意见，改用薄粉底来调和她红润的肤色，再搭配以色调比较轻柔的珊瑚色胭脂，在颧骨下打阴影，使颧骨看上去不那么突出，脸型也显得小巧玲珑。后来，她还听取了著名的化妆师芭拉·黛尔的建议，以蓝色眼线液和蓝色眼影，衬托出迷人的双眼，在脸上薄施桃褐色腮红，衬出美丽的双颊。用这些化妆品妆饰后，戴安娜的美丽直逼人心。在戴安娜的整体造型和妆容上最突出的特点就是她对妆容恰到好处的把握。如果用一个词来形容戴安娜的话，那就是优雅。清爽的妆容永远是那么大方，细微处的变化贴合她着装风格，为女性优雅做出了最好的诠释。

所谓化妆，是指人们在政务、商务和社交活动中，通过各种丰富的化妆品及艺术描绘手法来装扮美化自己，以达到振奋精神和尊重他人的目的。化妆是生活中的一门艺术，适度而得体的化妆，可以体现女性端庄、美丽、温柔、大方的独特气质。

"化妆是使人放弃自卑，与憔悴无缘的最好良药。它可以让人们表现得更加自爱，更加光彩夺目。"中国人民是最爱美的，古人早已有美容化妆的习惯和方法。据记载纣王爱将凝固的花汁给宠妻爱妾染指甲或化妆。"燕脂"（即胭脂）就是由于此化妆品最早在燕国出现而得名。到了21世纪的今天，随着科学技术的发展，物质生活水平的提高，化妆已成为人生活中必不可少的内容。

一、化妆的目的

（一）日常生活的需要

一个人的容貌除了生理条件和气质风度外，仪容的修饰也是非常重要的。化妆能使人容貌美丽，精神焕发，以愉快的心情投入到学习和工作当中。同时适度的化妆在美化自己的同时，也是对他人的一种尊重，体现了个人的修养与内涵。

（二）职场的需要

随着社会的发展，化妆已经不仅仅是局限于舞台上，而是慢慢地进入到职业生活中，通过人为的修饰，是平凡的面貌散发出超凡脱俗的魅力，给人以美的视觉享受，反映出新时代的精神风貌。工作人员在职场中化妆是一种职业规范的要求，职业道德的体现，职业活动的需要。

（三）社会交往的需要

英国哲学家培根说过："行为举止是心灵的外衣。"随着社会的进步，人们的生活方式也在不停地转变，社会交际应酬变得频繁，人们通过正常的化妆，以及适当的发型和服饰搭配，得体的举止、良好的修养、优雅的谈吐以及端庄的仪表，使自己的仪容仪表变得更加得体大方。

二、化妆的基本原则

化妆必须根据自己的面容特征、性格特点、工作性质等来确定化妆的风格，但应该讲究整体性、和谐性和自然性，给人以美的享受。化妆时应遵循五大原则，具体如下：

（一）化妆符合审美原则

美容化妆的目的是给人以优雅、漂亮的印象，所以美容要真实自然恰到好处，要符合大众审美享受的需要。要使化妆符合审美的原则，首先强调色彩的合理搭配，色彩要鲜明、丰富、和谐、统一，色彩要与自身的服装、配饰的色彩协调。其次，要依据自己的脸型合理调配，如脸宽者，色彩可集中一些，描眉、画眼、涂口红、腮红都尽量集中在中间。最后，要强调自然美，化妆是对人的朴素美进行雕琢加工，充分利用一切自然美的规律，使人为的美进一步和多姿多彩的自然美相结合。

（二）研究五官与肤色

首先，仔细观察镜子中自己的脸，找出自己五官中最突出、迷人、漂亮的那个部分，考虑要强调的部位是眼睛还是嘴唇或脸颊，避免使每个部位都很突出。然后观察自己的肤色，想一想什么样的妆色适合你，想要加上何种色彩，如粉红、桃红、琥珀色、紫色或者棕色，思考一下这样的妆色能否使你的皮肤出众。也要了解自己面部的优缺点，在扬长避短的原则下，寻找并突出自己面部最富魅力的部位，掩盖或削弱有缺陷的地方，这样才能达到化妆的效果。

（三）整体格调统一协调的原则

整体格调统一原则在化妆中显得尤为重要，在化妆时，个人应当注意以下三方面的统一：

（1）妆面的设计和用色要与发型、皮肤特点、身材比例、服装、配饰等相统一。

（2）面部化妆要与职业、气质、性格统一。

除此之外，酒店、银行、航空公司等服务人员在职业妆的描绘过程中，还要注意与团队中各成员整体形象的统一，同时，在整个窗口服务行业中，化妆不应过分强调个人的性格特点。

（3）化妆设计要与时间、地点、场合和谐统一。

即我们日常所说的 3W 原则，即 when（什么时间）、where（什么场合）、what（做什么）。不同场合化不同的妆容，“浓妆淡抹总相宜”，是得体形象的定位与诠释。

三、化妆品的类型

（一）化妆品的种类

一般化妆品分为四大类：润肤型化妆品、美发型化妆品、芳香型化妆品、修饰型化妆品。

1. 润肤型化妆品

它的主要功能是，护理面部、手部以及身体其他部位的肌肤，使之更为细腻、柔嫩、滋润。这类化妆品常见的品种有香脂、乳液、洁面霜、润肤蜜、雪花膏等等。

2. 美发型化妆品

它的主要功能，是保护头发、止痒去屑，以及为头发塑造出种种美妙动人的造型。香波、润丝、发蜡、发乳、发油、发胶、摩丝、冷烫夜、染发水、生发水等等，都属于这一类型。

3. 芳香型化妆品

它的主要功能，是溢香祛臭芬芳宜人。有的还兼有护肤、护发和防止蚊虫叮咬等作用。香水、香粉蜜、花露水、爽肤水等等，都是这一类型的以芳香为主要特征的化妆品。

4. 修饰型化妆品

它的主要动能，是通过在面部适当部位的着色，来为人们扬长避短，使化妆者看起来更加亮丽生辉。最常见的修饰型化妆品有粉饼、油彩、唇膏、眉笔、眼影、睫毛膏、化妆水等。

(二) 面部化妆品的种类

化妆品的种类（见表 3—1）繁多，面部化妆常用的化妆品属于美容类的化妆品（见图 3—5），主要是用来日常清洁、美化、保养自己的皮肤及毛发，以此来展现职业形象，增加个人魅力。若将其分类，大致有以下三种：

表 3—1　　面部化妆品的种类

清洁类	洗面奶、洁面皂、卸妆油、卸妆液	
滋养类	化妆水、润肤露	
粉饰类	面部基础晕染	粉底液、粉底霜、粉条、粉饼
	眼部化妆品	眼影粉、眼影膏、眼线膏、眼线粉、眼线液、睫毛膏
	眉部化妆品	眉粉、眉笔、眉膏
	鼻部化妆品	鼻侧影粉、鼻侧影膏
	脸颊化妆品	胭脂、腮红
	唇部化妆品	唇膏、唇油、唇彩、唇蜜、唇釉

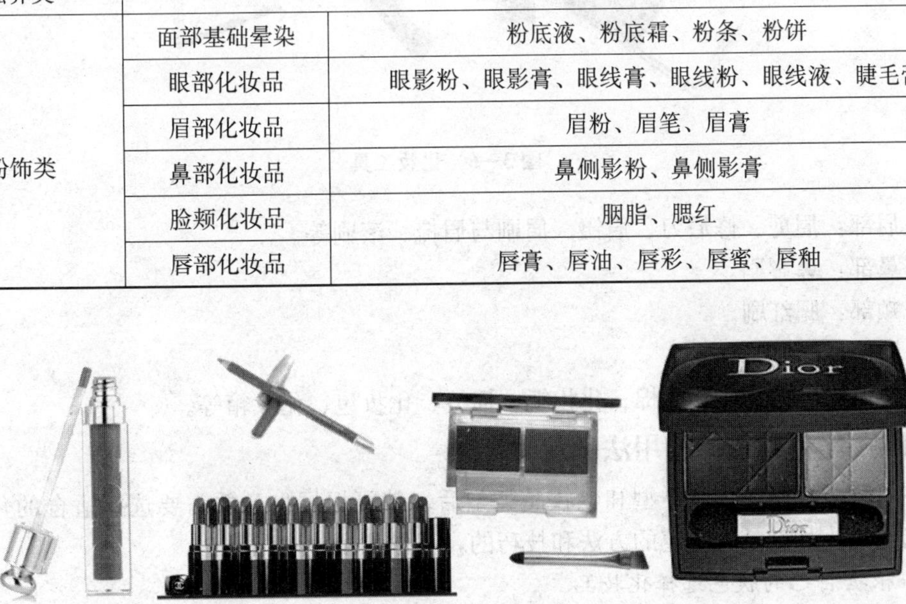

图 3—5　化妆品

（三）美容化妆工具简介

美容化妆的工具（见图 3—6）品种繁多，用途及使用部位也各不相同，按部位来分，可以分为面部、眼部、眉部、鼻部、唇部、颊部等不同部位的化妆工具。

➢面部：化妆海绵、粉扑、粉刷、轮廓刷、打底刷、遮瑕笔刷、扇形刷等。

➢眼部：眼影刷、眼线刷、眼影海绵、眉目胶带、睫毛夹、假睫毛、睫毛胶、睫毛刷等。

图 3—6　化妆工具

➢眉部：眉剪、修眉刀、眉镊、眉刷与眉梳、滚刷等。

➢鼻部：鼻影刷。

➢颊部：腮红刷。

➢唇部：唇刷。

➢其他辅助工具：化妆棉、化妆纸、棉签、化妆包、化妆箱等。

（四）化妆品选择与用法

在了解了自己的皮肤类型和化妆品类型后，就可根据自己的需要选择适合的化妆品。但是选择化妆品，是有一定的方法和技巧的，具体如下：

1. 根据自己的肤色选择化妆品

在化妆时，要明辨自己的肤色，若是偏黄的肤色，则不能选择过白或过深颜色的底妆；若是白皙的皮肤，则选择颜色较浅的底妆；若是偏黑的肤色，则选择颜色较深点的底妆，切勿选择颜色较浅白的底妆。

2. 根据自己的皮肤类型选择化妆品

在选择化妆品时，并不是越贵的越好，而是要适合自己的皮肤特点。根据皮肤的类型选择化妆品不失为最有效的方法。不同类型的皮肤，选择合适的化妆品：

➢干性皮肤要选择含水分、油脂多一点的化妆品，如粉底液。

➢油性皮肤要选择含油脂少的，但能保湿的化妆品，如粉状粉底、粉饼。

➢中性皮肤选择不油不干的化妆品即可，以保持面部的水油平衡。

➢混合性皮肤要选择既能控制 T 区出油又能让两颊保湿的化妆品。

➢敏感性皮肤要选择质量好，低过敏度的适合敏感性肌肤使用的化妆品。

3. 根据自己的服饰色彩选择化妆品

在选择化妆品时，也要考虑服饰与妆容色彩的协调统一（见表 3—2）。着装在人体所占面积最大，要以着装的主色为中心基调，施妆用色需配上与之相近或相对的色彩，以取得和谐与呼应。

表 3—2　　服饰色彩与妆容色彩的搭配

服装颜色	眼影颜色	口红颜色
红色	蓝、绿、灰、紫、棕色	红、粉、桃红、棕色
粉红色	粉红、紫、棕、绿色	粉红、桃红、棕色
紫色	紫粉、红、蓝、灰色	桃红、粉红、棕色
蓝色	蓝、灰、紫、粉红色	红色、粉红、桃红、棕色
黄色	棕、绿、灰、紫色	橙、棕、桃红色
橙色	绿、棕、紫、灰色	橙、棕、红色
灰色	灰、粉、紫、蓝、绿	粉、红、桃、橙
棕色	棕、红、蓝、灰	橙、红、棕、粉红
绿色	绿、棕、灰、粉红	红、粉、桃、橙红
黑色	灰、紫、粉红、棕、蓝、绿	红、桃、橙、粉红
白色	粉、紫、棕、蓝、绿、灰	粉、红、桃、橙

4. 使用正规渠道生产销售的化妆品

如果条件允许的情况下，可选择质量好的，有一定知名度的、比较成熟的品牌化妆品。这样的化妆品的成分是符合国家安全标准的。另外，购买化妆品一定要注意生产日期和保质期，不要使用已过期的化妆品。尽可能使用同系列的化妆品，以避免同时使用不同化妆品所产生的不适反应。

四、化妆的类型

妆容类型有多种，按人们带妆的场合和环境可分为工作妆、生活妆、晚宴妆和舞会妆等。不同类型的妆面有不同的要求。

（一）工作妆

工作妆的主要特征为简约、清丽、素雅，具有鲜明的立体感。既清淡而又传神。净面之后涂上润肤霜、粉底、薄施粉，轻点朱唇淡扫眉，妆色健康、明朗、端庄，追求自然清雅的化妆效果。

（二）生活妆

追求清丽洒脱的化妆效果，宜淡妆轻描。粉底用耐汗水的粉饼，腮红选用朱红色或桃红色，只涂淡淡一层。长时间外出最好不要涂眼影，不描眼线，以免汗多，化妆品刺激眼睛。

（三）晚宴妆

追求细致亮丽的化妆效果，宜化得浓艳些。粉底比白天用的亮一级，蜜粉色彩以亮丽色系为佳，腮红用浅色，口红用深桃色或玫瑰红，在灯光下这些颜色会让肤色华艳鲜亮，要强调眉形，并涂眼影，画上眼线与睫毛膏。一般适用于宴会等社交场所。

（四）舞会妆

追求妩媚动人的化妆效果，宜化得稍浓艳。可使用掩饰力较强的粉底（对于面部有瑕疵者），扑上肉色粉，腮红和唇彩选择明艳的粉红色调，涂深色眼影，画眼线，还可以带假睫毛，适用于舞会、舞台表演等场所。

五、化妆的基本程序

化妆的主要目的是为了将人美观的部位突出，而将稍微不美的地方或不平的部位遮掩。很少有人拥有一张完美无瑕的面孔，但每张面孔都有其独特之处，有的人一边眼大一边眼小，有些人眉毛的粗细长短不一。但通常不易被发觉，因为通常人们只会留意到面部的整体，而不是某一细节部位，但是很多人会自觉地意识到这些问题，所以会希望借助于化妆来补助。自古以来，标准的椭圆形的脸型衬托相应的五官，被认为是最理想的美人胚子，因而美容师多以标准的椭圆形脸型作为矫正化妆的蓝本。

标准的椭圆形脸型（见图3—7）及人们常说的“五官端正”（即耳、眼、鼻、口要协调匀称），达到“三庭五眼”图的比例。其中“三庭”是指上庭、中庭和下庭。

- 上庭是从额头中间发至眉线（指眉头与眉尾高度之间的平均线）之间的垂直距离。
- 中庭是从眉线到鼻翼两端之间的垂直距离。
- 下庭是从鼻翼底端的水平线下颏（下巴尖）底部的水平线之间的垂直距离。

三庭的理想比例是上庭∶中庭∶下庭＝1∶1∶1，即三者长度相等。

“五眼”是指面部的横向比例关系。以眼睛的高度的水平线的宽为面宽，以自己的一只眼睛的长度为衡量单位，在面部横向五等分，其中两只眼睛分别为两个单位，两眼之间为一个眼宽的距离，从两耳与头发边缘的交界处向前延伸至各侧眼尾的垂直距离间各为一个单位，共五个单位，叫“五眼”。

五眼之间的最佳比例为1∶1∶1∶1∶1，及五眼的长度相等。

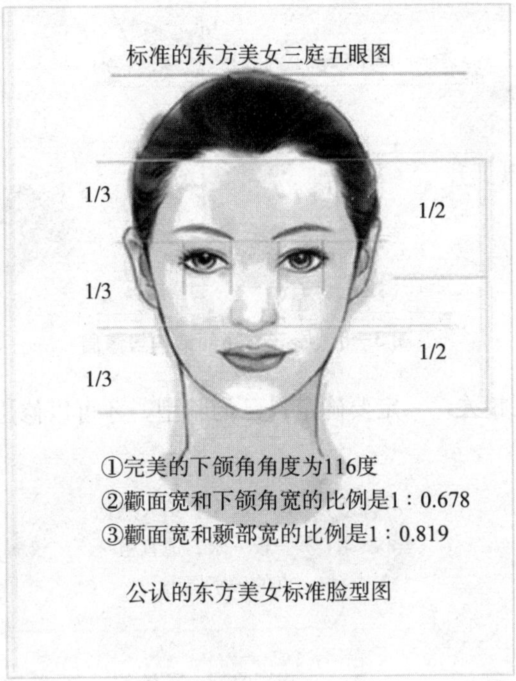

图 3—7　标准脸型

（一）女士化妆的基本程序

1. 束发

用发带或者发夹，将头发夹上，露出全脸，方便于洁脸，也更便于有针对性地化妆。

2. 洁肤、爽肤、润肤

“护肤三部曲”，三者密不可分，先用温水和洗面奶等洁面化妆品彻底清洁面部。用洗面奶洗脸，要注意任何洗面奶在面部停留的时间以 2 分钟内为宜，并且一定要用清水冲洗干净。在彻底清洁面部后，先用化妆水浸透化妆棉后均匀涂于面部，双手轻拍至皮肤吸收，然后选择日霜、润肤霜或者乳液等涂于面部，按照由中央朝外、由下朝上的要领画圈涂抹，轻拍至吸收。涂抹乳液等护肤品时要绕过眼部肌肤和唇部肌肤，这些部位皮肤较薄，皮肤构造也不同，所以要采用专门针对眼部皮肤或唇部皮肤的护肤品。

3. 修眉

眉毛能够体现出人的脸型，好的眉形能给面部增加很强的轮廓感，使得面部五官更加立体。修眉时，首先要决定哪一部分需要修饰，用眉笔当标尺，眉笔（笔杆不能太粗，以免影响判断结果）紧靠鼻翼，与内眼角连成一线，笔尖和眉头交界处为漂亮眉毛的起点（可以将多出的部分完全剃掉，也可以不剃掉，只需在画眉时从这一点开始，以使过渡更自然）；笔尖稍微倾斜与瞳孔外侧拉成一直线，笔尖与眉毛的交汇点即眉峰的位置；笔尖再倾斜与外眼梢拉成一直线，笔尖与眉毛的交汇点即适当的眉尾位置，剔除多余的眉毛并用眉笔轻轻画下记号。东方人的眉毛通常都是向下生长，因此修饰眉毛时，就要用一把小剪刀去修剪垂下的眉尖（见图 3—8）。

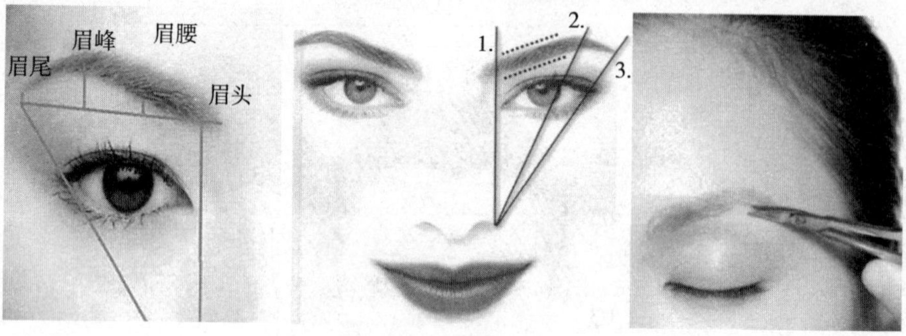

图 3—8　眉毛的外部结构与修眉

眉形的修饰与脸型相关，一定要确定自己的脸型，才可以修出合适的眉形。眉形和脸型的搭配（见图 3—9）。

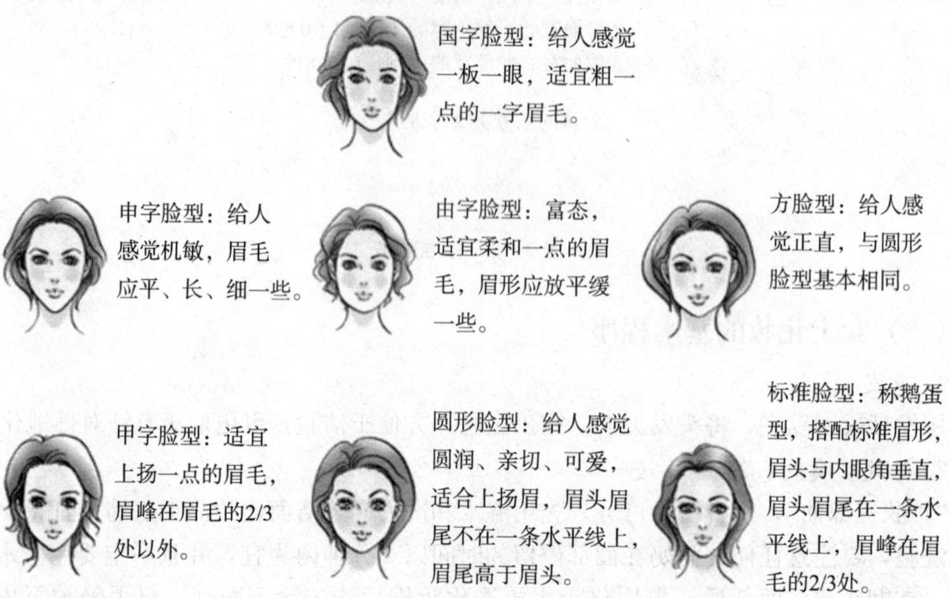

图 3—9　眉形与脸型的搭配

4. 涂抹粉底

涂抹粉底是化妆的基础，也是面部塑形的前提，涂粉底也可以统一肤色，遮盖瑕疵，改善皮肤质地，保护皮肤。正确涂抹粉底的顺序如下：脸颊→额头→鼻子→下巴→眼周→唇角、鼻翼等细微处→颈部及耳周。涂抹粉底时可以使用海绵扑、粉底刷等工具，也可以直接用手指涂抹。

涂抹粉底具体的做法是：

（1）将粉底液倒在左手手背上，用右手手指打圈的方式轻轻地混合均匀。

（2）用海绵扑或右手手指（中指或无名指）蘸取粉底液分别点在额头、鼻尖、两颊和下巴等部位。

（3）按照从面颊到下巴再到额头的顺序，双手分别往左右两边呈一字形推开，不要忽略眼角、鼻翼、唇周等细小的部位。

(4) 不要忘记脖颈部位，沿下巴及两颊骨边线一直往颈项抹，然后以手背拍打，抹去脖子上多余的粉底。

(5) 将大部分部位的粉底液涂抹均匀后，用双手由下巴开始向额头上轻轻地拍打，然后用温热的掌心分别盖住脸颊和额头，停留片刻，使粉底与皮肤贴合。

若用干湿两用粉底，则先将海绵扑沾湿水，然后挤至九成干，再蘸上粉底，然后按上述顺序涂抹于整个面部、颈部。

粉底抹完后要达到调整肤色、遮盖瑕疵、使皮肤细腻光洁的目的。脸上有明显瑕疵的可在使用完粉底后，在瑕疵部位局部使用遮瑕膏遮盖，并以它为中心向周围扩展，使颜色自然地、不留痕迹地由浓转淡。

5. 眼部的化妆

眼睛是心灵的窗户，是一个人心灵的写照，若一个人具有无限爱心，高度的涵养和开朗的人生观，那么他的内心美是可以通过眼睛表达出来的。眼睛是五官之首，在五官中最能显示一个人的神采，如果一双眼睛光有美丽的轮廓，并不会吸引人，如果一双眼睛会说话，必然会使人怦然心动，倍添妩媚。技巧性的化妆，能使眼睛的外在美和内在美更好地融汇在一起。因而眼部化妆是面部化妆的核心，居重点化妆之首位。

眼部化妆的正确程序是：

(1) 晕染眼影（见图 3—10)。具体的做法是：画眼影时，先由睫毛根部向上描画整个眼窝，直至眉弓下方，要给眉毛留有一定空隙，再画下眼睑部位，要贴近睫毛根部描画，面积要小，一般只画外眼睑处。眼影颜色的选择因人而异，可与服饰搭配，可选择多色眼影或单色。需要注意的是，靠近眼睑处眼影颜色略深，以眼球最高处为分割线涂暗色，越靠近眼睑处越深，越靠近眉毛处越浅。眼影由下至上、由深变浅的过渡是自然的、有层次性的。

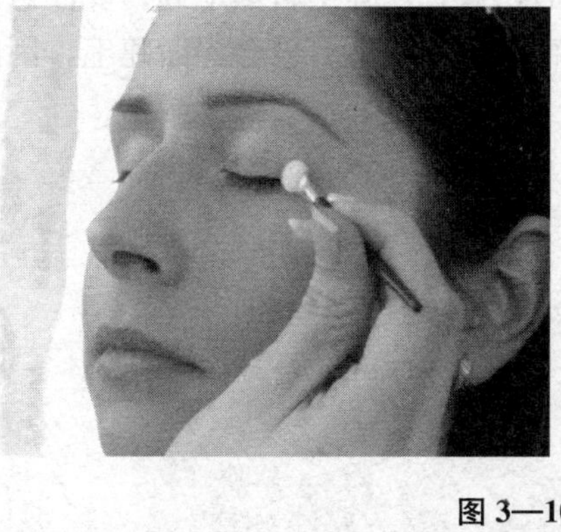

图 3—10 画眼影

(2) 描画眼线（见图 3—11)。具体的做法是：眼线要贴着睫毛根部描画。画上眼线时双眼向下看，用一只手轻轻地将上眼睑往上推，露出睫毛根部，一般由内眼角向外眼角描画，并且从内眼角到外眼角应该由细变粗，甚至外眼角处眼线可拉长或向上微翘且略长于眼睛的长度。画下眼线时双眼向上看，用一只手轻轻地将下眼睑向下拉，露出睫毛根部，下眼线一般由外眼角向内眼角描画，一般画到眼睛长度 1/3 处逐渐消失，下眼线的颜色以外眼角最深。

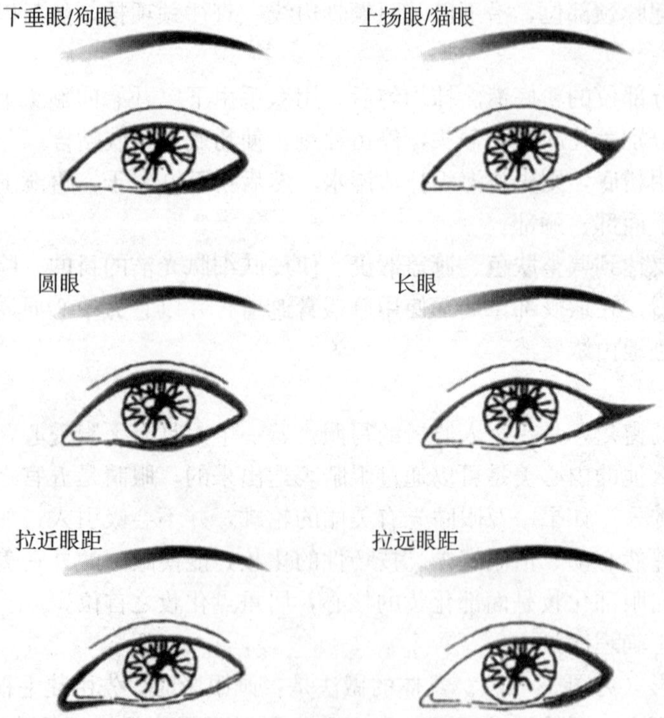

图 3—11　几种流行眼线画法

（3）夹卷睫毛（见图 3—12）。具体的做法是：视线朝下，将睫毛夹放在睫毛根部，夹紧睫毛，睫毛夹内面的圆弧与眼睑的弧线相吻合，夹紧睫毛三四秒后松开，做两三次，使弧度与形状固定，角度约 45°；再将睫毛夹移至睫毛中部，约呈 90°的角度，夹数秒后松开；最后移至睫毛前端，约呈 120°，夹两三秒后松开，使睫毛自然上翘。要注意的是，夹睫毛时要小心，大力地夹会夹断睫毛。睫毛卷翘器的胶硬化后也会弄断睫毛，因此要注意更换。

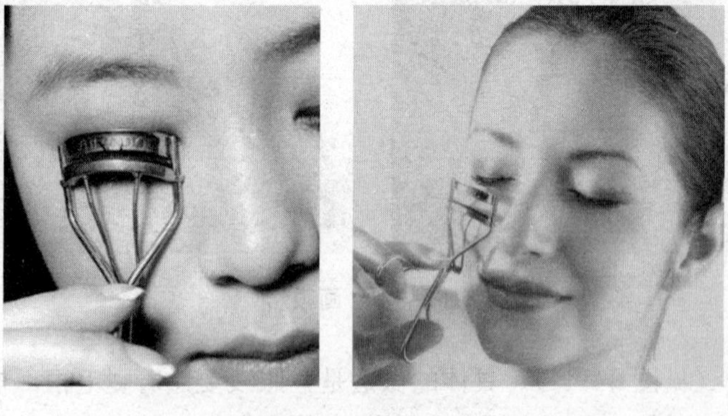

图 3—12　夹睫毛

（4）涂睫毛膏。具体的做法是：涂睫毛膏时，眼睛向下看，睫毛刷与眼睛保持平行，先在上睫毛上方的根部轻轻地横向涂抹，再由内眼睑向外眼睑向下向内转动，重复两到三次；再平视前方，将睫毛刷与眼睛平行，放在上睫毛下方的根部，向上向外旋转，重复两到三次，外眼角的睫毛要作为重点，应比内眼角浓密。眼睛向上看，将睫毛膏放在下睫毛的上方根部，睫毛刷由睫毛的根部向下向外轻轻刷睫毛。待睫毛稍干，用睫毛梳或滚刷将粘连在一起的睫毛刷开。

（5）贴假睫毛。具体的做法是：1）选择假睫毛的类型。自然型、浓密型、特殊型等，在粘贴前要选择适合的类型；2）选择假睫毛的长度。除特殊妆型外，在选择时应选择略长于自身睫毛的假睫毛；3）修剪假睫毛。在贴假睫毛前要根据原睫毛的长度、宽度进行修剪，用眉剪将假睫毛修剪成参差状，内眼角睫毛稀疏较短，外眼角睫毛浓密较长；4）调整假睫毛的弧度。双手捏住假睫毛两端，反复弯曲假睫毛，使睫毛根部变得柔软，使睫毛弧度与眼球表面弧度相符；5）涂睫毛胶。注意睫毛两端可多涂一些；6）粘贴假睫毛。待睫毛的胶水呈半干状态后，眼睛向下看，将假睫毛按事先画好的眼线位置紧密粘贴在一起（内眼角部位应稍留出空隙）。用棉签或眉镊轻轻按压睫毛根部，粘贴牢固后，可用睫毛夹再夹一下，并用睫毛膏涂抹，使其看起来真实自然。

6. 画眉

画眉（见图 3—13）的具体的做法是：眉毛修好后，先用眉梳将眉毛梳理整齐，从眉腰处开始画，顺着眉毛生长的方向描画至眉峰处，形成上扬的弧线，此处眉毛颜色应描画得最深。然后从眉峰开始，顺着眉毛的生长方向斜向下画成眉梢，形成下降的弧线，此处眉毛的颜色应略略变浅，注意颜色过渡自然。最后由眉腰向眉头处逆着眉毛生长的方向画眉，此处眉毛的颜色应最浅。眉毛画好后用眉梳或滚刷轻刷，使其流畅柔和。

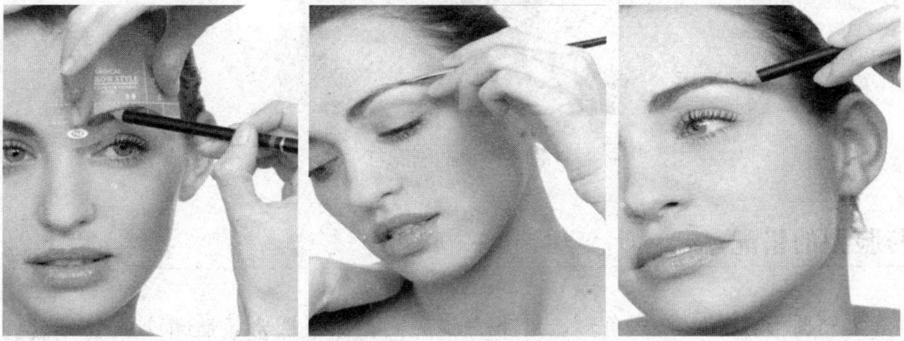

图 3—13　画眉

7. 额、鼻部化妆

额头、鼻子为面部最高点，位于整个面部的中间，位置醒目，形状突出，使整个面部显得立体。在额头、鼻梁、C 区、下巴可轻涂一些高光粉，使面部立体。额、鼻部化妆是为了强调鼻子及整个妆面的立体感，美化妆面的效果。

鼻部化妆主要是指鼻侧影的晕染及鼻梁正中高光效果的塑造。鼻部化妆的具体做法是：在进行鼻部化妆时应该分为两个步骤：先为鼻梁正中描画，后为鼻梁两侧描画。鼻梁正中应作出高光的效果，先用小号的鼻影刷蘸取适量的浅色鼻影粉、眼影粉或眉粉，用手背拭去笔头上多余的粉，再根据脸型在鼻部由上至下垂直晕染鼻梁正中；鼻梁两侧应作出阴影的效果，首先用中号的鼻影刷蘸取适量的深色鼻影粉、眼影或眉粉，再将刷头在手背上轻扫，拭去过量的粉，再由上至下、由外向内晕染鼻梁两侧，晕染时要注意，阴影色应晕染在鼻梁两侧突起的部位，不能晕染至脸颊上。

8. 脸颊的化妆

脸颊是流露真实情感的部位，情绪波动时会产生明显的颜色变化。脸颊化妆主要是对脸颊进行腮红的晕染，可以增加面部的红润感，使人的气色看上去更好，还可以起到矫正不理想脸型的作用。

刷腮红的位置是：标准脸型腮红的位置在微笑时两颊形成的凸起部位，即俗称笑肌的部位。一般来说，以眼球为中心向下拉垂直线，从下眼线处空出一个食指的宽度至耳边，从唇角到耳垂的部位，空出颧骨部位，最为恰当。用腮红刷蘸取适量腮红，由下向上呈斜角轻扫，有条件可使用阴影粉搭配腮红使用，可修饰脸型。要注意的是腮红向上不可超过外眼角的水平线，向内不可超过眼睛 1/2 的垂直线。

在化妆时，还要根据脸型、妆面要求调整腮红的位置和形状，如图 3—14 所示。

图 3—14 刷腮红

腮红与脸型的搭配

◇ 椭圆形：涂成长三角形，看上去较成熟，涂成圆形，脸看上去较可爱。

◇ 圆脸型：用后三角画法，涂成尖锐的三角形，从太阳穴至颧骨及额角处，深色靠近脸周，使脸看上去较长；若涂正中圆形，则强调可爱的脸型。

◇ 长脸型：要横向刷腮红，并在额角处加强腮红，涂在眼外侧即可，要小而长。长而窄的腮红，可以缩短脸的长度。

◇ 菱形脸：用珊瑚色从耳际向颧骨斜向刷，腮红向上涂成三角形。

9. 唇部化妆

唇部化妆中的唇型应根据个人的风格、气质、脸型及自身的唇型特点进行设计。除妆面的特殊要求外，唇线一般不应画得过于明显，描画时要注意左右对称。唇线的颜色应比唇膏的颜色深一些，同色也可以。画唇线时，唇笔或唇刷要平放，用其尖端和边沿来画。唇线的具体画法有：

➢内描法：将轮廓线画在原本唇形稍内侧，适合于双唇大而厚的嘴唇。

➢外描法：在唇的稍外侧描绘轮廓线，使唇部丰满起来，适合于薄而小的嘴唇。

➢1/3 唇线法：这种唇形呈山形，起伏深，给人以感情丰富的感觉。

➢1/2 唇线法：上唇山形最高处恰在口角和中心线中间，其高度与相应位置的下唇厚度相同，上下唇轮廓线匀称，是大众化的唇形。

➢2/3 唇线法：上唇山形高峰在唇中央到口角 2/3 的地方，给人以宽广优美的感觉。

需要注意的是，在画唇彩时，应选择质地清爽、色彩柔和的唇膏、唇彩或口红，同时注意涂抹方式。

10. 定妆

定妆需要使用定妆粉，目的是为了使已画好的面部妆容更加持久不脱妆。用粉扑蘸取定妆粉，均匀地扑到妆面上，只需薄薄一层即可。扑好后，可使用大粉刷将妆面上的浮粉扫掉。

11. 妆后检查

在完成妆容后，需要妆容的检查。首先，检查左右是否对称。眼部、鼻部、脸颊、唇部、耳部等两侧是否形状、浓淡、弧度一致。接着，检查过渡是否自然，特别是脸部与颈部、耳部的底妆色的过渡，眼影、阴影的层次的过渡等。然后，检查整体与局部是否协调。各局部是否缺漏、弄花，整个妆面是否协调统一。最后，检查全身是否协调完美。

12. 喷涂香水

（1）香水分类

根据香水的香型划分，可分为植物香型、花香型、西普莱香型、东方香型、合成香型五大类。

➢植物香型：气味爽朗、清新、自然，适合早晨使用；

➢花香型：气味浓郁、温馨、甜美，适合白天使用；

➢西普莱香型：气味优雅、甜蜜、幽深，女性气息十足，适合成熟女性在正式场合使用；

➢东方香型：一种产自东方的植物香料配制而成，气味馥郁独特，香气经久不散，适用于社交场合；

➢合成香型：用人工香料与天然香料调配而成，气味浪漫、温柔、迷人，适合于女性晚间使用；

根据香精的含量与香气持续的时间划分，可分为浓香型、清香型、淡香型、微香型四类香水。

➢浓香型：适合人们在出席宴会、舞会时使用；（香精含量为 15%至 20%，香气可持续 5 至 7 小时）；

➢清香型：适用于一般性的交际应酬；（香精约 10%至 15%，香气可持续约 5 小时）；

➢淡香型：适合上班时使用；（香精含量约 5%至 10%，香气可持续为 3～4 小时）；

➢微香型：主要用于浴后或进行健身运动时使用（含香精仅为 5%以下，香气持续的时间为 1～2 小时）。

（2）使用香水的正确位置

1）脉搏离皮肤比较近的地方，如手腕、耳根、颈侧、膝部、踝部等处。

2）既不会污损面料，又容易扩散出香味的服装的某些部位，如内衣、衣领、口袋、裙摆的内侧，以及西装上所用的插袋巾的下端。

（3）香水使用的基本原则

➢香水应在出门前半小时使用，适宜涂在动脉跳动处，如耳后动脉处、胸前、大腿弯及手腕内侧。

➢香水要在清洁后使用，要尽可能与体味调和。

➢避免香水与宝石和浅色衣服接触。

➢腋下、头发、鞋内则忌用香水。

➢味浓的香水，适合在冬天、晚上使用，清香的香水则适宜在夏天、白天使用。

（4）香水使用的禁忌

➢忌不洁使用。

➢忌使用部位不当。

➢忌使用过量。

➢忌不同香水混合使用。

➢忌吃辛辣刺激食物。

（二）男士化妆的基本程序

男士要显得有风度、有气质、庄重、文雅，那么其外形就应该让人感到清洁、自然和有品位。男士美化面部首先还是要清洁面部，其次才是化妆，男士的化妆包括清洁和护理面部与手部、使用粉底、脸部修饰、眼部化妆、修整眉形和眉部化妆、唇部化妆、颊部化妆、整体造型等。男士化妆应注意以下几个方面：

1. 粉底

粉底应突出皮肤的质感，粉底液、粉底霜均可。

2. 脸型修饰

脸型修饰应突出面部的立体感，尤其是鼻梁的高挺。

3. 眼部化妆

眼部化妆不必做过多的晕染，稍画上眼线即可。

4. 眉部化妆

眉部化妆应突出眉形，以修眉为重点，在眉形修饰后可用灰色眉粉进行适当地晕染。

5. 唇部化妆

唇部化妆用固体唇膏涂抹，一般选择无色或肉粉色。

6. 颊部化妆

颊部化妆的腮红以棕色为主。

7. 造型

先将眉毛用修眉工具修整，使其整齐，有立体感。用接近肤色的粉底液晕染整个面部。用修容膏做内外轮廓晕染，重点突出鼻梁的高挺。用灰色眉粉晕染眉毛，棕红色的腮红和唇膏色使面部肤色显得健康。

六、化妆的禁忌

在进行个人化妆时，一定要避免出现某些不当的错误做法，化妆操作时有些禁忌需要牢记，主要包括以下几点：

（一）忌妆容离奇出众

在化工作妆时所出现的离奇出众，指的是化妆时忘记了自己的职业、自己的角色，画出一些过于时髦、荒诞、怪异的妆容，或者有意使自己的妆容别具风格，从而产生不符合自己身份的妆容，尤其是职场女性，千万不要浓妆艳抹。

（二）忌于公共场所化妆

当众化妆是非常失礼的行为，既不尊重别人，也不尊重自己。如果需要补妆，应该到房间或洗手间。

（三）忌于异性前面化妆

在异性前化妆，是非常失礼的行为，要注意避免，即使是自己的男友也应避免。因为这种行为极易让人产生误会，这类人往往被认为是不分场合、不重视自己形象、不尊重他人的人，不受大家欢迎。

（四）忌妆面残妆

由于出汗、休息或用餐等原因造成妆容残缺或破坏，即为残妆。长时间的残妆会给人懒散、邋遢之感，特别是在正式场合；以残妆示人，既有损自己形象，也是对他人不礼貌。所以，在工作时，要注意保持自己的妆容，并及时进行检查和补妆。如果发现妆面残缺，要立即补妆，补妆应在无人的角落或洗手间进行。由于补妆只是局部性修补，只需在妆容残缺的地方稍作弥补即可。如果晚间还要应酬，那么临去前应洗去残妆，重新化一个晚妆，晚妆可以浓一些，但忌过于浓艳。

（五）忌非议他人化妆

不管别人化妆方式、妆容等如何，都不可非议他人化妆。每个人都有各自不同的审美情趣和化妆手法，更应具有理解、包容之态，取长补短、相互学习。

（六）忌借用他人化妆品

在工作期间应自己准备好自己常用的化妆品，以备不时之需。不要借用他人的化妆品，这样既不礼貌，也不卫生。别人化妆品可能并不适合自己的皮肤等，有可能会出现过敏等现象，这样反而弄巧成拙。

基础练习

一、简答题

1. 简述面部修饰的注意事项。
2. 简述肢体修饰的注意事项。
3. 化妆的基本原则有哪些？

4. 化妆的禁忌有哪些？

二、实训题

1. 女士工作妆操作实训。

2. 男士仪容礼仪实训。

测评见表3—3、表3—4。

表3—3　　女士工作妆测评表

考生单位：　　　　考生姓名：

项目	评分细则	配分	评价等级			得分
			优	良	及格	
底妆操作	1. 涂抹一点润肤霜或润肤乳于面部，轻拍至吸收。 2. 用海绵块或手指蘸取粉底液，点与面部数处。然后晕开，涂抹至全脸，留意细节处，要耐心涂抹。 3. 用粉扑蘸取粉饼，涂抹面部，轻压。面部与脖颈处也要衔接。 4. 检查底妆浓淡，粉底不可过厚。	20分				
眼部化妆	1. 画眉：眉形提前修剪好，用深棕色或咖啡色眉笔依据眉形描绘。眉头粗眉尾细，不宜过浓，幅度要自然圆润。 2. 涂眼影：先用眼影刷蘸取浅色眼影晕染整个眼窝，再在接近睫毛根部涂抹深色眼影，并逐渐向上晕开，变淡。 3. 画眼线：沿着睫毛根部用眼线笔描绘。	20分				
涂抹腮红	用腮红刷蘸取适量腮红涂抹于两颊处，注意根据脸型不同而选择涂抹的方式。长脸型横着刷，圆脸型和方脸型竖着刷腮红。	20分				
画口红	根据自己唇部颜色选择相近口红颜色。可先使用唇笔描绘上下唇轮廓，可改变唇形。然后使用唇彩或口红涂抹唇部并使其均匀。	20分				
妆容检查	1. 发际和眉毛上是否沾上粉底液； 2. 双眉是否描绘得高低对称，粗细对称； 3. 腮红是否涂得两颊均匀； 4. 整个妆面是否均衡； 5. 妆容与穿着是否协调； 6. 适当调整修改妆容。	20分				
总分		100分				

表 3—4 男士仪容礼仪测评表

考生单位：　　考生姓名：

项目	评分细则	配分	评价等级			得分
			优	良	及格	
头发清洁及发型	1. 男性头发清洁、无异味、无头屑。 2. 男性发型头发不能过长，前发不覆额，侧发不掩双耳，后发不及衣领，不留大鬓角，不能剃光头，也不能留长发或辫子。	20 分				
面部清洁	男性面部无油光、皮肤毛孔清洁、无黑头、无脓包、痤疮。	20 分				
牙齿与口腔清洁	1. 男士牙齿洁白、无明显牙垢、牙斑。无烟熏牙、茶渍牙等。 2. 男性口腔清洁、口气清新，无烟味、酒味、蒜味等异味。	10 分				
修饰眼部	男士眼部无分泌物、双眼有神不浮肿、无明显黑眼圈、眼袋。	10 分				
修饰鼻部	男士无鼻毛外露，鼻部无分泌物。	10 分				
胡须处理	男士胡须修剪干净、下颚清爽整洁、光滑。	10 分				
修饰耳部	男士耳孔内无分泌物和灰尘。耳朵干净无垢。若有耳毛已及时修剪。	10 分				
修饰眉部	1. 眉部没有残缺，无需修饰，保持自然的风采。 2. 眉部有明显残缺，需要适当修饰，用眉笔填补残缺处，但不可过于平直或修成倒八字眉。 3. 男士眉形自然、刚毅、不可过细。	10 分				
总分		100 分				

第四章　人际交往见面礼仪

【知识目标】

1. 认识日常交往礼仪在工作中的重要性。
2. 了解日常交往礼仪在工作的具体应用。
3. 正确掌握人际交往中应具备的基本礼仪常识。
4. 懂得如何正确地进行介绍和行礼以及名片的合理使用。

【能力目标】

1. 掌握在人际交往中的问候、称呼、介绍、握手、交换名片等见面礼仪的基本规范和技能。

2. 能够有针对性地正确运用人际交往见面中的礼仪常识，形成因地制宜的应对能力。

3. 了解不同国家和地区的人际交往见面礼仪习俗，掌握与世界各国、各地区的交往技巧。

【案例导入】

遭到评议的领导人会面

在奥巴马会见日本天皇时，出现了一个小插曲，被众多的人拿来评论。就是奥巴马总统抵达天皇的住处时，天皇和皇后在门口等候迎接奥巴马。奥巴马下车后鞠躬近90°，并与天皇和皇后亲切握手，说，“能够见到天皇，真的感到十分的荣幸”。天皇伸出手来与之相握，行了国际通行的握手礼。很多人认为奥巴马有“卑躬屈膝”之嫌，不过仔细想想，天皇的礼仪没错，奥巴马的礼仪也没错，可是问题出在哪呢？我想大概是因为见面礼仪的差别，奥巴马可能是入乡随俗，行了日本的鞠躬礼，结果日本天皇为了尊重，行的是国际通行的握手礼罢了。

【案例评析】

在人际交往中，“入国而问禁，入乡而问俗，入门而问讳”，是人们必须知道的一项常识，坚持入乡随俗是最重要的前提条件，要充分地掌握交往对象的相关习俗，如果不能做到“知己知彼”，那么在实际的人际交际中就很难做到入乡随俗，就会闹出笑话。在人际交往中，尊重从来都是相互的，因此我们在不失自尊的同时必须尊重他人，也只有我们尊重了对方的习俗，才能获得对方的尊重。

引言：《礼记·冠义》有云：“凡人之所以为人者，礼义也。”人之所以为人，是人懂得礼仪，人和人交往要通过礼仪来表达思想和情感。《孟子·离娄下》中也有：“君子以仁存心，以礼存心。仁者爱人，有礼者敬人。爱人者，人恒爱之；敬人者，人恒敬之”的语句，认为在人与人的交往中，礼仪是相互的。

释义：古人有言“礼者，人道之极也”、“不学礼，无以立”。在古代凡是交际场合，向交际对象表示礼敬，在宣之于口的同时，还伴随必要的体态表情；有的甚至一言不发，仅用体态表示礼仪。做人就要讲礼仪，在人际交往中，掌握一定的社交礼仪知识，并能恰到好处地加以应用，必将大大提升你的人格魅力，从而让你的人生闪射出不一样的光彩。

中国是文明古国，素有礼仪之邦的美称。中华民族自古以来，就在讲究语言艺术的同时，重视仪态礼仪。《左传·襄公二十六年》载：“大夫逆于境者，执其手而与之言；道逆者，自车揖之；逆于门者，颔之而已。”这段描述，具体反映古人见面时不同的寒暄方式，究其实质，几乎都用的是体态语言。离得近的可以“执其手而与之言”离得稍远一些则“揖之”，离得更远的那么只好“颔之”而已。其中“执其手”多么像我们常用的握手礼，“颔之”也像我们今天的点头礼，考察现今中外的常见礼节，几乎都和古代的礼节有关，如握手礼、点头礼、鞠躬礼等等。

在现在的人际交往中，见面礼是遇见他人时用来表示自己对对方的热情、尊重、致意等态度的一种行为。见面礼包括问候礼、称呼礼、介绍礼、握手礼、名片礼等礼仪。

第一节　问候礼仪

【案例导入】

一声问候的修养

在学校里，有几个同学有说有笑地走着，迎面走来了一位老师，他们也不认识，但当这位老师走到这几位同学身边时，其他人都还是边走边说笑，不予理会，只有一个同学停了下来，恭敬地说了一声“老师好”。老师当然也很高兴地回答了一句“你好”。等老师走过以后，有同学笑那个同学真能装，不认识的老师还给问好，其他同学对他也是冷嘲热讽。那个同学静静地站在那里，没有反驳他们，最后只是说了一句：做一个有礼貌的人是做学生的最基本要求。我正巧在他们身后，听到这话非常感动，感动那个学生的真诚，一个人懂礼貌，真的是很难得的品质。

人们常说“言为心声，行为心表”，讲文明，懂礼貌是尊重对方的一种表现，对上面几个学生的表现，你有什么看法，如果你是他们其中之一，你会怎么做呢？

问候，又称问好、问安或打招呼，是以语言或动作向他人询问安好、致意，表示关切或友好的一种常规方式。问候是交流的基础，是用一种表示内心情感的方式，如同在社会交往中整理衣冠一样，是展示一个人形象的第一步。如果不会问候，会让自己的整体形象大打折扣，甚至会影响到进一步交流的效果。

一、问候的态度

问候是敬意的一种表达方式，在问候他人时，务必要言行一致。此时此刻，人们往往对交往对象是“听其言、观其行”的。在问候他人时，一定要力求态度热情而友好，切勿显得傲慢冷漠、敷衍了事、得过且过。

在问候他人时，要使自己的态度热情而友好，关键是要使自己的表情与举止能够同问候语的具体使用彼此协调，并相互配合。在具体态度上需要注意以下4点：

第一，主动。问候他人应该积极主动。在他人首先问候自己后，应立即予以回应。

第二，热情。在问候他人时，通常应表现得热情而友好。毫无表情或者表情冷漠都是应当避免的。

第三，自然。问候他人时应热情主动，还要表现得大方而自然。矫揉造作、神态夸张或者扭扭捏捏，都会给他人留下不好的印象。

第四，专注。在问候他人时，应面带微笑，正视对方的眼睛，以表示口到、眼到、意到，即表现得诚心诚意。

二、问候的次序

在正式会面时，宾主之间的问候，在具体的次序上有一定的讲究。

1. 一个人问候另一个人

一个人向另外一个人问候时，通常应遵循“位低者先行”的原则，即双方之间身份较低者应当首先问候身份较高者，如晚辈问候长辈，下级问候上级，主人问候客人，男士问候女士。

2. 一个人问候多人

当一个人问候多个人时，既可以笼统地问候所有人，也可以逐个人地问候。例如，“各位好”，“同学们好”。当一个人逐一问候许多人时，既可以“由尊而卑”、“由长而幼”地依次进行，也可以“由近而远”地依次进行。

三、问候的形式

问候他人大致有两种形式，它们各有不同的使用范围。

（一）直接式

所谓直接式问候，就是直截了当地以问好作为问候的主要内容。它适用于正式的人际交往场合，尤其是宾主双方初次相见。

最普遍使用的是称呼语问候，因场合、职业、关系等因素的不同，问候内容要有所差异。

（1）行政职务称呼与问候。例如，“尊敬的部长阁下，您好！”

（2）技术性职称称呼与问候。例如，“刘工程师，见到您很高兴！”

（3）行业称呼与问候。例如，“张老师，您辛苦了！”

（4）时尚性称呼与问候。例如，“李小姐，您真漂亮！”

（5）在涉外交往中，特别注意要先问候女士再问候男士，遇到年纪较大的女士时要说："女生您好"。如："Ladies and gentlemen"、"女士您好（已婚），先生您好"。可以在问候语前面加上时间限制，如早上好、中午好、下午好等等。

（6）在商务交往中适用的称呼与问候。和外商打交道时，更习惯称呼其头衔或先生、小姐、女士。例如，"董事长，与您合作很荣幸!"

（二）间接式

所谓间接式问候，就是以某些约定俗成的问候语，或者在当时条件下可以引起话题来替代直接式问候，如"我们又见面了!"它主要适用于非正式交往场合，尤其是经常见面的熟人之间。

四、问候的内容

问候的内容是丰富多彩的，可因人、因时、因事而有所区别。如每天不同时间问候同事时应说："早上好!""中午好!""下午好!""晚上好!"和"晚安!"等等；与客人见面时应主动说："您好，欢迎您的到来!""您好，见到您很高兴!"；与多位朋友会面时，可统一对其问候，不再一一具体到每个人，例如可说："大家好!""各位早上好!"等等；遇到节日、生日等喜庆日子时，应说："祝您节日快乐!""新年好!""祝您生日快乐!"等等；向客人道别或给宾客送行时，一般问候语是："祝您一路平安!""欢迎再来!"等等。

五、问候时的正确姿势

问候时正确的姿势是：注视对方的眼睛，面带微笑，坦诚自信明快地与对方打招呼。例如，"您好"、"早上好"。如果问候时注视在对方的眼睛之上，则显得傲慢；注视对方眼睛以下，则显得过于羞涩，不得体；如果视线在对方的左或右，则显得很不礼貌。

一般在问候时可以行握手礼，作为服务人员，在问候客人时，可以不主动行握手礼，女士可将双手自然交叉于身前或体前握手式，男士可将双手自然垂于体侧或体后背手式。问候客人时的最佳姿势是 1°鞠躬（点头示意）。如图 4—1 所示。

图 4—1　问候

六、问候的注意事项

（1）问候语应表现出在形式上简洁，在内容上体现友好与尊重的特征。

（2）问候语应当删繁就简，不要过于程式化。

（3）问候语应不牵涉到个人私生活、个人禁忌等方面。

（4）问候语具有非常鲜明的民俗性、地域性的特征。如老北京人爱问别人“吃了吗”。其实质就是“您好”的意思，您要是答以“还没吃”，意思就大不对劲了。若以此形式问候南方人或外国人，就容易使对方感到莫名其妙，甚至引起误会。

在阿拉伯国家，也有一句与“您吃了吗”异曲同工的问候语“牲口好吗”，如果被人这样问候，您可别生气，人家这样问候您，绝不是拿你当牲口，而是关心您的经济状况如何。在以游牧为主的阿拉伯国家，还有什么比牲口更加重要的呢？问您“牲口好吗”，的确是关心您的日子过得怎么样。

需要注意的是，为了避免歧义，产生误解，问候时应统一以“您好”为问候语。

第二节　称呼礼仪

【案例导入】

“同志”一词源于我国古籍《礼记》。《礼记》有云：“同窗为朋，同志为友。”在“同志”一词强调志同道合之外，还可表示地位平等。后来，孙中山组织的革命党内互称“同志”，中国共产党也沿用了这种称呼。俄国革命党人互称“ТОВАРИШ”，其词义变迁与“同志”几乎一样。

1968 年 8 月 23 日，周恩来总理在罗马尼亚驻华大使馆举行的国家招待会上讲话时，这样说道：

“尊敬的杜马大使、同志们、朋友们，我国与罗马尼亚（罗马尼亚当时是社会主义国家，1989 年和平演变为资本主义国家）是社会主义国家，关系十分友好。”

周总理在这里主要突出了“同志”关系，既有礼貌，又非常亲切、友好、自然。形成比较的是 1972 年 9 月 25 日，周恩来总理在欢迎日本内阁总理大臣田中角荣时，却这样说道：

“尊敬的田中角荣首相阁下、各位日本贵宾、朋友们、同志们……”这次田中角荣访华是为了“谈判解决中日邦交正常化”——这个两国人民长期期待解决的问题，而且抱着“必须达成协议”的信心和决心来的。对此，人民与政府是热烈欢迎的，从周总理对对方的称呼中，就可以看出，是很热情、友好的。但与前例又有所区别。

【案例评析】

称谓是否恰当，既反映了说话人的思想水平和文化修养，也会影响到人际交往活动的效果。如何称呼别人并不是一件小事，不同的称呼往往能反映相互之间的关系，也是委婉地表达自己态度的方式。周总理对罗马尼亚国家和对日本称呼的不同，也反映了中国对罗马尼亚和日本的态度的不同。所以说，称呼是交际之始，称呼是交际之先，慎用称呼、巧用称呼、善用称呼，将使你赢得别人的好感，将有助于你的人际沟通自此开始顺畅地进行，并将为你开辟一条光明的社交之路。

称呼即称谓，指的是人们在交往应酬时所采用的彼此之间的称谓语。不论是在口头语言交际，还是在书面语言交际中，称呼都至关重要。一句得体的称呼，不仅反映了称呼者的教养和心态，同时也反映了对对方的尊重程度，它给人以第一印象。称呼是交际大门的通行证，是沟通人际关系的第一座桥梁。因此，在称呼礼仪的实际使用中，我们既要掌握称呼的基本规则和通常做法，又要注意各国、各民族间的差别和习惯。

一、称呼的种类和用法

（一）生活中的称谓

1. 一般称谓

在我国改革开放之前，“同志”作为一种不分职务、职业、年龄、性别的称谓被广泛使用，随着社会的发展，多样性社交活动的产生，使这种单一的称谓已经不能满足现在的需求。例如在社交活动中，我们常称成年男子“先生”，称已婚女子“夫人”、“太太”，对未婚女子或不能确定婚姻状况的可称“小姐”或“女士”。

2. 职衔称谓

对于有一定社会地位的人，在社交活动中为表示尊重时，常在其姓或姓名后加上职务身份等特征作为附加称谓，如，“某某经理”、“某某科长”等，对医生、教授、法官、博士等有明确头衔者，也可以在姓名后加上他们的职务和学位，如，“某某医生”、“某某教授”。对从事军人和警察等特殊行业者，为表达对他们的尊敬，一般称其军（警）衔或在军（警）衔后加上“先生”，如“少校先生”。

3. 姓氏称谓

姓氏称谓是我国社交礼仪中具有中国特色的一种习惯用法。如在社交活动中，对方较自己年龄小或身份低，则可用“小＋姓”来表示，如小刘、小江；如对方是自己较为熟悉的同辈人，则用“老＋姓”来称呼，如老陈、老李；若对方是男性长辈，则用“姓＋老”，如阂老、陈老等。同时还有一种姓名称谓在我国非正式的社交场合中经常用到，如对非亲属的长辈可称“张奶奶”、“吴爷爷”、“秦大妈”等。这种称谓方式在民间日常的生活中非常常见，这样既能拉近双方的距离，又使对方感觉亲切，不生疏。

4. 敬语和谦语、雅语

礼貌是社交活动中重要原则之一。在语言礼仪中为了以示礼貌，我们常常在称谓语中使用敬语和谦语。

在日常社交中，常用的敬语有“您”、“阁下”、“尊”、“贵”、“请”等等，如“请您稍等”、“请您多关照”。在中国的传统敬语中，称呼对方的长辈或小辈都会加上一个“令”字，“令”有善美之一，如令尊、令爱等，表达的是对对方的尊敬。对年长者还可用“尊”如尊叔；对平辈和晚辈可称“贤”，如贤侄、贤婿。另外还有一些常见的用法，如初次见面称“久仰”，很久不见称“久违”，请人批评称“请教”，请人原谅称“包涵”，麻烦别人称“打扰”，托人办事称“拜托”，赞人见解称“高见”等等。

谦语也称谦词，与敬语相对。敬语多表示的是对他人的尊敬，谦语则是向他人表示谦恭和自谦的一种词语。如称自己用“愚”，称家人时用“家”字，如家母、家兄、家嫂等。古人常用的谦语有愚、鄙、敝、卑等，在使用这些词时并不是表示自己无知，而是通过这种委婉的方式来抬高对方的身份，并表达出说话者的谦逊态度以及内敛的修养。

雅语是一些比较文雅的词语。雅语常用在一些正常的场合以及一些有长辈和女性在场的情况下，被用来代替那些比较随便甚至粗俗的话语，多用雅语能体现一个人的文化素养及尊重他人的个人素质，如当你在给客人端茶时，你应该说："请用茶。"如果你先于别人用餐完毕，你要说："大家请慢用。"雅语不是机械的、固定的，只要你的言行彬彬有礼，人们就会对你的个人修养留下较深的印象。

（二）外交称谓

外交称谓是指在外事活动中，对国际人士的称呼。在对外交往中，称谓因国情、民族、宗教、文化背景的不同而不同。因此，如何称谓对方，要按照国际惯例上通行的做法去做，同时要注意各国的差异，加以区分对待。

（1）对任何成年人，均可以将男子称为先生，将女子称为小姐、夫人或女士。对于女子，已婚者应称夫人，戴了结婚戒指的也可称夫人。对于未婚者或者不了解其婚姻状况的，均可称为"小姐"、"女士"。

上述称呼，均可冠以姓名、职务、职称、学衔或军衔。例如，"大卫先生"、"爱丽丝小姐"、"市长先生"、"少校先生"等。

（2）在商务交往中，一般应以"先生"、"小姐"、"女士"称呼交往对象。在国际商务交往中，一般不称呼交往对象的行政职务，而以"先生"、"小姐"、"女士"称呼交往对象，这一点与我国极为不同。"夫人"这一称呼，也较少采用于商务活动之中。

（3）在政务交往中，常见的称呼除"先生"、"小姐"、"女士"外，还有两种方法，一是称其职务，二是对地位较高者称"阁下"。在称呼职务或"阁下"时，还可加上"先生"这一称呼。其组成顺序为：先职务，次"先生"，最后"阁下"；或为职务在先，"先生"在后。例如，"总理先生阁下"，"大使阁下"或"市长先生"，等等。

此外，有三种人的头衔是终身适用的，分别是大使（Ambassador）、博士（Doctor）以及公爵、侯爵、伯爵、子爵和男爵皇室贵族爵位，在称呼时一定要加上头衔，否则是表示十分不敬，甚至被视为一种羞辱，所以要务必谨慎小心。但是在美国、德国、墨西哥等国，没有称"阁下"的习惯，对男士一律称先生。

（4）对军界人士，可以其军衔相称。称军衔不称职务，是国外对军界人士称呼最通用的做法。在进行称呼时，具体有四种方法：一是只称军衔，如"将军"、"上校"、"下士"；二是军衔之后加上"先生"，例如"上尉先生"、"少校先生"；三是先姓名后军衔，如"朱德元帅"、"巴顿将军"；四是先姓名、次军衔、后"先生"，例如"布莱尔上校先生"、"卡尔松下士先生"。

（5）对宗教界人士，一般可称呼其神职。称呼神职时，具体做法有三类：一是仅称神职，如"牧师"；二是称姓名加神职，如"亚当神父"；三是神职加"先生"，如"传教士先生"。

（6）对君主制国家的王公贵族，称呼上应尊重对方习惯。对国王、皇后，通常应称"陛下"；对王子、公主、亲王等等，应称之为"殿下"；对有封号、爵位者，则应以其封号、爵位相称，例如"爵士"、"勋爵"、"公爵"、"大公"等。

有时，可在国王、皇后、王子、公主、亲王等头衔之前加上姓名相称。例如："西哈努克国王"、"莫尼列王后"、"拉那烈王子"，等等。对有爵位者，可称"阁下"，也可称为

"先生"。

(7)教授、法官、律师、医生、博士等,因其社会地位较高,颇受尊重,故可直接以此作为称呼。称呼的具体做法,一是直接称"教授"、"法官"、"律师"、"医生"、"博士";二是在其前加上姓名,如"福特教授";三是在其后加上"先生",如"法官先生";四是在其前加姓名,在其后加"先生",例如"高斯博士先生"。

二、称呼的禁忌

在人际交往中使用称呼时,一定要回避以下几种错误的做法。其共同的特征,是失敬于人。

小贴士

在中外交往中,"同志"称呼要慎用。一是看国家及政党的性质而定。二是看对方如何称呼我方而定。(对社会主义国家或兄弟党的人士,可称之为"同志";对方若称我方为"同志",我方即可对对方以"同志"相称)。特别要注意的是,在某些国家,"同志"的称谓还有同性恋的倾向,注意别闹出误会来。

(一)错误的称呼

使用错误的称呼,主要在于粗心大意,用心不专。常见的错误称呼有两种:

1. 误读

误读,一般表现为念错被称呼者的姓名。比如,"查"、"盖"这些姓氏就极易弄错。要避免犯此错误,就一定要做好先期准备,必要时不耻下问,虚心请教。

2. 误会

误会,主要指对被称呼者的年纪、辈分、婚否以及与其他人的关系做出了错误判断。比如,将未婚妇女称为"夫人",就属于误会。

(二)过时的称呼

有些称呼,具有一定的时效性,一旦时过境迁,若再采用,难免贻笑大方。如,在我国古代,对官员称为"老爷"、"大人"。若将它们全盘照搬进现代生活里来,就会显得滑稽可笑,不伦不类。

(三)不通行的称呼

有些称呼,具有一定的地域性,比如,北京人爱称人为"师傅",山东人爱称人为"伙计",中国人把配偶、孩子经常称为"爱人"、"小鬼"。但是,在南方人听来,"师傅"等于"出家人","伙计"肯定是"打工仔"。而外国人则将"爱人"理解为搞"婚外恋"的"第三者",将"小鬼"理解为"鬼怪"、"精灵",所以我们在使用称呼语时要了解当地的习惯。

(四)不恰当的行业称呼

学生喜欢互称为"同学",军人经常互称"战友",工人可以称为"师傅",道士、和尚可以称为"出家人",这并无可厚非。但以此去称呼"界外"人士,并不表示亲近,没准对方不会领情，反而产生被贬低的感觉。

（五）庸俗低级的称呼

在人际交往中，有些称呼在正式场合切勿使用。例如，“兄弟”、“哥们儿”、“姐们儿”、“死党”、“铁哥们儿”、“老大”等一类的称呼，就显得庸俗低级，档次不高。它们听起来令人肉麻，而且带有明显的黑社会人员的风格。逢人便称“老板”，也显得不伦不类。

（六）绰号

对于关系一般者，切勿自作主张给对方起绰号，更不能凭道听途说来的对方的绰号去称呼对方。甚至一些对对方具有侮辱性的绰号，例如，“胖妹儿”、“鬼妹”、“拐子”、“秃子”、“罗锅”、“四眼”、“肥肥”、“菜鸟”、“恐龙”、“傻大个”、“柴火妞”、“北极熊”、“黑哥们”、“麻秆儿”，等等。另外，还要注意，不要拿别人的姓名乱开玩笑。尊重一个人，首先学会尊重他的姓名。每一个正常人，都极为看重本人的姓名，不容他人对此进行任何形式的轻践。对此，在人际交往中，一定要牢记。

第三节　介绍礼仪

【案例导入】

一次失礼的介绍

王晓是一位高职院校的学生，在一家知名企业工作。一天，经理叫他一起接待一个海外访问团。访问团到达后，王晓马上非常热情地伸出手去：“你们好！我是公司的员工，这是我们公司的总经理。早就听说你们要来，今天见到你们很开心，以后希望你们能多多提拔我，请随我来。”这时总经理和访问团都非常尴尬。等访问团走后，王晓被开除了。

请问：王晓为什么会被开除呢？如果你是王晓，你会怎么配合总经理做好接待工作，让总经理和访问团都满意？

“第一印象是黄金”，介绍是人们在社交活动中最常见的礼节，是人们在社会活动中相互认识的最基本形式，是人与人进行相互沟通的出发点，其最大的作用就是缩短人与人之间的距离，加快人与人之间的彼此了解。在社交场合，如能正确地介绍自己，不仅可以扩大自己的社交圈，广交朋友，还有助于进行必要的自我展示，自我宣传，还可以树立良好礼仪形象，在人际交往中消除误会，减少麻烦。

根据介绍者，即介绍人的不同，介绍可以分为自我介绍、他人介绍、集体介绍等三大类型。以下分别加以说明。

一、自我介绍

在商务或社交活动中，如何给人留下美好的印象？自我介绍便是其中一项修炼，它把你自己用简洁、风趣的语言包装一番后，向别人，向你的听众，推销自己，使陌生人认识你，熟悉你的人更加了解你。可以说，自我介绍便是包装和推销自己，赢得别人的好感和信任。

在社交活动中，欲结识某个人或某些人，而又无人引见，如有可能，即可自己充当自己的介绍人，自己将自己介绍给对方。这种自我介绍叫作主动型的自我介绍。在其他一些情况，人们有时会应其他人的要求，将自己某些方面的具体情况进行一番自我介绍。这种自我介绍则称为被动型的自我介绍。

从总体上讲，主动型的自我介绍与被动型的自我介绍都是自我介绍。它们在人际交往中，都是经常被采用的介绍方式。

（一）基本做法

自我介绍时，本人要镇定，充满自信，微笑要亲切自然，眼神要友善坚定。先向对方点头致意，得到回应后，再向对方介绍自己的姓名、身份、单位，并可随之递上名片。

自我介绍要根据交往目的来决定介绍内容的繁简以及所用的语言和方法。在聚会、宴请等社交活动中，如果想多结识朋友，扩大社交的圈子，最好的办法就是作自我介绍。在这种场合，介绍内容可以简单些，如找到合适的机会向对方点头致意，并介绍自己："我叫×××，很高兴认识您。"需要的话可以补充一下供职单位，效果也很好。在不了解对方是否愿意认识你时，不妨先请问对方的尊姓大名，如果对方立即回答了，说明愿意与你交往，此时，你便可随之介绍自己，使交往顺利进行下去。

（二）注意事项

根据社交礼仪具体规范，进行自我介绍，应注意自我介绍的时机、自我介绍的内容、自我介绍的分寸诸方面的问题。

1. 自我介绍的时机

向别人介绍自己时，要选择适当的时机，否则便会劳而无功。应当何时进行自我介绍，这个问题比较复杂，它涉及时间、地点、当事人、旁观者、现场气氛等多种因素。不过一般认为，在下述时机，如有可能，有必要进行适当的自我介绍。可以分为三种情况：一是本人希望结识他人；二是他人希望结识本人；三是本人认为有必要令他人了解或认识本人。

2. 自我介绍的内容

鉴于需要进行自我介绍的时机多有不同，因而进行自我介绍时的表述方法也有所不同。自我介绍的内容，指的是自我介绍时所表述的主体部分及与之相对应的具体形式。

确定自我介绍的具体内容，应兼顾实际需要、所处场景，并应具有鲜明的针对性，切不可"千人一面"，一概而论。

依照自我介绍时表述的内容的不同，自我介绍可以分为下述五种具体形式。

（1）应酬式。应酬式的自我介绍，适用于某些公共场合和一般性的社交场合，如旅行途中、宴会厅里、舞场之上、通电话时，进行自我介绍只不过是为了确认身份而已，故此种自我介绍内容要少而精，如："您好！我的名字叫张平。"或"我是张小敏。"

（2）工作式。工作式的自我介绍，主要适用于工作之中。它是以工作为自我介绍的中心，也叫公务式的自我介绍。工作式自我介绍的内容，应包括本人姓名、供职的单位及其部门、担任的职务或从事的具体工作，即工作式自我介绍内容的三要素，通常缺一不可。如：

"你好！我叫李嘉琪，是成都市第七中学的教务处处长。"

“我叫张宇，现任教于成都文理学院。”

(3) 交流式。交流式的自我介绍主要适用于社交活动中，寻求与交往对象进一步交流与沟通，希望对方认识自己、了解自己、与自己建立联系的自我介绍。有时也叫社交式自我介绍或沟通式自我介绍。它除了介绍自己的姓名，还应具体介绍自己所在单位、所担任的具体职务或者所学习的具体专业、个人兴趣以及与交往对象的某些熟人的关系等，其目的是使他人对自己的基本情况有所了解。如：

“我叫张敏，现在成都香格里拉酒店工作。我是成都文理学院 2014 级的，我想咱们是校友，对吗?”

“我的名字叫李玲，现在成都市第七中学担任副校长，我和您先生是高中同学。”

(4) 礼仪式。礼仪式的自我介绍，适用于讲座、报告、演出、庆典、仪式等一些正规而隆重的场合。它是一种意在表示对交往对象友好、敬意的自我介绍。礼仪式的自我介绍的内容，包含姓名、单位、职务等，但是还应多加入一些适宜的谦辞、敬语，以示自己礼待交往对象。例如：“各位来宾，大家好！我叫苏丹，是成都市树德中学的副校长。现在，由我代表全校师生热烈欢迎大家光临我们的校庆仪式，谢谢大家的支持。”

(5) 问答式。问答式的自我介绍，即根据交往对象所提出的具体问题来选择自我介绍的基本内容，问答式的自我介绍，一般适用于应试、应聘和公务交往。在普通性交际应酬场合，也时有所见。问答式自我介绍的内容，讲究问什么答什么，有问必答。如：

某甲问：“这位小姐，你好！不知您应该怎么称呼?”某乙答：“先生您好！我叫唐芳。”

主考官问：“请介绍一下你的基本情况。”应聘者答：“各位好！我叫张军，现年 26 岁，四川雅安人，汉族，共产党员，已婚，2008 年毕业于上海交通大学船舶工程系，获工学学士学位，现在北京市首钢船务公司任助理工程师，已工作 3 年。其间，曾去巴西工作 1 年。本人除精通专业外，还掌握英语、日语，懂电脑，会驾驶汽车和船只。曾在国内正式刊物上发表过 8 篇论文，并拥有两项技术专利。”

3. 自我介绍的注意事项

进行自我介绍之时，对下述几方面的问题必须予以重视，使自我介绍恰到好处。

(1) 注意时间。在进行自我介绍时要注意时间，它具有双重含义。其一，要求进行自我介绍一定要力求简洁，尽可能地节省时间，尽可能控制在 1 分钟左右为佳，如无特殊情况最好不要长于 1 分钟。为了节省时间，在作自我介绍前，还可以递上本人的名片、介绍信加以辅助。若使用了名片、介绍信，则其上所列有的内容应尽量不予重复。

初次见面作自我介绍时，指望交往对象仅凭自己的自我介绍，就对自己“一目了然”，是不现实的。在自我介绍时，东拉西扯，借题发挥，信口开河，滔滔不绝，对自己而言是失态，对对方而言是失敬，都是出力不讨好的。

其二，要求自我介绍应选择在适当的时间进行，适当时间有五个方面：一是对方有兴趣时，二是对方有空闲时，三是对方情绪好时，四是对方干扰少时，五是对方有此要求时；不适当时间，是指对方无兴趣、无要求、工作忙、干扰大、心情坏、休息用餐或正忙于私人交往之时。

(2) 讲究态度。进行自我介绍，态度务必要自然、友善、亲切、随和。介绍时，应做到落落大方，笑容可掬。既不要小里小气、畏首畏尾、瞻前顾后，又不要虚张声势、轻浮夸张、矫揉造作。

在作自我介绍时，要充满信心和勇气。千万不要妄自菲薄，心怀怯意，临场发挥失常。在进行自我介绍时，一定要敢于正视对方的双眼，显得胸有成竹，不慌不忙。这样做，将有助于进行自我放松，并使对方对自己产生好感。

在自我介绍的过程之中，语气要自然，语速要正常，语音要清晰，这对自我介绍的成功将大有好处。一定要力戒语气生硬冷漠、语速过快或过慢、语音含糊不清，它们其实都是缺少经验、缺乏自信的表现。

（3）力求真实。进行自我介绍时所表述的各项内容，一定要实事求是，真实可信。既不要妄自菲薄贬低自己，也不要自吹自擂，吹嘘弄假，夸大其词，在自我介绍时大掺水分，否则定会得不偿失。

二、他人介绍

他人介绍，又称第三者介绍，它是指介绍者以第三者身份为彼此不相识的双方进行相互介绍。他人介绍给被介绍者之间架起了相互了解的桥梁。在他人介绍之中，为他人作介绍的第三者是介绍者，而被介绍者所介绍的双方则是被介绍者。

他人介绍，通常都是双向的，即将被介绍者双方各自均作一番介绍。有时，也可进行单向的他人介绍，即只将被介绍者中的某一方介绍给另一方，其前提是前者了解后者，而后者不了解前者。

（一）他人介绍的介绍者

通常，具有下列身份者，理应在他人介绍中充当介绍者。

（1）社交活动中的东道主。

（2）社交场合的长者。

（3）家庭性聚会中的女主人。

（4）公务交往中的专职人员，如公关人员、礼宾人员、文秘人员、办公室工作人员、接待人员。

（5）正式活动中的地位、身份较高者或主要负责人员。

（6）熟悉被介绍者双方的人。

（7）应被介绍者一方或双方要求者。

（8）在交际应酬中被指定的介绍者。

决定为他人作介绍，要审时度势，熟悉双方情况。如有可能，在为他人作介绍之前，最好先征求一下双方的意见，以免为原本相识者或关系恶劣者去作介绍。最客气的介绍方法是以询问的口气问：“××老师，我可以介绍××老师与您认识吗？”或“您想认识××学校的××教授吗？”如果对方同意，再正式介绍。

（二）他人介绍的时机

遇到下述情况，通常有必要进行他人介绍。

（1）在家中接待彼此不相识的客人。

（2）在办公地点接待彼此不相识的来访者。

（3）与家人外出，路遇家人不相识的同事或朋友。

（4）陪同亲友前去拜会亲友不相识者。

（5）本人的接待对象遇见了其不相识的人士，而对方又跟自己打了招呼。

（6）陪同上司、长者、来宾时，遇见了其不相识者，而对方又跟自己打了招呼。

（7）打算推介某人加入某一交际圈。

（8）受到为他人作介绍的邀请。

（三）他人介绍的顺序

在为他人作介绍时，介绍顺序是一个比较敏感的礼仪问题。根据规范，处理这一问题，必须遵守“尊者优先了解情况”的规则。它的含义是：在为他人作介绍前，先要确定双方地位的尊卑，先介绍位卑者，后介绍位尊者。这样可以使位尊者优先了解位卑者的情况，在交际应酬中掌握主动权，确保位尊之人拥有“优先知情权”，有时又称“后来居上”规则。

根据这些规则，为他人作介绍时的顺序大致有如下几种情况：

（1）介绍年长者与年幼者认识时，应先介绍年幼者，后介绍年长者。

（2）介绍长辈与晚辈认识时，应先介绍晚辈，后介绍长辈。

（3）介绍老师与学生认识时，应先介绍学生，后介绍老师。

（4）介绍女士与男士认识时，应先介绍男士，后介绍女士。

（5）介绍已婚者与未婚者认识时，应先介绍未婚者，后介绍已婚者。

（6）介绍同事、朋友与家人认识时，应先介绍家人，后介绍同事、朋友。

（7）介绍来宾与主人认识时，应先介绍主人，后介绍来宾。

（8）介绍社交场合的先至者与后来者认识时，应先介绍后来者，后介绍先至者。

（9）介绍上级与下级认识时，先介绍下级，后介绍上级。

（10）介绍职位、身份高者与职位、身份低者认识时，应先介绍职位、身份低者，后介绍职位、身份高者。

（四）他人介绍的姿势

为他人作介绍（见图4—2）时的姿势是：介绍人展开手掌、掌心向上，手背向下五指并拢，手腕与前臂成直线，以肘关节为轴，整个手臂略弯曲，手掌基本抬至肩的高度，并

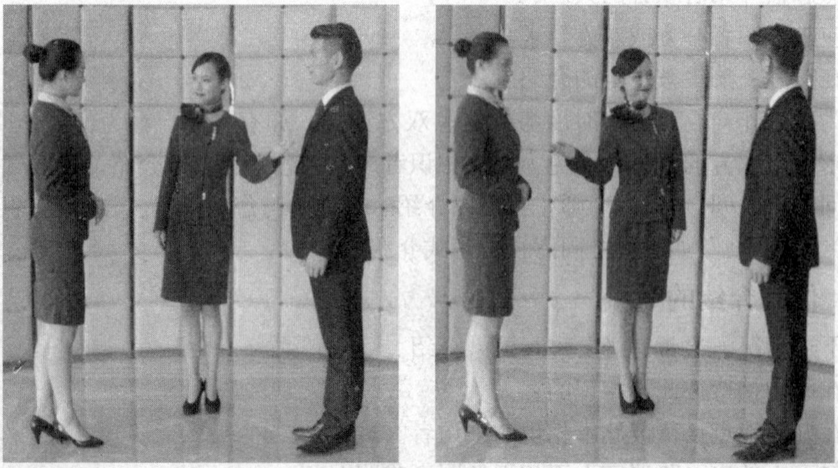

图4—2　为他人介绍

指向被介绍的一方，面带微笑，注视被介绍的一方，随着语言内容在被介绍人之间做手势辅助。身体直立，不倾斜，不将身体重心只放在一条腿上。在介绍自己时，右手五指并拢，用手掌轻放在自己左胸进行介绍。

（五）他人介绍的内容

在为他人作介绍时，介绍者对介绍的内容应当字斟句酌，慎之又慎。倘若对此掉以轻心，词不达意，敷衍了事，很容易给被介绍者留下不良印象。根据实际需要的不同，为他人作介绍时的内容也有所不同，通常有以下六种形式可供借鉴。

1. 标准式

它适用于正式场合，内容以双方的姓名、单位、职务为主。如，“我来给两位介绍一下。这位是树德中学的教务处李敏处长，这位是乐山一中的高伟副校长。”

2. 简介式

它适用一般的社交场合，其内容往往只有双方姓名一项，甚至可以只提到双方姓氏为止。其他内容则留待被介绍者自己接下来见机行事。例如，“我来介绍一下，这位是老李，这位是小王，你们互相认识一下吧。”

3. 强调式

它适用于各种交际场合，其内容除被介绍者姓名外，往往还会刻意强调一下其中某位被介绍者与介绍者之间的特殊关系，以便引起另一位被介绍者的重视。例如，“谢院长，请允许我为你介绍一下，这位是黄巧，她在市旅游局工作，是我的侄女，请谢院长多多关照。”

4. 引见式

它适用于普通社交场合。作这种介绍时，介绍者所要做的，就是将被介绍者双方引导到一起，而不需要表达任何具有实质性的内容。例如，“两位认识一下如何？大家其实都是校友，只不过以前不认识，现在请你们自报家门吧。”

5. 推荐式

它使用于比较正规的场合，多是介绍者有备而来，有意要将某人举荐给某人，因此在内容方面，通常会对前者进行重点介绍。例如，“这位是周扬先生，这位是我们学校的人事处处长刘平先生。周先生是一位科研方面的专业人士，他还是北大的博士后。刘处长，我想您一定乐于认识他吧？”

6. 礼仪式

它适用于正式场合，是一种最为正规的他人介绍。其内容略同于标准，但语气、表达、称呼上都更为礼貌和谦恭。例如，“李小姐，你好！请允许我把四川师范大学文理学院院团委书记陈刚先生介绍给你。余先生，这位就是成都大学校团委书记李丹小姐。”

在非正式场合所作的介绍不必讲究正式介绍的规则，如果大家都是年轻人，就更可以轻松、随便一些。如介绍人可先说“让我来介绍一下”等开场语，然后就开始作简单的介绍，也不必遵循先介绍谁后介绍谁的次序，最简单的介绍方式是直接报出被介绍者各自的姓名，当然也可加上“这位是”、“这就是”之类的话加强语气。采用这种较为随便、朋友式的介绍方法，可使被介绍者感到亲切自然。

至于把一位朋友介绍给大家时，只要说一句“诸位，这位是×××”，就可以了。

（六）他人介绍的应对

图 4—3　他人介绍的应对

在进行他人介绍时，介绍者与被介绍者都要注意自己的表达、态度与反应。此即所谓他人介绍的应对（见图 4—3）问题。

介绍者为被介绍者作介绍之前，不仅要尽量征求一下被介绍者双方的意见，而且在开始介绍时还应再打一下招呼，切勿上去开口即讲，显得突如其来，让被介绍者措手不及。

被介绍者在介绍者询问自己是否有意愿认识某人时，一般不应拒绝或扭扭捏捏，而应欣然接受。实在不愿意时，应说明缘由。当介绍者上前，为被介绍者进行介绍时，被介绍者双方均应起身站立，面带微笑，大大方方地目视介绍者或对方，神态庄重、专注。当介绍者介绍完毕后，被介绍者双方应依照合乎礼仪的顺序进行握手，并且彼此问候对方。此时的常用语有，“您好”，“很高兴认识您”，“久仰大名”，“认识您非常荣幸”，“幸会，幸会”，等等。

三、集体介绍

集体介绍，是为他人介绍的一种特殊情况，指的是由介绍者为两个集体之间或者个人与集体之间所作的介绍。

进行集体介绍时，应主要关注时机、顺序与内容等三方面的问题。

（一）集体介绍的时机

遇到如下情况，应当进行集体介绍：

（1）大型的公务活动，参加者不止一方，而且各方不止一人。

（2）涉外交往活动，参加活动的宾主双方皆不止一人。

（3）规模较大的社交聚会，有多方参加，各方均可能不止一人。

（4）家庭性私人交往，主人的家人与来访者双方均可能不止一人。

（5）正式的大型宴会，主方人员与来宾均不止一人。

（6）婚礼、生日晚会，当事人与来宾双方均不止一人。

（7）举行会议，应邀前来的与会者往往不止一人。

（8）演讲、报告、比赛，参加者不止一人。

（9）会见、会谈，各方参加者不止一人。

（10）接待参观、访问者，来宾不止一人。

（二）集体介绍的顺序

集体介绍时，依礼亦有顺序上的先后之别，一般情况下，集体介绍同样应当遵守“尊者优先了解情况”的规则。如，替两个团体进行介绍时，通常应当首先介绍东道主一方，随后方可介绍来访者一方。应当强调的是，越是正式、大型的交际活动，集体介绍的顺序就越是重要。

1.“少数服从多数”

它的含义是指当被介绍者双方地位、身份相似，或者难以确定时，应该使人数较少的一方礼让人数较多的一方，单个人礼让多数人，先介绍人数较少的一方或者单个人，后介绍人数较多的一方或多数人。

2. 强调地位、身份

若被介绍双方地位、身份之间存在明显差异，特别是当这些差异表现为年龄、性别、婚否、师生以及职务时，则地位、身份为尊的一方即使人数较少，甚至仅为一人，仍然应被置于尊贵的位置，最后加以介绍。

3. 单向介绍

在演讲、报告、比赛、会议、会见时，往往只需要将主角介绍给广大参加者，而没有必要一一介绍广大参加者，因为这种可能性实际上并不存在。

4. 人数较多一方的介绍

若需要介绍的一方人数不止一人，可采取笼统的方法进行介绍，例如，"这是我的家人"，"他们都是我的同事"，但是最好还是要对其进行一一介绍。进行此种介绍时，可比照他人介绍时位次尊卑的顺序，由尊而卑，如先长后幼，先女后男等。不过，这一顺序的标尺一定要正规、单一，且为众人所认可。

5. 人数较多双方的介绍

若被介绍双方皆不止一人，则可依照礼规，先介绍位卑的一方，后介绍位尊的一方。在介绍各方人员时，均须由尊到卑，依次进行。

6. 人数较多各方的介绍

有时，被介绍的会不止两方，此时需要对被介绍的各方进行位次排列。排列的具体方法：一是以负责人身份为准；二是以其单位规模为准；三是以单位名称的英文字母或汉语拼音字母顺序为准；四是以抵达的时间的先后顺序为准；五是以座次顺序为准；六是以距离介绍者的远近为准。进行多方介绍，应由尊到卑，依次进行。如时间允许，应在介绍各方时以由尊到卑的顺序，一一介绍其各个成员。

（三）集体介绍的内容

集体介绍的内容，基本上与他人介绍的内容无异，不过要求更认真、更准确、更清晰。集体介绍的内容有两种：一是只作整体介绍，即只介绍双方集体的情况，而不具体涉及个人情况；二是介绍个人情况，在介绍集体时如果涉及个人情况，一般讲究"双方平等"，在遵守"尊者优先了解情况"规则的同时，对双方的个人情况均予以介绍。介绍各方的个人情况时，应由尊而卑，依次进行。

第四节　握手礼仪

【案例导入】

历史性的会面

1972年2月21日中午，尼克松乘坐的专机抵达北京，从此打开了中美关系的大门。周恩来总理等到机场迎接。关于尼克松下机时的一些礼仪细节，尼克松在他的回忆录中曾写道："我知道，周恩来在1954年曾因罗斯特·杜勒斯拒绝与之握手而深感受其侮。所以当我刚下到舷梯最后一级，我就特意主动伸出我的手走向周恩来。当我们的手相接触时，一个时代结束，另一个时代开始了。”周总理则对这次历史性的握手作了寓意深长的形容：“你的手伸过世界上最辽阔的海洋——我们25年没有交往了啊！”

握手是世界上通行的一种见面礼节。而有时候又具有“和解”、“友好”等重要的象征意义。简单的握手，却蕴含着复杂的礼仪细则，承载着丰富的交际信息。

握手是指在交际场合二人通过相互握住手以施见面礼节行为，是交际场合运用最多的一种礼节形式。它起源于原始狩猎和战争时期，人们手拿棍棒以防不测，陌生人相遇如无恶意，双手摸掌心以示手中无武器表示友好，逐渐演变成今天的握手礼。学习握手礼，应掌握的重要问题有，行礼的时机、伸手的次序、握手的方式、握手的禁忌等。

一、握手的时机

何时宜行握手礼？这是一个十分复杂而微妙的问题，它通常取决于双方的关系，现场的气氛，以及当事人个人的心情等多种因素，所以不能一概而论。一个人若是指望在人际交往中令自己显得彬彬有礼，那么在以下时刻，是有必要与交往对象行握手礼的，否则即为失礼。

握手的场合包括：

(1) 遇到较长时间未曾谋面的熟人，应与其握手，以示为久别重逢而万分欣喜。

(2) 在比较正式的场合同相识之人道别，应与之握手，以示自己的惜别之意和希望对方珍重之心。

(3) 在家中、办公室里以及其他一切以本人作为东道主的社交场合，迎接或送别来访者之时，应与对方握手，以示欢迎或欢送。

(4) 拜访他人之后，在辞行之时，应与对方握手，以示“再会”。

(5) 被介绍给不相识者时，应与之握手，以示自己乐于结识对方，并为此深感荣幸。

(6) 在社交性场合，偶然遇上同事、同学、朋友、邻居、长辈或者上司时，应与之握手，以示高兴与问候。

(7) 他人给予自己一定的支持、鼓励或帮助时，应与之握手，以示衷心感谢。

(8) 向他人表示恭喜、祝贺之时，如祝贺生日、结婚、生子、晋升、升学、乔迁、事业成功或获得荣誉、嘉奖时，应与之握手，以示贺喜之诚意。

(9) 他人向自己表示恭喜、祝贺之时，应与之握手，以示谢意。

(10) 向他人表示理解、支持、肯定时，应与之握手，以示真心实意，全心全意。

(11) 应邀参与社交活动，如宴会、舞会之后，应与主人握手，以示谢意。

(12) 在重要的社交活动，如宴会、舞会、沙龙、生日晚会开始前与结束时，主人应与来宾握手，以示欢迎与道别。

(13) 得悉他人患病、失恋、失业、降职、遭受其他挫折或家人过世时，应与之握手，以示慰问。

(14) 他人向自己赠送礼品或颁发奖品时，应与之握手，以示感谢。

(15) 向他人赠送礼品或颁发奖品时，应与之握手，以示祝贺。

二、握手的顺序

在较正式的场合，行握手礼时最为重要的礼仪问题，是握手的双方应当由谁先“发起”握手。倘若对此一无所知，在与他人握手时轻率地抢先伸出手去而得不到对方的回应，是非常令人尴尬的。

握手遵循的是“尊者优先”的原则，即地位高的人先伸手，实际上是前者对后者接纳的一种表示。

（一）“尊者决定”原则

“尊者决定”原则的含义是，在两人握手时，各自应首先确定握手彼此身份的尊卑，由此而决定伸手的先后顺序。通常应由位尊者先伸出手来，即“尊者先行”。位卑者只能在此时予以响应，决不可贸然抢先伸手。

在握手时，之所以要遵守“尊者决定”的原则，是为了恰到好处地体现对位尊者的尊敬。因为握手往往意味着进一步交往的开始，如果位尊者不想与位卑者深交，他大可不必伸手与之相握的。换言之，如果位尊者主动伸手与位卑者相握，则表明前者对后者印象不坏，而且接下来有与之深交之意。

（二）具体涉及的情况

（1）年长者与年幼者握手，应由年长者首先伸出手来。

（2）长辈与晚辈握手，应由长辈首先伸出手来。

（3）老师与学生握手，应由老师首先伸出手来。

（4）女士与男士握手，应由女士首先伸出手来。

（5）已婚者与未婚者握手，应由已婚者首先伸出手来。

（6）社交场合的先至者与后来者握手，应由先至者首先伸出手来。

（7）上级与下级握手，应由上级首先伸出手来。

（8）职位、身份高者与职位、身份低者握手，应由职位、身份高者首先伸出手来。

（三）某些特殊情况

若是一个人需要与多人握手，则握手时亦应讲究先后次序，由尊而卑，即先年长者后年幼者，先长辈后晚辈，先老师后学生，先女士后男士，先已婚者后未婚者，先上级后下级，先职位、身份高者后职位、身份低者。

在公务场合，握手的顺序主要取决于职位、身份。而在社交、休闲场合，它则主要取决于年龄、性别、婚否。

在接待来访者时，这一问题变得更为特殊：当客人抵达时，通常应由主人首先伸出手来与客人相握表示“欢迎”。而在客人告辞时，则应由客人首先伸出手来与主人相握表示“再见”。若这一次序颠倒，则极易让人发生误解。如客人一看表，已经 11 点 50 分了，到吃中午饭的时间了，于是起身要走，在说“再见”的同时，客人与主人握手，意思是“您别送了”。如果客人刚一说“我要走了”，主人马上伸出手来表示“再见”，就有些失礼了。

应当强调的是：上述握手的先后次序可以律己，却不必苛求于人。如果当自己处于尊者之位，而位卑者抢先伸手要来相握时，最得体的做法是积极与之配合，立即伸出自己的手与之相握。若过分拘泥于礼仪，对其视若不见，使其进退两难，则会失礼于对方。

三、握手的方式

握手是交际的方式之一。握手的力度、姿势以及时间的长短往往能够表达出对对方的态度和礼遇程度，同时也可以显露自己的个性，给人留下不同的印象。通过握手，还能了解对方的个性，从而赢得交际的主动。

握手的正确姿势是：与人握手时，理当神态专注，热情、友好，握手时距受礼者约1米处，双腿立正或脚尖展开站成丁字步，上身略向前倾，伸出右手，肘关节微屈抬至腰部，四指并拢，拇指张开，双方手掌虎口相交。握手时用力适度，握力在两千克左右最佳，上下稍晃动三四次，时间控制在三秒左右，随即松开手，恢复原状。与人握手时应动作大方，态度自然，面带微笑，目视对方双眼，并且口道问候。如图4—4所示。

图4—4　握手的姿势

一般来说，握手的方式有两种，即单手握手和双手握手。

1. 单手相握

以右手单手与人相握，是最常用的握手方式。不过进而言之，单手与人相握时，手掌垂直于地面最为适当。它称为“平等式握手”，表示自己不卑不亢。如图4—5所示。

2. 双手相握

双手相握，即用右手握住对方右手后，再以左手握住对方右手的手背。这种方式，适用于亲朋故旧之间，可用以表达自己的深厚情意。一般而言，此种方式的握手不适用于初识者或异性，因为它有可能被理解为讨好或失态。这一方式，有时亦称“手套式握手”。

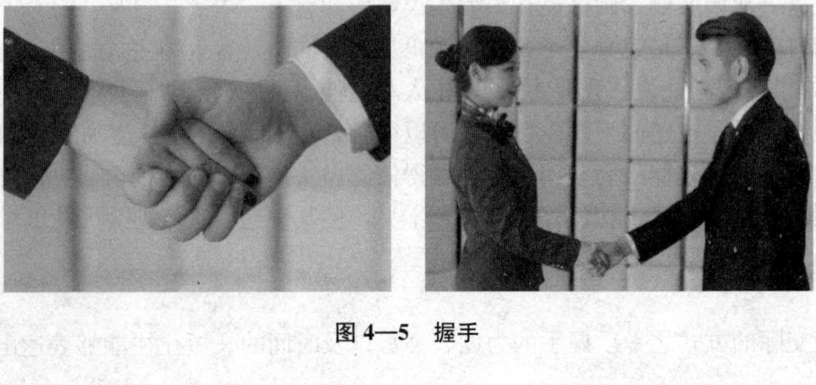

图4—5　握手

四、握手的禁忌

在人际交往中，行握手礼时应努力做到合乎规范，并避免触犯下述失礼的禁忌。

（1）不要用左手与他人握手，尤其是在与阿拉伯人、印度人打交道时要牢记此点，因为在他们看来左手是不洁的。

（2）不要在握手时争先恐后，应当遵守秩序，依次而行。特别要记住，与基督徒交往时，要避免两人握手时与另外两人相握的手形成交叉状，这种形状类似十字架，在基督教信徒中是很不吉利的。

（3）不要在握手时戴着手套。只有女士在社交场合戴薄纱手套与人握手，才是被允许的。

（4）不要在握手时戴着墨镜。只有患有眼疾或眼部有缺陷者方可例外。

（5）不要在握手时将另外一只手插在衣袋里，或拿着东西不放下。如，拿着香烟、报刊、公文包、行李等。

（6）不要在握手时仅握住对方的手指尖，好像有意与对方保持距离。这种握手方式在国外称作“死鱼式握手”，被公认是失礼的做法。

（7）不要在与人握手之后，立即揩拭自己的手掌，好像与对方握一下手就会使自己受到“污染”似的。

（8）不要拒绝与他人握手，即使有手疾或手上有汗湿、污垢等，也要和对方说一下“对不起，我的手现在不方便”，以免造成不必要的误会。

小贴士

在不同的文化背景下，行握手礼的要求不同：

在泰国，只是在知识分子和学者中流行握手，对一般人际交往，只以合掌礼施礼，在男女间是不可以施握手礼的。在伊斯兰教国家这一点的要求更加严格，即便是在开放的英美，一个男士也是不可以主动与一个妇女相握的，因为这有强迫对方与你握手之嫌。

第五节　常见的其他会面礼节

【案例导入】

游牧部落的阿拉伯人相见，还习惯用额头和鼻子与对方相碰为礼，这是一种古老的风俗习惯，表示久别重逢的欢乐。新西兰最早的主人毛利人，还保存着一种远古留下来的独特的见面问候方式：碰鼻礼。主人与客人必须鼻尖对鼻尖连碰三次或多次，碰鼻的次数与时间往往标志着礼遇规格的高低。尼泊尔山区的一个民族主客相见，主人伸舌头表示欢迎，因为舌头和心都是鲜红色的，伸舌头表示赤诚相见。非洲有些部落的礼节更为奇怪，如果喜欢一个人，便要向那个人吐唾沫，他们认为口水可以辟邪。

南美洲圭亚那东部的依那族十分好客，但他们的礼节会使你胆战心惊。如果你去那里做客，主人在门前离你几十步远的地方向你连射四箭，从你头顶上一到两厘米处飞过。当地称这种礼节为“箭首”。迎客是这样，送客也是这样。

在日常社会交往中，除握手礼之外，以下会面礼节，如点头礼、举手礼、脱帽礼、注目礼、拱手礼、鞠躬礼、合十礼、拥抱礼、亲吻礼、吻手礼、鼓掌礼、敬烟礼和递茶礼等也颇为常见。

一、点头致意

点头致意（见图 4—6），又叫颔首礼，它是同级或平辈间的一种礼节。它所适用的情况主要有：路遇熟人，剧院、歌厅、舞厅等不宜与人交谈之处；在同一场合碰上已多次见面者，遇上多人而又无法一一问候之时。

点头致意的正确的姿势是：目视对方，面带笑容，双腿立正或站成丁字步、V 字步，头部轻轻向下 15°左右，表示问候、致敬、致谢等，并伴随相应的问好等等。不宜反复点头，点头的幅度也不宜过大。

点头致意的基本规范是：男士应先向女士致意（年轻的女士遇到比自己年长很多的男士时应先点头示意），年轻者应先向年长者致意，学生应先向老师致意，下级应先向上级致意，但上级对部下或长者对晚辈的答礼，可以点头或伸右手示意。

图 4—6 点头致意

二、举手礼

举手礼是世界各国军人见面时的专用礼节，即敬礼，军礼的起源可追溯到古罗马帝国，那时骑士在相互遇见时有举起面甲的传统，这是为了表示敬意和骑士精神，同时这样亦可以向对方显示脸部，以免被自己人误杀。到了西欧，武士们都丢下了面甲，而当时的武士常常在公主和贵族面前比武，在经过公主的坐席时，要口唱赞歌，歌词往往把公主比成光芒四射的美丽太阳，因而武士们看见公主时总要把手举到额前做遮阳的姿势，后来演变成举手礼。

敬礼时正确的姿势是：双脚并拢，挺胸平视，成立正姿势，举起右手，五指并拢并自然伸直，中指微接帽檐右角前约 2 厘米处（戴无檐帽军帽或者不戴军帽时微接太阳穴，与眉同高），手心向下，微向外张（约 20°），手臂不得弯曲，右大臂略平，与两肩落成一线，同时注视受礼者。待受礼者答礼后方可将手放下。如图 4—7 所示。

图 4—7　敬礼

在社交场合中也广泛使用举手致意，不过其做法与军人敬礼的做法不同，它最适合向距离较远的熟人打招呼。它的正确的姿势是：全身直立，面向对方，至少上身与头部要朝向对方，在目视对方的同时应面带微笑，致意时手臂自下而上向侧上方伸出，手臂既可略有弯曲，又可全部伸直，掌心向外即面对对方，指尖朝向上，其他四指并齐、拇指叉开，轻轻向左右摆动一两下，不要将手上下摆动，也不要在手部摆动时用手背朝向对方。

挥手道别（语言：再见）。道别时，可用右手，也可双手并用。但手臂应尽力向前伸出，手臂不要伸得太低或过分弯曲，手指与肩同高并左右晃动；挥手道别时要保持掌心向外，将手臂向左右两侧轻轻来回挥动，但尽量不要上下摆动。如图 4—8 所示。

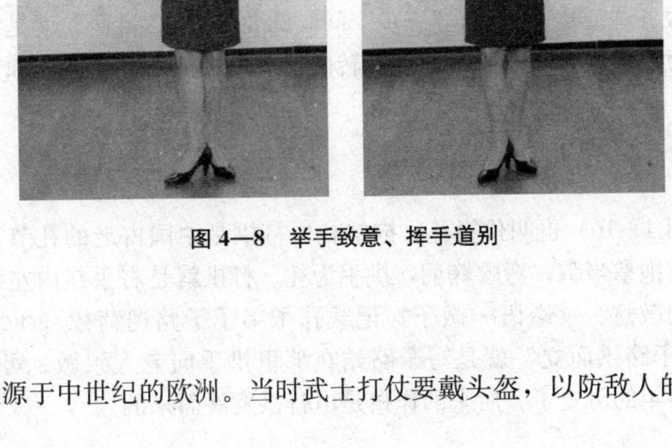

图 4—8　举手致意、挥手道别

三、脱帽礼

脱帽礼，起源于中世纪的欧洲。当时武士打仗要戴头盔，以防敌人的袭击。当武士对女子讲话时，必须把头盔举起，以示对女性的敬重。当武士们友好相见时，为了互致友情，彼此都要把头盔掀起来露出面目。这种习惯流传下来，就是今天的脱帽礼了。

脱帽礼有几种不同的方式，有的国家只把帽子稍脱一下立即戴上；有的是拿在手中向对方点头致意；有的则是把帽子脱下来，用左手小臂托着。

脱帽礼的正确姿势是：两人相遇可摘帽点头致意，离别时再戴上帽子。凡戴着礼帽遇到友人，特别是女性时，应微微欠身，摘下帽子，并将其置于与肩膀平行的位置，同时与对方交换目光，离开时再将帽子复位。路遇相识者擦身而过，从礼节上讲，也应回身说声"您好"，此时可将帽子掀一下致意；如要停下来与对方讲话，则应将帽子摘下来拿在手中，等说完话再戴上。如因特殊情况不能摘帽，应向对方说明，并致歉意。如是熟稔或常见的朋友、同事相遇，双方不必反复脱帽，只用手摸帽檐即可。

行脱帽礼时，脱帽所用的手应于行礼之边相反，比如向左边的人行礼，则用右手脱帽。礼毕抬起身时双眼应礼貌地注视对方，若视线移向别处，会让人感到行礼不是诚心诚意的。脱帽作为礼节，在现实生活中，广泛用于其他交往场合，如作为客人进入主人房间，必须脱帽，在各种庄重地场合，人们都应自觉脱帽如升降国旗、演奏国歌时等。

四、注目礼

注目礼（见图4—9）是行礼者在庄严肃静的场合，向受礼者以目光注视的方式表示敬意的礼节形式。

注目礼的正确姿势是：行注目礼时应脱帽（军人除外）、立正、抬头挺胸，双手自然下垂或贴放于身体两侧，不可插在口袋里，笑容庄重严肃，目光注视受礼者，或随之缓缓移动。通常适用于奏国歌、升国旗，检阅场合（少先队员应举手注目礼）、开业挂牌，也适用于学生上课时老师走进课堂时刻，同样也适用于送别。行注目礼时要精神专注，目光不可游移、左顾右盼，不可东倒西歪、嘻皮笑脸、大声喧哗、打打闹闹。

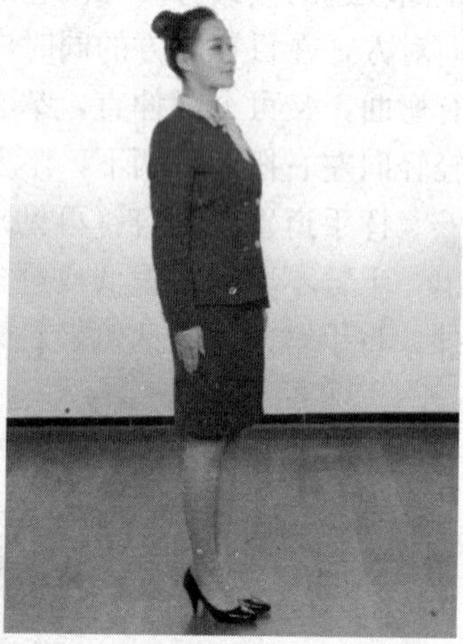

图4—9　注目礼

通常注目礼运用在迎宾服务礼仪中，在通常理解中，迎宾就是例行性的说"您好，欢迎光临"。在现代商务礼仪中，说"欢迎光临"的时候要求服务人员融入感情，眼神中要流露出欣喜。迎宾服务"五步"目迎，"三步"问候的要求中，"目迎"就是行注目礼，迎宾人员要专注，注意到客人已经过来了，就要转向他，用眼神来表达关注和欢迎，注目礼的距离以五步为宜。

五、拱手礼

拱手礼（见图4—10）也叫作揖礼、抱拳礼，打拱是中国古老的礼节，始于先秦。古人两人相遇，往往抱拳当胸，弯腰鞠躬，拱手为礼。打拱就是右手在内左手在外，两手合抱，表示对对方的敬意。《论语·微子》记载孔子弟子子路遇荷篠（diào）老人，老人"植其杖而芸"、"子路拱而立"就是写子路站在那里拱手向老人致敬。可见以拱手为礼，在我国已有两千多年的历史了。后来的作揖是由打拱发展而来的。

（一）拱手礼的正确姿势

双方彼此之间的最佳距离为 2 米左右，起身站立，上身挺直，两臂屈肘前伸高举抱拳，同时低头弯身。通常为左手握空拳，右手抱左手（男左女右，男士左手在外，女士右手在外），拱手齐眉，自上而下，上下摆动几次，目前拱手动作也可自左而右，或者由内而外，有节奏地晃动两到三下。

图 4—10　拱手礼

（二）我国行拱手礼的场合

1. 团拜

每到佳节，团体成员相聚在一起相互庆贺时，常用拱手为礼。如春节期间，人们常常是一边说“恭贺新禧”、“新年快乐”，一边拱手作揖，表示拜年。为欢庆节日而举行团拜活动时，大家欢聚一堂，相互祝愿，常以拱手为礼。

2. 开会

厂长、经理在供销会、产品鉴定会或订货会上，为了求得兄弟单位的支持、协助单位的帮助和上级领导的关心，也常常一边向大家说“请大家多多关照”，一边拱手示意。这种礼节比鞠躬礼更随便一些。

3. 过节

邻居、朋友、同事之间，在过节见面时，常常口称“万事如意”、“节日快乐”并伴以拱手礼向大家表示祝愿和敬意。

4. 祝贺

习惯上以拱手礼向寿星祝寿、向同学祝贺考上大学、向同事、朋友祝贺获得奖励或取得成就，向邻居祝贺乔迁之喜等。

六、鞠躬礼

鞠躬礼（见图 4—11）本源于中国。在先秦时代，两人相见，以弯曲身体待之，表示一个人的谦虚恭谨的姿态，但还未形成一种礼仪。而在西方所谓的骑士时代，鞠躬则象征了对敌手的屈膝投降。在今天，鞠躬已成为一种交际礼仪，既适用于庄严肃穆、喜庆欢乐的仪式，也适用于一般的社交场合。在晚辈对长辈、学生对老师、表演者对观众、下级对上级、同级之间、初见的朋友之间为表示对对方的由衷的敬意或表达深深的感谢时都可行鞠躬礼。鞠躬礼更是日本人的见面礼节。

1. 行鞠躬礼的正确姿势

双方彼此之间的最佳距离为 2 米左右，低位者先行，脱帽立正，双目凝视受礼者，以腰为轴，上身弯腰前倾。男士双手贴放于身体两侧裤线处或体后背手，女士的双手体前握手式或双手体前垂手、五指并拢、手背向前放于两腿正前方，面带微笑，目视对方眼睛，随着上身弯腰前倾吸气，然后吐气的同时，眼睛看着对方的鞋面，再看自己的鞋面，接着一边吸气一边慢慢地抬起上身，面带微笑，目视对方的脸。鞠躬不是单纯的点头，一定要手自然下垂，上半身向前直弯下去，也不能上身不动，只有膝盖处弯曲，歪歪头。切忌边看着对方边鞠躬；切忌一边摇晃着身体一边鞠躬。一般鞠躬一次即可，不必连续地、重复施礼。

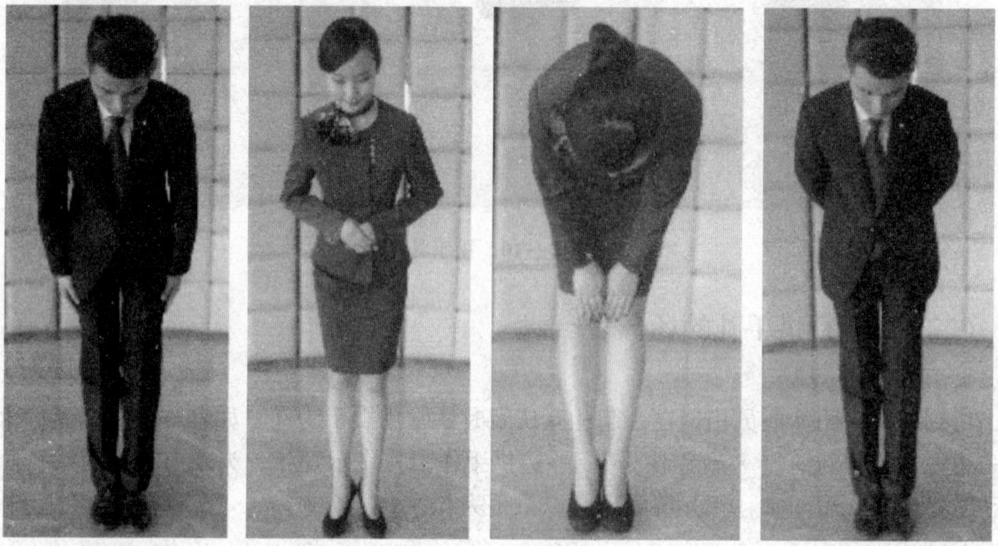

图 4—11　鞠躬礼

2. 行鞠躬礼时应注意的问题

第一，鞠躬时，要挺胸、抬头、收腹，自腰以上向前倾。

第二，鞠躬时上身抬起的速度要比下弯时稍慢些。

第三，上身向下弯时，要先看对方的眼睛，然后再看对方的脚，抬身后，再次注意对方的眼睛。千万不要看自己的脚或低垂头部，那样就像低头认错，是很难看的姿势。

鞠躬因场合、对象不同而有所区别。一般而言，角度越大，表示越谦恭，对被问候者越尊敬。

（1）一度鞠躬（一般敬礼）：是指上身倾斜角度为 15°，视线由正前方落到自己脚前的 1.5 米处，表示一般致敬、致谢、问候；

（2）二度鞠躬（敬礼）：是指上身倾斜度为 30°，视线由正前方落至自己脚前 1 米处，表示诚恳致谢或表示歉意；

（3）三度鞠躬（大敬礼）：是指上身倾斜度为 45°，视线由正前方落至自己脚前方 0.5 米，表示很恳切的致敬、致谢和歉意；

（4）敬最大礼：90°左右，在特殊情况，如婚礼、葬礼、谢罪、忏悔等场合才行 90°大鞠躬礼。

不同场合有不同的行礼方式。当与客人交错而过时，应面带笑容，可行 15°的鞠躬礼，以表示对人的礼貌及打招呼；当迎接或相送时，可行 30°的鞠躬礼；当感谢或初次见面时，可行 45°的鞠躬礼以表示礼貌；门迎员迎送客人，应主动开门，站在门一侧，内侧手扶门，外侧手以 45°收于背后，腿伸直，身微鞠躬，面带笑容恭迎（送）客人。如图 4—12 所示。

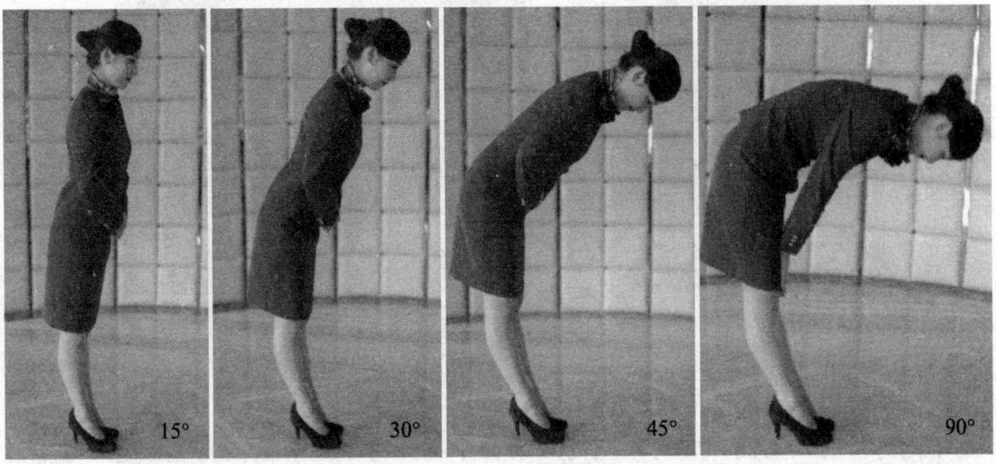

图 4—12　行鞠躬礼弯身角度

3. 在我国行鞠躬礼适用的几种场合

（1）演员谢幕时。

（2）举行婚礼时。我国多数城镇、乡村，在举行婚礼时，实行“新郎新娘三鞠躬”传统礼仪。

（3）悼念活动时。灵堂吊丧、参加追悼大会、向遗体告别、赠送花圈、祭奠死者，都要向遗像、遗体和骨灰盒行鞠躬礼。

（4）上台领奖时。

（5）演讲前后要表示对听众的敬意。

（6）与日本人见面时。日本人见面时一般不握手，而习惯相互鞠躬，鞠躬的深度表示对被问候人的尊敬程度。

七、合十礼

双手合十礼原本是佛教徒的一种敬礼方式，又称“合十礼”、“合掌礼”，原是印度古代的一种礼节，现已成为盛行于印度、泰国、柬埔寨、缅甸、斯里兰卡、尼泊尔以及东南亚佛教国家的见面礼。

合十礼（见图 4—13）的正确姿势是：双方彼此之间的最佳距离为 2 米左右，身体直立，双目注视对方，面带微笑，双掌十指在胸前 20 厘米处相对合，五指并拢向上，指尖与鼻尖基本持平，手掌向外侧倾斜，双腿立直站立，上身微欠低头。通常，行合十礼的双手举得越高，表示对对方的尊敬程度就越高。与一般人相见，指尖应举至胸前；平辈相见，指尖应举至鼻尖；晚辈见长辈应举至额头。行合十礼时，可以口喊祝词或问候对方，

图 4—13　合十礼

亦可面含微笑，但不准手舞足蹈，反复点头。

与不同身份的人见面，要行不同的双手合十礼。对于最尊敬的宾客，行双手合十礼时，腰须弯得很深，可达 90°；子女拜父母、佛教徒见僧侣，双手合十后要举起，使指尖齐眉；政府部门的公务员见长官、公司雇员见经理行双手合十礼时，指尖要高于胸部，一般不超过口部；妇女施双手合十礼时，往往要比男人腰弯得更低一些。如图 4—14 所示。

此礼可分为三种：第一，跪合十礼节，即各国佛教徒拜佛祖或拜高僧时所行的礼节。行礼时右腿跪地，双手合掌于两眉中间，头部微俯，以示恭敬虔诚。据《法华经》载："即从座起，整衣服，偏袒右肩，右膝著地，一心合掌，曲躬恭敬，瞻仰尊颜。"第二，蹲合十礼节，即某些国家的人在拜见父母或师长时的一种礼节。行礼时必须蹲下，并将合十的指尖举至两眉间，以表尊敬。第三，站合十礼节，即一些国家的平民之间、平级官员之间相拜，或公务人员拜见长官时常用的一种礼节。行礼时要站立端正，将合十的指尖置于胸部或口部，以示敬意。

图 4—14　合十礼举手的高度（胸、鼻、眉）

在我国，因佛教中不行握手礼，所以一般非佛教徒对僧人施礼，也以行站合十礼为宜。在国际交往中，当对方用合十礼致礼时，也应以合十礼还礼。

小贴士

由于不同国家或地区的佛教信徒风俗各异，故施行合十礼的方法也各式各样：

有“站合十礼”、“俯合十礼”、“点首合十”、“伸舌合十”、“躬身合十”、“下蹲合十”、“跪拜合十”、“摸脚合十”、“吻脚合十”等。在以合十礼为见面礼的国家，人们认为合十礼比握手礼高雅，而且卫生得多，因此，有人向你行合十礼时，应同样以合十礼回敬对方为好。

八、拥抱礼

拥抱礼（见图 4—15）是欧美各国在熟人、朋友之间表示亲密感情的一种礼节，通常与接吻礼同时进行。在人们表示慰问、欣喜时，拥抱礼也十分常见。拥抱礼出现在两种场合，一是“浪漫的拥抱”，二是礼节性的拥抱。在迎宾、祝贺、感谢等隆重场合，官方和民间的仪式中也都经常采用。欧美人拥抱就像中国人见面时微笑、点头、问好一样频繁。

拥抱礼的正确姿势是：行礼双方相对而立站立，相距 20 厘米，各自举起右臂，将右手搭在对方左肩后面；左臂下垂，左手扶住对方右腰后侧。首先各向对方左侧拥抱，然后各向对方右侧拥抱，最后再一次各向对方左侧拥抱，一共拥抱 3 次。在普通场合行此礼，不必如此讲究，次数也不必要求如此严格。拥抱时间的长短，视双方关系亲密程度而定。作为公关礼仪的拥抱，双方身体不宜贴得太紧，拥抱时间也较短，更不能用嘴亲对方的面颊。

图 4—15　拥抱礼

九、亲吻礼

亲吻礼，是源于古代的一种常见礼节。它源于何时何地何人，已无从考证。有人推测它源于史前人类互舔对方的脸来吸取盐分的习惯，有人推测它源于婴儿与母亲嘴碰嘴的情感交流方式。不过，流传最广的一种说法是，它起源于古罗马帝国时代。传说，那时严禁妇女饮酒，男子外出归来，常常要先检查一下妻子是否饮酒，便凑到她的嘴边闻一闻，嗅一嗅。这样沿袭下来，夫妇把嘴凑到一起的举动逐渐成为夫妇见面时的第一道礼节。后来，这种礼节逐渐普及。使用范围也逐渐扩大，终于演变成今日的亲吻礼。

亲吻礼的规矩：在行礼时，双方关系不同，亲吻的部位也会有所不同。父母与子女之间是亲脸，亲额头；兄弟姐妹、平辈的亲友之间是贴面颊；亲人、熟人之间是拥抱，亲脸，贴面颊。在公共场合，关系亲近的妇女之间是亲脸，男女之间是贴面颊，长辈对晚辈一般亲额头。接吻，仅限于夫妻与恋人之间，而不宜滥用，更不宜当众进行。在当今西方一些国家，亲吻部位不同，所表示的内涵也不一样。如吻额表示友情，吻眼表示幻想，吻颊表示欢喜，吻唇表示恋爱，吻手表示敬意，吻掌表示热望。

西方现代的亲吻礼，在欧美许多国家广为盛行。美国人尤其爱行此礼，比利时人的亲吻比较热烈，往往反复多次。法国人生性浪漫，不仅在男女间，而且在男子间也多行此礼，法国男子亲吻时，常常行两次，即左右脸颊各吻一次。世界上最著名的一个雕塑“吻”就是由法国人罗丹在1986年塑成的。

十、吻手礼

吻手礼（见图4—16）是流行于欧美上层社会的一种礼节，起源于中世纪的欧洲。在社交场合中，同上层社会的贵族妇女见面时，如果女方先伸出手作下垂式，男方则可将其指尖轻轻托起吻之；若女方不伸手表示，则不可行吻手礼。

吻手礼的正确姿势是：行吻手礼时，男女双方距离约80厘米，眼睛注视着对方，男士要主动屈膝弯腰向前鞠躬，其意是向女士发出吻手礼的邀请。这时候如果女士愿意接受吻手礼，则伸出右手，手心向下，手轻轻向左前方抬起约60°，男士则轻轻将女士的手提起并略俯身，低头，用微闭的双唇在女士手背上轻轻吻一下，再将手缓缓松开，礼毕。

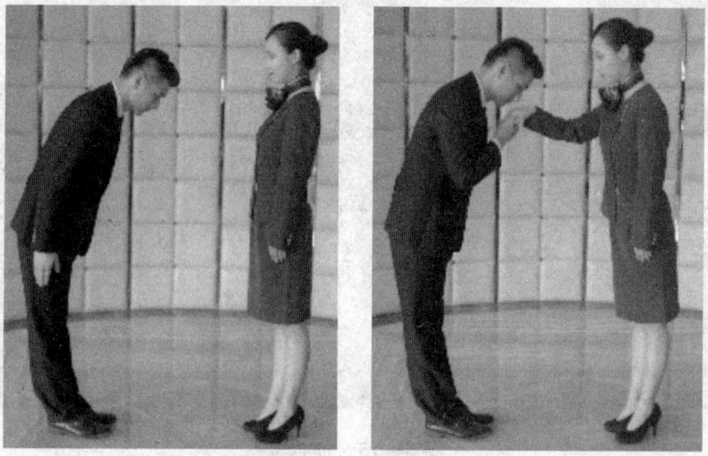

图4—16　吻手礼

行吻手礼时，男士一定要稳重、自然、轻松，动作不能粗俗，姿势不可过分夸张，吻对方手背时绝对不要发出“吮”的声音，更不能有唾液，以免给对方造成难堪。手腕及其以上部分是行礼时的禁区。如果女方不伸手则不宜行吻手礼，但是如果女士在行吻手礼后，有擦手的动作，无疑是对行礼男士莫大污辱。行吻手礼时一定要一视同仁，不能厚此薄彼，即要对在场所有可以行吻手礼的女士都要行吻手礼。吻手礼仅限于在室内，在街道上或是车站、商店等公共场合都不适用。

十一、抚胸礼

抚胸礼（见图 4—17），又称按胸礼，它一般是指以手部抚按于胸前的方式，来向他人致意。实际上，它也具有一定的宗教含义，在信奉基督教、伊斯兰教的国家里普遍流行。而当初它所表示的，往往是誓言或宣誓之意。

抚胸礼的正确姿势是：上身稍许躬身，眼睛注视交往对象或目视正前方，头部端正或微微抬起，以右手手掌掌心向内、指尖朝向上方，然后将其抚在本人的左胸之前。

在一些亚洲国家以及欧美国家里，人们在与人相逢之时，往往也会抚胸为礼。有些国家，升国旗的场合人们习惯行抚胸礼。

行抚胸礼时，通常对以下两点加以注意：

一是方法适当。行抚胸礼时，其方式必须正规，必须切记，行此礼时，不仅应当态度认真而庄重，而且绝不允许以左手行礼，抚按右胸。

二是兼施他礼。正如亲吻礼与拥抱礼往往相伴一样，抚胸礼通常也会与一些其他的见面礼节同时使用。最为常见的，就是抚胸礼与鞠躬礼同时使用。在某些国家里，人们则往往习惯于先行抚胸礼，然后再与交往对象握手为礼。

图 4—17　抚胸礼

十二、挽臂礼

挽臂礼（见图 4—18）是优雅高贵的。在改革开放以前，异性之间挽臂被中国人看作是有伤风化。在今天，挽臂礼早已为人们普遍接受，同性可以挽臂，异性也可以挽臂。夫妇与情侣可以挽臂，较为亲密的亲友也可以挽臂。中国人与中国人可以挽臂，中国人同外国人也可以挽臂。

挽臂的正确姿势是：女士站在男士的右侧，伸出左手，轻轻地挽住男士右臂的臂弯。此时男士的右臂应有一定幅度的弯曲，而不宜伸直。但是在正式场合中，男士右臂的臂弯不宜太大，否则就会使女士紧紧地贴在自己的身上。通常，女士挽着男士的手，而不是男士挽着女士的手，男士在右，女士在左。如果女方觉得不方便，也可以变换过来。在马路上，男子靠车行的一侧走时，女子则在男子右方。挽臂之后，男子要迁就女子的步伐，不可过大，拉着手，令女方走得别扭。男方应注意女方是否穿着高跟鞋，并以此来决定自己的步伐。

图 4—18　挽臂礼

中国人挽臂，以夫妇和情侣之间最为普遍，此外晚辈、学生对于尊敬的长辈、老师也有挽臂之举。但是在一般情况之下，关系普通的异性之间还不习惯于挽臂。因此，在日常生活中，男士不应主动要求同自己关系一般的女士挽住自己的手臂，或去搀扶对方，如果女士首先提出要求，则是允许的。通常应由女士决定是否需要挽臂。

外国人把挽臂看作是男士对女士的尊重、友爱和帮助的具体体现。在西方国家里，任何关系的异性都可以挽臂。我们在涉外活动中，经常会遇到这样的情况，在同外宾合影留念时，男外宾会暗示我方女士挽住他的手臂。去国外访问时，外国女士会主动挽着我方男士的手臂。礼节上对此都是允许的，如果自己不习惯，可以如实相告，并向对方道歉。

在大街上挽臂而行，应当留神不要挡住其他人的去路，从而招来埋怨。挽臂一般是异性之间，并一定要有特殊的亲密关系，表示两人的亲近，和男性对女性的保护，给人以优雅的感觉；同性挽臂，在西方被视为不正常，在国内则比比皆是。挽臂要给人安定的感觉，中规中矩，过于庄严或过度亲热都不适当。扭作一团的方式，自己不觉得什么，别人眼中太肉麻。

十三、搀扶礼

尊老爱幼是中华民族的传统美德，在过马路、上下公共汽车时，遇到老、弱、病、残、孕的人，大家都会去搀扶他们一下。搀扶指的是在行进之中，用自己的一只手或双手，去轻轻架住不方便的人，为其提供帮助。

搀扶礼（见图 4—19）的正确姿势是：搀扶者应站在被搀扶者的左侧，屈肘向前，用右手握住对方的肘部，左手手心向上，握住被搀扶者的腕部，适当地给予被搀扶者支撑的力量。被搀扶者左手屈臂抬起，掌心向下。

在为他人提供搀扶帮助时，要注意以下几点：

第一，选择对象。若是不分对象，对任何人都主动搀扶，则会令人觉得滑稽，效果适得其反。

第二，两厢情愿。即使发现确实需要帮助的人，在搀扶之前要先征得其同意，照顾对方自尊心。

第三，留意速度。步速不宜过快，应主动与对方保持一致。

第四，略事休息。考虑到被搀扶者的身体状况，在搀扶对方行进的过程中，应适当地“暂停几次”，以便对方缓口气，稍作休息。

需要注意的是，对待外宾不要随便去搀扶，如果你去搀扶一位年老的外宾上公共汽车，他可能会大发雷霆，认为你是看不起他，所以需要先征得对方同意。但是在国内，见到年老体衰的人上下楼梯、过危险区、走暗道等，都应给予搀扶。

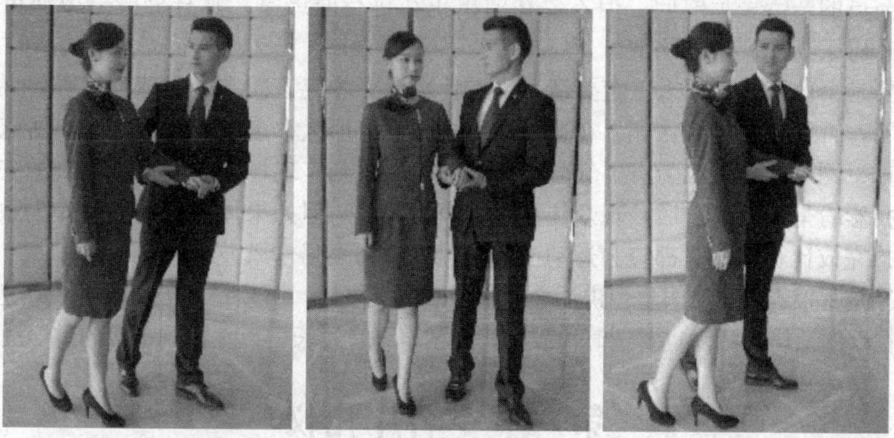

图 4—19　搀扶礼

十四、鼓掌礼

人们对他人表示欢迎、祝贺、激励时，常常会鼓掌，鼓掌是一种常用的礼节（见图 4—20）。鼓掌的方式有许多种。举臂过顶，掌声热烈密集，伴随着兴奋的欢呼；正襟危坐，鼓掌的声音亢奋但有节制；面带微笑，用掌心互相拍击，表示自己对别人祝贺的心情。在不同的场合，掌声应有所区别，不同的掌声应与不同的气氛相协调。鼓掌的适度、得体，显示着一个人的风度和修养。

鼓掌的正确姿势是：两臂屈肘抬至于胸前，双手四指并拢，自然弯曲，拇指张开，左手手心向上，右手手心向下，用掌心互相拍击，有节奏地发出响声，必要时，应起身站立。节奏平稳，频率一致。鼓掌的同时，最好以微笑相伴。鼓掌时间长短应根据具体场景决定。

每逢大规模的庆典，譬如某工程奠基仪式，某人的庆功表彰大会，响成一片的掌声会增加会场内的热烈气氛，让人感到一种集体的凝聚力量。在这种重大仪式上鼓掌，鼓掌的姿态还应当端正。鼓掌的时候要用掌心互相拍击，这样声音才大才响。节奏要稳，但频率得快。

图 4—20　鼓掌礼

观看文艺演出，在其中一幕或全场结束时，观众均应鼓掌。这既是对演出表示赞许，也是对演员的辛劳表示慰问。但不要在演出正在进行时鼓掌，那样做既分散演员的注意力，又有碍于其他观众的欣赏。

你要是个体育迷，那么一定要清楚观看什么比赛才应该鼓掌。看球类比赛，人们非得大喊大叫，否则无法尽兴。如果在这种赛场上鼓掌，那么掌声一定会被欢呼声所淹没。体操、台球、网球比赛，因为有屏气凝神一触即发的时刻，现场观众会出现片刻的安静，在运动员精彩纷呈的表演过后，观众往往以掌声相赞美。但如果体操运动员动作失败，但最后仍坚持完成比赛，这时都应为运动员的坚强意志和顽强作风鼓掌。

如果是听报告，报告人上台讲话之前和讲话结束之后，听众都要鼓掌欢迎、欢送。讲话中出现精辟的话语，听众也要适时地鼓掌。但掌声不宜过长，以免影响正常的讲演过程。

第六节　名片礼仪

【案例导入】

某高校的张校长随团出访欧洲开展校际合作工作。出国之前她调整了办公室的电话号码，但因忙于其他工作而忘记重新印制一套名片。所以，每到送名片的时候，为了让对方能通过新的电话找到自己，都在名片上临时用钢笔加注了几个有用的电话号码和地址。半个月跑下来，张校长累得筋疲力尽，却未见有外国高校与其有过实质性接触。后来经人指点，才明白问题出在哪儿，原来是她奉送给外国高校的名片不合规范。为了省事，张校长临时用钢笔在自己的名片上加注了几个有用的电话号码，本想这样联系起来更方便和更有效，可在外国高校看来，名片犹如一个人的“脸面”，对其任意涂改，加减内容，只能表明她在为人处世方面敷衍了事，马马虎虎。

名片是我国古代文明的产物。据清代学者赵翼在其著作《该余丛考》中的记载：“古人通名，本用削本书字，汉时谓之谒（yè），汉末谓之刺，汉以后则虽用纸，而仍相沿曰刺。”可见，名片的前身即我国古代所用的“谒”、“刺”。名片发展至今，已是现代人交往中一种必不可少的联络工具，它成了当今世界各国、各地区、各阶层、各行业人士交往中最常见的一种礼仪信物。

名片是一个人身份的象征，是当代社会私人交往和公务交往中一种最为经济实用的介绍性媒介。在国际交往中，一个没有名片的人被视为没有社会地位的人；一个不随身携带名片的人，是不尊重别人的人。由于它印制规范、文字简洁、使用方便、便于携带、易于保存，而且不讲尊卑、不分职业、不论男女老幼均可使用，因此使它用途广泛，颇受社会各界的欢迎。

在人际交往中，如想正确使用名片，有必要对名片的制作、名片的分类、名片的用途、名片的交换以及名片的存放等五个方面的问题有所了解，并且尽可能地做到合乎礼仪规范。

一、名片的制作

目前，在国内印制名片，一般均可委托名片制作商承办，所以并不费力。然而为了使自己的名片规范实用，还是应当精心选择，耐心斟酌，以求使名片体现本人的风格。

（一）规格

目前国内最通用的名片规格为 9×5.5，即长 9 厘米，宽 5.5 厘米。这是制作名片时的首选的规格。此外，名片还有 10×6 和 8×4.5 这两个规格，前者多为境外人士使用，后者则为女士所专用。

（二）材质

印制名片，最好选用耐折、耐磨、美观、大方的白卡纸、再生纸、合成纸、布纹纸、麻点纸、香片纸，必要时，还可覆膜。在一般情况下，没有必要选用布料、塑料、皮革、光纤、钢材、木材、黄金、白银等质材印制名片。

（三）色彩

印制名片的纸张，宜选庄重朴素的白色、米色、淡蓝色、淡黄色等，不要印制杂色名片，令人眼花缭乱。也不要选用黑色、红色、粉色、紫色、绿色等，让人觉得不庄重。

（四）图案

在名片上除纸张自身的纹路外，还可以有的图案包括企业标志、企业蓝图、企业方位、企业主导产品简介等等。

（五）内容

一张形象效果俱佳的名片应包括：(1) 公司标志、商标或公司的徽记。(2) 姓名、职务、公司名称。(3) 公司地址、电话号码、传真号码。若有必要，可印上其他办事处的地址。(4) 在涉外交往中一定要用两种语言印制名片，一面用中文，另一面用当地语言。

（六）文字

在国内使用的名片，宜用汉语简体字，在少数民族聚居区、外资企业以及境外使用的名片，可酌情使用少数民族文字或外文。最佳的做法，是在一枚名片的两面分别印上内容相同的汉字和另一种文字或外文。切勿在一枚名片上采用三种以上的文字，也不要将两种文字交错印在同一面。

（七）字体

不论使用何种文字印制名片，均采用标准、清晰、易识的印刷体为好。尽量不要采用行书、草书、篆书或花体字印制名片，更不要亲自手写。

（八）印法

制作名片，制作名片一般铅印即可，若是胶印，则显得档次更高一些。最好不要手书自制，也不要复印、油印、影印。

（九）版式

印制名片，通常有两种版式可以选择。一是横式，行序由上而下，字序由左而右；二是竖式，行序由右而左，字序由上而下。一般认为，中文名片以采用横式为佳。同时应避免名片出现一面横式、一面竖式的情况。

（十）名片制作在国际交往中的四不准

（1）名片不准随意涂改。

（2）名片不准提供私宅（私人联络）电话。

（3）名片不准提供两个以上的头衔。有多个头衔的人可以制作多种名片使用。

（4）名片不准使用不正确或不准确的外文，以免因翻译错误而造成对方误解。

二、名片的分类

因为内容、用途各有不同，日常生活中所用的名片可分为应酬名片、社交名片、公务名片、单位名片等四类，前三种又统称为个人名片。在正式的场合，面对不同的交往对象应使用不同的名片。因此，一个人同时制作并携带多种名片不足为怪，不分对象、不讲目的地滥用同一种名片则是失当的。

（一）应酬式名片

应酬式名片，又称本名式名片。顾名思义，其内容通常只有个人姓名一项，最多还会加上本人的籍贯与字号。主要适合在社交场合应付泛泛之交，拜会他人时说明身份，馈赠时替代礼单，以及用作便条或短信。

（二）社交式名片

社交式名片，特指主要适用于社交场合，用以进行自我介绍与保持联络之用的个人名片。其内容有二：一是个人姓名，应以大号字体印于名片中央；二是联络方式，应以较小字体印于名片右下方（主要有家庭住址、邮政编码等，必要时还可加印住宅电话，它一般不会印办公地址，以示“公私分明”，若不喜欢打扰，还可只印住宅电话，而不印家庭住址与邮政编码）。

（三）公务式名片

公务式名片，指的是在政务、商务、学术、服务等正式的业务交往中所使用的个人名片。它是目前最为常见的一种个人名片。

一枚标准的公务式名片应由归属单位、本人称呼、联络方式等三项内容构成。

1. 归属单位

此项内容由企业标志、供职单位、所在部门等三个部分组成，可酌情加减，供职单位与所在部门均应采用全称。

2. 本人称呼

本人称呼由本人姓名、所任职务以及学术头衔等三个部分组成，后两项可有可无。

3. 联络方式

本项内容由单位地址、办公电话、邮政编码等三个部分组成，又称“联络方式三要素”。在此，不宜提供家庭住址与住宅电话，至于手机号码、传真号码、邮箱等则根据自己的情况而定。

(四) 单位式名片

单位式名片，又称企业名片。它主要用于单位对外宣传、推广活动。它的内容分为两项：一是单位的全称及其标志，二是单位的联络方式。

三、名片的用途

名片的用途十分广泛，最主要的是用作自我介绍，也可附赠在鲜花或礼物中，以及在发送介绍信、致谢信、邀请信、慰问信等时使用。在人际交往中，名片的用途有自我介绍、结交朋友、维持联系、业务介绍、通知变更、拜会他人、简短留言、用作短信、用作礼单和替人介绍十种。

小贴士

西方人在使用名片时通常写有几个法文单词的首字母，它们分别代表以下不同的含义与用途：

1. N. b. (notabene) 意即“提请注意”。提醒对方注意名片上的附言。

2. P. f. (pourfelicitation) 意即“祝贺”。用于节日或其他固定纪念日。

3. P. r. (pourremerciement) 意即“感谢”。在收到礼物、祝贺信或受到款待后表示感谢。它是对收到“P. f.”或“P. c.”名片的回复。

4. P. c. (pourcondolence) 意即“谨唁”。在重要人物逝世时表示慰问。

5. P. P. c. (pourprendreconge) 意即“辞行”。在分手时用。

6. P. f. n. a. (pourfeliciterlenouvelan) 意即“恭贺新禧”。

7. P. P. (pourpresentation) 意即“介绍”。通常用来把一个朋友介绍给另一个朋友。当您收到一个朋友送来左下角写有“P. P.”字样的名片（居上）和一个陌生人的名片（居下）时，便意味着老朋友为您介绍了一个新朋友，应立即给新朋友送张名片或打个电话。

四、名片礼仪

(一) 递送名片的礼仪

1. 事先准备好充足的名片

在社交场合，如果递送名片，必须在场的每一位都要送到，所以要事先做好准备，把名片放在容易拿出来的地方。名片通常放在名片夹里，或其他上衣口袋里，女士可将名片夹置于手提包内，不要放在裤子的后侧或左右侧的口袋里，注意把自己的名片和别人的分开放，避免忙碌中出错。

2. 掌握好交换名片的时机

在社交活动中，以下情况需要递出自己的名片或与别人交换名片（见图 4—21）：

(1) 表示自己尊重对方；(2) 被介绍给对方；(3) 对方提议交换名片；(4) 对方向自己索取名片；(5) 初次登门拜访对方；(6) 通知对方自己变更情况；(7) 打算获得对方名片。

3. 注意递送名片的正确姿势

递送名片时，态度要诚恳、谦恭，举止要文明、礼貌。一般情况要起身站立，走向对方，用双手的大拇指和食指拿住名片上端的两个角，名片正面朝向对方，双手递上，眼睛注视对方，并诚恳地说，"请多关照"、"请多指教"、"请多联系"等。切不可用左手或用手指夹着名片递给别人。

4. 注意递送名片的顺序

名片递送有序，通常由低职位者先向高职位者递送；在陪同领导出席社交活动时，由领导先递送名片，陪同者后递送名片；当同时与多人交换名片时，要注意"先尊后卑"和"由近及远"的顺序依次递送，切不可挑三拣四，采用跳跃式的方法递送，切勿向同一人重复递送名片。

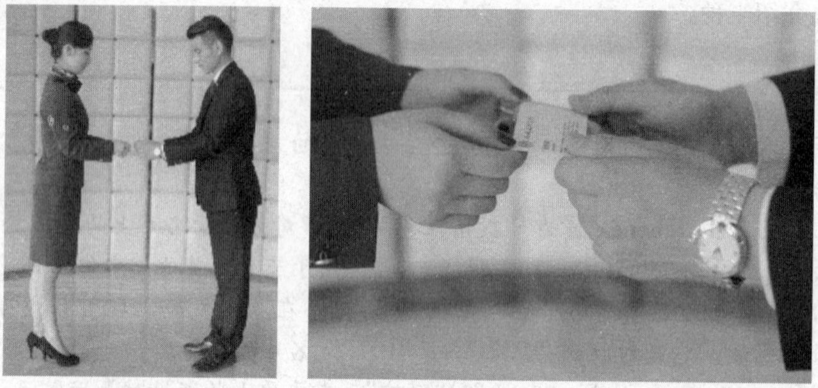

图 4—21　交换名片

(二) 接受名片的礼仪

接受名片时，态度要恭敬、举止要得体。当他人将名片递送过来时，要立即停止手中的工作，尽快挺身起立，面带微笑，目视对方，双手捧接，并点头致谢。接过名片后应认真阅读，以示敬重。阅读后将名片郑重的放入自己的名片夹或上衣口袋，或在办公室的显著位置，切不可随便地放在桌上或装进裤子口袋里。妥善地收好名片后，要随即递上自己的名片，若自己没带名片，要向对方表示歉意，并如实说明原因。

五、名片的存放

要使名片的交换合乎礼仪，并且使其在人际交往中充分发挥作用，还应注意如下两个问题：

(一) 名片的放置

在参加交际应酬时应提前准备好名片，并进行必要的检查。随身所带的名片，最好放在专用的名片包、名片夹里，此外也可以放在上衣口袋之内，不要放在裤袋、裙兜或钱夹里。在自己的公文包以及办公桌抽屉里，也应经常备有名片，以便随时使用。

（二）名片的收藏

参加过交际应酬以后，应立即对所收到的他人的名片加以整理收藏，以便今后使用。不要将它随意夹在书刊、材料里或压在玻璃板下或扔在抽屉里面。

存放名片的方法大体上有四种，它们还可以交叉使用。

（1）按姓名的外文字母或汉语拼音字母顺序分类。

（2）按姓名的汉字笔画的多少分类。

（3）按专业或部门分类。

（4）按国别或地区分类。

若收藏的名片甚多，还可以编一个索引，那么用起来就更方便了。

六、名片的禁忌

名片以简洁雅观为要，所以有些内容不适宜印在名片上，因而在使用名片时要注意以下禁忌：

1. 过多的职衔

名片印上最主要的职衔就可以了，如有必要可以为自己印制几种不同单位、不同职衔的名片。

2. 家庭电话号码

名片主要用于公务场合，名片上一般不宜留下家庭联系方式，如有必要，可在交换名片时当场提供，这样做往往是向对方表示自己的重视和信赖。

3. 多用途名片

名片上内容庞杂，把名片当成业务宣传单，也不是妥当的做法。

4. 涂改名片

名片是一个人的脸面，涂改名片，相当于在自己脸上涂鸦，是有损自己形象的。

5. 名片带香味

气味的喜好不具备普遍性，接收者很可能对这种气味敏感或者抗拒。

基础练习

一、解答题

1. 简述问候礼仪的注意事项。
2. 简述人际交往中称呼的原则有哪些，称呼礼仪有哪些禁忌。
3. 简述握手时的注意事项。
4. 为他人做介绍时，怎样确定先后顺序？接受他人名片应注意哪些礼节？
5. 除了握手礼外，国内外还有哪些通行的会面礼？
6. 请问索取他人的名片有哪几种方法？递上自己的名片应注意哪些细节？

二、实训题

情景模拟展示：请同学、朋友或家人配合，练习各种见面礼仪、为他人做介绍的综合礼仪、名片交换礼仪和握手礼仪。

测评见表 4—1。

表 4—1　　　　　　　　　　　　**人际交往见面礼仪测评表**

考生单位：　　　　　　　　　　　　　　　　　　　　考生姓名：

项目	评分细则	配分	评价等级			得分
			优	良	及格	
为他人介绍	语言：口齿伶俐，发音标准，介绍内容重点突出，主次分明，不零乱，不啰唆，不冗长。	10				
	目光：注视被介绍人，目光和蔼亲切，不盯视，不打量。	5				
	介绍顺序规则：遵守“尊者优先了解情况”原则：先向上级、长辈、地位高者、女士、官方人士、客人等介绍下级、晚辈、地位低者、男士、非官方人士、主人。	20				
	手势与站姿：右手掌心向上，拇指向外张开，其余四指并拢，随语言内容在两位被介绍人之间做手势辅助；身体直立，不倾斜，不将身体重心只放在一条腿上。	10				
交换名片	时机：确认需要交换名片的时间。	5				
	顺序：确定交换名片顺序，两人交换名片时，遵循“先客后主，先低后高”的原则，位低者先行。	5				
	方法：递送名片时，要把名片的正面朝向对方。递送名片时，口头上应有所表示，可说“请多多指教”之类的客套话；接受名片应双手或用右手接，并点头致谢，说几句客气话，接受后要认真地看一遍。看完后，把名片放进上衣口袋里或放入名片夹中，也可暂时摆在桌面上显眼的位置，注意不要在名片上放任何物品。	20				
握手	方式：两人相距约一步，上身稍向前倾，伸出右手，拇指张开，四指并拢，手掌相握。	10				
	时间：一般礼节性的握手不宜时间过长，控制在 3～5 秒即可；两手稍稍用力，控制握力在 2 公斤左右。	5				
	规则：遵守“尊者决定”原则：首先确定握手双方彼此身份的尊卑，然后由此决定伸手的先后。	5				
	神态语言：神态专注，热情、友好、自然；面含笑意，目视对方双眼，并且口道问候。	5				
总分		100 分				

第五章　职场礼仪

【知识目标】

1. 了解职场办公室、通信、面试礼仪知识。
2. 掌握日常工作行为准则。
3. 认识职场礼仪在日常工作服务中的重要件。

【能力目标】

1. 能够熟练运用常见职场礼仪知识。
2. 规范日常工作行为、掌握人际交往的艺术。
3. 全面掌握面试技巧。

【案例导入】

美国大使秘书的失误

陈来元任中国驻利比亚大使馆礼宾官的时候，收到一封美国驻利比亚大使夫妇邀请中国大使夫妇出席其国庆招待会的请柬。陈来元发现请柬信封上把“The People’s Republic of China（中华人民共和国）”缩写成了“Republic of China（中华民国）”。陈来元向中国驻利比亚大使汇报，并请示如何交涉。大使认为这并不是美国大使的故意行为，所以要求陈来元去美国大使馆指出错误，要求对方纠正后重发请柬。

陈来元找到美国大使秘书，向他指出了错误。美国大使秘书一看就慌了，因为往重了说，这可以是严重的外交事故。大使秘书连忙问：“您有没有向我的主人说过这件事？”陈来元回答道：“你们大使不至于做这样的糊涂事，所以我们没有惊动他。”陈来元还告诉秘书，他也没有告诉使馆的其他人，只要秘书认识错误并改正错误，重发请柬就行。大使秘书听后连忙表示感谢，并道歉说这只是慌乱中的失误，绝非故意，请中国大使和陈来元原谅。

【案例评析】

办公室礼仪其实非常讲究两点：一是工作细致认真，二是帮助同事并纠正其错误。在这次关于把“中华人民共和国”作“中华民国”的交涉事件中，陈来元就很好地做到了这两点。所以他不但得到了中国驻利比亚大使的夸奖，同时也获得了美国大使秘书的友谊，让以后活动的开展更加顺利。

第一节　办公室礼仪

引言：君子敬而无失，与人恭而有礼，四海之内，皆兄弟也。（《论语·颜渊》）

释义：一个有道德有修养的人，在与人相处时，应将对方看作自己的兄弟，这样他才能去关爱、帮助、尊重别人。礼貌、礼节贵在与人为善，与人友好相处，无论对方社会地位、角色如何，都应该互相尊重，以礼相待。大家处在一个友好、和谐的环境中，才能心情愉快。尤其在职场中，讲究“与人恭而有礼”、“皆兄弟”，则会在办公室、组织中形成相互礼让、尊敬、理解的和睦氛围，才能换来企业内部“家和万事兴”的局面。

一、办公室职员礼仪

荀子曾说过：“人无礼则不生，事无礼则不成，国无礼则不宁。”一个人的文明礼貌修养，往往反映个人、单位乃至国家的文明水平。同时，成功学的研究表明，在获得、保持和提升职位的过程中，知识和技能的重要性只占15%，其他85%是在学校或工作中学不到的“得体行为”的能力，也就是礼仪。与同事和客户交往过程中表现出的礼仪和风度，提升公司信誉和盈利的同时，提升自己的职位。

（一）遵守工作守则

《员工工作守则》包含了单位对员工的一些常规性规定，比如：上下班时间、请假制度、工资酬劳、休假制度、奖惩等。职员尤其要注意准时上下班，不迟到不早退。

小贴士

◇ 请假：本人应亲自向直属领导请假，不得由他人代请，事出紧急也应由本人电话联系领导请假。

◇ 休假：本人应至少在一周以前向领导请示，确定有人接手工作后才能离开，休假回来应及时上班，并向领导和同事表示歉意和谢意。

（二）服饰规范整洁

职员在工作时间即便不穿正装，也要穿戴干净整齐。服饰一定要避免邋遢、暴露或过于精美，这会给他人一种“另有所图”或者“不务正业”的误解。

（三）明确奋斗目标

职员对于工作应制定好奋斗目标，切忌得过且过的散漫心理。目标对于个人具有良好的激励效果，能够激发干劲、施展才干。工作目标分为短期目标和长期目标，职员应制定好落实目标的计划并付诸实施。

（四）从小事做起做好

职员在工作时最忌讳工作眼高手低，不从小事做起，好高骛远。实际上，琐碎的小事、杂事，是对职员的一种考验，每件小事都做好，才是赢得领导和同事好感与信任的捷径。

（五）不要卷入是非圈

职员最忌讳卷入是非圈。在工作时，职员要做好自己的本分工作，对别人的私生活和工作要做到不打听、不议论。遇有流言蜚语，别让自己成为传闲话的主角。

（六）认真对待额外工作

职员有时会接到来自上级或同事委托的额外工作，应以认真、耐心的态度去对待，把这些额外工作当作是锻炼自己工作能力、协调人际关系的重要途径，以轻松、积极、乐观的心态去面对。要注意的是，额外的工作是指他人交付的工作，而同事的本职工作则不需要主动去插足、分担。

（七）避免发牢骚

职员在工作时发牢骚、抱怨，实际上是一种工作承受能力差、对现状不满意的表现。职员应明白倾倒苦水的地点不是办公室，对象也不能是同事和领导，否则将会使自己被领导、同事误解，陷入工作的被动局面。

（八）寻求别人帮助

职员在工作遇到困难时，应虚心向同事请教，求得帮助，不可一意孤行，应明白工作需要一个团队，要有团队精神，遇到问题要共同分担，不要孤军奋战。

（九）主动承担责任

职员应对自己的工作负责，勇于承担责任，不能推诿给同事。工作中遇到问题，职员应主动承担责任、承认错误，这样即使受到批评，也会在办公室中赢得一个忠实的美名。

（十）打理好办公室

作为职员，一定要表现出热爱岗位、热爱单位的状态。勤打理办公室就是一种体现。职员上班时，如果提早到达办公室，应简单打扫办公室卫生，在下班时应将办公桌收拾整洁。鲁迅先生曾说过“几案精严见性情”，精明的老板只要向你的办公桌瞟一眼，便对你的个性了解得十之八九。办公室放置适量的植物可以使办公室充满生机，但要注意这些植物要打理良好，不能成为昆虫滋生地。如图 5—1 所示。

图 5—1　整理办公桌

二、与同事相处的礼仪

同事之间相处的重要原则是“己所不欲，勿施于人”。因为大家在同样的工作条件下，喜好、爱憎、心理活动都较接近，至少相互比较熟悉，您自己喜欢或厌恶的食物，他人定会有同感。处理好同事关系，在礼仪方面应注意以下几点：

（一）尊重有限，亲密有度

礼仪的核心就是尊重。相互尊重是处理好任何一种人际关系的基础，而同事关系更需要尊重。尊重上司是一种天职；尊重同事是一种本分；尊重下级是一种美德；尊重客户是一种常识；尊重对手是一种风度；尊重所有人是一种教养。“敬人者，人恒敬之；爱人者，人恒爱之”。尊重是相互的，但是从我们每个人来讲，必先主动施与，才能有所回报。同事关系以共同工作为基础，不同于亲人间的关系。科维提出“你希望别人怎么待你，你就怎么待别人”这一“黄金定律”。本着尊重“黄金定律”主旨的原则下，《白金法则》向人们展示了最新的研究成果：“白金法则——别人希望你怎么对待他们，你就怎么对待他们。”由此可见尊重对于处理好同事间人际关系的重要性。

（二）合理处理同事距离

第一，保持距离。同事不同于家人、朋友，与同事合理保持距离，则会赢得相互尊重，相处也会融洽宜人。同事之间的关系不要过于亲密，一旦有了利益相争，伤害的是彼此。

第二，礼貌借用私人物品。在未经同事允许下，不要擅动其物品，如果事出紧急急需借用，也要用完后立刻归于原位，并附上感谢的小便笺。

第三，同事间尽量不要有金钱往来。即使同事关系较好，也尽量避免金钱往来。俗话说“如果你想破坏友谊，只要借钱给对方就行了”，因此要避免金钱借贷。

第四，适度关心、体贴同事。关心同事要适度，过分关心有窥探他人隐私的嫌疑，也会让对方心感不悦；关心同事也要注意话题，不要提及他人不愿提及的话题，如家庭收入、健康、婚姻等。

（三）正确处理与同事的争议

处理与同事的争议，要遵循“求同存异”的原则，把握沟通方式，如辨明立场、换位思考。处理问题要以大局为重，不计较个人得失。若争议上升为强词夺理的争吵，在这种情况下，不妨改变说服对方的策略，以退为进，投其所好，善用幽默的方式打破僵局。若发现同事存在明显失误，要避免当众指责、批评同事，可以私下提出建议，最好先肯定同事，再指出其失误。

（四）与同事利益共享

与同事共事讲究团结协作，遇到困难共同分担，遇到麻烦主动承担，收获成果则要利益共享。强调合作，就要让合作者都能获得利益，与合作伙伴相处，不仅提倡患难与共，也要讲有福同享，彼此共赢。这样同事才会有被尊重感，也才能更好地团结协作提高工作的效率。

（五）适度与同事分享快乐

无论工作还是生活中，当你取得了成功，获得了快乐，提倡与同事分享，传播快乐与幸福。但是，与同事分享快乐要适度。切记，分享不等同于炫耀。在与同事分享快乐时，需要考虑到对方的情况，切忌过分凸显自己的优越感而使对方感到受蔑视或受侮辱。

（六）友善真诚、重诺守信

与同事相处，要做到真诚相待、友善共事，时刻把同事的境地挂在心上，真诚地关心同事。与同事交往怀有真诚之心，不要有谄媚之色，不要随随便便地取悦他人，也不要随随便便地说大话。真诚是同事间相互共事的基础，信任是联结同事友谊的纽带。信任源自于诺言的兑现，言出必行是做人的修养，要懂得行胜于言的道理，不要总是喋喋不休而不见诸行动，倘若失信于人，日后工作也将走入"边缘化"的境地。

（七）合理对待同事竞争

古人云"三人行，必有我师"，同事间也存在卓越者，要常看到对方值得学习的地方，对待同事之间的竞争，应该乐观看待。对比自己优秀的同事，要真心祝福并虚心向其学习，"择其善者而从之，其不善者而改之"，努力完善自己。与同事的竞争一方面要充分展示自己的能力，另一方面也不能一味追求"以和为贵"。对待竞争应是不骄不躁，保持一份宽容谦和的心态。

（八）与难相处的同事相处

与爱谈论是非的同事接触，要注意谈论的内容，尽量避免卷入他们的话题；遇到自人自傲的同事，要注意避免与其正面冲突，主动与其交流，学习并适当称赞其长处，出现分歧可让上级协调解决；遇到内心阴险的同事，要注意以防范为主，避免冲突，在这类人前多装糊涂，让对方轻视自己，放松对自己的警惕。

（九）与嫉妒的同事相处

当察觉被同事嫉妒时，你不妨对自己多些调侃、自嘲，并在适当的时机故意给别人一些溢美之词，以此来削弱对方对你的嫉妒；对于嫉妒自己的同事，一定多留心眼，保持警惕，不要将自己的"底细"，尤其是弱点全盘托出，对自己调侃和自嘲，仅限于一些非致命弱点或无关紧要的缺点。

（十）用幽默调节同事间紧张关系

幽默是化解尴尬气氛的"调和剂"，用幽默化解同事间的紧张关系，这是一种技巧，在不伤害任何一方利益的前提下，以轻松、调侃的说话方式，化解双方矛盾与误解，久而久之将会赢得所有同事信赖与尊重。

三、与上级相处的礼仪

（一）尊重上级、领会上级意图

尊重、服从上级是作为下属的本职。尊重上级体现在工作中的细节，如主动问候、谦恭礼让、不争功名、不当面顶撞等方面。尊重不等同于谄媚，对地位尊贵或有权力的领导，也不要表现出过分亲近的神态。正确领会和贯彻上级的意图，是一个合格下属的基本要求。上级的意图多蕴含在文件、批示、口头指示甚至态度之中，需要下属去理解，因此作为下属，应用心理解、勤于总结，必要时需进一步当面询问、请教，忌不懂装懂或凭空想象，违背上级意图。

（二）为上级分担忧患

作为下属，在工作方面应协助上级把事情办好。为上级分担忧患要注意涉及的具体事项和程度。为上级分担的忧患应该是工作上的难题，而非上级家庭的、私人的困难，且分担的程度要把握恰当，不可过分刨根溯源、也不可浅尝辄止。当上级遇到责罚时，下属应尽量挺身而出，主动承担，切不可“溜之大吉”。

（三）请示上级，避免越级

工作中遇到问题，要及时向自己的直属上级请示，切勿另寻更高级别的上级，这是汇报的程序，也是礼节。若直属上级不在现场，也应电话联系直属上级进行请示；若电话联系不上直属上级且事出紧急，则可向更高级别领导进行请示，但在事情处理完毕时，及时联系上直属上级，道清缘由，避免直属上级有误解。

（四）及时向上级汇报工作

向上级汇报工作，要表现出对上级的尊重。汇报时准时守约，得到许可进入办公室汇报。汇报内容简明扼要、重点突出。一般领导可分为“听众型”和“读者型”。“听众型”领导倾向于下属的口头汇报，这就要求下属口头表达简明、条理清晰、准备充分、把握准确；“读者型”领导倾向于书面材料的阅读，这就要求下属书面材料准备充分。汇报的内容倾向于结果汇报，也就是需要问题的具体解决措施，不只是汇报遇到的问题本身。

（五）指正领导失误

指出上级失误需要一定技巧，否则贸然指正上级，可能会造成对上级的不敬。一是指正上级需要策略。先要确定这是上级自身的失误，在指正时勿携带证据，这造成要挟、威胁之意；其次，不要以“团队商议”之名指正，会有“众怒”、“公愤”之嫌；最后，要找恰当时机指正，务必是私下场合而非公开场合，且上级心情脸色不错时。二是指正需要婉转的沟通方式，要让上级知道你的出发点是以关心上级、关心单位为重，再以轻描淡写的方式暗示上级的错误。

（六）赢得上级的欢迎与信赖

查理·斯瓦布说过：“我们在任何时候都不能失去忠诚，因为它是我们的做人之本。”作为下属，赢得上级的欢迎与信赖是十分必要的。在对上级的态度方面要做到忠诚、谦逊、诚实、顺从；在上级面前要表现出关键时刻能够挺身而出，办事精明能干、不与领导争功劳，勇敢承担责任的品格；与上级交谈要避免锋芒毕露，多赞扬、欣赏上级，恰当提出建议与策略，避免当众顶撞上级；对上级交代的任务要做到忠实执行、迅速行动、及时汇报。

（七）理性对待批评

对待上级的批评，一定要虚心、诚恳接受，并反思改正。若上级错怪你，不要当众辩解、冲撞上级，应私下找机会向其解释，不能将受批评后的情绪带到工作中或者迁怒他人。

四、与下属相处的礼仪

（一）与下属谈话礼仪

上级在对下属的谈话中避免使用得意、命令、使唤、训斥的口吻，应以平易近人的方式对待下属，避免语言的生硬；与下属谈话要讲究时机，如批评时应尽量避免当众而且要在下属情绪稳定时，尽量避免外界因素干扰，尽量不安排第三人参与谈话。

（二）为下属创造良好工作环境

1. 以人为本

上级对待员工应以人为本。对待下属应以礼相待，尊重下属的人格和权力，多站在下属的角度考虑问题，对症下药，用科学、艺术的管理方式，加上人格魅力，进行管理。

2. 公道正派

上级在工作中，无论是立规矩、出主意、用干部，都要尽可能做到公道正派。不以权谋私、假公济私、以我划线，搞“一言堂”，亲疏有别。唯有如此，才会赢得部下的信赖和拥戴。

3. 以身作则

上级应在下属面前树立权威，塑造领导者的良好形象，以身作则是重中之重。上级不能说一套做一套，应言出必行、言行一致，在困难面前身先士卒，不推脱责任，这样才能受到下属的信任。

4. 忌官僚主义

官僚主义是脱离群众、脱离实际的作风。官僚主义的上级谈得多、做得少，只说正确的原则话、不涉及问题的实质，谈工作意义多、具体措施办法少。官僚主义容易导致下属不做实事，挖空心思拍马屁、搞吹嘘，对上级工作只歌功颂德，对实际问题避而不谈。长此以往，会造成表象良好实则问题重重的假象，不利于单位、员工的健康发展。因此，上级应避谈空话套话，多深入基层，细致地开展工作。

（三）表扬下属的礼仪

表扬要有原则。典型原则，表扬的对象一定是成绩突出者，不可经常性、非典型性地表扬员工。公平原则，表扬一定是一视同仁，同样的人获得同样成绩，应受到同等的表扬，不可厚此薄彼。公开原则，表扬一定是公开的，不可暗中表扬，这样就失去了表扬典范、激励大众的意义。具体原则，表扬要具体化，避免“空头支票式”的表扬，要避免“假、大、空”，表扬的奖品也应具体，应考虑员工需要什么，设置奖品标准要适度。时机原则，表扬要抓住时机，一般是任务完成时，举行表彰会进行表扬，不可拖延过长时间，失去表扬的激励效果，也不可提早表扬，使得大家失去继续努力的动力。

（四）批评下属的礼仪

1. 批评下属讲究技巧

先确定员工的动机，如果动机是好的，但方法不对导致失败，要先肯定再指出错误；若是动机错误，则需要委婉指出。批评一般可以采用表扬批评、委婉批评、鼓励批评、建议批评、幽默批评、暗示批评的方法。表扬批评是指批评前先表扬对方的某一长处，营造较好氛围后再批评存在的过失；委婉批评指不直接批评过失者，而将自己的独白、个人感受的抒发作为批评语言；鼓励批评是指批评时不能挫伤对方自信心、积极性，在批评时还恰到好处指出对方潜在优势，以此调动其自信心；建议批评是指削弱批评中的否定因素，营造良好的解决问题、改进工作的气氛；幽默批评是指用幽默的语言进行过失的指出，但幽默把握不好容易带有讽刺之意；暗示批评指不直接指出过失人的过失，这种过失往往因一念之差导致，上级只需采用含蓄的方式，暗示对方正在忽略最为基本的原则，使之醒悟过来，自觉放弃错误行为。

2. 注意批评的语言

批评下属应该就事论事，不可玷污人格、伤害自尊。批评语言应避免使用“你怎么搞的”、“你这么差劲”、“你脑子有毛病”等语言，也应避免粗声怒骂、高音调。

3. 避免当众指责

批评下属要考虑下属的自尊心，给予其面子，因此不应当众批评。

4. 不要过分夸大过失

批评下属应实事求是、就事论事，不可应自身情绪、偏见等原因夸大对方过失，小题大做，这样会造成下属工作受挫，甚至丧失工作积极性。

小贴士：上司辞退员工的征兆

在工作中，会遇到上级想要辞退员工的情景，职员要学会判断，给自己留有余地。

◇ 调离岗位。上级口头承诺你可以享受原有待遇，但实际你新任岗位基本没有升迁希望。

◇ 明升暗降。你本来是部门核心，但被调离到上级部门而非要职。

◇ 下放基层。让你到基层“锻炼”，但原有的级别、待遇不复存在。

◇ 抽走助手。你身边原本的助手被逐一抽走，你被逐渐孤立，独木难支。

◇ 信息截流。开会没有通知你，文件也不备份给你。

◇ 褒彼贬己。上司对他人的工作大加赞赏，独对你的工作贬得一无是处。

五、办公室其他礼仪

(一) 办公设备使用礼仪

1. 节约公共资源

办公室里提供的一切公共设施、公共资源都是为了方便工作，提高工作效率，因此在使用公共资源时一定要有节约意识，节约用电、爱护设备，杜绝浪费纸张笔墨，杜绝挪为私用等行为。

2. 合理使用公共设备

办公室内的公共设备包含了电话、电脑、复印机、文案用品等，在使用时一定要注意细节，体现礼让。职员使用单位电话时，要避免拨打私人电话或长时间占用聊天；使用电脑要注意不要野蛮对待，应正确地开关机，定期为电脑保养，不要未经同意使用他人电脑，也要防止自己电脑泄露单位资料，避免工作时间玩游戏、上网、做私事等；使用复印机要遵循先来后到的礼节，不能复印与工作无关的资料，如遇到卡纸、缺碳粉等问题，要及时解决而非遗留给下一位同事；使用文案用品，要注意有借有还，不可据为已有。

(二) 办公室谈话禁忌

1. 健康状况

办公室谈话应避免涉及健康等隐私。健康话题一般围绕的是家人、亲戚、朋友，在办公室谈论此话题容易将个人家庭状况透露给他人，同时疾病等负面话题的传播也不利于积极向上的办公室氛围。

2. 有争议的话题

在办公室中，同事间不宜谈论有争议的话题。每个人的立场不同，如宗教、政治、信仰、价值观等，谈论这些话题不容易引起共鸣反而会产生更大分歧。

3. 薪资和物价

同事间一般不要谈论薪资和物品价格。这种话题涉及双方隐私，会暴露出个人财务状况、家庭背景，薪资不同也易导致同事间隔阂产生，不利于团队合作。

4. 害人的谣言

在办公室闲谈中，容易产生谣言、小道消息等，涉及个人隐私和名誉。背后议论他人、传播他人的谣言是一种害人行为，是个人素养低下的表现。因此在办公室，遇到有人议论，不要插嘴、也不要充当谣言的传播者，更不要凑近打探。

（三）异性同事相处的礼仪

1. 注意身体距离

美国心理学家霍尔的研究表明，若男女间相距 46 cm 以内，就被视为调情或非常亲密关系；50～60 cm 是私人关系的距离；60 cm 以外才是与人交往的正常社交距离。在办公室，异性同事的身体距离应控制在 60 cm 以上，以感受不到对方呼吸快慢、皮肤肌理及颜色变化为标准。

2. 避免不良肢体动作

男士不能在女士面前松了皮带再扣紧，或把衬衣塞入裤子中，这样会引起误会，让女士尴尬；女士也不能在男士面前梳头、化妆等，这些肢体都易给对方发出错误信号，产生误会。

3. 交往限于友谊

异性同事之间首先是同事关系，其次才是朋友关系。与同事交流不讲私生活话题，对异性同事不宜过多倾诉，情感到“友谊”为止。若有同事想同你超友谊发展，你也应谢绝避让。

4. 衣着避免短、露、透

办公室不是施展个人魅力的地方，因此在办公室男士不能敞穿衬衫、穿短裤，女士不能穿露脐装、吊带装、超短裙等性感服饰，避免衣着短、露、透。

5. 玩笑讲分寸

在异性同事前开玩笑，要注意分寸。玩笑话题要无伤大雅、不伤自尊，切忌将低俗下流、不堪入耳的段子带入办公室。

小贴士：巧与女上司相处

女上司比男上司相对而言更为敏感，所以在相处中要更注重礼仪。若你是女下属，尽量避免从仪容仪表等方面模仿，甚至超越女上司；护肤美容等家庭话题适用于平级女同事之间，不一定适合与女上司交流。无论男下属或女下属，都不要谈及女上司的家庭生活，包括爱人、孩子；遇到女上司无论其是否严肃，都要微笑问候，相比男上司，女上司更关注下属之间的融洽程度而非个人能力。

第二节　通信礼仪

【案例导入】

靳羽西在一本书中描述了手机带来的尬尴场景：99’《财富》全球论坛上海年会，全世界最大的企业的总裁都来了，同时还邀请了200个中国最大企业的企业家参加。在演讲大厅中，你会听到手机不停地响。虽然主持人讲过请大家把手机关掉，但是江泽民、基辛格、李光耀讲话时，都听到了有许多手机不停地响着。靳羽西评价说：“在这样一个充满财富的地方，恰恰缺少了另一种财富——文明的财富。”

随着移动电话的普及，在飞机、电影院、公车、地铁、电梯等场合，旁若无人地通话，已经成为旁人的“噪音污染源”。无论是在社交场合还是工作场合，放肆地使用移动电话已经成为社会礼仪文明的最大威胁。因此，电话礼仪应该成为现代人文明素养的重要组成部分，应当系统学习电话等通信设备的使用礼仪。

一、电话礼仪

在公务交往中，常见的接打电话工作，实际上是在为通话者个人及所在单位、组织绘制一幅给人深刻印象的“电话形象”。电话中的语言、声调、语气、内容、态度、时间等通话细节，都能体现出一个人的素质、待人接物的态度及所在单位的整体水平。因此，通话双方都应注意态度友善、语调温和、讲究礼貌，都要遵守正确、简洁、恭敬的电话应对原则，把握好接打电话的礼节。

（一）拨打电话的礼仪

1. 做好准备工作

在拨打电话前，先要准备好电话号码、记录本、笔等。凡公务性或工作性电话尽量不要打到对方家里，应拨打单位、公司的公务电话，并确保拨打正确。为使通话做到简明扼要、有条有理，应提前准备好通话提纲，明确打给谁、准备说什么、如何表述、应对，避免漏掉要点。提前思考好如果对方不在，是否请其他人代接或转告。需要将通话的情况进行记录的，也要事先准备好记录本。

2. 选择时间地点

职场人士拨打电话，要确定好时间和地点。公务电话应选在工作日拨打，且避开对方上班十分钟和下班十分钟这段时间，以免对方匆忙。中午12:00～14:00午饭和午休时间、18:00以后下班时间，尤其夜间22:00～次日7:00，周六、周日都要尽量避免拨打电话，以免影响他人休息。为了不耽误工作，可以在休息时间以短信告知对方。如果事出紧急，拨打电话时要立即致歉，并告知事出紧急，不得已为之。例如，“您好！王部长，我是秘书小张，很抱歉在周末打扰您，有一个十分紧急的情况需要向您汇报……”

在电影院、地铁、公车等场合旁若无人、大声喧嚷地拨打电话，给他人造成“噪音污染”的现象常常出现，这也反映出个人修养差、文明程度低。拨打电话和接听电话都应选择不影响他人、且通讯信号良好、周围环境安静的地点，电影院、电梯、楼道走廊、闹市街区等地点都不适合拨打电话和接听电话。

3. 姿势正确

在通话时应站好或坐好，不要随意在通话中走动或兼做其他事情。持电话的正确姿势是：通话时，嘴部与话筒之间应保持1厘米的距离；端正身体姿态，左手拿起听筒，右手拿起笔，时刻准备做好记录，切勿用侧脸和肩部夹住听筒通话；拿起听筒后，切勿再与旁人嬉笑打闹；通话中，要保持精神集中。如图5—2所示。

图5—2 拨打电话的标准动作

4. 接通耐心等候

拨打电话接通后要耐心等候对方接电话。不要铃响三四声就挂断电话，一般电话铃声连响六七声仍无人接听，则可挂断电话。

5. 注重通话语言

电话接通后，要做好“问候、自报家门、询问”三个环节，这是通话礼节的“三要素”。通常有两种形式表达：一是较为正式的，如“您好！我是××单位小王，麻烦您请张华经理接个电话”，“您好！我是××单位小王，我可以同张经理讲话吗”；二是一般性人际交往，非正式的，如“您好！我是××单位小王，找下张华经理”。问候要注意不能使用“喂”。自报家门是一种电话礼节，双方均要做到，如果是公务电话则需报出姓名、单位、职务；若为普通社交型电话，则报出姓名即可。

通话正式交谈开始前，还需确定对方方便与否，如“……不知道您是否方便?”。交谈中多使用礼貌用语，如“麻烦您、请问、对不起、如果可以……”交谈要清楚易懂，避免使用地方乡土口音。

6. 力求语言亲切

通话时，语言要亲切平和。一是要做到间接微笑，即使对方看不到，也能从声音里感受到你的微笑；二是用好语气词，通话时使用语气修辞，是树立组织良好形象、与公众建立良好联系的必要手段。交谈时，保持心情愉悦，声调比平时略高亢，语气不要过于短促，语速稍慢，说道数字、人名、地名等关键句要重复一遍；三是控制自己的情绪，切勿将消极情绪带入电话中，避免使用生硬、厌烦、漫不经心的语气。四是亲切但不可亲昵，公务电话中要避免使用嗲声嗲气的语气词、叠词或者亲昵的称谓等。

7. 内容简明扼要

通话时长应遵循“通话3分钟”原则。电话接通后，简要问候寒暄，直切主题。因此，通话前需有充分准备，除重要词句需重复外，其他内容都要简化，避免说废话、拉家常等。通话时间主动权在拨打电话者，任意占用对方的电话线路和时间是极为失礼的行为。

陈述内容时，可采用两种做法：一是标准化做法，将通话内容分点列为提纲，进行陈述；二是金字塔型做法，将最重要的事首先说，次重要的事情后说，主次分明、重点突出。

8. 灵活礼貌应对

若拨打电话时，要找的人不在，有三种礼貌应对的方式：一是用“对不起，打扰了，再见。”结束通话；二是“请问我什么时候再来电较为合适?”或“我找他有重要的事，可否告知其他联系方式?”最后以“谢谢、再见”结束通话；三是代为转告，一般是与对方较熟悉或有资格要求对方时，可以说“如果可以，麻烦转告他……”或“请他回来后，给××××××号码回个电话”。

若不小心拨错电话，要及时赔礼道歉。可向对方说“对不起，我拨错号码了”表达歉意。

电话要轻轻地挂上。在挂断电话前，应向通话对方暗示此意，然后再以双手轻轻将电话挂下。挂断电话时，切勿一言不发随手猛掷，或者在对方意犹未尽之时自作主张地戛然而止。

(二）接听电话的礼仪

1. 及时接听

遵循“铃响三声接听电话”的惯例，这样能体现出单位工作效率，是单位形象的侧面反映。若有事耽误，超过三声后接听，则需要向对方致歉，“抱歉，久等了”。尽量不要在三声以内接电话，以免使对方猝不及防。

2. 自报家门

接起电话后，要先向对方问候，再自报家门，两者可互换，如“您好！这里是市水务局。”或“市水务局，您好!”。公务电话中，避免接电话使用“喂”作为问候。以礼貌询问作为问候语，如“请问我能帮你什么忙吗?”切忌一味地询问对方“你找谁? 有什么事”，这种做法极不礼貌。

3. 礼貌倾听

接听电话，最重要的就是礼貌倾听对方。在对方未讲完时，不要随意打断或插话，也不可妄下结论。若没听清楚，在对方讲完后，可主动复述对方谈话，仔细核实；倾听对方要给予回应，应适时适当以“嗯、对、是的、好的”等词回应对方，切不可默不作声、没有回应。

4. 言语亲切

接电话和打电话一样，要注意语言，也应表现得亲切、热情、礼貌、友善。通话中应注意常使用“请、谢谢、对不起”等礼貌用语。

5. 礼貌中断

在通话中，若遇到急事需立即处理，应向对方说明“对不起，请稍等片刻，我有急事要处理”，并左手捂住话筒或放下话筒，话筒朝下方，尽快处理事情。若处理时间不长，应每间隔 10 秒左右，拿起话筒告知对方“请再稍等一下”，继续处理事情，恢复通话时，应先向对方抱歉；若处理时间较长，应告知对方将在处理完后回电对方，留下对方联系方式，事毕后及时回拨，例如，“很抱歉，有急事需要处理，不得不中断与您的谈话，我稍后再给您回电，可以吗?”

6. 转接电话

转接电话有一定礼仪规范。一是应确定对方身份，这是对转接方是否接听的选择权的尊重；二是转接要及时，在找寻转接方前，要告知来电方“请稍等”。等待时间控制在一分钟内，若找人的时间较长，则提前告知来电方是否愿意等待或是稍后回电；三是要找的人不在时，对来电方抱歉，并主动提供方便，如告知来电方何时再来电，或是承诺给来电方回电，或是请来电方留言。

7. 灵活应对

接到打错的电话，不要发火或挖苦对方，也不要生硬地回答“打错了”就挂断电话。接到打错的电话，应礼貌客气地告诉对方“对不起，您好像打错电话了”。

(三) 记录电话的礼仪

通话中，保持右手拿笔的姿态很有必要，对重要的电话或需转告的电话应同步做好记录，并核对要点。通话记录的格式如下：

致：给谁的留言。

发自：谁的留言。

日期：具体的时间。

记录者：×××

内容：×××××××××××××××××××××××××××××

来电方电话：××××

在通话的同时，同步做好记录能方便重复对方留言内容，尤其对姓名、数字、日期、时间、地点等需要重复确认。确认的方式为主动复述记录的要点，而非要求对方重新复述，这样才符合礼仪规范。

小贴士：避免听错的诀窍

电话中容易有同音字、数字、时间上听错的情况，可以这样确认：

人名以词汇确认：您是伍先生。“伍”是伍子胥的伍吗?

英文字母以单词确认：AMN公司，A是apple的A，M是mother的M，N是New的N对吗?

(四) 挂断电话的礼仪

1. 挂断电话的顺序

挂断电话讲究礼仪顺序（见图5—3），遵循“尊者优先”的原则，即地位较高的人先挂电话。挂机时，双方要道谢、告别，如“麻烦您了，再见。”“谢谢、再见”。挂机要轻放，以免对方感到粗鲁无礼。

2. 暗示结束通话

当遇到通话时间长，通话内容不着边际时，可暗示对方挂断电话。暗示的方法为，重复通话或记录的重点，如“好的，先生，为您再复述一遍……请问还有什么需要我为您解答吗?”

图 5—3 接听电话的流程

（五）其他电话礼仪注意事项

1. 代替别人拨打电话

职场人士常会碰到代替自己的领导、同事向他人拨打电话的情景，要注意拨打的问候礼仪，一开始就需告知对方己方公司名称、自己姓名，如“我是××公司的王红，平日承蒙贵公司关照。我按照主管张华的指示打电话给您，不知您现在方便接听吗?”

2. 婉转拒绝推销电话

职场人士想要拒绝推销电话时，常以“负责人外出”为借口，这样推销电话还是会不断打来，直接拒绝又有损公司形象。这种情况下，可采取“如果我们有需要的话会再与您联络”这种不失礼又能坚定拒绝对方的应对方式，如“有关您所说的，我们目前没有这个需要，若有需要会再与您联络。”

3. 中途电话突然断线

这种情况出现，按礼节应由拨打电话一方，也就是发话人再拨一次，拨通后稍作解释，并致以抱歉，以免对方误会为主动挂断电话。

二、手机礼仪

手机是现代人必备的通信工具，已经成为使用最为频繁的电子通信工具。无论是在社交场所还是工作场合，手机使用不规范、不文明的现象比比皆是。

日本人注重手机礼仪，认为那些在车内对着手机高谈阔论者是没有教养的。此外，越来越多人使用手机短消息功能，同样会使同座者难以忍受短信收发时的各种铃响与震动。这些视觉、听觉污染难道是手机惹的祸?

因此，文明使用手机、学习手机使用礼仪越来越重要。在日常交往中使用手机有以下几方面礼仪规范必须遵守：

（一）放置到位

手机不是炫耀的资本，携带手机应注意放置到位。在公共场合中，不应把手机握在手里、挂在衣外、放在腰间，不应当众摆弄手机。最佳放置手机位置一是公文包、手提包里面，二是西装上衣内侧口袋。在穿着正装、套裙时，不要将手机挂在衣内的腰带之上。

（二）合理设置手机铃声

手机铃声要区分场合调置，切勿成为噪音之源。一是在要求保持安静的公共场所，如图书馆、展览馆、音乐厅、影剧院等；二是上班时间，尤其是办公室、操作间；三是各种活动、仪式上，如上课、开会、会客、签约等，都需将手机调为静音或振动，必要时还要关闭手机。

（三）分场合使用手机

手机使用时，需要区分场合。上班时间应避免频繁使用手机发短信、上网、聊天，以免给人造成工作心不在焉的印象；就餐中尽量不查看手机、频发短信或接听电话，一是不尊重一同就餐的人，二是给人造成不讲卫生的印象，如果需要接听电话，应起身离开餐桌到旁处接听，不可直接在餐桌上接打电话。公共场合，如电影院、公车、电梯、医院等地点尤其要注意接打电话的礼仪：观影时接打电话，要离开放映室接打；乘坐公共交通工具、电梯时，要手捂住口部接打电话，降低声量，切忌大声喧哗；在医院探视时，尽量走到户外接打电话；进入加油站应禁止接打电话；博物馆、展览馆应禁止使用手机拍照功能；飞机飞行期间禁止使用手机。

（四）保证通信畅通

使用手机，既要方便自己，又要方便他人，应当随时保持手机畅通，及时充电和缴纳话费。告诉他人手机号码时，力求准确，若号码变更，应尽早告知他人；因故暂时不便接听电话时，可提前在语音信箱上留言或口头告知重要交往对象，或以短信告知对方。

（五）重视隐私安全

使用手机时，要注意隐私安全。不要使用私人手机谈论机密事件，不窃听他人电话，不能在未经过他人允许的情况下随意泄露他人手机号码，不宜随意借用、翻看他人手机，尽量不要借手机给他人，避免他人盗号、盗机或查阅隐私。

（六）文明查看、编辑短信

短信铃声与手机铃声的调置情况是一致的，不同的是，查看短信也要注意场合。不要在别人能注视到你的时候查看短信，也不能在同别人交谈时查看短信，这都是失礼行为。编辑短信要注意文明用语，同通话文明一样重视，注意短信内容应包含称谓、问候等礼貌用语，不编辑或转发不健康的短信。

三、信函礼仪

信函是人们日常生活中，常使用的一种书面交往形式，是在社交生活中，用文字形式按照一定格式与对方进行交流的一种应用文体。信函礼仪讲究语气、对象：对上级、长辈要尊重、严谨；对平级、平辈要诚恳、谦和；对下级、晚辈要和气、亲切。信函文书的对象是“人”，与“人”交往，没有感情是不能成功的，要深怀感情，以情动人，才能让人体会到真情实意，收获成功的效果。

（一）感谢信的书写礼仪

感谢信是感谢对方关心、支持、帮助而写的书信，写作时应满怀感激之情，将对方的好思想、好作风和光荣事迹概括写出，然后再表达谢意和向对方学习的决心。感谢信不仅有感谢之意，还有表扬的意思，它可以直接寄给对方、对方单位或送交报社刊登。

写作时，要注意突出其先进事迹，怀有感激地加以评价。表达感谢的话要符合双方的身份，如年龄、性别、职业、境遇等，语言要真诚、质朴。文字要精练，篇幅不能太长。

感谢信的主要格式：

（1）标题："感谢信"三个字。

（2）称谓：顶格写感谢的对象，单位名称或个人姓名，姓名后应加上称呼。

（3）正文：从第三行空两格起，写感谢的内容、陈述对方优秀品德及事迹，交代清楚人物、事件、时间、地点、结果等，最后表示称赞并表达向对方学习的决心。

（4）结尾：写上表示敬意、感激的话，如"此致敬礼"、"致以最诚挚的敬礼"。

（5）署名：单位名称或个人名称，发信的年月日。

范例：感谢信

××部队全体指战员：

我县今年遇到特大洪水灾害。在万分紧急的情况下，你们全体干部、战士发扬了无私无畏的战斗精神，同我县全体人民并肩战斗，赢得了抗洪斗争的胜利。你们拥政爱民助人为乐的精神是值得我们学习的。为此，特向你们表示衷心的感谢！

我们决心在党中央的领导下，努力搞好工农业生产，以实际行动报答你们的关怀。

此致

敬礼

××省××县人民政府

×××年××月××日

（二）证明信的书写礼仪

证明信是国家机关、企事业单位或社会团体用来证明有关人员身份、经历或某一事件的函件。证明信的语言使用较为严谨，证明的内容突出，文字简洁明了。

证明信的主要格式：

（1）标题："证明信"三个字

（2）称谓：顶格书写需要证明信的单位名称。

（3）正文：另起一行，空两格写。主要写明需证明的事项，要针对对方所要求的要点写，要证明什么问题就写什么。最后另起一行，顶格写"特此证明"四个字。

（4）结尾：写明证明单位的名称并加盖公章，注明年月日。

范例：证明信

××公司：

你公司××同志×××年至×××年曾在我校进修学习，毕业并获××××学士学位。

特此证明

×××学院（公章）

年　月　日

(三) 申请书的书写礼仪

申请书是一种专用书信，是申述自己的理由有所请求的意思。无论是个人在政治上入团、入党，或是个人、单位在其他方面的申请，均是一种请求满足要求的一种公用文书。请求是申请书的一个根本特点。申请书要注意说清事项和理由，理由要具有说服力，同时申请的内容要具体，不可模棱两可、含糊不清。语言表达要注意是叙述，语言朴实真诚，切忌成为抒发个人情怀的“散文”。

申请书的主要格式：

(1) 标题：×××申请书，要点题醒目，说明意图。

(2) 称谓：提出申请的组织或个人名称。

(3) 正文：一般的层次是，先提出申请的事项，然后写提出申请的理由或原因。有些事项在写完原因或理由之后，还要写点“表态”之类的语言。

(4) 结尾：可有，也可以省略。常见的结尾为“此致敬礼”或“谢谢”以及表示盼望批准的话。最后写明申请人和日期。

范例：入团申请书

敬爱的团支部：

在五·四这个光荣的节日来临之际，我郑重地向团组织提出申请，要求加入中国共产主义青年团。

共青团是党的忠实助手，是一所马克思主义的大学校。在这座共产主义的“学校”里，培养了一批又一批先进青年、伟大祖国的建设者、捍卫者，铸造了一代又一代革命战士。

我从小就了解团的性质，加入共青团是我多年的愿望。过去，虽然我一直想加入共青团，但我将自己同那些优秀共青团员比较时，就感到自己缺点很多，相差甚远，因此没有勇气提出请求。近年来我积极向团组织靠拢，努力学习共青团员的先进事迹；同时积极克服自身的缺点，力争符合共青团员的标准。在团组织的帮助下，我有了一些进步。我衷心感谢团组织对我的关怀和帮助。

我决心在加入团组织以前，继续以共青团员的标准严格要求自己，以优秀共青团员为榜样，刻苦学习，不断提高自己的思想水平与认识水平，争取做一个完全合格的共青团员。

最后，我再一次请求团组织接受我的入团申请，我决不辜负团组织的期望。

此致

崇高的敬礼

申请人：×××

年　月　日

(四) 请柬的书写礼仪

请柬，也叫请帖，古称“简帖”、“简牍”，中国古已有之，《尔雅·释器》记载：“简，竹简也，古未有纸，载文于简，为之简札。”请柬是邀请特定范围的人员参加某项活动的特种书信。由于请柬专门用于请客，故在款式、装帧、内容、措辞上都比较讲究，原则是越精美显得越有分量。

请柬分为横式和竖式，横式请柬最普遍。中国内地基本用横式请柬，而港澳台地区，比较多用竖式请柬。请柬一般为对折式，封面印“请柬”二字，封底素白或印有图案，中间为邀约内容。

请柬内容要简短，可附有地图等内容，若邀请参加某项活动、演出一类，还要附上入场券、节目单等材料；如果不能确定受邀者能否出席，尤其是外地客人，可以随请柬一并寄出“回执”，“回执”包括能否出席，是否需要接站等内容。

请柬实质上是一封简洁的邀约信，主要格式如下：

（1）抬头：顶格写被邀请的单位或个人。

（2）正文：邀请参加的活动内容、时间、地点。

（3）敬辞：一般是“敬请（恭候）光临（莅临、惠顾、惠临）”等。

（4）署名：单位名称或个人姓名。

范例：邀请函（横式）

×××报社记者部：

敝公司定于×月×日×时在××宾馆会议厅举行成立五周年庆典。届时敬请派员莅临。略备薄礼。

××公司

联系人：××

年　月　日

四、传真礼仪

传真机是远程通信方面的重要工具，有些文件需通过传真进行传递。随着网络发展，传真机的使用也越来越少，文件也实现了网络传输，然而，即使使用较少，我们也应该了解收发传真的礼仪。

（1）书写传真件时，在语气和行文风格上，要做到清楚、简洁且有礼貌，称呼、签字、敬语等要素不可缺少。

（2）在发传真前，最好电话提醒对方，得到确认后再发传真，以免传真过多导致传真信件误拿或遗失。

（3）正式传真应有正式封面。发急件传真时，封面页应注明，如果不标明急件则易被耽误。其次，封面上注明传送者、接收人信息，日期，文件总页数等内容，方便对方一目了然，确保拿齐、拿全资料。

（4）未经事先许可，不应传送太长的文件或保密性强的文件。由于传真机所用纸张质量不高，印出字迹可能不太清楚，要长久保存请将传真件复印。另外，旁人很容易窥视到单位传真机上正在传递的内容，因而不宜使用传真机传达保密性文件。

五、邮件礼仪

电子邮件（e mail）是一种重要通信方式，由于其方便快捷、信息量大、费用低廉，使用者越来越多。邮件如同普通信函或其他传统通信工具一样，代表了发信方的文明素养及形象。因此，邮件礼仪理应重视。

（一）发送电子邮件的礼仪

1. 发送的邮件不能携带电脑病毒

在向对方传送邮件时，要确保传送的邮件及附件，不能携带电脑病毒，必要时使用杀毒程序查杀病毒。

2. 编写电子邮件要注意书信格式

电子邮件的书信格式同普通书信一致，称呼、问候、敬语等不可少。通常，问候语要简洁。邮件正文内容语言要简洁，不重复赘述，写完后要检查拼写是否正确，字体大小是否符合规范；正文长度以不转动鼠标滚轴阅读为宜，冗长的正文内容会让收件人阅读起来倍感疲惫；若正文内容较多，应适当分段书写，段落之间适当留白，便于阅读；正文中，尽量不使用特殊文字符号，避免由于系统原因造成乱码。

3. 主题明了简洁

写邮件时，主题相当于是文件题目，简明扼要、要旨明显的主题，能方便收件人一目了然地清楚邮件性质。

4. 尽量不空正文栏

发邮件，如果仅是发送附件等文件，正文栏也应简要说明，正文栏空白不仅不礼貌，且易被收件人当作垃圾邮件处理掉。

5. 重要邮件可以发送两次

重要邮件要确保成功发送，故可发送两次，并在发送后电话询问对方是否接收，通知收件人及时接收阅读。

（二）接受电子邮件的礼仪

1. 接收邮件要注意查杀电脑病毒

在接收电子邮件时，如遇到不明邮件需谨慎处理，有时宁可损失信息也要果断删除可能携带病毒的邮件，以免计算机感染病毒。对于没有正文仅有附件的不明邮件，除非事先与发件人约定，原则上都不应打开邮件。

2. 收到电子邮件要及时回复

电子邮件讲求速度、即时传达信息，因此当天收到的信件当天就要回复。此外，发送电子邮件的对方会有“不知有没有看到信”的不安感。所以，即使是内容不需要回复的信件，也别忘了回复“明白了”、“收到了”等语句。通过这样细微之处，可以加深彼此的信任，也让对方觉得你懂得礼节。

小贴士：电子邮件的问候语

一般邮件：以电子邮件与您联系真是不好意思！平日承蒙您的关照！

正式邮件：平日承蒙贵公司特别照顾，在此致上敬意！感谢贵公司的厚爱！

回复邮件：谢谢您的来信！收到您的来信了！

六、网络礼仪

随着电脑的普及、网络的发展，网络已经成为日常生活工作中使用最频繁、最高效便捷的媒介。网络应用中的道德、法律等规范，已成为越来越受关注的话题。费尔南多·费尔南德斯说过，就像我们从小就知道要给长者让路一样，在网络中我们也应该遵守某种准则，这种准则就是网络礼仪。人们在应用网络时应遵循网络礼仪，做文明网民，合理使用网络。

（一）合理使用宽带

使用网络，尤其是在办公室内使用，往往共用一个宽带，但一个单位的总宽带流量是有限的，当你大量占用网络流量时，会造成其他人上网速度下降。所以，如需下载大容量文件时，应选择其他人不上网的时候，如午餐时间、上班前、下班后等，以免影响其他人使用网络。

（二）公私分明使用网络

使用网络时必须明确自己的上网目的，做到公私分明，不可利用工作之便为个人私利服务。不要占用公司电脑供私人使用，为个人谋利，如收发私人邮件、玩网络游戏、网上聊天、网上购物等。

（三）确保安全使用网络

网络极易广泛、迅速传递消息，使用网络进行联系，必须谨慎言行，切不可掉以轻心、泄露机密。尽量避免在网上谈及与自己所知机密相关的话题，更不可借网络这种高效的传播渠道故意泄密。在网络上，不要轻易公开自己的邮件地址、真实姓名、身份证号、电话、住址等信息。

（四）文明与人交流

在网上与他人交流，由于主要通过文字，而非“面对面”交流，因而要确保用语的规范和文明，使用文明礼貌用语。公务交流时，切勿使用网络流行词汇，或是独特的语言符号等，以免给对方造成不够正式、不够严谨、态度轻浮等非职业形象。

第三节　面试礼仪

【案例导入】

某幼儿园招聘园长，在众多应聘者中仅一人顺利过关。这位应聘者在上楼梯时，为站在那里一个流着鼻涕的小男孩擦拭，其他应聘者都视若无睹地走过。实际上，这个小男孩是招聘者提前安排好的。

【案例评析】

应聘成功与否，往往决定于细节，细节决定成败。幼教工作理应充满爱心，而那位被录用者也正是通过主动为孩子擦拭鼻涕的细节体现了他的爱心。因此，在面试时，请千万注意细节，千万做到滴水不漏、一丝不苟，唯有这样，你才能真正稳操胜券。

古人云：谋于长者，必操几杖以从之。长者问，不辞让以对，非礼也。

——《礼记·曲礼上》

释义：去求教于长于己者，必俸其杖以为礼。回答问题要谦让，说明即可，不可以口若悬河，意如奔马，放言以忘形。

面试是一种特殊的社交活动，在礼仪上特别讲究。在人才竞争越来越激烈的今天，面试礼仪对求职者有着系统的、苛刻的要求，但这些都是必需的。一个人礼仪上的表现，能反映出其内在素养。求职者良好的面试礼仪能让面试官产生好感，受到尊重与重视，从而提升求职竞争力。求职者一般都会意识到这个问题，但很多求职者往往因为礼仪细节上的疏忽而被淘汰，因此，按照面试礼仪的要求，修正自己的不良习惯，在面试环节时刻提醒自己，才会为求职成功加分。

一、面试准备的礼仪

（一）仪容仪表的准备

一般而言，求职者的仪容仪表占面试分数10%左右。即使天生丽质，在服饰、妆容方面也马虎不得。面试的仪容仪表一定要得体、应景。不同的行业、单位文化、组织架构，会要求其员工采取不同的妆容与服饰，如银行业、政府部门、文秘岗位通常要求员工着制服、套裙、西装，服饰偏正统，而某些外企要求员工着运动装，公共、时尚杂志编辑等工作会考虑服饰上适当有些流行元素等。求职者一定要提前了解应聘单位的文化、背景等，将仪容仪表做到得体。比较保险的做法，一是求职者可以在面试之前，前往应聘单位，观察普通员工、管理人员的仪容仪表，在面试时，稍微比管理人员正式一些即可；二是参考行业规定准备仪容仪表，如酒店行业、金融服务业、政务机关、名品销售行业等，要求均有不同。

通常面试化工作妆、着西装和套裙都比较常见。男士一般不化妆，但发型要求整齐；女士则化工作妆，要求朴素、自然、淡雅、大方，配饰少而精，香水淡而少，发型简约干练，避免发饰过多，仪容内容可详见本书第三章；面试时，男士的西装颜色以深色为主，女士的套裙以简洁合身、质地优良为好，具体仪表内容可详见本书第一章。

（二）求职材料的准备

面试前，求职者需将求职材料准备好。一般求职材料包含求职信、个人简历。求职信要注意撰写规范、谦恭有礼、情真意切、言简意赅；个人简历是广义上的个人履历，包括自荐书、简历表、推荐表、证书、成绩单等求职材料。个人简历对求职者而言是必不可少的。个人简历应实事求是，既不夸大其词，也不要贬低自己。

（三）面试心态的准备

面试的心态尤为重要，调整好面试心态能够从容应对面试、消除紧张，最大化地表现自己，若面试心态不佳，则会束缚思维、影响表达。

面试正确的心态应该是充满自信的，保持较强的精神状态，积极暗示自我，肯定自我的长处，对待面试不要看得太重，平日多充实自己，找最亲近的人寻求精神支持。求职者应避免错误的面试心态，如寄予过高期望、自不量力、好高骛远，或是降格以求、轻言放弃。

二、面试流程的礼仪

（一）准时候场

1. 提前到达

求职者提前 10～15 分钟到达面试地点效果最佳，可以利用这段时间熟悉面试环境，稳定心态。求职者切勿迟到或违约，这两者都是不尊重主考官的表现。任何迟到都没有理由和借口，究其原因都是没有提早出发。

2. 环境适应

求职者到达办公区后，感到紧张不安，应深吸一口气，控制自己呼吸节奏，使心情平静下来。求职者不要四处张望，同时要把口香糖和香烟都收起来。求职者可以大方礼貌地与前台工作人员打招呼，说明来意。等候期间，求职者不要向工作人员询问单位情况或索要材料，更不要驻足观看工作人员的工作，不要来回走动显得浮躁不安，与别的求职者交谈要注意控制音量。求职者提前到达后，可以到洗手间或化妆室整理仪容仪表，女士若有化妆，应在洗手间或化妆室进行妆面修补，避免在公共场合补妆。如图 5—4所示。

图 5—4　面试候场

（二）进场举止

1. 入室敲门（见图 5—5）

进入面试房间，求职者首先应敲门，敲门的规范动作是：用右手的食指和中指关节轻轻叩房门二三下，即使房间的门是虚掩的，也应敲门，得到允许后方可进入。如果没人应答，可以等 1～2 分钟后再叩门。求职者进入房间后，应侧身对着面试官，将房门轻轻关上。

2. 礼貌问候（见图 5—6）

进入面试房间后，求职者应环视各位考官，面露微笑，调整步态、挺胸抬头匀速走到指定座位。在落座之前，应向考官问候，如："各位考官，下午好!" 并行礼，如点头礼、鞠躬礼，此时不宜行握手礼，切勿先行向考官伸手行握手礼。若有个人简历等求职材料需递上，要注意双手递送，表现大方。

图 5—5　敲门入室

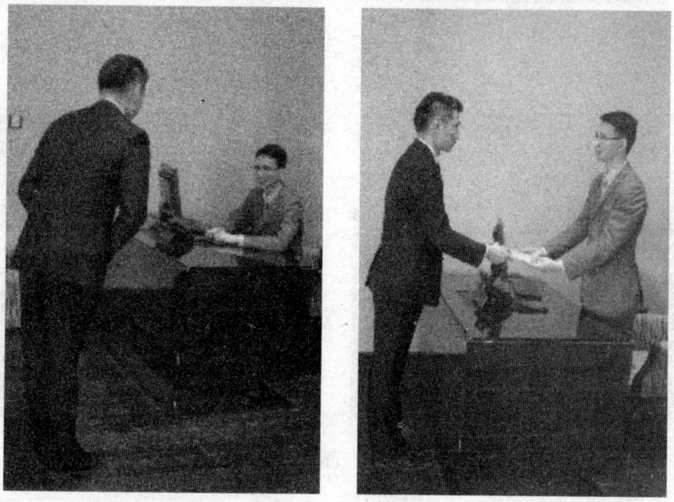

图 5—6　礼貌问候

3. 坐姿优雅（见图 5—7）

求职者的入座需得到考官应允之后才行，切勿自行入座，应坐在主考人员指定的座位上。入座时应先抬移椅凳，再从左侧入座，坐下时动作轻柔紧凑，不要来回拖动座椅。落座后不靠坐、瘫坐、斜坐，两腿应自然并拢，不能两腿摇晃或分开。男女坐姿可参考本书第二章。

4. 表情自然（见图 5—8）

莫忘微笑。微笑是友好、谦虚、热情、和蔼的体现，微笑应该发自内心。面试时，求职者的微笑能向考官传递出心境良好、充满自信、不卑不亢、真诚友善、乐业敬业的信息。赏心悦目的微笑使求职者应聘的成功率远高于那些目不斜视、笑不露齿、表情呆板的人，即使在倾听考官问话，也要不时露出自然的微笑，微笑不宜笑得僵硬或矫揉造作。

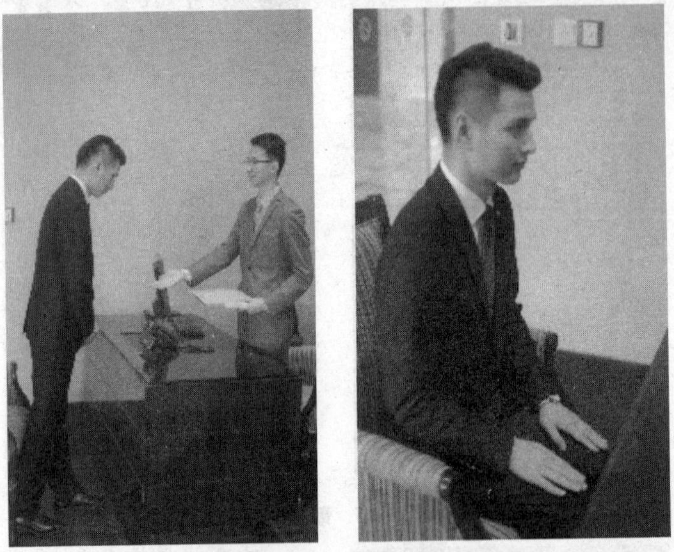

图 5—7　优雅坐姿

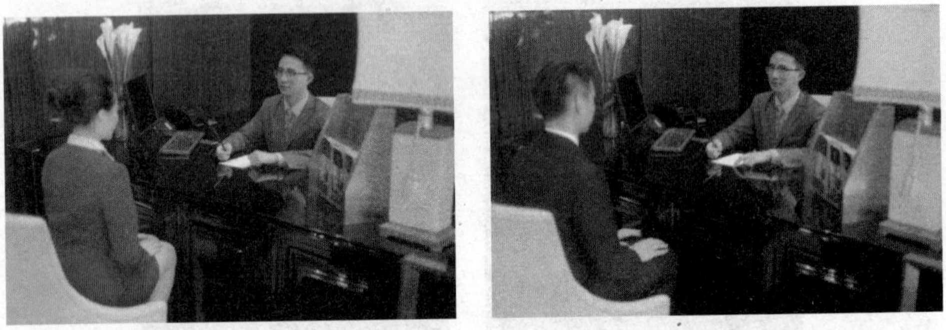

图 5—8　面试的表情

目光注视。求职者与考官的目光交流十分重要。求职者在整个面试中，要保证双眼注视过每一位考官，在作答时不可只盯住某一位考官看，在倾听时应只注视说话的考官。如果注视考官双眼会增加紧张感，则可以注视考官的双眼中间——眉心，不可躲避考官眼神向下或向上看。

应避免的不良表情。有的求职者一见到面试官，就立即会出现脸红、低头、出冷汗、干笑、颤抖等不良表情，这可通过调整面试心态等方式缓解。

5. 手势简化

求职者在交谈时，可适当使用手势，但切忌手势使用频繁，会分散考官注意力，也会给人造成因表达困难而要借助手势的印象。面试时，手应自然放在双腿上。若有面试桌，则可将双手自然交握放在桌面上。面试时，应禁用以下手势：

1）手插裤袋。

2）双手环抱胸前。

3）双手摆弄物品。

4）双手频繁舞动。

5）双手抓耳挠腮。

（三）离场举止

在面试接近尾声时，无论结果如何，求职者都应保持彬彬有礼，以良好的状态离开考场。求职者要善始善终，维护好自己在面试中的整体形象。若听到考官说“今天就谈到这里”、“你可以了”等话语，意味着面试结束。此时，求职者应拿好所带物品，从左侧离座起身，向考官行礼道谢，退回椅凳到原位，以稳健的步态离开考试房间。

如果当场得知被录用，求职者不用表现得过分惊喜，向考官表示感谢并希望今后合作愉快；如果当场得知未被录用，也不能表现出失望而情绪失控，甚至哀求考官。失聘不失态，求职者应面带微笑，感谢考官花时间与你面谈，这样才不失体面；如果与考官们交谈获益匪浅，可向考官表达希望今后能有机会，再次得到对方进一步的指导。如图 5—9 所示。

图 5—9　礼貌地结束

三、面试语言的礼仪

（一）自我介绍

自我介绍并不是所有面试都会涉及的环节，但优秀的自我介绍能赢得良好第一印象，为其后的面试作答打好基础。自我介绍的时间一般为 2～3 分钟，包括四部分的内容：“我是谁”、“我做过什么”、“我做成过什么”、“我想做什么”。

“我是谁”主要介绍自己的姓名、年龄、籍贯等个人基本信息，教育背景以及与应聘职位密切相关的特长等。生动、形象、个性化地介绍自己的姓名，不仅能够引起面试官的注意，而且可以使面试的氛围变得轻松，如“我叫赵丹，赵本山的赵，宋丹丹的丹。父母希望我能够像他们一样幽默地对待生活。”

“我做过什么”主要介绍与应聘职位密切相关的实践经历，务必真实、可信。求职者要说清楚确切的时间、地点、担任的职务、工作内容等。

“我做成过什么”主要介绍与应聘职位需要的能力紧密相关的个人业绩。业绩要有量化的数字，要有具体的证据。不要用“很好”、“很多”、“大概”、“约”、“基本”等概数，而要用确切的数字，如“我一周内卖出了 34 箱方便面”。

“我想做什么”主要介绍自己的职业理想，内容包括自己对应聘职位、行业的看法和理想，如职业生涯规划，对工作的兴趣与热情、未来的工作蓝图、对行业发展趋势的看法等。

自我介绍要选择好时机，应当是对方没有受到外界干扰时，避免在对方忙碌、注意力不集中时进行；自我介绍要充满自信，语言表达的同时要目光注视考官，举止端庄，肢体语言尽量简单；自我介绍要分寸得当，既不能自我炫耀、自吹自擂，也不能自我贬低、故作谦虚，既要表现出友好、自信和善解人意，又应力戒虚伪和媚俗。

（二）应答礼仪

1. 礼节完整

在与考官交流时，要注意应答礼节的完整。若需要作答时，先要征询考官同意后方可开始作答，作答时要谢谢考官的提问，结束作答时要答“回答完毕，谢谢”；若需主动发表谈论，则先要问候各位考官，如“各位考官好，现在我来谈谈我的看法……”，谈论完毕要谢谢考官的聆听。

2. 交流得体

交流时注视考官。注视考官既是对考官的尊重，也是自己自信的表现。求职者在思考问题时，会下意识的眼球转动，但一旦开始回答考官问题，就要保证双眼凝视每一位考官，不可只盯住某一位考官看，也不可躲避考官眼神向下或向上看。不敢正视或目光游离，会被考官认为你怯懦、没有礼貌，影响面试结果。

交流时认真聆听考官提问。考官发问时，求职者要认真聆听，并作出积极的反应，如身体微微倾向考官，注视考官，并点头、会意地微笑等。在聆听时，切忌不要任意打断考官讲话，要耐心等他讲完，再提问或阐明自己的观点；若因未听明白或特殊情况需要插话，应征得对方同意，如用“对不起，请允许我打断一下”，“请让我提个问题好吗?”等。

3. 沉着应答

答为所问：求职者一定要根据考官的问题，有针对性地作答，切忌口若悬河、答非所问。

诚实坦率：求职者在应答时，要诚实可靠，碰到不懂的问题要坦率回答，切忌不懂装懂。

积极主动：求职者要适当表现出灵活性、主动性，将自己观点及时表达，但忌出言不逊。

宠辱不惊：受到考官的青睐或蔑视时，要克制自己的情绪，处变不惊，沉着应对。

适当提问：求职者提问应适时适当，问题尽量要避免俗套、物质，多提与工作本身相关问题。

忌贬低他人：求职者要客观评价以往单位或同事，切忌面试时“大倒苦水”，搬弄是非。

忌狂妄自大：求职者态度要谦虚，避免目中无人、自命不凡、吹捧自己。

忌妄加评论：对单位情况不了解时不要妄加评论。

注意语调、语气、音量：应答问题要注意自己的语速、语调、语气、音量。语速适中，不要急促，适当停顿利于大脑的思考；语调平缓之中也需抑扬顿挫，语调基调是平缓、娓娓道来的，但根据话题适时适当地扬高语调，也会提高考官注意力；语气应以友善、诚恳、热情为首，避免自吹自擂、桀骜不驯的语气；音量应是适中，以确保每位考官都能听清楚；尽量避免使用方言、土语，语言组织要有逻辑，层次分明，多用递进语，如“首先、其次”，“第一、第二”等。

小贴士：注意考官的表情

求职者应随时注意听者的反应，听者心不在焉、侧耳倾听、皱眉、摆头等，就要适时地调整自己的语言、语调、语气、音量、修辞，包括陈述内容。

（三）面试常见问题的应答技巧

（1）你最崇拜谁？

应答技巧：这是招聘者在探测应聘者的性格、观念、心态等。应聘者回答时要注意：一是不要说谁都不崇拜（自大的表现）或崇拜自己（自恋的表现）；二是说出崇拜的人最好与自己所应聘的工作能“搭”上关系，具有工作需要的有某些共性或特征；三是最好说出自己所崇拜的人的哪些品质、哪些思想，影响着自己、鼓舞着自己。

（2）谈谈你的缺点、谈一谈你的一次失败经历。

应答技巧：这是招聘者在探测应聘者反省、总结、改善的能力。在回答时要把握坦诚、成长的原则。应聘者回答时要注意：不说自己没缺点，或者说“我太善良了”、“我做事太认真了”、“我太完美主义了”等吹嘘自己的“假话”；应该说可以弥补的缺点，比如经验缺乏、知识掌握不充分、人脉还需要再拓展等非工作致命的缺点；最后说说自己如何思考、改变，从这些缺点与失败中获得何种经验，并最终如何改善之。

（3）你为什么选择我们公司？

应答技巧：这是招聘者在探测应聘者的求职动机、愿望。回答时要把握态度主动、动机具体的原则。应聘者应当提前了解应聘单位所处行业、竞争关系等，回答时可以表达对岗位的兴趣以及自己已具有的优势，从自身追求与个人特征的吻合角度，来说明自己选择的主动性，忌抽象的描述，如“我十分看好贵公司所在的行业，我认为贵公司十分重视人才，而且这项工作很适合我，相信自己一定能做好”。

（4）与上级意见不一致时，你将怎么办？

应答技巧：这是招聘者在探测应聘者的沟通、协调等人际交往能力。回答要把握顺从领导、对自己专业有信心的原则。可以这样做答：“我会给上级以必要的解释和提醒，在这种情况下，我会服从上级的意见”、“对于非原则性问题，我会服从上级的意见，对于涉及公司利益的重大问题，我还会再向领导请示”。

（5）你是应届毕业生，缺乏经验，如何能胜任这项工作？

应答技巧：这是招聘者在探测应聘者的学习能力。回答要把握好学、善思的原则。应聘者最好能列出自己学习能力很强的事例。如“作为应届毕业生，在工作经验方面的确会有所欠缺，因此在读书期间我一直利用各种机会在这个行业里做兼职。我也发现，实际工作远比书本知识丰富、复杂。但我有较强的责任心、适应能力和学习能力，而且比较勤奋，所以在兼职中均能圆满完成各项工作，从中获取的经验也令我受益匪浅。请贵公司放心，学校所学及兼职的工作经验使我一定能胜任这个职位。”

四、面试后的礼仪

（一）表示感谢

感谢对方。为加深考官对你的印象，也为了弥补面试的不足，增加被录用的可能性，可以再面试后 1～2 天，向主考官或招聘负责人表示诚恳的感谢。表示感谢通常有两种方式，一是书信致谢，控制在一页内，内容包括姓名及个人简要情况、面试时间介绍，对占用对方时间表示歉意，简述自己强烈的求职意愿，就面试中的感受和收获作简要总结，最后表达对面试结果的关切，进一步表达求职意愿；二是电话致谢要注意电话礼仪，声音清晰明朗，直切主题，注意礼节礼貌。

（二）打听结果

一般情况下，面试结束到确认录取，主考官和主管部门还要用 3～5 天时间进行讨论、投票。求职者在这段时间要耐心等候消息，不要过早打听面试结果。若面试结束两周后还未收到答复，求职者可以到招聘单位询问结果。

（三）总结失误

求职者应在面试结束后总结自我、收拾心情。倘若面试成功，求职者要积极为正式上岗做好准备，切勿得意忘形、沾沾自喜；倘若在竞争中失败，求职者也不要气馁，要总结经验教训，找出失败原因，针对这些不足重新准备，要相信失败既来做客，成功必在途中。

基础练习

一、简答题

1. 办公室职员礼仪的具体要求有哪些？
2. 谈谈如何与领导和同事相处。
3. 拨打电话的注意事项有哪些？
4. 面试前应做好哪些准备？面试交流中应注意哪些细节？

二、实训题

测评见表 5—1。根据面试礼仪基本要点，模拟面试完整流程与环节。

表 5—1　面试礼仪测评表

考生单位：　　　　　　　　　　　　考生姓名：

项目	评分细则	配分	评价等级			得分
			优	良	及格	
面试仪容仪表准备	1. 男士面部洁净、发型整齐，西装以深色为主，鞋袜搭配合理。 2. 女士化工作妆，自然、淡雅、大方，配饰少而精，香水淡而少，发型简约干练，避免发饰过多，套裙简洁合身，鞋袜搭配合理。	20 分				
求职材料的准备	1. 求职信要注意撰写规范、谦恭有礼、情真意切、言简意赅。 2. 个人简历包括自荐书、简历表、推荐表、证书、成绩单等，内容简洁、针对性强。	5 分				

续前表

项目	评分细则	配分	评价等级			得分
			优	良	及格	
面试心态准备	充满自信微笑，保持较强的精神状态。	5分				
面试流程礼仪	准时候场：提前到达。	5分				
面试流程礼仪	进场举止：入室敲门—礼貌问候—坐姿优雅—表情自然—手势简洁。	25分				
面试流程礼仪	离场举止：求职者应拿好所带物品，从左侧离座起身，向考官行礼道谢，退回椅凳到原位，以稳健的步态离开考试场所。	10分				
面试语言表达	1. 自我介绍：简短，包括四部分的内容："我是谁"、"我做过什么"、"我做成过什么"、"我想做什么"。 2. 应答礼仪：礼节完整；交流得体；沉着应答。 3. 表达流畅，层次分明。	30分				
总　分		100分				

第六章　餐饮礼仪

【知识目标】

1. 了解宴会的种类和宴会的礼仪规范。
2. 懂得餐饮礼仪的原则和基本要求。
3. 熟悉中西餐礼仪的座次安排和餐具使用常识。

【能力目标】

1. 熟练掌握中、西餐餐具的正确使用方法。
2. 熟练掌握中、西餐礼仪、酒水礼仪、饮茶礼仪的基本规范。
3. 将餐饮礼仪熟练地运用到日常的生活、职业场合。

【案例导入】

里根敬酒

1984 年 4 月，美国总统里根访华。

欢迎仪式结束后的当天晚上，国家主席李先念在钓鱼台国宾馆设宴招待里根夫妇。宴会上，李先念向里根敬酒后按照中国的习惯，在第一桌走了一圈，也就是轮流向每位客人敬酒。美国驻中国大使恒安石低声向里根解释说：“中国的习惯是与桌上每个人碰杯。”里根点头表示懂了。

在第二天的欢迎宴会上，中方主讲人讲完话，与里根碰杯后，便开始走到其他客人面前敬酒。此时里根也急忙向反方向走去，给作为主人的中方人士敬酒。

当时还是翻译人员的施燕华连忙走上去低声说：“现在是主人敬酒的时候，您要讲完话才可以去敬酒。”恒安石大使此时也过来解释，告诉里根现在不是他敬酒的时候。里根只好回到了座位上。

【案例评析】

中国菜历史悠久、品类丰富、流派众多、风格独特，中国人热情好客，餐桌上觥筹交错也比西餐礼仪更加热烈亲切。中国礼仪看似随意，其实其中的规矩也很多，诸如桌次安排、敬酒次序、用筷禁忌等，都有诸多讲究。里根总统是演员出身，虽然不太了解中餐的具体礼仪细节，但是他很快适应了中餐的气氛，主动学习中餐的习惯，从而保持了良好的餐桌交流气氛。

引言：《礼记》中对餐饮的礼节是这样规定的："共食不饱，共饭不泽手，毋抟（tuán）饭，毋放饭，毋流歠（chuò 啜），毋咤食，毋啮（niè 啮）骨，毋反鱼肉，毋投以狗骨，毋固获，毋扬饭，……毋絮羹，毋刺齿。"

释义：古人十分重视饮食礼节，把它看作文明有礼之人的举止，上面的话用今天的话说就是，和别人一起吃饭时，不要只顾自己吃饱，也不要用汗手或不洁的手取食，不能直接用手抓握食物，也不要把已拿在手中的食物又放回饭器中。饮宴中不要不停地喝酒，吃饭时也不要"咂咂"有声。不要当着众人大啃骨头，更不要把吃剩的鱼肉放回盘中，把骨头顺手扔给狗，专横霸道的取食物以及翻捡饭菜，都是有失礼节的。而大口喝汤，当众剔牙，也都是不雅之举。除此之外，众人未入席动筷之时，不要一个人先自入席先自吃。"主人未下箸，不得在前椅"。

中国是世界文明古国，也是礼仪之邦，历来崇尚礼仪，包括饮食礼仪。中国是世界上饮食最丰富的国家，而有关于饮食方面的文化，也是世界上最丰富的国度。其实，中国礼仪的产生最早也是始于饮食。

在人际交往中，"食"也占有一席之地。餐饮不仅可以招待亲朋好友，解决实际问题，而且还可以以之作为社交活动的一种具体形式，在其过程中展示个人的良好修养，表现对待交往对象的敬重、友善和诚意。在社交活动中，不论自己是主人还是客人，不注重自己在餐饮活动中的表现，难以取得社交活动成功的。换而言之，遵守餐饮礼仪应当成为每一个人自觉、自愿的行动。餐饮礼仪，一般来说，指的主要是人们在餐饮活动之中所必须认真遵守的行为规范。

学习餐饮礼仪，首先应当着重掌握餐饮礼仪的下列两条基本原则。

第 1 条基本原则叫作"六 M 原则"。其中的"六 M"指的是六个以 M 为字头的单词：食物（Meal）、会见（Meeting）、菜单（Menu）、举止（Manner）、音乐（Music）和氛围（Mood），它们都是人们安排或参与餐饮活动时，应当注意的重要问题。

第 2 条基本原则叫作"餐饮适量原则"。它的主要含义则是：在餐饮活动中，不论是活动的规模、参与的人数、用餐的档次，还是餐饮的具体数量，都要量力而行。务必要从实际需要和实际能力出发，进行力所能及的安排。

第一节　宴会礼仪

【案例导入】

宴会上的炸弹

1933 年 9 月 30 日晚，中国驻波兰大使馆召开国庆招待会。当时中波关系正处在上升阶段，波兰的政府、议会和各党派的领导人以及各界名流受邀参加宴会。在宾主尽欢之后，主宾告辞，其他客人也纷纷退场。

此时使馆办公室主任却接到华沙警局的一个通知，说有人给警局打电话说中国大使馆宴会厅被安装了定时炸弹，警局准备派出排弹专家来使馆，希望使馆方面配合。

时任中国驻波兰大使馆大使的刘彦顺马上找到在场的波兰外交部礼宾司长卡利诺夫斯基交换意见。卡利诺夫斯基的看法是宁可信其有不可信其无，建议使馆马上关闭电灯，示意有紧急情况发生，让与会人员马上撤离。

在黑暗的环境下，客人容易发生失礼行为，如果闹出笑话传出去，会影响双方的形象。最后刘彦顺还是决定采取较正常的方式结束晚宴。他让在前台接待客人的外交官礼貌地终止和客人的谈话，让服务人员停止上酒并清理台面。等人员逐渐撤离后，渐次关闭宴会厅的部分照明。

10分钟后，所有客人撤离完毕，警方人员进入使馆，结果只是在一个花盆下面找出一把废弃的钥匙，根本没有什么炸弹。

中国古代的宴饮之礼早已有之。《诗经》中就有这样的诗句："朋酒斯飨，曰杀羔羊，跻彼云堂，称彼兕觥（sì gōng），万寿无疆！"意思是说用双壶酒款待客人，宰杀小羊，聚在堂屋，举起酒器，祝愿万寿无疆。这是饮宴的基本礼节，到后来饮宴礼节作为佳礼之一成为一种礼仪制度流传下来。

从事商务活动，必然要参加各种宴会或聚餐，不同地方、不同形式的宴会都会有不同的礼仪规范，越正式越高级的宴会，礼仪规范越严格。如果不注意学习，掌握宴请的礼仪，在宴会中礼仪失当，不仅会贻笑大方，损害个人形象，也会影响正常的社会交往和友好合作。要做到宴会合乎规范，宾主同乐，就必须对各种宴会、餐饮聚会的礼仪有一定了解。

国际上通行的宴请主要有宴会、招待会、茶会和工作餐等四种形式。从形式上讲，宴会一般分为四种：国宴、正式宴会、便宴、家宴；根据举行的时间又分为早宴、午宴、晚宴；另外还有招待会形式的宴请，如：冷餐会、自助餐会、酒会等等。

一、宴会

（一）国宴

国宴是国家元首、政府首脑为国家重大的庆典活动，或欢迎外国国家元首、政府首脑访问而举办的正式宴会，其规格最高、最隆重。国宴的礼仪要求如下：

➢国家元首或政府首脑亲自主持。

➢座次按礼宾次序排列。

➢场地布置隆重、热烈，主席台中设有大型鲜花花台。

➢宴会厅里要悬挂宾、主两国国旗。

➢宾主入席后，有军乐团演奏两国国歌和席间乐。

➢主人和主宾先后发表祝酒词。

➢与宴者必须正式着装。国宴大多在晚上举行，男士一般穿西装或中山装，女士穿旗袍或晚礼服。

➢国宴的席卡、菜单上均有国徽，代表国家最高规格。

（二）正式宴会

在各类宴请中，正式宴会是最正式、最隆重的一种，它多于傍晚举行，适合较为正式的场合。它对菜肴、酒水、座次、环境、音乐乃至参加者衣着，都有一定的要求。中餐正式宴会以圆桌排座，与国宴相比，除不挂国旗、不奏国歌以及出席人员级别不同之外，其余安排与国宴基本一致。正式宴会的礼仪要求如下：

➢有正式的请柬，请柬上注有宴请日期、时间、地点、宴请服饰要求等内容。

➢宴会服务质量要求较高，高档宴会还要求上一道菜换一次餐盘，每道菜上桌后先向宾客示盘，然后再进行分菜。

➢对餐具、酒水、菜肴道数及上菜程序均有严格的规定。

➢排座严格按照礼宾要求，与宴者按照席位卡对号入座。

➢宴会中通常伴有音乐或文艺表演。

（三）便宴

便宴就是非正式的宴请，便宴通常用于招待亲朋好友。有时，东道主一方在本单位内部餐厅或社会上的营业性餐厅宴请来宾，它是商务活动中方最普遍使用的宴请形式。便宴参加的人数较少，但菜肴的档次较高。常见的有午宴和晚宴，有时也有早宴，而晚宴通常较为隆重，这种宴会形式简单，可不用排座次，不作正式讲话，菜肴道数可酌情增减。它不讲究程序、座次或衣着，但却要求一定的就餐环境。便宴一般用于款待较为正式的客人。从某种意义上讲，便宴属于一种内部宴请。

（四）家宴

家宴就是在家中设便宴招待客人。西方人喜欢用这种形式，以示亲切友好。家宴一般由家庭主妇亲自下厨，家人共同招待客人，显得亲切自然，让客人有宾至如归感。席间宾主随意交谈，气氛轻松，不讲究严格的礼仪。它既适用于民间交际，也适用于商务交际。

二、招待会

招待会，一般指的是规模较大、用以招待多方来宾的一种较为正式的宴请。它大都在节庆日或者重要的商务活动中举行，并且拥有一定的主题。比较而言，招待会重视的是形式而不是内容。它举办的地点通常比较讲究，其具体内容不论是桌餐还是自助餐，往往都比较简单，一般均不安排正餐。

常见的招待会有酒会、冷餐会、自助餐会三种。

（一）酒会

酒会又称鸡尾酒会，是一种以酒水为主招待客人的宴请形式。它也是西方传统集会交往的一种宴请形式，盛行于欧美国家和地区，现在我国也采用这种宴请形式。酒会规模可大可小，规模大时可发请柬，规模小时可用电话邀请。招待以酒水和各种饮料为主，同时略备小吃。酒会适用于各种庆典、节日、仪式及招待性演出前后，形式活泼，席间客人可举杯随意走动，服务员左手托盘在酒会中走动，来宾可自由选择食物。

（二）冷餐会

冷餐会是一种非常流行、灵活、方便的，由客人自行挑选、自取自食的宴会形式。根据主宾双方的身份，冷餐会规格的隆重程度可高可低。冷餐会菜肴品种较多，其中以冷菜为主，辅以热菜、甜点和水果，分为立餐和坐餐两种形式。席间不安排座位，自由选择座位就座，可以边走边交谈，活动自由，不拘于传统的就餐形式，所以被越来越多人接受。

（三）自助餐

自助式用餐，是近年来借鉴西方的一种现代用餐方式。它的主要特点是不排席位，不安排统一的菜单，而将所能提供的全部主食、菜肴、酒水陈列在一起，由用餐者完全根据个人爱好自主地选择、加工、享用。

三、茶会和工作餐

（一）茶会

茶会是以茶会友的一种简便的招待形式，一般在客厅或会议室举行。通常安排在上午10点左右或者下午4点左右。茶会不排座次也不使用餐具，主要以茶或咖啡招待客人，略备点心和小吃。茶话会对茶叶的品种、沏茶的用水和温度、茶具都颇有讲究。

（二）工作餐

工作餐，通常是人们在工作进行中所用的便餐，是人们利用进餐的时间，边吃边谈工作的一种宴请形式。它多见于午餐，并且大多以套餐或自助餐为基本形式。是常用的一种非正式宴请，一般不排座次，通常在小餐厅或食堂举行。工作餐讲究的是方便、快捷、简单、随意与适量。除相关人员外，招待来宾用工作餐时，不需要邀请其他人士作陪。在具体内容上，通常不安排高档菜肴与烈性酒水。

四、自助餐礼仪

自助餐现在是一种很流行的用餐制，无论是从形式上还是从卫生的角度，都是值得提倡推广的。吃自助餐时的礼节：

（一）排队选取

享用自助餐时，虽说要求就餐者自己关照自己，但并不意味着届时可以完全肆意妄为。无论是只身前往还是与大家结伴而行，都应在选取菜肴时自觉遵守公共秩序，讲究先来后到，老老实实地排队。不允许出现争抢、乱挤，或是不排队、乱插队等不文明现象。

一般来说，在排队时应与前后之人保持一定的距离，取菜时最好与他人同向行进。行进的标准方向应该是顺时针方向，排队时切忌逆行。取菜时不应瞻前顾后、挑三拣四，取菜应当从速，取菜之后应当迅速离去。

（二）循序取用

在正规的自助餐上，想要做到既吃饱又吃好，最好的方法就是要按照合理的取菜顺序选取菜肴。这样做还可以防止食物彼此相克或当众出丑。下述两点，一定要在取用时加以牢记：

一是至少取菜三次。取菜时切勿乱七八糟胡装一气，一般在取菜时至少应分三次分门别类地取菜，依次是冷菜、热菜、点心和甜点、水果之类的食物。将其本末倒置或乱夹一通，冷热杂盛，往往会令人笑话。

二要先掌握情况。有经验的人在取菜时并非每道菜都不放过，而是要先绕场一周，对全场有所了解之后再酌情取舍。

（三）量力而行

享用自助餐时，完全可以爱吃什么吃什么，能吃多少吃多少，这是自助餐予以每位就餐者的权利。但是在用餐时，一定要注意，取用任何菜肴时皆应量力而行，切忌贪多，选取过多食物，最后却力不从心，造成浪费。这条规则通常称为“每次少取”或“少取”原则。

（四）多次取菜

多次取菜，也称“多次”原则，指的是就餐者在享用自助餐时，如果偏爱某一菜肴，可以一而再再而三地去取，直到自己吃得满意为止。只是每次只得适可而止，而不应一次装得杯盘满溢，更不能将同一菜肴同时装上几盘，甚至将其包干。

在自助餐时，“多次”原则与“少取”原则应该是同步并举的。“少取”是为了防止浪费，“多次”也是为了量力而行。在享用自助餐时，“多次少取”是人人须知的一项基本规则。

（五）文明用餐

在享用自助餐时，每一名公司员工均应表现得文明得体。以下各点，尤其应当注意：

一是使用公共餐具取菜。切切不可直接使用自己的餐具选取菜肴。使用公共餐具时，也应当注意其定向专用。

二是自觉远离餐台就餐。站在摆放菜肴的餐台就餐，不但有碍观瞻，还会影响他人。

三是废弃之物不宜乱扔。废弃之物应置于自己的餐盘的一端，切莫乱吐、乱放、乱扔。

四是用餐完毕后送回餐具。餐毕，可将自己的餐具送到指定之处，亦可稍加整理后放在座位处。

（六）禁止外带

所有自助餐都有一条不成文的规定，即向就餐者供应的所有的菜肴，只可在现场自行享用，而绝对不允许将其带出场外，即便提出这类要求，也是失礼的。

在任何情况下，自己在自助餐上选取的菜肴必须要自己负责彻底解决。剩下来不可以，希望“打包”回家亦为不妥。

（七）关照他人

与他人一同参加自助餐时，尤其是身为主人之时，公司员工应当对对方主动加以关照。倘若对方对自助餐具体的就餐方式或是对餐桌上的菜肴不甚熟悉，可以向对方扼要地进行介绍。在对方不反感的前提下，亦可向对方提出一些有关选取菜肴的建议。

一般情况下，陪同客人享用自助餐时，应与对方一同就座，与对方适当的交谈是允许的，但不能有碍对方用餐。

（八）适度交际

在自助餐时，人们应当利用机会，及时而恰到好处地联络老朋友，结交新朋友，积极地进行交际。需要注意以下两点：

一是要扩大自己的交际圈。倘若时间允许，气氛适宜，参加自助餐时不妨多转换几个交际圈，以多交朋友。

二是要介入陌生人的交际圈。可能的话，应积极介入陌生人的交际圈。具体的方法有三个：求人引荐、毛遂自荐或借机加入。

第二节　中餐礼仪

【案例导入】

1972 年 2 月美国总统尼克松历史性访华。随后在人民大会堂举行的欢迎宴会上，在座的美国人大多不会使用筷子，只好拿着吃西餐的刀叉笨拙地对付着中餐，唯独尼克松不同于他人，不紧不慢地用筷子夹取美味佳肴，他那挺像一回事的一招一式，吸引了许多记者的镜头，一下子传遍世界。而尼克松回国后，也常常带着全家去吃中餐，从此放不下手中的筷子。

中餐，是中式餐饮的简称。它所指的是一切具有中国特色的、依照传统方法制作的、为中国人日常生活之中所享用的餐食和饮品。中餐礼仪礼节实际上是中华饮食文化的重要组成部分，它所指的主要是以中餐待客或者是品尝中餐时应当自觉遵守的传统习俗和习惯做法。

中国餐饮礼仪可谓源远流长，据文献记载可知，至迟在周代，饮食礼仪已形成一套相当完善的制度，中餐礼仪的具体内容包罗甚广。在一般情况下，学习中餐礼仪，主要是掌握中餐席位礼仪、时空的选择、菜单的安排、餐具的使用、用餐的表现等方面的规则与技巧。

一、中餐席位礼仪

中式餐宴源远流长，早在《礼记·礼运》中已有云："夫礼之初，始诸饮食。"可见，餐宴礼仪在中国传统礼仪的重要地位。中国素有"烹饪王国"、"礼仪之邦"的美称。从古至今，餐饮礼仪在我们的日常生活中发挥着至关重要的作用。传承古代传统餐宴礼仪的精髓，掌握必要的现代中式餐宴礼仪，可以使我们在各类中式餐宴中游刃有余、凸显魅力。

中式餐饮的席位既是被宴请者身份地位的象征，也隐含了宴请方对被宴请者的礼遇和敬意，是宴请方和被宴请方都很在意的重要因素。中式餐宴席位的安排由桌次和位次两个方面组成。

（一）中式餐宴的桌次安排

举行中餐宴请时，中餐的桌次排位有一定的原则。所设餐桌若不止一桌，便有桌次之别。任何形式的宴会均要突出主桌和主宾席，主桌要专门设服务台，安排桌次的号码要遵守宾客的风俗习惯，如接待欧美客人时，去掉 13 桌号。大型宴会中餐桌间的距离不少于 1.5 米，餐桌离墙的距离不小于 1.2 米。餐桌的尺寸、餐椅的式样和颜色都力求协调、整齐、美观。

在安排桌次时，主要有下述几个常规。

（1）以右为上（见图 6—1）。即餐桌如果有左右之分时，应以位于右侧的餐桌为主桌，需要指明的是，此时的左右是依照"面门而上"的规则来确定的。

（2）以远为上（离门的距离）（见图 6—2）。即餐桌距离餐厅正门若有远近之分时，则距门远者高于距门近者。

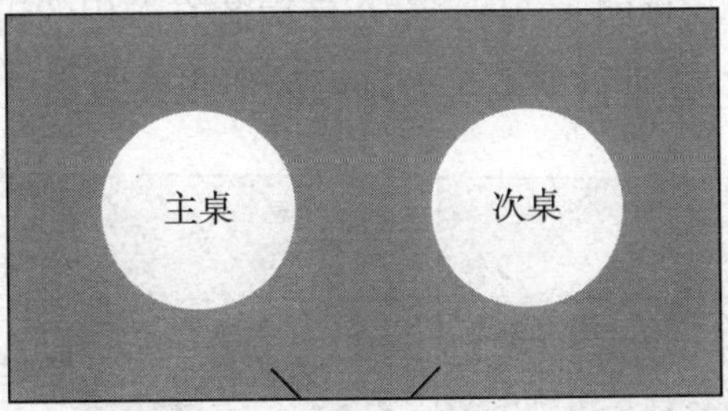

图 6—1　中餐桌次之以右为上

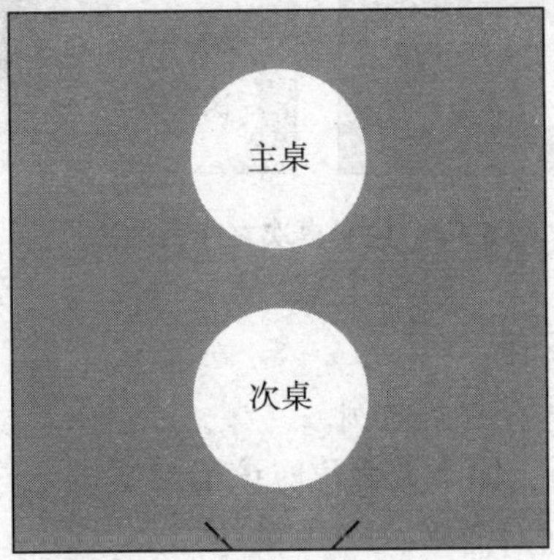

图 6—2　中餐桌次之以远为上

（3）居中为上（见图 6—3）。即多张桌子并排排列时，居于中间者通常高于居于两侧者。

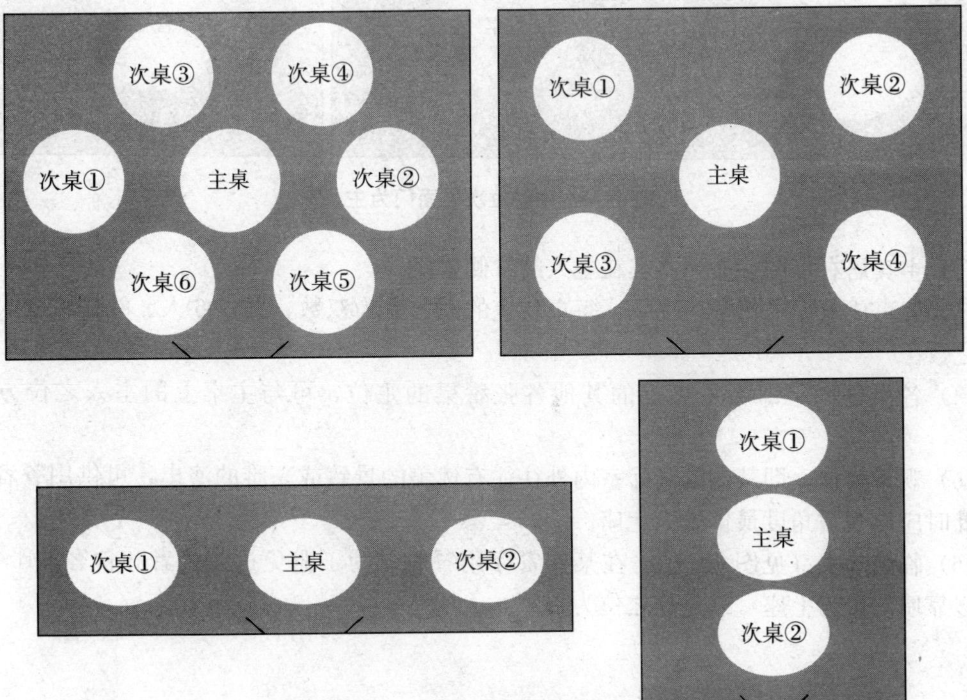

图 6—3　中餐桌次之居中为上

（4）临台为上（主席台）（见图 6—4）。宴会厅内若有专用的讲台，应该以靠讲台的餐桌为主桌，如果没有专用讲台，常以背临主要画幅的那张桌为主桌。

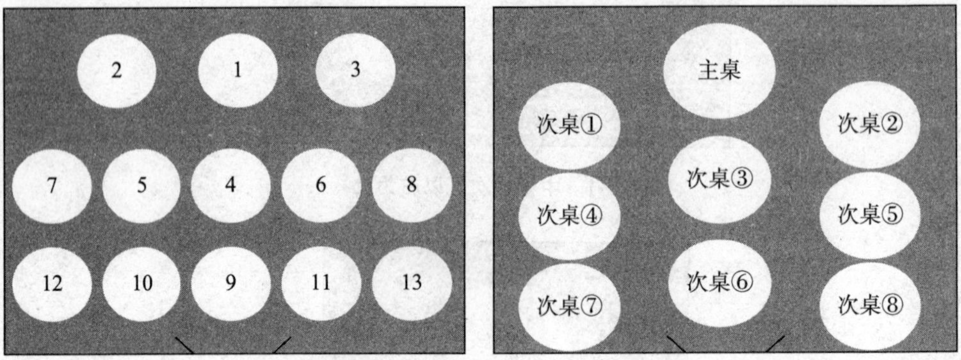

图 6—4　中餐桌次之临台为上

（二）中式餐宴的位次安排

在排定中餐的席次时，通常有四条惯例。

（1）面门为主（见图 6—5）。即主人之位应该面对餐厅正门，有时可由女主人居第二主位。有两位主人时，双方应面对而坐。

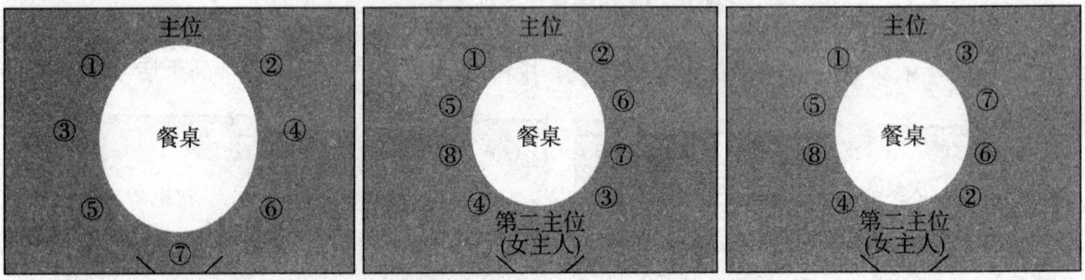

图 6—5　中餐位次之面门为主

（2）主宾居右，即一般请主宾在主人的右侧就座。

（3）好事成双，在正常情况下，每桌就座的人数宜为双数，并以 6 人、8 人、10 人为最佳之数。

（4）各桌同向，即除主桌外的其他各张餐桌的主位，可与主桌上的主人之位方向相同。

（5）观景为佳，即某些餐宴厅室内外往往有优美的景致或高雅的演出，可供用餐者观赏，此时应以观赏角度最佳处为上座。

（6）临墙为上（见图 6—6）。在某些餐厅用餐时，为了避免过往侍者和食客的干扰，通常以靠墙之位为上座，靠过道之位为下座。

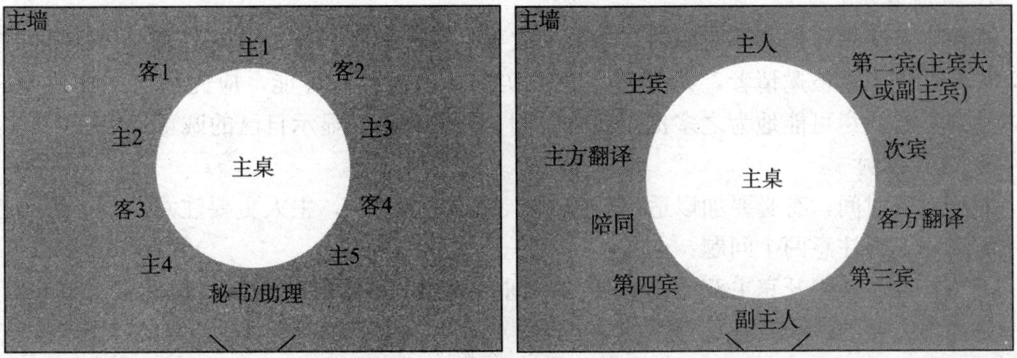

图 6—6　中餐位次之临墙为上

小贴士

在我国，从古至今，“尊左”还是“尊右”不是一成不变的，有年代和地域的区别，至今仍存在争议。因此，不能简单地认为我国是“以左为尊”。在座次安排上，首先要看会议的性质。政务会议、国企内部的大型会议，一般仍然遵守“左为上”的原则；其他商务、社交、涉外活动，一般遵循“以右为尊”的国际惯例。

尽管我们现在都按照国际惯例行事，但国内的不同省份，宴会上的座椅排列顺序并无统一之规。有的地方讲究主宾坐在主人的右侧，有的地方则是左侧，有的地方则是主宾坐在主人的对面，另外有些地方还讲究主宾居中而坐。

为了避免因地方风俗不同而造成误解，在主人为客人排定座位时应顺便多说一句：“您现在所坐的位置是我们这个地方的上座呀。”

二、时空的选择

吃中餐，特别是举办正式的中餐宴会时，必须兼顾其举办的具体时间和地点，这就是所谓中餐的时空选择问题。

(一) 时间的选择

依照礼仪惯例，安排中餐用餐，尤其是中餐宴会的具体时间，主要通盘兼顾下述三个具体问题。

1. 民俗惯例

根据人们的用餐习惯，中餐依照用餐的具体时间的不同，可以分为早餐、午餐、晚餐等三种。至于在宴请他人时，究竟应当选择早餐、午餐或晚餐，不好一概而论。在绝大多数情况下，确定正式宴请的具体时间主要要遵从民俗惯例。

例如，在国内外举办正式宴会，通常都安排在晚上进行。因工作交往而安排工作餐，大都选择在午间进行。而在广东、海南、港澳地区，亲朋好友聚餐，则多爱选择“饮早茶”。

2. 主随客便

在决定社交聚餐的具体时间时，主人不仅要从自己的客观能力出发，更要讲究主随客便，即要优先考虑被邀请者，尤其是主宾的实际可能。如有可能，应先期与主宾协商一下，达成一致，尽可能地为之多提供几种时间上的选择，以显示自己的诚意。

3. 适当控制

对于用餐时间，有必要加以适当地控制。在安排宴会时，主人更要注意此点。适当控制用餐时间，要注意两个问题：

其一，要尽量避开宾主双方不方便的时间。例如，重要的活动日、纪念日、节假日，某一方面不方便的日子或忌日等。

其二，要对用餐时间的具体长度进行必要的控制。既不能匆匆忙忙走过场，也不能拖拖拉拉地耗时间。一般认为，正式宴会的用餐时间应为1.5～2个小时，非正式宴会与家宴的用餐时间应为1个小时左右，而便餐的用餐时间仅大抵为半个小时。

（二）空间的选择

在社交聚餐时，用餐地点的选择也是非常重要的。在考虑这一问题时，应着重注意如下四点。

1. 环境幽雅

对现代人来讲，宴请不仅仅是为了“吃东西”，而且也讲究环境，“吃文化”。若是用餐地点档次过低，环境不佳，即便菜肴再有特色，也会令宴请大打折扣。因此，在可能的情况下，一定要争取选择清静、优雅的用餐地点。

2. 卫生良好

外出用餐时，人们最担心的往往就是“病从口入”的问题。所以在确定社交聚餐的地点时，一定要看其卫生状况如何。

3. 设施完备

确定较为正规的社交聚餐的用餐地点时，还须注意其设施是否完备的问题。这个问题具体来说又分为两个方面：其一，该有的设施是不是有？其二，已有的设施能不能用？

4. 交通方便

选择用餐地点时，要充分考虑到，聚餐者来去交通是否方便，有无停车场所，有无交通线路通过此处，是否有必要为聚餐者预备交通工具等一系列问题。

三、点菜的礼仪

中餐与西餐的一个最大不同，就是点的菜并不是给自己一个人吃的，所以点菜时既要照顾到自己的喜好，也要考虑到他人。按照社交礼仪的规范，点菜的礼仪主要涉及两个方面的问题，一是如何点菜，二是如何准备菜单。前者，涉及的主要是非正式宴会和便宴，后者则主要是正式宴会与家宴必须考虑的问题。

（一）点菜的礼规

外出用餐时，不论是请客还是自请，都少不了会碰上如何点菜的问题。要处理好这一问题，需要解决三个难点。

1. 量入为出

在用餐点菜时，必须量力而行。因此，在点菜时，要量入为出，不铺张浪费。要做到这一点，一是不要去高档餐馆，或是每餐必点高档菜。二是在点菜时要懂得搭配，适度而不过量。比如，一人用餐，上两菜一汤，一荤一素，便足够吃了。三是切勿随便请客。四是在日常聚餐时提倡“AA 制”，即聚餐的费用人均分摊，各自负责自己的一份。

2. 相互体谅

在社交聚餐时，做东的一方和吃请的一方，在点菜时都要善解人意，体谅对方。做东的一方既不要过于殷勤，也不宜过于吝啬。被请的一方，在不失自尊的同时，切勿抱有“不吃白不吃，吃了也白吃”的心态。

做东者在点菜时，有两种办法可行。(1) 整点，即点套餐或包桌。这样做的优点是费用固定，菜肴的档次与数量相对固定，比较省事。(2) 零点，即根据“个人预算”，而在用餐现场临时点菜。它的好处是自由度较大，可以兼顾个人财力与口味。要强调的是，无论做东者以何种办法点菜，都应当尽量征求一下被请者，特别是主宾的意见，不要仅凭个人喜好点菜。

被请者在点菜时，有两个好办法可供借鉴。(1) 告诉做东者自己没有特殊要求，请对方做主，这实际上正是对方所欢迎的做法。(2) 自己点上一个价格不太贵的菜，随后请其他人再去各点各的。

要避免犯下述错误：(1) 乱点。(2) 多点，尤其是大点名菜。(3) 非议。对于别人点的菜，或是被大家点过上桌的菜，无论如何都不要挑三拣四。

3. 上菜次序

一顿标准的中餐大餐，不论是何种风味，其上菜的次序一般都是相同的。通常的顺序如下冷盘→热炒→主菜→点心和汤→水果拼盘。如果上咸点心则上咸汤，如果上甜点心则要上热汤。

不论是不是吃大餐，了解中餐标准的上菜次序，不仅有助于在点菜时巧作搭配，而且还可以避免因不懂此道而出洋相，闹笑话。

(二) 菜单的准备

在宴请他人之前，主人都必须事先对所选的菜单再三斟酌。在准备菜单时，主人应着重考虑哪些菜肴宜选、哪些菜肴忌选。

1. 宜选的菜肴

一般而论，在准备菜单时，有以下四类菜肴应被主人优先加以考虑：

(1) 具有中餐特色的菜肴。吃中餐与吃西餐、日餐一样，自然要首选具有中餐特色的代表性菜肴。在宴请外籍人士时，这一条更应当被高度重视。如龙须面、蛋炒饭、煮元宵、炸春卷、狮子头、宫保鸡丁、鱼香肉丝、麻婆豆腐、酸辣汤等，因具有鲜明的中餐特色，所以在国外知名度较高，受到众多外国人的推崇。

(2) 具有本地特色的菜肴。中国的饮食文化既有共性，也个性鲜明，名扬天下的八大菜系便是中餐在各地分支的主要代表。宴请他人尤其外地人，应尽量安排一些具有本地特色的菜肴。如，锦州地区的驴肉饺子，西安市的羊肉泡馍、锅盔馍等，在宴请外地客人时，这些特色菜比“千人一面”的生猛海鲜更受欢迎。

(3) 本餐馆的看家菜。大凡名声在外的餐馆，都少不了自己的看家菜，高档餐馆尤其如此，在知名餐馆点菜时，应尽量安排一些它的看家菜，因为大家通常都是奔它们而去的。

（4）主人的拿手菜。在举办家宴时，主人一般都要当众露上一手，多做几个自己的拿手菜。其实，这样的拿手菜不必追求十全十美。只要主人动手为客人烧菜，就会让对方倍感尊重和友好之意。

2. 忌选的菜肴

在安排菜单时，还必须兼顾来宾的饮食禁忌，一般的规则是：主人在为来宾安排菜肴时，首先需要了解对方“不吃什么”，而非对方“想吃什么”。一般而言，饮食方面的禁忌主要有四条。

（1）宗教禁忌。对于宗教的饮食禁忌，一定要认真对待，不能疏忽大意。如，穆斯林通常不食猪肉和未诵安拉之名宰杀之物，且不饮酒。佛教徒在饮食上禁食荤腥之物，它不仅指的是肉食，而且也包括了葱、蒜、韭菜、藠头、兴渠之类吃起来气味刺鼻的食物。

（2）地方禁忌。在不同的地区，人们的饮食偏好往往不同。对于这一点，在安排菜单时也应兼顾。比如，英美人通常不吃宠物、稀有动物、淡水鱼、动物内脏、动物的头部和脚爪。

（3）职业禁忌。有些职业，出于某种原因在饮食方面也有不同的特殊禁忌。例如，国家公务员在执行公务时不准吃请；在公务宴请时不准大吃大喝，一般不准超过国家规定的标准，不准饮烈性酒。再如，驾驶员在工作期间，绝对不能饮酒。

（4）个人禁忌。由于种种因素制约，在饮食上往往会有一些特殊要求。比如，有的人不吃肉，有的人不吃鱼，有的人不吃辣椒等。对于这类个人饮食禁忌，亦应充分予以照顾。

在隆重而正式的宴会上，主人所选定的菜单还可精心书写，发至人手一份。使用餐者心中有数，餐后可作纪念。但是给赴宴者的菜单必须名副其实，否则会成为有名无实的笑话。

四、餐具使用礼仪

中餐餐具，即用中餐时所使用的工具。在一般情况下，它又分为主餐具与辅餐具两类。如图 6—7 所示。

图 6—7　中餐餐具摆放

(一) 主餐具

中餐的主餐具是指进餐时主要使用的，往往必不可少的餐具。通常，用中餐时要使用的主餐具有筷、匙、碗、盘等。

1. 筷

筷，又叫筷子，又称“箸（箹）”，远在商代就有象牙做成的筷子。《史记·宋徽子世家》中有记载“纣始为象箸。”中国人使用筷子，在人类文明史上是值得骄傲和推崇的科学发明。筷子的主要功能，是用餐时以之夹取主食或菜肴。通常，筷子必须成双使用，而不可只用单根筷子。筷子是中餐中必不可少的餐具，使用时对一些细节应当注意。

(1) 拿筷子的姿势。正确的拿筷子的姿势（见图6—8）是：一般应以右手持筷，以其拇指、食指、中指三指前部，共同捏住筷子的上部约1/3处，大拇指底部和无名指按住另外一根筷子，小指自然弯曲托在无名指上。夹菜时，食指和中指向内弯曲，使第一根筷子紧靠第二根筷子，从而将食物夹住。夹菜过程中，只有食指和中指才会动，其他手指都不动；对于筷子而言则是第一根筷子动，第二根筷子静止不动。这种拿筷子的方式，是最灵活也最充分使用5个手指的方式。另外要注意，最靠下的指尖到筷头的距离也要超过筷子长度的1/2处。

图6—8　拿筷子的姿势

(2) 用筷十五忌。在中餐中，筷子综合了西餐中的好几个餐具的作用，古人也总结出了使用筷子的十五种忌讳。

- 疑筷：举着筷子犹豫不定，不知夹什么菜；
- 架筷：左边的客人夹右边的菜，右边的客人同时夹左边的菜时，筷子或手臂交叉；
- 脏筷：用筷子在盘里扒拉夹菜；
- 指筷：拿筷子指人，用尖锐的物体指向别人都是不礼貌的；
- 抢筷：两个人同时夹菜，结果筷子撞到了一起；
- 刺筷：把筷子当叉子用，扎进食物中取菜；
- 别筷：拿筷子当西餐刀使用，撕扯肉类食物；
- 吸筷：筷子上有汤汁时嘬吸筷子；
- 泪筷：夹菜时不干净，筷子上挂汤淋了一桌；
- 供筷：筷子插在饭菜上，这让食物变成了供奉给逝者的供品；

➢拉筷：正嚼着的东西拿筷子往外撕，或者把筷子当牙签；

➢粘筷：筷子上还粘着东西时就去夹别的菜；

➢连筷：同一道菜连夹三次以上；

➢斜筷：用筷子夹离自己很远的菜，或者斜着伸筷够菜；

➢分筷：摆筷子，两根筷子放在餐具两边，意味着这顿饭是绝交饭；

2. 匙

匙，又叫勺子。在用中餐时，它的主要作用，是舀取菜肴、食物，尤其是流质的羹、汤类食物。有时，以筷子取食时，亦可以勺子加以辅助。在一般情况下，尽量不要单用勺子去取菜。以其取食时，不宜过满，免得溢出来弄脏餐桌或自己的衣服。必要时，可在舀取食物后，在其原处“暂停”片刻，待其汤汁不会再流时，再移向自己享用。如图 6—9 所示。

使用勺子，有四点注意事项：

第一，暂且不用勺子时，应置之于自己的食碟上。不要把它直接放在餐桌上，或是让它在食物之中“立正”；

第二，用勺子取用食物后，应立即食用，不要把它再次倒回原处；

第三，若取用的食物过烫，不可用勺子将其折来折去，也不要用嘴对它吹来吹去；

第四，食用勺子里盛放的食物时，尽量不要把勺子塞入口中，或反复吮吸它。

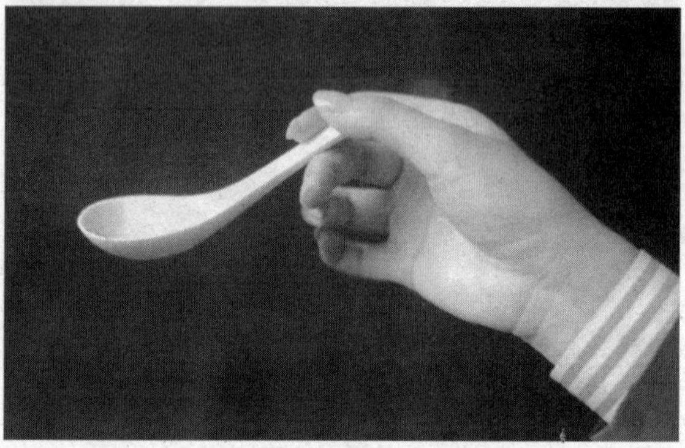

图 6—9　拿匙的姿势

3. 碗

碗，在中餐里，主要是盛放主食、羹汤之用的。在正式场合用餐时，用碗的注意事项主要有五点：

其一，不要端起碗来进食，尤其是不要双手端起碗来进食；

其二，食用碗内盛放的食物时，应以筷、匙加以辅助，切勿直接下手取用，或不用任何餐具以嘴吸食；

其三，碗内若有食物剩余时，不可将其直接倒入口中，也不能用舌头伸进去乱舔；

其四，暂且不用的碗内不宜乱扔东西；

其五，不能把碗倒扣过来放在餐桌之上。

如图 6—10 所示。

图 6—10 拿碗的姿势

4. 盘

盘，又叫盘子，稍小一些的盘子，则被称作碟子，盘子在中餐中主要用以盛放食物，其使用方面的讲究与碗略同。盘子在餐桌上一般应保持原位，不被搬动，而且不宜多个摞放在一起。需要着重加以介绍的是一种用途较为特殊的被称为食碟的盘子，食碟的主要作用是用来暂放从公用的菜盘里取来享有的菜肴的。使用食碟时，需要注意的问题有：

其一，不要一次取放的菜肴过多，那样做看起来既繁乱不堪，又有欲壑难填之嫌；

其二，不要将多种菜肴堆放在一起，弄不好它们会彼此“相克”、“窜味”，不好看，也不好吃；

其三，不宜入口的残渣、骨、刺不要吐在地上、桌上，而应将其轻轻取放在食碟前端，必要时再由侍者取走、换新。要注意的是，不要让“废物”与菜肴交错，搞得杯盘狼藉。

如图 6—11 所示。

图 6—11 拿盘的姿势

（二）辅餐具

中餐的辅餐具，指的是进餐时可有可无、时有时无的餐具，它们主要在用餐时，发挥辅助作用。最常见的中餐辅餐具有：水杯、湿巾、水盂、牙签等，以下对它们分别略作介绍：

1. 水杯

中餐中所用的水杯，主要供盛放清水、汽水、果汁、可乐等饮料时使用。用水杯时，需要注意以下几个问题（见图 6—12）。

其一，不要以之去盛酒，在喝水时不要将水杯里的饮料一饮而尽，也不要把杯子倒扣在桌子上。

其二，与人干杯时，不可使太大的劲以致使杯中的饮料荡出。在干杯时，有时讲究自己的杯沿低于长者的或地位高者的杯沿，以示尊敬。

其三，在往水杯内斟饮料、倒茶时，东西方的习俗有所不同。国人讲究“酒满敬人，茶满欺人”，而西方人的习惯是“酒满欺人，茶满敬人”，应注意有所区别。

图 6—12　拿水杯的姿势

2. 热毛巾

在中餐用餐前，比较讲究的话，会为每位用餐者上一块热毛巾（见图 6—13）。它只能用来擦手，绝对不可用以擦脸、擦嘴、擦汗。擦手之后，应将其放回原处，由侍者取回。有时，在正式宴会结束前，会再上一块湿毛巾，与前者所不同的是，它只能用来擦嘴，却不能揩脸、抹汗。

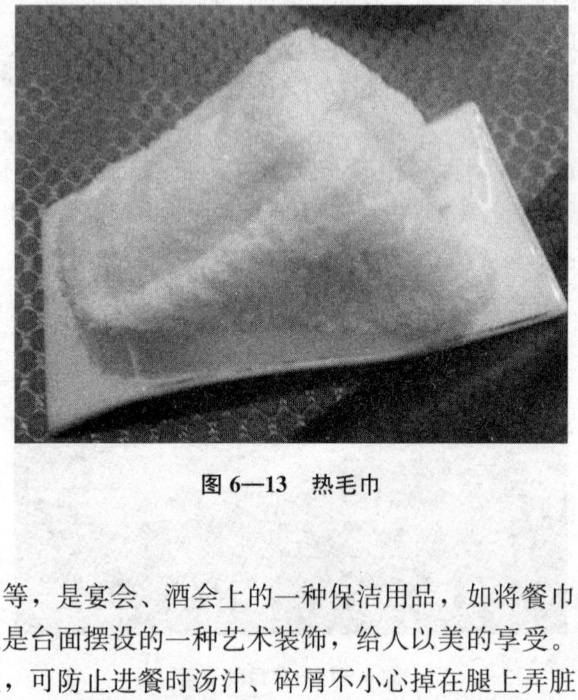

图 6—13　热毛巾

3. 餐巾

又叫口布、茶巾等，是宴会、酒会上的一种保洁用品，如将餐巾折叠成各种花型，放在水杯或餐盘中，又是台面摆设的一种艺术装饰，给人以美的享受。在用餐时，可以把餐巾摊开平铺在双腿上，可防止进餐时汤汁、碎屑不小心掉在腿上弄脏了衣物。暂时离席时应将餐巾放在椅子上，表示席位的主人仍将返回，服务人员看见就不会清理餐面，如果是用完餐离席时，再将餐巾放在桌面上。如图 6—14 所示。

4. 水盂

有时，品尝中餐者需要手持食物进食。此刻，往往会在餐桌上摆上一个水盂，也就是盛放清水的水盆。它里面的水并不能喝，而只能用来洗手。在水盂里洗手时，不要乱甩、乱抖。得体的做法，是两手轮流沾湿指尖，各自轻轻捻过，清洗后，出手时不要乱甩、乱抖，应将手置于餐桌之下，用纸巾擦干。

图 6—14 餐巾

5. 牙签

牙签，主要用来剔牙之用。用中餐时，尽量不要当众剔牙。需要剔牙时，应“半遮面”，以餐巾或另一只手掩住口部进行。剔出来的东西，切勿当众观赏或再次入口，也不要随手乱弹，随口乱吐。剔牙之后，不要长时间叼着牙签没完。取用食物时，不要以牙签扎取。

五、用餐的表现

在用餐时，每一位用餐者均应使自己的临场表现合乎礼仪。细而言之，享用中餐时的用餐表现又可分为餐前表现与餐时表现等两个部分。

(一) 餐前表现

餐前表现，指的是准备用餐、等候用餐时的作为。它是用餐表现的组成部分之一。要使餐前表现符合礼仪规范，需要注意以下问题。

1. 适度修饰

外出用餐，尤其是外出赴宴或聚餐时，应适度地进行个人修饰。总的要求是：整洁，优雅，个性化。一般而言，男士可穿套装，并剃须。女士则应穿时装或旗袍，并化淡妆。若不加任何修饰，或仪容不洁、着装不雅，会被视为不尊重主人，不重视此次聚餐。

2. 准点到场

应邀赴宴，或参加聚餐时，一定要准点抵达现场。抵达过早或过晚，均为失礼。太早到主人往往还未做好准备，太晚到则会令他人望眼欲穿，甚至打乱整个原定的计划。若无特殊原因，切勿早退。

3. 各就各位

在正式一些的用餐活动中，一定要按照指定的桌次、位次就座，倘无明确排定，亦应遵从主人安排或与其他人谦让。一般而言，在入座时，应于主人、主宾之后，或与大家一道就座。

4. 认真交际

大凡宴请或聚餐，其主要目的是交际，所以在用餐前后，尤其是用餐前等候时，不要忘记多参与交际活动。要问候主人，联络老朋友，并争取认识几位新朋友。若一言不发，则显得与他人格格不入，会给人以“专为吃喝而来”的印象。

5. 倾听致词

在正式宴会开始前，主人与主宾大都要致词。当宾主致词时，务必要认真听讲，若此刻暂时离去，则会令人生疑。

（二）餐时表现

餐时表现，指的在用餐期间的全部活动。它是用餐表现中的核心之点，注意餐时表现，关键是要重视下列问题：

1. 不违食俗

任何国家的饮食，都有自己的传统习惯，中餐自然也不例外。如过年时，吃中餐少不了鱼，这表示“年年有余”。渔家、海员吃鱼时，忌将鱼翻身，因为有“翻船”之意。对这些食俗，不要有意违反。

2. 不坏吃相

在用餐之时讲究吃相，是用餐表现之中的一大重点。倘若不重视吃相，吃得摇头摆脑，宽衣解带，不但失态，而且会败坏他人的食欲。

3. 不胡布菜

在用餐时，讲究“已所不欲，勿施于人”。可以劝人多用一些，或是品尝一下某道菜肴，但切勿越俎代庖，擅自做主为他人布菜、添饭。

4. 不乱挑菜

取食菜肴，要稳、准、快，不要翻来覆去，在公用的菜盘内挑挑拣拣。如果夹起菜再放回去，则更是失礼。

5. 不争抢菜

多人一桌用餐时，取菜要相互礼让，取用适量。不要只顾自己吃，不考虑他人。

6. 不玩餐具

在用餐期间，不宜随意玩餐具，如对其敲敲打打等。敲餐桌，晃座椅，亦应禁止。

7. 不吸香烟

不论用餐地点有无规定，主人有无要求，在用餐时都应自觉做到不吸香烟，以免污染空气，有损他人健康。当他人向自己敬烟时，不应接受，但也不必对其进行指责。

8. 不清嗓子

用餐时，千万不要当众表演“吐故纳新”的“废物清理”活动，例如，清嗓子、擤鼻涕、吐痰，等等。

9. 不做修饰

在用餐之际，尤其是在与初识之人或异性一道用餐时，尽量不要进行修饰，例如梳理头发，化妆补妆，宽衣解带等。必要时可去专用的化妆间做这些事。

10. 不乱走动

没有必要的话，在用餐时不宜离开自己的座位，四处走动。够不到想吃的菜，可请人帮助，但不要起身离座去取。

11. 不大声讲话

在进餐时愉快交谈是非常好的事情，也是社交的重要目的，但是不要大声吼叫、喧哗，保持适当的谈话音量是必须注意的，以免妨碍他人进餐的情绪。

有些高级餐厅已规定在餐室内不可以使用手机，以免在场的其他客人都必须被迫听你谈论你的私事，若真要用手机谈话，不放走到其他地方交谈。

第三节　西餐礼仪

【案例导入】

某公司的业务员陈先生晚饭时走进一家西餐厅就餐。服务员很快便把饭菜端上来了。陈先生拿起刀叉，使劲切割食物，刀盘摩擦发出阵阵刺耳的响声，他将食物切成一块块后，接着用叉子叉起一大块、一大块的食物塞进嘴里，狼吞虎咽，并将鸡骨、鱼刺吐于洁白的台布上。中途，陈先生随意将刀叉并排往餐盘上一放，顺手将餐巾放到餐桌上，起身去了趟洗手间。回来后发现饭菜已被端走，餐桌已收拾干净，服务员站在门口等着他结账。陈先生非常生气，在那儿与服务员争吵起来。

你认为陈先生的做法是否正确？服务员的做法是否欠妥？

所谓西餐，其实是一个笼统的概念，它是对西式饭菜的一种约定俗成的统称。在中国人眼里，无论是形式还是内容，只要是源自西方国家，食用时必须以刀叉等餐具。有时也把与中餐在口味上有明显区别的饭菜，皆以西餐相称。

西餐有两个鲜明的特点，其一，它们源自西方国家；其二，它们必须以刀、叉取食。

随着中西文化交流的扩大，西餐已经逐渐进入了中国人的生活，每个人都需要学习、掌握西餐礼仪的基本常识。根据社交礼仪的规范，要了解西餐礼仪，就要对西式餐宴礼仪、西餐的菜序、西餐的餐具、西餐的品尝、西餐的要求等方面的问题，有一定的了解。

一、西式餐宴礼仪

西式餐宴，也即我们日常所说的西餐。欧美国家非常重视餐宴，他们认为餐宴为人们提供了两种最受赞赏的美学享受——美食与情感。西式餐宴礼仪是西方餐宴文化的重要组成部分。随着西式餐宴逐渐融入我们的生活，掌握必要的西式餐宴礼仪，进餐有条有“礼”，可以让我们在享受西餐美味的同时，举止优雅得当。

（一）西餐的座次

人们对西餐宴会座次的安排十分关注，越是正式的场合，这一点就显得越重要，在大多数情况下，西餐的座次问题更多地表现为座位问题，桌次问题除非是极其隆重的盛宴，一般涉及较少，因此我们要弄清、讨论的便是西餐的座次问题。排列西餐宴会的位次，一般按照一些约定俗成、人所共知的常规进行。了解这些基本规则，就可以轻而易举地处理位次排列问题。与中餐相比，西餐的座次既有相同之处，也有不同之处，下面将一一介绍。

1. 座次排列的规则

（1）女士优先。在西餐礼仪里，女士备受尊重，在排定用餐位次时，主位一般应由女主人就座，而男主人退居第二主位。讲究“女士优先”的西方绅士，都表现出对女士的殷勤。

（2）恭敬主宾。在西餐中，主宾极受尊重，即使在用餐的来宾中，有人在地位、身份、年纪方面高于主宾，但主宾仍是主人关注的中心，在排定位次时，应使男、女主宾分别紧靠着女主人和男主人就座，以便更近一步受到照顾。

（3）以右为尊。在排定位次时，以右为尊依旧是基本指针，就某一特定位置而言，其右侧之位理应高于其左侧之位。如：应安排男主宾坐在女主人的右侧，应安排女主宾坐在男主人的右侧。

（4）距离定位。一般说，西餐桌上位次的尊卑往往与距离主位的远近密切相关。在通常情况下，距主位近的位置高于距主位远的位置。

（5）面门为上。有时又叫“迎门为上”，它所指的是，面对餐厅正门的位置通常在序列上要高于背对餐厅正门的位置。

（6）交叉排列。用中餐时，用餐者经常有可能与熟人，尤其是与恋人、配偶在一起就座。但在西餐用餐时，这种情况便不复存在了，正式一些的西餐宴会，一向被视为交际场合，所以在排列位次时，要遵守交叉排列的原则。依照这一原则，男女应当交叉排列，因此一个用餐者的对面和两侧往往是异性，而且也可能与其不熟悉。这样做最大的好处是可以广交朋友。不过这也要求用餐者最好是双数且男女各半。

2. 座次排列的详情

在西餐用餐时，人们所用的餐桌有圆桌、方桌和长桌。有时，还会以之拼成其他各种图案。不过，最常见、最正规的西餐桌当属长桌。

（1）长桌。以长桌排位，一般有两个办法。如图 6—15、图 6—16 所示。

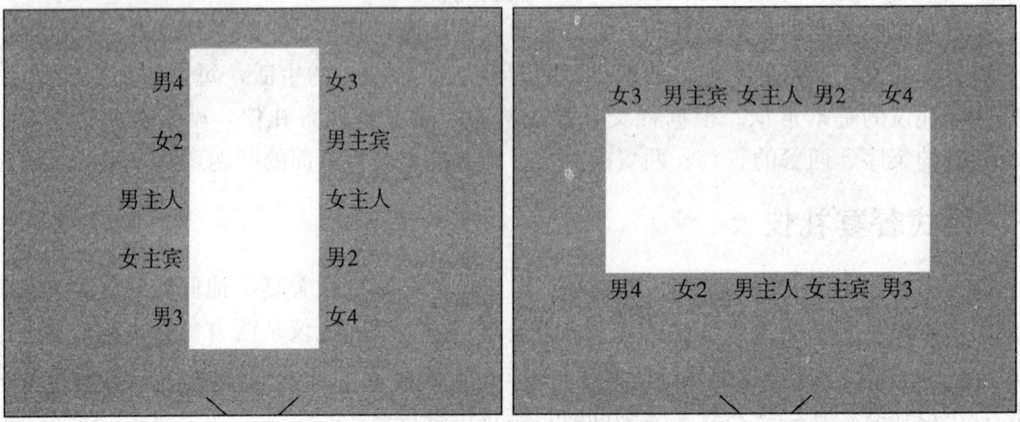

图 6—15　法式长桌座次排列

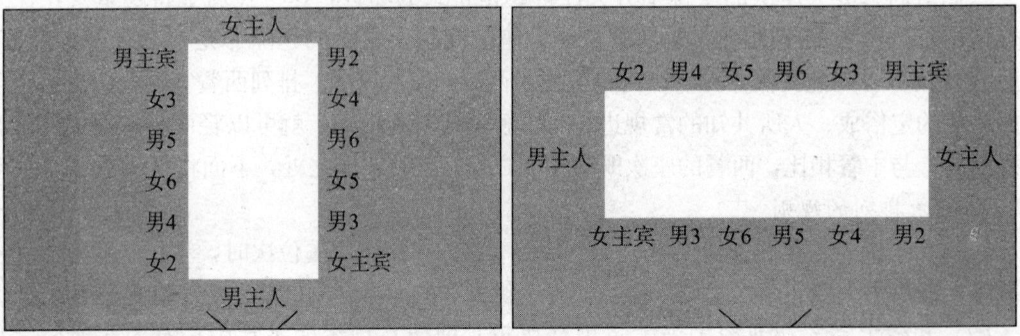

图 6—16　英式长桌座次排列

办法之一，是男女主人在长桌中央对面而坐，餐桌两端可以坐人，也可以不坐人。

办法之二，是男女主人分别就座于长桌两端。

（2）圆桌。在西餐里，使用圆桌的情况并不多见。在各种正式的宴会里，则尤为罕见。其具体排列基本上是各项规则的综合运用。如图 6—17 所示。

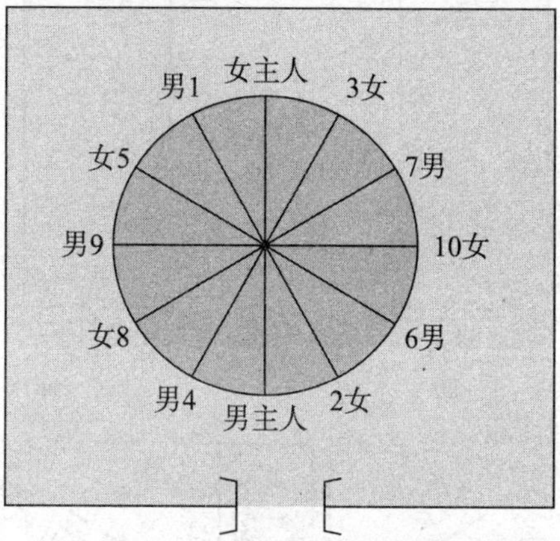

图 6—17　西餐圆桌排位

（3）方桌。以方桌排列位次（见图 6—18）时，就座于餐桌四面的人数应当相等。在一般情况下，一桌共坐 8 人，每侧各坐两人的情况比较多见。在进行排列时，应使男、女主人与男、女主宾对面而坐，所有人均各自与自己的恋人或配偶坐成斜对角。

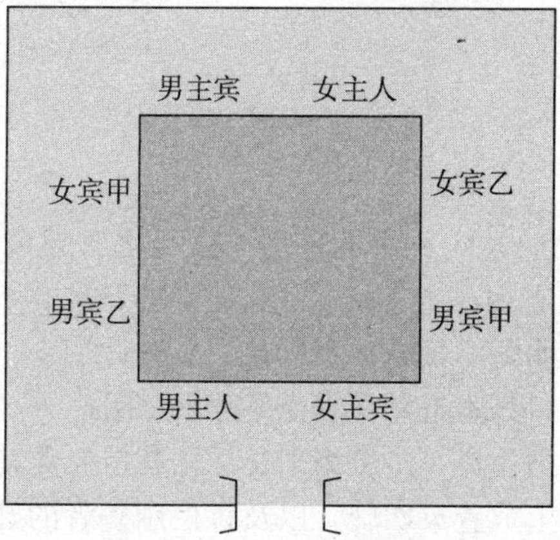

图 6—18　西餐方桌排位

（4）其他情况。某些时候，如用餐人数较多之时，还可以参照以下办法，以长桌拼成其他图案，以便安排大家一道用餐。

“U”字形台和马蹄形台，采用此种设计方法应注意，其横向长度应比竖向长度短一些。

“E”字形台的三个翼长度应一致，竖向要长于横向的长度。

除以上基本台形外，西餐宴会根据人数的多少与场地的实际状况，还设计有“T”字形餐台，正方形餐台、鱼骨形餐台、星形餐台、梳子形餐台、教室形餐台，利用中餐宴会圆形餐桌布置餐台，也是西餐宴会台形设计的一种方法。如图 6—19 所示。

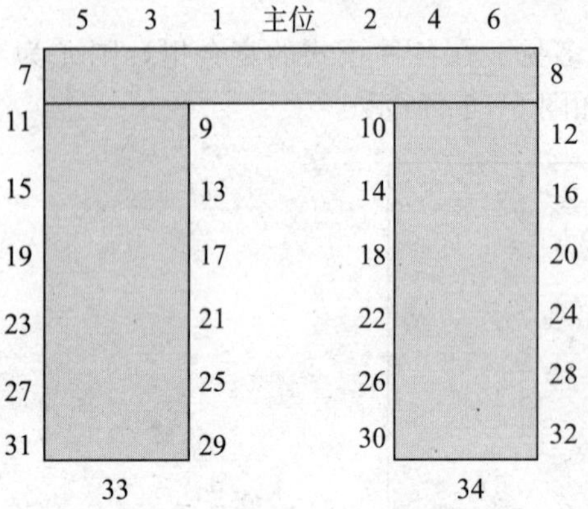

长桌座次排列之单一主人“门”形

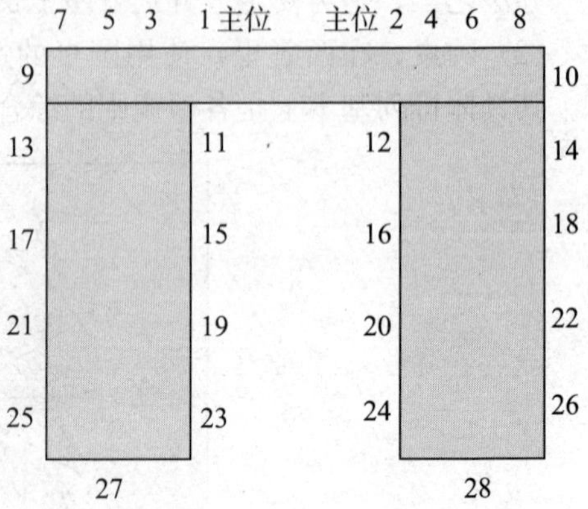

长桌座次排列之双主人“门”形

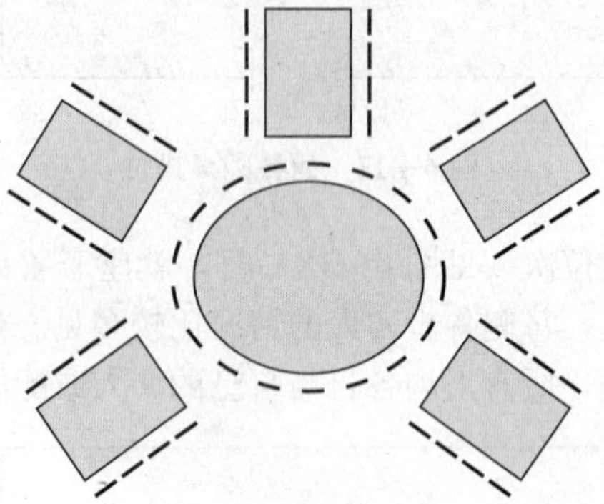

星形餐台

图 6—19　西餐排位

在排列好宴会的座次之后，应及时地采用一切行之有效的方法向全体应邀赴宴者通告，防止届时令其坐错了位置而产生不快。通告宴会的座次有下列四种常规方法：

➢其一，是在请柬上注明每一位赴宴者所在的桌次；

➢其二，是在宴会厅入口处附近悬挂宴会座次示意图；

➢其三，是在现场安排引位员，负责为来宾、尤其是为贵宾引导；

➢其四，是在每张餐桌上放置桌次牌，以及每位用餐者的姓名卡，以便使大家对号入座，桌次牌通常应采用阿拉伯数字书写。姓名卡则应双面书写，而且每一面均采用中、英两种文字，中文在上，英文在下。

(二) 西餐的 4M 原则

在国外，人们在安排宴会时，通常被要求严格遵守“四 M 原则”，所谓“四 M 原则”指的是在准备宴请时，必须对气氛（Mood）、菜单（Menu）、礼节（Manner）、音乐（Music）等四个最重要的环节加以认真的准备。因为这四个词的英语单词的首字母都是 M，因此被称“四 M 原则”。

宴会的组织者必须认识到：在宴会上，特别是在重要的宴会上，用餐的环境是最关键、最重要的一道“菜”，倘若用餐环境不佳，往往会直接降低宴会的档次而且会破坏来宾的食欲，在安排涉外宴请的用餐环境时，需要注意以下四点：

第一，用餐环境要幽静，要避免在车水马龙、人声鼎沸处用餐。

第二，环境要雅致，从某种意义上讲，现代人用餐其实吃的是环境，所以用餐的环境应当清雅脱俗又富有文化气息。

第三，环境要干净整洁，注意卫生。宴请现场包括宴会厅、休息室、卫生间、停车场等地方都要干干净净、整洁大方。用餐的卫生也是客人关注的重点，从菜肴、餐具的卫生，直到厨师、侍者的卫生，均应考虑在内，从严把关，决不能马虎。

最后，在宴请外宾时必须明确，不是为吃而吃。更重要的是要创造出一种有利于宾主双方进行进一步交流的气氛。要做到这一点，就有必要对宴请现场的环境予以充分重视。

二、西餐的菜序

品尝西餐，首先要弄懂西餐的菜序问题。西餐的菜序，指的是西餐用餐的先后顺序问题。与中餐、日餐等相比，西餐的菜序具有明显的不同。比如说，用西餐时，通常要先上汤，而在中餐里，汤大都是最后或中间上。了解西餐的菜序，有两大好处，其一在用餐时成竹在胸，能够量力而行，依据个人食量吃好，吃饱。其二，在自己点菜时，能够加以比照，进行经济而适当的组合、搭配。

严格地讲，西餐的正餐与便餐的菜序是有很大差异的，以下将分别对其进行介绍。

（一）正餐的菜序

西餐的正餐，尤其是在正式场合所用的正餐，其菜序既复杂多样，又讲究甚多。在大多数情况下，西餐正餐的菜序由下列八道菜肴构成。一顿内容完整的正餐，一般要吃一两个小时。

1. 开胃菜

所谓开胃菜，即用来打开胃口之物，它亦称西餐的头盆。在西餐里，它往往不被列入正式的菜序，而仅仅充当着其“前奏曲”。在大多数情况下，开胃菜是由蔬菜、水果、海鲜、肉食所组成的拼盘（沙拉）。它多以各种调味汁凉拌而成，色彩悦目，口味宜人。

2. 餐前面包

在西餐正餐里所吃的面包，一般都是切片面包，或是需要当时从整个的大面包上切片而食。有时，也有刚刚烤好的小面包。在吃面包时，通常讲究可根据个人嗜好，涂上各种果酱、黄油或奶酪。

3. 汤

西餐之中的汤，大都芬芳浓郁，具有很好的开胃作用。按照传统说法，汤是西餐的“开路先锋”。只有开始喝汤时，才算正式开始吃西餐了，常见的汤有白汤、红汤、清汤等。

4. 主菜

西餐里的主菜有冷有热，但应以热菜为主。在比较正规的正餐上，大约要上两个冷菜，两个热菜。两个热菜之中，还讲究应当一个是鱼菜，另一个是肉菜。有时，还会再上一个海味菜。其中的肉菜必不可少，而且往往代表着用餐的档次、水平。

5. 点心

吃过主菜后，一般要上一些如蛋糕、饼干、吐司、馅饼、三明治之类的小点心，供没有吃饱的人借以填满肚子。

6. 甜品

吃毕点心，接着要上甜品。最常见的甜品有布丁、冰淇淋，等等。

7. 果品

用完甜点后，用餐者还可酌情享用干、鲜果品，常用的干果有核桃、杏仁、开心果等。草莓、香蕉、橙子、葡萄等，都是常见于西餐桌上的鲜果。

8. 热饮

在用餐结束前，应为用餐者提供热饮，以此作为“压轴戏”。最正规的热饮是红茶或什么都不加的黑咖啡。二者任选其一，但不能同时用，它们的作用主要是帮助消化。西餐的热饮，可以在餐桌上喝，也可以换一个地方，离开餐桌去酒吧或休息厅里喝。

（二）便餐的菜序

在普通情况之下，出于节约金钱和时间等方面的考虑，人们并不总是要去吃西餐全餐。如果不是为了尝鲜和犒劳自己，而只为了填饱肚子，点上几个有特色、有代表的西菜就足够了。

通常，一顿西便餐的标准菜序应当方便从简，由下列五道菜肴构成：

（1）开胃菜。

（2）汤。

（3）主菜。

（4）甜品。

（5）咖啡。

三、西餐餐具的使用

学习国际礼仪，我们对西方人的饮食用具不能不有所认识，否则在用西餐时，对桌上琳琅满目的餐具（见图 6—20）就会显得无所适从。使用刀叉进餐是西餐的最重要的特征之一。除了刀叉之外，西餐的主要餐具还有餐匙、餐巾、洗指碗、作料瓶、黄油盘等，西餐桌上出现的碟、杯、牙签等餐具的用法与中餐大同小异。

图 6—20　西餐餐具摆放

(一) 刀叉

刀叉，是对餐刀、餐叉两种餐具的统称。它们既可以配合使用，也可以单独使用。不过，在大多数情况之下，刀叉是同时配合使用的，因此，人们在提到西餐餐具时，喜欢将二者相提并论。学习刀叉的使用，主要是要掌握刀叉的区别、刀叉的用法、刀叉的暗示三个方面的问题。

1. 刀叉的区别

在较正式的西餐宴会上，通常讲究吃一道菜要换一副刀叉，即吃每道菜都要使用专门的刀叉。既不可以乱用，也不可以从头至尾只使用一副刀叉。通常，出现在西餐餐桌上的刀叉主要有：吃黄油所用的餐刀，吃鱼所用的刀叉，吃肉所用的刀叉，吃甜品所用的刀叉等。它们不但形状各异，而且摆放的具体位置也不同，掌握好这一点对于正确地区分它们十分重要。

吃黄油所用的餐刀，没有与之相匹配的餐叉。它的正确位置是横放在用餐者左手的正前方。

吃鱼所用的刀叉和吃肉所用的刀叉，应当餐刀在右、餐叉在左分别纵向摆放在餐盘两侧，餐叉的具体位置，应处于吃黄油所用餐刀的正下方。有时，在餐盘左右两侧分别摆放的刀叉会多达三副，要不把它们拿错，关键是要记住，应当依次分别从两边由外侧向内侧取用。

吃甜品所用的刀叉，应于最后使用。它们一般被横向放置在餐盘的正前方。

2. 刀叉的使用

使用刀叉时，通常有两种方法可供借鉴（见图6—21）。

(1) 英国式。它要求在进餐时，始终右手持刀，左手持叉，一边切割，一边叉而食之。通常认为，此种方式较为文雅。

(2) 美国式。它的具体做法是，先是右刀左叉，一口气把餐盘里所要吃的东西全部切割好，然后把餐刀斜放在餐盘前方，将餐叉换到右手，再慢慢享用食物。通常认为这种方式比较省事。

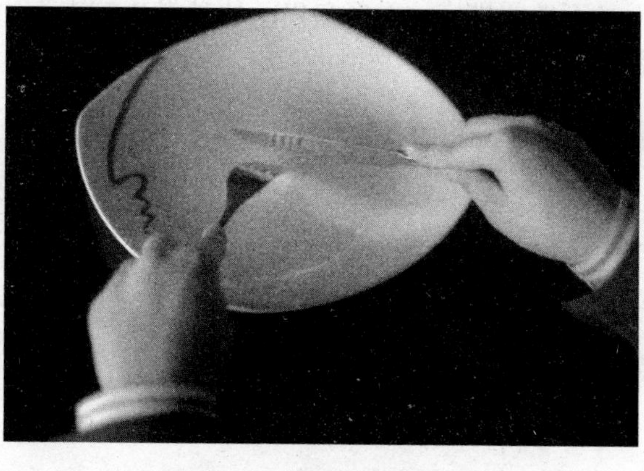

图6—21 西餐刀叉的使用

在以刀叉用餐时，不论采用上述哪一种方式，都应注意以下五点：

第一，在切割食物时，不可以弄出声响；

第二，进行切割食物时，应双肘下沉，两臂不要张开，刀与餐盘保持在15°左右。刀的移动方式也有要领，首先用力于左手的叉，再轻轻移动刀，注意刀在往回拉时不要用力，而是在往前下压时用力。

第三，被切割好的食物，应刚好适合一口吃下，切不可叉起食物后，再一口一口咬着吃。应当以叉铲着吃，不能用刀扎着吃。

第四，要注意刀叉的朝向。将餐刀临时放下时，不可刀口外向；使用刀叉时，叉齿应当朝下；右手持叉进食时，则应叉齿向上。

第五，掉落到地上的刀叉切勿再用，可请侍者捡起来另换一副。

3. 刀叉的暗示

使用刀叉，可以向侍者暗示用餐者是否吃好了某一道菜肴。其具体方法是：

（1）如果与人攀谈时，应暂时放下刀叉。摆放刀叉时，刀右叉左，刀口向内、叉齿向下，呈汉字的“八”字形状摆放在餐盘之上（见图6—22）。它的含义是：此菜尚未用毕。但要注意，不可将其交叉放成“十”字形。西方人认为，那是一种令人晦气的图案。

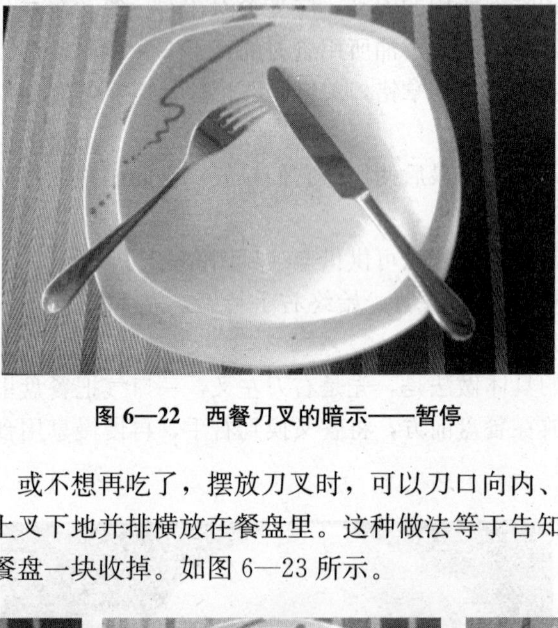

图6—22　西餐刀叉的暗示——暂停

（2）如果吃完了，或不想再吃了，摆放刀叉时，可以刀口向内、叉齿向上，刀右叉左地并排纵放，或者刀上叉下地并排横放在餐盘里。这种做法等于告知侍者：本人已用好此道菜，请他连刀叉带餐盘一块收掉。如图6—23所示。

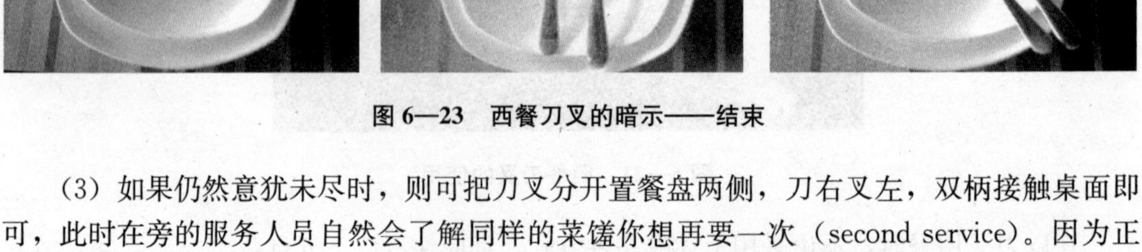

图6—23　西餐刀叉的暗示——结束

（3）如果仍然意犹未尽时，则可把刀叉分开置餐盘两侧，刀右叉左，双柄接触桌面即可，此时在旁的服务人员自然会了解同样的菜馐你想再要一次（second service）。因为正式餐会所有事物都是放在一个大餐盘中，一道一道地上，觉得喜欢可以要求再多一些，只要盘中食物仍有多余，如果是自助餐会就没有这个问题了。

(二) 餐匙

餐匙也叫调羹，在享用西餐时，餐匙是一种不可或缺的餐具。学习餐匙的使用，应重点掌握餐匙的区别、餐匙用法两大问题。

1. 餐匙的区别

在西餐的餐桌上，通常至少会出现两把餐匙，它们形状、用途不同，摆放的位置也不相同。个头较大的餐匙叫作汤匙，通常它被摆放在餐盘右侧的最外端，与餐刀并列纵放。个头较小的餐匙则叫作甜品匙，在一般情况下，它应当被横向摆放在吃甜品所用刀叉的正上方，并与之并列。如果不吃甜品，有时它也会被个头同样较小的茶匙取代。需要注意的是，上述两种餐匙用途各不相同，不可相互替代。

2. 餐匙的用法

在使用餐匙（见图 6—24）时，需要注意以下几个事项：

第一，餐匙除可以饮汤、吃甜品之外，绝不可直接舀取其他任何主食、菜肴；

第二，已经使用过的餐匙，不可再放回原处，也不可将其插入菜肴、主食，或是令其“直立”于甜品、汤盘或红茶杯之中。

第三，使用餐匙时，要尽量保持其干净清洁，不要动不动就把它搞得“浑身挂彩”。

第四，用餐匙取食时，动作应干净利索，切勿在甜品、汤或红茶之中搅来搅去。

第五，用餐匙取食时，不要过量，一旦入口，要一次将其用完。不要将一餐匙的东西分几次品尝。餐匙其前端入口，而不能将它全部塞进嘴里去。

第六，不能直接用茶匙去舀取红茶饮用。

图 6—24　西餐餐匙的使用

(三) 餐巾

各餐厅的餐巾都有不同，但大部分都是以没有折痕、皱褶的折法放于桌上。餐巾在西餐餐具里，有很多作用。下面将主要介绍餐巾的铺放和餐巾的用途两个方面的问题。

1. 餐巾的铺放

西餐里所使用的餐巾，通常会被叠成一定的图案，放置于用餐者右前方的水杯里，或是直接被平放于用餐者右侧的桌面上。餐巾的面积土有大、中、小之分，形状上也有正方形与长方形之分。

餐巾应平铺于自己并拢的大腿上，使用正方形餐巾时，应将它折成等腰三角形，并将直角朝向膝盖方向；若使用长方形餐巾，则可将其对折，然后折口向外平铺。

打开餐巾并将其折放的整个过程应悄然进行于桌下。尤其需要注意的是，在餐厅，通常是在点完料理后才将餐巾打开。在外用餐时，千万不要把餐巾掖于领口，围在脖子上，或塞进衣襟内。

2. 餐巾的用途

在正餐里，餐巾所发挥的作用主要有如下几条（见图 6—25）。

（1）为服装保洁。将餐巾平铺于大腿上，其主要目的是为了“迎接”进餐时掉落的菜肴、汁汤，以免弄脏自己的衣服。

（2）用来擦拭口部。在用餐期间与人交谈之前，应先用餐巾轻轻地擦一下嘴；女士进餐前，亦可用餐巾轻印一下口部，以除去唇膏；以餐巾擦拭口部时，其部位应大体固定，最好只使用其内侧。通常不能用餐巾擦汗、擦脸，特别要注意，不要用餐巾去擦餐具，那样做等于向主人暗示餐具不洁。

（3）用来掩口遮羞。进餐时，最好不要当众剔牙，也不要乱吐东西。非做不可时，应以左手拿起餐巾遮住口部，然后用右手剔牙，或以右手持餐叉接住“出口”之物，再将其移到餐盘前端。若这些过程没有遮掩，是很失礼的。

（4）用来进行暗示。在用餐时，餐巾可用以进行多种特殊暗示。最常见的暗示又分三种：

1）暗示用餐开始。西餐大都以女主人为“带路人”当女主人铺开餐巾时，就等于在宣布用餐开始了。

2）暗示暂时离开。若中途暂时离开，一会儿还要复返，继续用餐，可将餐巾放置于本人座椅的椅面上。见到这种暗示，侍者就不会马上动手“撤席”，而会维持现状不变。

3）暗示用餐结束。当主人，尤其是女主人把餐巾放到餐桌上时，意在宣告用餐结束，请各位告退。其他用餐者亦可以此法示意。

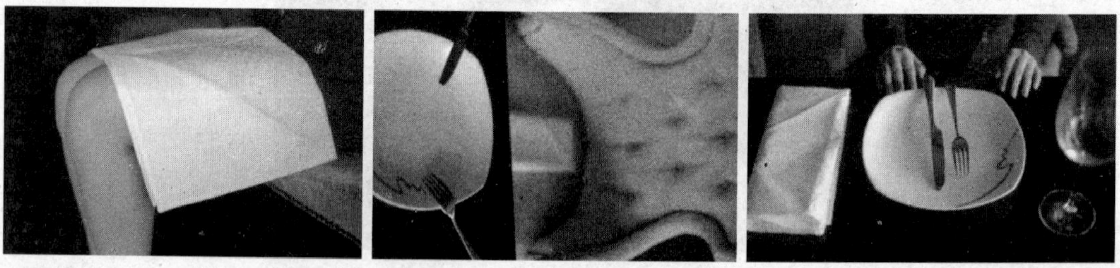

图 6—25　西餐餐巾的使用

（四）洗指碗

有时在上鸡、虾或水果时，服务员会递上一个漂亮的小水盂（铜盆、瓷碗或水晶玻璃缸），有的水里还飘着玫瑰花瓣或柠檬片，这就是洗指碗，里面装的是一些温水，人们需要直接用手取食物之前或弄脏手指后，可用来清洗手指。在使用时要注意以下几项：

（1）不可以把水喝掉。

（2）不可拧挤钵内的柠檬。

(3) 不可将两只手同时放入碗中。

洗指具体的做法是：在洗的时候，一次浸入一只手的指尖，将拇指、食指、中指三个手指放入水中，注意放入水中的手指不要超过三个，在水中将手指轻轻地搓一搓，再以餐巾擦拭。如图 6—26 所示。

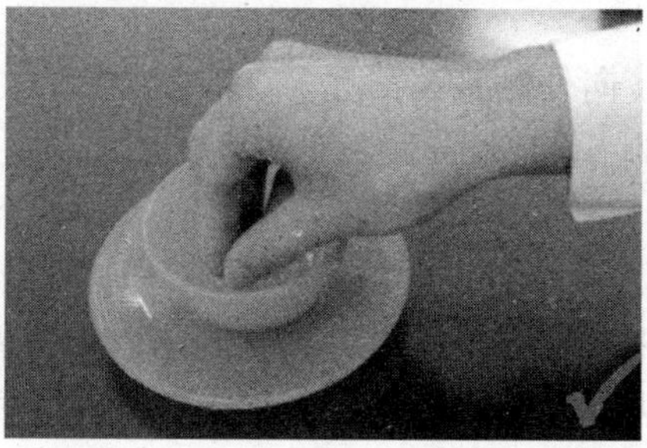

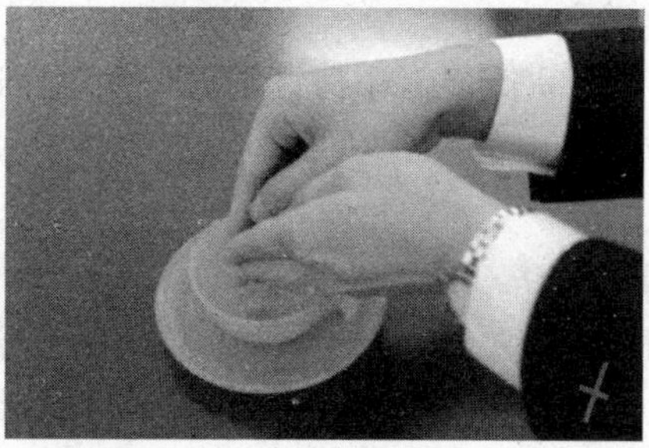

图 6—26　洗指碗的使用

四、西餐的品尝

西餐里的各道菜式，在具体的品尝方法上均有所不同。如果不了解各种菜肴的具体品尝方法，也就不能尽情地享用西餐。下面将简要介绍一下西餐里常见的开胃菜、面包、汤、主菜、点心、甜品、果品等的具体吃法。

(一) 开胃菜

在一般情况下，开胃菜多以沙拉为主。有时，也会上一些海鲜或果盘。

1. 沙拉

吃沙拉时，通常只宜使用餐叉，这是因为沙拉在上桌前，均已被切割完毕，不用再切。

2. 海鲜

开胃菜里的海鲜，主要有鲜虾、牡蛎、蜗牛等。吃小虾时，可以用叉取食，如果吃大虾，则应先用手剥壳，再送入口中。有时也可以用叉取食，但不需要切割。吃牡蛎时，应采用专门的餐叉，一只一只地吃。吃带壳的蜗牛时，可先用专门的夹子将肉夹出食之，然后再吮吸壳内的汤汁，若蜗牛已去壳，则可直接以餐叉取用。

(二) 面包

在西餐中所吃的面包，主要有鲜面包、烤面包两种。二者在吃法上小有差别，对此应予以注意。

1. 鲜面包

吃未烤过的鲜面包，不可一次拿得过多。正确的吃法是，用左手拿大小适当、刚巧可以一次入口的一小块，涂上黄油、果酱或蜂蜜后，送入口中。不要像吃汉堡包那样双手捧着吃，或是拿着一大块，一口接一口地咬着吃。吃未烤的切片面包，也可以一小块、一小块地撕着吃。

2. 烤面包

吃已烤过的面包，是不能撕食的，否则将使面包屑乱飞。在吃的时候，可慢慢地咬着吃。可配以黄油、鱼子酱，挤些柠檬，味道会更好。不论吃哪种面包，都不能用它蘸汤或擦盘子。

（三）汤

在西餐里，汤是一道菜，故对其不可轻视。

1. 正确之法

喝汤时，讲究以右手持握汤匙，由近而远，向外侧将汤舀起，然后就嘴而饮之。倘若以盘盛汤，盘内的汤很少时，可以左手由内侧托起盘子，使其外倾，然后以右手持匙舀之。

2. 错误之法

在喝汤时，要做到三不：第一，不端起汤来直接喝；第二，不趴到汤盆、汤盘上去吸食；第三，不用嘴吹汤，或是用盆、盘或汤匙去反复舀汤降温；第四，喝汤时不要弄出声音，在西餐里不仅喝汤，喝红茶、吃牛排也不该弄出太大的声音。

（四）主菜

西餐的主菜花样甚多。冷菜里的冻子、泥子，热菜里的鱼、鸡、红肉最为多见，下面就对其分别加以介绍。

1. 鱼

西餐中所吃的鱼，往往骨、刺很多。可先用餐刀将其切开，轻轻将骨、刺剥出后，再把它切成小块，以餐叉入口。若鱼的腥味太重，可在吃前挤上一点柠檬汁。

2. 鸡

吃鸡的时候，切勿直接下手“操练”。而须先设法去骨，后再以刀叉切割成小块，而后分而食之。

3. 红肉

在西餐里，肉菜往往指的是猪肉、牛肉、羊肉。平常所说的西餐主菜，往往只与肉菜画等号。在肉菜里，牛排、羊排、猪排，尤其是牛排，经常处于“重中之重”的位置。吃肉菜时，一般要从左往右，大小以一次入口适度为宜，将其以刀叉切割后进食。

（五）点心

在西餐里，经常吃的点心有饼干、馅饼、三明治、通心粉、土豆片、烤土豆，等等。

1. 三明治

吃三明治，一般应当用双手捧着吃。如果它不太大，则可仅用右手捏着吃。

2. 通心粉

通心粉，又叫意大利面条，吃它的时候，不应一根一根挑着吃。标准的方法，是右手握叉，在左手所握的汤匙的帮助下，把它缠绕在餐叉上，然后入口而食。吸食是不对的。

3. 烤土豆

烤土豆大都是连皮一起上桌的。吃的时候，应用左手轻按住它，右手持刀先在其上切个小口，令其散热，再用餐叉从小口里取食之。也可略作切割之后再吃。吃时还可浇上一些专用的肉汁。

（六）甜品

西餐里最常见的、最受欢迎的甜品有布丁、冰淇淋等。其食用方法分别为：

1. 布丁

西餐里上桌的布丁一般是流质的，故不应直接以手取食，正确的方法，是以专用的餐匙取食。

2. 冰淇淋

在西方国家里，冰淇淋是正餐所必备的主要甜品，冰淇淋上桌时通常被置于专用的高脚玻璃杯内，应以餐匙食之。

(七) 果品

吃西餐时，所提供的水果有干果、水果之分，不过水果是最常见的。以下分别介绍一下草毒、菠萝、苹果、香蕉、橙子、葡萄等最受喜爱的水果的食用方式。

1. 苹果

最正规的吃苹果方法，是取一只苹果，先切成大小相仿的四块，然后逐块去皮，再以刀叉食之。不过，现在绝大多数人，都是用手拿着去皮的小块苹果直接吃了。

2. 香蕉

对付整只的香蕉，应先剥除其外皮，再用刀叉切成小段，逐段食之，一般不应一边用手拿着剥皮，一边慢慢咬着吃。

3. 橙子

吃橙子有两种方法。正规的吃法，是先用刀除去其外皮，再用刀叉将其内皮剥离，然后用刀叉分瓣而食。大众的吃法，则是在用刀去皮后，切成几小块，然后用手取食。

五、西餐的要求

吃西餐时，尤其是参加正式的西餐宴会时，礼仪方面的要求既繁多，又严格，通常在吃西餐时，须谨记的礼仪要求统共有如下四条：

(一) 举止高雅

由于正统的西餐礼仪出自古代宫廷，因而其程式化的规定极多，其中最重要的是，要求用餐者严格约束个人举止，力求高雅动人。所以有人说：吃西餐，主要是“吃”风度和气氛。对国人而言，在用餐时要做到举止高雅，重点是要注意在下面几个方面表现良好。

1. 进食噤声

用餐之际，不论有意还是无意，吃东西还是喝东西，绝对都不要弄出声来。西方人认为，唯有缺乏教养者，才会在进食时出声作响。

2. 防止异响

除用餐而外，体内的任何声响，不管是咳嗽、打喷嚏，还是打嗝、放屁，都应自觉控制，不要当众出丑。另外，在就座、用餐时，也不要把座椅、餐桌、餐具弄出怪异之声。

3. 慎用餐具

在用餐时，务必要正确使用各种餐具。如有不懂可以现场模仿他人，尤其是女主人的做法，不要把餐具用于他用，尤其是不要以之相互敲击，或指点别人。

4. 正襟危坐

就座时，应从左侧入座，并使身体与餐桌保持两拳左右的距离。上身要呈挺拔之态，不要东倒西歪。双手不要支在桌上，或藏于桌下，而应扶住桌沿。双腿切勿乱伸，别忘了自己的对面与两侧皆为异性。

5. 吃相干净

在用餐时，要维护环境卫生，并注意个人卫生。不要吃得自己身上、脸上到处“留痕”，也不要把餐盘、餐桌和地面上弄得一塌糊涂。

（二）衣着考究

在吃西餐时，特别是在赴宴时，西方人非常讲究个人的穿着打扮。若是不谙此道，或明知故犯，既会被人轻视，也会失礼于人。

根据用餐规模、档次的不同，用餐时的衣着也不尽相同。大体上说，可有礼服、正装、便装之分。

1. 礼服

西式的礼服，男装为黑色燕尾服，扎黑色领结，女装则为拖地袒胸长裙，并配长筒薄纱手套。其他国家的人士，可穿本民族的盛装，如我国的中山装、旗袍，代替西式礼服。在隆重的宴会上，往往要求必须穿礼服。

2. 正装

在普通的宴会上，通常要求穿正装。在一般情况下，正装指的是深色，特别是黑色或藏蓝色的套装或套裙。要注意的是，男装不要色彩过浅、过艳，女装则切勿过短、过紧。

3. 便装

在一般性的聚餐时，可以穿便装，但也是有严格界定的，男士可穿浅色西装，或仅穿单件的西装上衣；女士则可以穿时装，或是以长西裤代替裙装，不能随心所欲地乱穿。不管穿什么，在用餐时不允许当众整理衣饰，例如，脱外套、松领带、卷袖子、解腰带等。

（三）尊重妇女

与中餐礼仪讲究尊重长者相同，尊重妇女则是西餐礼仪的一大特点。西餐礼仪里“尊重妇女”的要求，主要体现在下列三个方面：

1. 礼待女主人

在西餐宴请活动中，女主人往往处于“第一顺序”。其具体表现是：女主人要坐主位，要由女主人“宣布”用餐开始或结束等。用西餐时，女主人忙里忙外，甚至难以入席的情况是绝对不可能的。

2. 照顾女宾客

在吃西餐时，男士都有“护花使者”的义务，要处处积极、主动地照顾女士。如：在用餐前，要帮助其存外套，或寻位就座，在用餐期间，要帮助女士取菜，拿调味品，并与之交谈等。

3. 禁用女侍者

正规的西餐馆里，绝对讲究“女尊男卑”。所以在那里只能见到清一色的男侍迎来送往，却绝对难以见到一名女侍。根据传统，西餐馆是不用女侍的。

（四）积极交际

参与西餐宴会，除了品尝美食之外，不要忘记进行适当的交际活动。根据西餐礼仪，西餐宴会的主旨就是要促进人们的社交活动。

1. 宾主交际

应邀赴宴时，不要忘记抽空向主人致意，并且最好找一个时间与其叙一叙旧，联络联络感情. 不要吃了就走，不把主人放在眼里。

2. 来宾交际

在用餐时，中餐礼仪不提倡多讲话，西餐礼仪却要求人们要多多交谈。不仅要与老朋友寒暄，而且还要借机多交一些新朋友，不要只吃不说，或是只找老朋友、年轻貌美的异性交谈，而对其他人不闻不问，与周围之人都交谈上几句，才比较理智。

第四节　酒水礼仪

【案例导入】

1969年3月初，外交部常务副部长为抵京履新的阿尔巴尼亚驻华大使罗博接风洗尘，阿尔巴尼亚驻华大使馆参赞泽契·阿果利等使馆外交官员应邀赴宴，外交部另一位副部长及相关人等出席作陪。

席间，宾主觥筹交错，欢快异常。东道主更是热情异常，频频劝酒。两位副部长在30年代就有“酒仙”的雅号，今天难得如此开怀畅饮。罗博大使毕竟是新官上任，浅尝辄止。而阿果利却显得非常活跃，不断交杯痛饮。

散席后，醉醺醺的阿果利钻进自己的轿车开车向外交公寓驶去。在经过建国门外大街时，一个中国工人倒在了阿果利的车轮之下。阿尔巴尼亚最高领导获悉此事后，立即下令调回阿果利。

周恩来总理开始时不明此事的前因后果，在3月23日会见罗博时还以为这次事件的主要责任在阿果利，所以只是劝慰。周总理获悉真相后勃然大怒，狠狠地批评了外交部有关负责人，并责成他们在一个会议上做深刻检查。

周总理对外交部领导厉声言道：“你们外交部，看着阿果利过量饮酒不仅不劝阻，反而一再劝酒。阿果利是在中国，又是我们的客人，出了事，责任主要在我们。作为外交官，特别是你们几位领导同志，喝酒一定要有节制，喝多了容易误事……”

酒水，是对于用来佐餐、助兴的各种酒类的一种统称。亲朋好友相处，持杯把盏，小酌几杯，“醉翁之意不在酒，在乎山水之间也”。有酒助人兴，“酒逢知己千杯少”，可以用酒来充当人际交往的特殊媒介，在现代生活中，酒水在人际交往中，尤其是在宴请、聚餐活动中都发挥着重要作用。久而久之，有关酒水的选择、饮用以及待客、佐餐等方面的一系列具体做法，业已形成了一整套规范、完备的礼仪。

酒水礼仪的基本内容，主要涉及酒水的种类、酒水的运用以及酒会的规则等三大问题。

一、酒水的种类

作为饮料之中的排头兵，酒水的种类繁多，最常见的酒水主要有白酒、啤酒、葡萄酒、香槟酒、白兰地酒、威士忌酒，以及鸡尾酒等，它们既是各种酒类之中的佼佼者，同时也具有一定的代表性。为了能正确地、有益无害地饮用这些酒水，掌握这它们的主要特性便显得尤为重要。

（一）白酒

在这里所介绍的各种酒水，除白酒之外，其他都是从西方国家次第传入的舶来品，这些酒水，又叫作洋酒。

1. 白酒的特色

白酒，亦名烧酒、白干。它是用高粱、玉米、甘薯等粮食，或某些果品，发酵、蒸馏制成的一种酒类。它通常没有任何颜色，而且酒精含量大都比较高，属于典型的烈性酒。白酒因工艺的不同，可分成各种香型。当前，最著名的白酒有茅台酒、五粮液酒、剑南春酒、郎酒等。

2. 白酒的饮用

白酒可以净饮干喝，也可以用来帮助吃菜下饭，有时候甚至还可以泡药作引。不过，白酒一般不能与其他酒类和汽水等软饮料混饮，否则极易醉酒。在正式场合喝白酒，一般以专用的瓷杯或玻璃杯盛酒。它们“肚量”不大，所以喝白酒讲究“酒满敬人”和“一饮而尽”。喝白酒时，通常不必加温、加冰，或加水对其稀释。

（二）啤酒

啤酒，是由外国人发明的一种历史悠久的酒类。在国外，人们主要把啤酒当成是一种日常饮料。不过，对绝大多数中国人来讲，它却是一种最知名、最受欢迎的“洋酒”了。

1. 啤酒的特色

啤酒，又叫麦酒。它是一种用大麦和啤酒花为主要原料发酵制成的酒类。它含有大量的泡沫和特殊的香味，味道微苦，酒精含量较低，一般在 4 度左右。世界各国都出产啤酒，但主要分为德国式、捷克式和丹麦式三大类型。根据工艺的不同，又有生啤、熟啤之分，黄啤、黑啤、红啤之别。较为知名的啤酒品牌有德国的贝克，荷兰的喜力，丹麦的嘉士伯，美国的百威，日本的朝日，中国的青岛和燕京等。

2. 啤酒的饮用

饮用啤酒，一般应采用专用的倒三角形或带把的啤酒杯。饮用它的最佳温度，在摄氏 7 度左右，所以不要加冰或久冻。喝啤酒时，讲究大口饮用。在国外，啤酒是上不了筵席的，然而在国内，它却在社交聚餐中频频露面。此外，它还可以充当消暑解渴的最佳饮品。

（三）葡萄酒

目前，国人在饮酒时尚方面与国外同步的，恐怕只有对葡萄酒的欣赏了。作为正式宴会中的佐餐酒，葡萄酒一直地位至尊。近年来，它在国内也大受欢迎。

1. 葡萄酒的特色

葡萄酒，即以葡萄为主要原料，发酵酿制而成的一种酒类。它的酒精含量不高，味道纯美，富含营养。根据其色彩的不同，葡萄酒有白葡萄酒、红葡萄酒、桃红葡萄酒之分。根据其糖分含量的不同，又可将葡萄酒分为干、半干、微干、微甜、半甜、甜等几种。现在，干红葡萄酒最流行。这里所谓的“干”，意即它基本不含糖分。在葡萄酒里，酒精含量在 12 度左右。世界上最有名气的葡萄酒产在法国的波尔多地区。

2. 葡萄酒的饮用

葡萄酒不仅可以佐餐，而且也可以单独饮用。喝不同的葡萄酒，温度上有不同要求。白葡萄酒宜在摄氏 13 度左右，故应当加冰块或冷冻。而红葡萄酒则在摄氏 18 度左右饮用最佳。喝葡萄酒时，要用专门的高脚玻璃杯。喝白葡萄酒时，要捏着杯脚；而喝红葡萄酒时，则讲究握住杯身。桃红葡萄酒，又叫玫瑰红葡萄酒。它的口味、喝法与白葡萄酒略同，而且因其色泽柔美，多为妇女所喜爱。

(四) 香槟酒

在国内，香槟酒的知名度一直比较高，而且其实际应用也较为广泛。

1. 香槟酒的特色

香槟酒，也叫发泡葡萄酒，或者“爆塞酒”。实际上，它是一种以特殊工艺制成的、富含二氧化碳的、起泡沫的白葡萄酒。因其以法国香槟地区所产最为有名，因此称香槟。它的酒精含量约在 10 度左右，口感清凉、酸涩，且有水果香味。

2. 香槟酒的饮用

香槟酒以在摄氏 6 度左右饮用为佳，故在饮用之前需冷藏于冰桶之内。开瓶时，可稍事摇晃，再去瓶塞。届时，它就会连泡带酒一同奔涌而出，增加欢快的气氛。饮用香槟，须用郁金香形的高脚玻璃杯，并应以手捏住杯脚。香槟酒可用来佐餐、祝酒，也可以单独饮用，或是在庆典、仪式上以之为人助兴。

(五) 白兰地酒

在所有洋酒中，白兰地酒是最为名贵的，它曾一度与威士忌酒和茅台酒并称为“世界三大名酒”。

1. 白兰地酒的特色

白兰地酒，亦为葡萄酒大家族里的特殊一员，它是用葡萄经发酵之后蒸馏精制而成的，故此又叫作蒸馏葡萄酒。它的酒精含量约为 40 度，色泽金黄，香甜醇美。世界上知名的白兰地酒的品牌有马爹利、轩尼诗、人头马、拿破仑等，并以产于法国干邑地区、贮藏时间较长者为佳。

2. 白兰地酒的饮用

与白酒有所不同，以白兰地为代表的洋酒大都是以盎司计量的，故此它并不讲究“酒满敬人”。饮白兰地酒的最佳温度为摄氏 18 度以上，故应将其盛在专用的大肚、收口、矮脚杯内，先以右手托住杯身观其色彩，并以手掌为其加温。随后，待其香味洋溢时，闻过之后，再慢慢小口品味。若将其一饮而尽，只会被视为没有品位的“草莽英雄”。

(六) 威士忌酒

假如讲白兰地酒是洋酒之中的“贵族”，那么相对来说物美价廉的威士忌酒则是雅俗共赏的。

1. 威士忌酒的特色

威士忌酒，是一种用谷物发酵酿造而成的烈性蒸馏酒。它的口味浓烈、刺激，酒精含量约为 40 度。在世界各国生产的威士忌酒中，首推英国苏格兰地区生产的威士忌酒最为有名。其他知名品牌有尊尼获加、芝华士、威雀、老伯、添宝，等等。

2. 威士忌酒的饮用

威士忌酒可以干喝，不过加入冰块、苏打水或姜汁后，其味道更好。喝威士忌酒时，最好采用专门的平底小玻璃杯，耐心细致地慢慢将其品尝。喝威士忌，不但可以自斟自酌，而且也可以去酒吧里喝。

（七）鸡尾酒

鸡尾酒，是目前中国人在社交场合所接触较多的一种酒水。对于鸡尾酒，不少人都有一定程度的了解。

1. 鸡尾酒的特色

准确地讲，鸡尾酒并非某一种类的酒，而是一种混合型的酒。它是用各种不同的酒，以及果汁、汽水、蛋清、糖浆等其他饮料，按照一定的比例，采用专门的技法调配而成的。它的口味有浓有淡，酒精的含量有多有少，但其共同特点，则是异彩纷呈，层次分明，闪烁不定，好似雄鸡之尾，故被叫作鸡尾酒。鸡尾酒中的知名者，有好几千种。其中大名远扬的有马提尼、曼哈顿、红粉佳人、玛格丽特、莫吉托、长岛冰茶、天使之吻、青草蜢等。

2. 鸡尾酒的饮用

饮用鸡尾酒，可以去酒吧，也可以是在聚餐之时。为了便于观赏其独具特色的丰富色泽，最好用高脚广口的玻璃杯去盛鸡尾酒。讲究的人，往往不会把数种不同的鸡尾酒混杂在一起乱喝。

二、酒杯的使用

（一）酒杯

几乎每一种酒都有适合该酒特性的酒杯，常常可以见到的就有啤酒杯、香槟酒杯、葡萄酒杯、白兰地杯、威士忌杯、甜酒杯、鸡尾酒杯等等不一而足，如果用错酒杯则必定令人吃惊，会被认为连最基本的饮酒礼仪都不懂。这情形正如拿洗手间的卫生纸摆在餐桌上当餐巾纸一样的粗俗（国内餐厅则屡见不鲜）。

（二）拿酒杯的方式

不但酒杯的形状各异、材质不同，连拿酒杯的方式（见图 6—27）也不一样，譬如说拿白兰地酒杯时，要用手掌握住杯子的下半部，利用手掌的温度让白兰地酒香挥发出来，增加酒的甜美。

而握红葡萄酒杯时，则只可用手指握住杯柄部分，然后轻轻摇动杯中之酒，以利酒与空气充分混合接触，达到醒酒的目的，而若是手掌接触到酒杯，则其温度反而会影响葡萄酒的风味了。

白葡萄酒则又另当别论，这是因为白葡萄酒在饮用前必须冷藏至某一温度才是其味道绝佳之时，为了保持佳酿，整瓶酒都必须放在有碎冰块的冰桶之中，瓶外再加上白色餐巾，避免冰块融化时会弄湿手指，当然倒入杯中的酒不宜久置，因为室温会渐渐影响酒的风味。

葡萄酒杯　高脚杯　白兰地杯　水杯

白酒杯　鸡尾酒杯　啤酒杯

图 6—27　酒杯的使用

三、如何点酒

一般而言，正式的餐厅一定会有两份菜单，第一份是菜单，第二份则是酒单。点完主菜后，侍者会将酒单送上，此时可以根据自己的喜好点饮料，如啤酒、可乐、果汁等，但这些只是帮助下咽的饮料而已，稍微正式一点的场合多会有佐餐酒，也就是葡萄酒。

这类餐厅侍者大都经验丰富，而且点酒又关系着他们的收入，因为酒类的利润是他们额外收入的一部分（另外一部分则是小费），所以他们都会慧眼地把酒单拿给做东的主角。如果你正巧是主角，而刚好又不太会点酒时，不用紧张，面对酒单欣赏欣赏，然后转头看看侍者，问道："你有什么建议呢？（What do you suggest?）"这些经验丰富的服务人员只要看你主菜点的是多少金额的菜，心里就已经有谱了，他自然会推荐一些风味与价格均相当合宜的酒给你，相信他，他是不会害你的。

四、如何品酒

侍者从酒窖中取出葡萄酒后一定会拿到餐桌旁，双手奉上，请主角当面检查是否正确，什么东西正确呢？系酒名、酒庄、年份等。检查完毕立即当场开酒，开完后会先倒五分之一酒杯左右的酒在主角面前，意在请你尝尝看味道对不对？此时须以下列步骤做方才正确：

（1）拿起酒杯对着灯光或窗外光亮处，看看杯中物是否色泽清澈亮丽，若是有沉淀物或颜色混浊则八成已坏掉了。

（2）用鼻子就着杯口深呼吸几下，闻闻看是不是有酒香传出，若是传来异味，也可以退回重新再开一瓶。

（3）闻酒之后一饮而尽，但不要喝下去，留酒在口腔中，体会它、感觉它，葡萄酒的甘甜香美就在此刻了。

（4）最后吞酒入肠，然后满足地点点头，说声“Good”，也完成了品酒的仪式。此时侍者会为在座的每个人斟上美酒，而主角这时反而是排在最后一个。

五、酒水的饮用

善于饮酒的人，不仅能饮，而且会饮。要真正做到善用酒水，合乎礼仪，一般需要特别注意搭配菜肴、敬酒干杯、酒量适度三大问题。

（一）搭配的菜肴

酒水的主要功能，是在用餐时开胃助兴。然而欲使酒水正确地发挥这一作用，就必须懂得酒菜搭配之道。

下面分别就中餐与西餐聚餐、宴请时，酒水与菜肴的正确搭配方法，略作介绍。

1. 中餐中酒菜的搭配

若无特殊规定，正式的中餐宴会通常都要上白酒与葡萄酒。因为饮食习惯方面的原因，中餐宴请中上桌的葡萄酒多半是红葡萄酒，而且一般都是甜红葡萄酒。

通常在每位用餐者面前餐桌桌面的正前方，排列着大小不等的三只杯子，自左而右，它们依次分别是白酒杯、葡萄酒杯、水杯。

具体来讲，在搭配菜肴方面，中餐所选的酒水讲究不多，爱喝什么酒就可以喝什么酒。正规的中餐宴会一般不上啤酒，只有在便餐、大排档中，它的身影方才更为多见。客观地讲，搭配凉菜，效果更好。

2. 西餐中酒菜的搭配

在正式的西餐宴会里，酒水绝对是主角。不仅它最贵，而且它与菜肴的搭配也十分严格。一般来讲，吃西餐时，每道不同的菜肴需要配不同的酒水，每吃一道菜便要换上一种新的酒水。

西餐宴会中所上的酒水，一共可以分为餐前酒、佐餐酒、餐后酒三种。

其一，餐前酒，它的别名是开胃酒。它是在开始正式用餐前饮用，或在吃开胃菜时与之配伍的。通常，人们喜欢的餐前酒有鸡尾酒、味美思和香槟酒。

其二，佐餐酒，它又叫餐酒。它是在正式用餐期间饮用的酒水，西餐里的佐餐酒均为葡萄酒，而且大多数是干葡萄酒或半干葡萄酒。在正餐或宴会上选择佐餐酒，有一条重要的讲究，即“白酒配白肉，红酒配红肉”。这里所说的白肉，即鱼肉、海鲜、鸡肉，须以白葡萄酒搭配。这里所说的红肉，即牛肉、羊肉、猪肉，应配以红葡萄酒。鉴于西餐菜肴里的白肉多为鱼肉，故这一说法有时又被改头换面地表述为“吃鱼喝白酒，吃肉喝红酒”。此处所说的白酒、红酒，都是葡萄酒。

其三，餐后酒。指的是在用餐之后，用来以助消化的酒水。最常见的餐后酒是利口酒，又叫香甜酒，最有名的餐后酒，是有“洋酒之王”美称的白兰地酒。

饮不同的酒水，要用专用酒杯。在每一位用餐者面前桌面上右边餐刀的上方，大都会横排放置着三、四只酒水杯。取用它时，可依次由外侧向内侧进行，亦可“紧跟”女主人的选择。香槟杯、红葡萄酒杯、白葡萄酒杯以及水杯，往往必不可少。

（二）敬酒与干杯

在较为正式的场合，饮用酒水颇为讲究具体的程式。在常见的饮酒程式之中，斟酒、敬酒、干杯应用最多。

1. 斟酒

通常，酒水应当在饮用前斟入酒杯。有时，男主人为了表示对来宾的敬重、友好，还会亲自为其斟酒。

在侍者斟酒时，勿忘道谢，但不必拿起酒杯。但在男主人亲自来斟酒时，则必须端起酒杯致谢，必要时，还须起身站立，或欠身点头为礼。有时，亦可向其回敬以“叩指礼”，即以右手拇指、食指、中指捏在一起，指尖向下，轻叩几下桌面。这种方法适用于中餐宴会上，它表示的是在向对方致敬。

主人为来宾所斟的酒，应是本次宴会上最好的酒，并应当场启封。斟酒时要注意三点，其一，要面面俱到。应一视同仁，而切勿有挑有拣，只为个别人斟酒。

其二，要注意顺序。可以依顺时针方向，从自己所坐之处开始，也可以先为尊长、嘉宾斟酒。

其三，要斟酒适量。白酒与啤酒均可以斟满，而其他洋酒则无此讲究，要是斟得过满乱流，显然未必合适，而且也是浪费。

除主人与侍者外，其他宾客一般不宜自行为他人斟酒。

2. 敬酒

敬酒，亦称祝酒。它具体所指的是，在正式宴会上，由男主人向来宾提议，为了某种事由而饮酒。在敬酒时，通常要讲一些祝愿、祝福之言。在正式的宴会上，主人与主宾还会郑重其事地发表一篇专门的祝酒词。

敬酒时的正确做法是：上身挺直，双脚站稳，以双手举起酒杯，待对方饮酒时再跟着饮，敬酒的态度要热情大方。祝酒时，应主人与主宾先碰杯，碰杯时应目视对方（眼鼻组成的三角区）以示敬意，不一定碰杯。交叉碰杯是必须要避免的。敬酒时必须由自己身旁的人开始敬起，然后由近而远逐一敬酒，直至敬完全桌的每一个人为止。

通常，致祝酒词最适合在宾主入席后、用餐前开始。有时，也可以在吃过主菜之后、甜品上桌之前进行，祝酒词内容愈短愈好。

在他人敬酒或致词时，其他在场者应一律停止用餐或饮酒。应坐在自己座位上，面向对方认真地洗耳恭听。

3. 干杯

干杯，指的是在饮酒时，特别是在祝酒、敬酒时，以某种方式，劝说他人饮酒，或是建议对方与自己同时饮酒。在干杯时，往往要喝干杯中之酒，故称干杯。有的时候，干杯者相互之间还要碰一下酒杯，所以它又被叫作碰杯。

干杯，需要有人率先提议。提议干杯者，可以是致祝酒词的主人、主宾，也可以是其他任何在场饮酒之人。

干杯的具体的做法是：提议干杯时，应起身站立，右手端起酒杯，或者用右手拿起酒杯后，再以左手托扶杯底，面含笑意，目视他人，尤其是自己的祝酒的对象，口诵祝颂之词，如祝对方工作顺利、双方合作成功等。在主人或他人提议干杯后，应当手持酒杯起身站立，手举酒杯，至双眼高度，口道“干杯”之后，将酒一饮而尽，或饮去一半，或适当的量。然后，还须手持酒杯与提议干杯者对视一下，这一过程方告结束。

过去，在中餐中喝白酒，干杯必须一饮而尽，杯内不剩残酒，现在则不必非得如此。在西餐里，祝酒干杯讲究只用香槟酒，而绝不可以啤酒或其他葡萄酒滥竽充数。饮香槟干杯时，应饮去杯中一半的酒为宜，但也要量力而行。

在中餐里，还有一个讲究。即当主人亲自向自己敬酒并干杯后，应当回敬主人，与他再干一杯，回敬时，应右手持杯，左手托底，与对方一同将酒饮下。

有时，在干杯前，可稍微象征性与对方碰一下酒杯。碰杯时，不要用力过猛，非听到响声不可。出于敬重之意，可使自己的酒杯较对方为低。与对方相距较远时，可以“过桥”之法作为变通，即以手中酒杯之底轻碰桌面。这样做，也等于与对方碰杯了。不过，这一方式只是中式的。在西餐宴会上，人们是只祝酒而不劝酒，只敬酒而不真正碰杯的。使用玻璃酒杯时，尤其不能彼此碰杯。在西式宴会上，越过身边之人，而与相距较远者祝酒干杯，尤其是多人交叉干杯，也不允许。

小贴士

1. 碰杯的由来

世界上的许多国家，每逢宴会、节日、生日、婚日或其他喜庆的好日子，人们都会欢聚一堂，饮酒助兴，开始主人总是要举杯和大家相碰，以示庆贺。这种碰杯的礼节是怎么来的？据传，大约在古罗马时期，决斗之前，双方要先喝一杯酒。喝酒之前，双方要把酒杯中的酒倒给对方一点，证明里面没有毒药，然后一饮而尽。这个习惯流传下来，就成为今天酒席上的碰杯了。

2. 日本的“交杯礼”

日本人接待至亲好友时，使用传统敬酒方式，主人在桌子中央摆放一只装满清水的碗，并在客人面前摆上一块白纱布。主人先将自己的杯子在清水中涮一涮，然后将杯口在纱布上按一按，使杯子里的水珠被纱布吸干，这时主人斟满酒，双手递给客人，看着客人一饮而尽。饮完酒后，客人也将杯子在清水中涮一下，在纱布上吸干水珠，同样斟满一杯酒回敬给主人。如此交杯尽兴，以表宾主亲密无间，称为“交杯礼”。

（三）酒量宜适度

不管是在哪一种场合饮酒，都要有自知之明，并要好自为之，努力保持风度，做到“饮酒不醉为君子”。

1. 饮酒限量

在任何时候，饮酒都不要争强好胜，饮酒过多，不仅易伤身体，而且容易出丑丢人，惹是生非。在正式的酒宴上，特别要主动将饮酒限制在自己平日酒量的一半以下，免得醉酒误事。

2. 依礼拒酒

假如因为生活习惯或健康等原因而不能饮酒，可以下列合乎礼仪的方法之一，拒绝他人的劝酒。

方法之一，是申明不能饮酒的客观原因。

方法之二，是主动以其他软饮料代酒。

方法之三，是委托亲友、部下或晚辈代为饮酒。

方法之四，是执意不饮杯中之酒。

应当注意的是：不要在他人为自己斟酒时又躲又藏，乱推酒瓶，敲击杯口，倒扣酒杯，偷偷倒掉。把自己的酒倒入别人杯中，尤其是把自己喝了一点的酒倒入别人杯中，也是不对的。

3. 移风易俗

在饮用酒水时，不要忘记律己敬人之规。特别是要抛弃下列既有害于人，又有损于己的陋习恶俗。

第一，不要酒疯。极个别的人，在饮酒时经常“酒不醉人人自醉”，借机生事，装疯卖傻，胡言乱语。这一做法，实在令人厌烦。

第二，不要酗酒。有的人嗜酒如命，饮酒成瘾。这不仅有害身体，而且也有损个人形象。

第三，不要灌酒。祝酒干杯，需要两厢情愿。要学会祝酒不劝酒，千万不要强行劝酒，说什么“感情深，一口闷。感情浅，一点点”，非要灌倒他人，看对方笑话不可。

第四，不要划拳。有人饮酒时喜欢猜拳行令，大吵大闹，哗众取宠。其做法，也是非常失礼的。

六、酒会的规则

酒会，是便宴的一种形式。它兴起于西方，如今在国内也极其常见。它实际上是一种形式比较简单的，略备酒水、点心款待来宾的招待会。正规的酒会均以鸡尾酒来唱主角，所以它又叫作鸡尾酒会。酒会，不是鸡尾酒会的简称。酒会上所提供的酒水、点心、菜肴均以冷的东西为主，因此它有时也被称作冷餐会。酒会一般不配刀叉，以牙签取食。

在社交活动中，人们参加酒会的机会和主办酒会的机会都是很多的。因此，了解酒会的特点和用餐的形式，对每个人而言都有其必要性。

（一）酒会的特点

除以酒水和以冷食为主这两大特征之外，酒会还具有以下几个方面的明显特点。

1. 不必准时

出席酒会时，来宾到场与退场的时间一般掌握在自己手中，完全没有必要像出席正规宴会那样，非要准时到场、退场不可。

2. 不限衣着

参加酒会时，若无特别要求，则穿着打扮上不必刻意修饰，只要做到端庄大方、干净整洁即可。

3. 不排席次

在酒会上，通常不为用餐者设立固定的座位，也就是说，它是不用排桌次、位次的。用餐者在用餐时，一般均须站立，找一个座位稍作休息也可。

4. 自由交际

与上一特点相关，因无席位限定，所以在酒会上用餐者完全可以自由自在地随便选择自己所中意的交际对象，自由组合，随意交谈。

5. 自选菜肴

与正式宴会上依选定的菜单上菜大不相同，在酒会上，用餐者所享用的酒水、点心、菜肴均根据个人口味和需要自己去餐台取，或吩咐侍者代劳。所以，酒会也被叫作自助餐。

（二）用餐的形式

酒会虽然礼仪从简，但是也非完全没有礼仪可讲。参加酒会时，至少有以下八个方面的礼仪规范，是绝对不可不知不晓的。

1. 掌握餐序

酒会上提供的餐食品种不一定多，但取用时一定要依照合理的顺序而行，标准的酒会餐序依次应为：开胃菜→汤→热菜→点心→甜品→水果，鸡尾酒可在餐前或吃毕甜品时喝。

2. 排队取食

在用餐时，不论是去餐台取菜，还是从侍者手里的托盘选择酒水，均应遵守秩序，认真排队，依次而行。

3. 多次少取

选取菜肴时，不论是爱吃的还是尚未尝过的，都应每一次只取一点，若觉不够可以下一次再接着去取，即“多次少取”。

4. 力戒浪费

在酒会上，自己选取酒水、点心、菜肴时，切记不要超标过量。取来的东西，必须全部吃完。扔掉或浪费掉了，是不允许的。

5. 勿施于人

在酒会上，除家人、至交外，千万不要擅自去替别人代取酒水、点心、菜肴。

6. 禁止外带

在酒会上，吃多少喝多少都行，但是绝对不能把酒会上的东西外带。

7. 送还餐具

用餐完毕，应将自己所用过的餐具集中于一处，或主动送至指定之处，以示自己善始善终。

8. 适度交际

参加酒会的人可以自选对象进行交际，不可以来了就吃，吃了就走，不与任何人相交，是不符合酒会的要求的。

第五节　饮茶礼仪

【案例导入】

日本名将石田三成，在功成名就以前，他一直住在观音寺，靠打扫寺庙谋生。一次，幕府将军丰臣秀吉走到观音寺时，口渴难耐，于是到寺中求一杯水。石田热情地接待了他，开始为他准备茶水。石田首先为丰臣秀吉奉上一大碗温茶，带他喝完之后，再为他奉上一中碗稍热的茶；当丰田秀吉要第三杯时，石田奉上了一小碗热茶。

丰臣吉秀觉得挺有意思，便问他为什么如此上茶。石田说："您已经很口渴了，所以第一杯大碗温茶为解渴之用，温度要适当，不能过烫，量也要大；第二杯用中碗的热茶则稍带有品茗之意，因为您刚才喝了一大碗茶，已经解了口渴之急，所以为了品茗，温度要稍热些，量也不能像刚才那么大；第三杯，则纯粹是为了品茶，所以要奉上小碗的热茶，让您慢慢品。"

丰臣对石田的上茶之道大加赞赏，认为他知礼又有礼，于是将石田选在自己幕下。石田果然不负众望，成了日本的一代名将。

据史书云：三国时吴末代皇帝孙皓，每宴群臣，必尽兴大醉。大臣韦曜酒量甚小，孙皓便秘赐"以茶代酒"的方法。后来，逐渐产生集体饮茶的茶宴，且日益普遍，很像今天的茶话会，茶宴多以名茶待客，宾主在茶宴上一边细嚼慢品，一边赋诗作对，谈笑风生。茶话即饮茶清淡。文岳《人局》诗写道："茶话略无尘七杂。"因此，人们把用茶点招待宾客的社交性聚会叫作"茶话会"。如今，茶话会已成为我国各阶层人士进行互相谈心、表示情谊、交流情感的传统形式。

茶水，是我国各族人民最喜爱的一种日常饮料。茶在我国至少已有四千多年的历史，并且与咖啡、可可一道并称为世界三大饮料。由于我国人民饮茶历史源远流长，饮茶已逐渐被提升品位，逐渐形成了独具中国特色的茶文化，进而影响到日本、英国以及其他许多国家。平日，中国人在工作单位或是家中接待来访的客人时，沏茶、上茶已经成为一种不能缺少的待客礼节。中国有句老话，叫作"茶是话博士"，说的就是待客以茶可以活跃交际气氛，增加宾主交谈的兴致。

目前，就以茶待客而论，饮茶的礼仪主要涉及茶叶的品种、茶具的选择、敬茶的程序、品茶的方法四个方面。

一、茶叶的品种

饮茶，首先需要区别茶叶的品种，不同的地区、不同的民族、不同的饮茶者，对茶叶的品种往往会有不同的偏好。区分茶叶的品种，可以采取多种方法。不过，目前在我国采用最广的方法，是根据加工、制作方法的不同来区分茶叶的品种。根据这一标准，茶叶可分为绿茶、红茶、乌龙茶、花茶、砖茶、袋茶等几个品种。

（一）绿茶

绿茶，是对新鲜茶叶进行炒制，利用高温破坏其中所含的酶，在制止其发酵之后制作而成的，饮用绿茶，讲究要选用当年的新茶，尤其是要选用"明前茶"，即清明之前所采的茶叶。精心沏出来的绿茶，茶叶碧绿，茶汤清澈，入口之后，饱含沁人心脾的清香，并且清凉宜人。在夏日饮用，还可消暑降温。

（二）红茶

红茶的加工制作方法恰好与绿茶相反，它是以新鲜的茶叶经过控制，使之完全发酵之后制作而成的。在冲泡之前，它的色泽油润乌黑，在冲泡之后，它具有独特的浓香与爽口的滋味，并且暖胃补气，提神益智，一般而言，红茶其性温热，故适宜在冬天饮用，而不宜作为夏日饮品。

(三) 乌龙茶

乌龙茶的制作加工方法介乎绿茶、红茶的制作加工方法之间. 准确地说，它是一种半发酵的茶叶。其外形粗硕、松散，茶叶边缘发酵，中央不发酵，整体外观上呈黑褐色。它的别名叫作青茶。冲泡后的乌龙茶色泽凝重鲜亮，芳香宜人。喝过之后，不仅可以化解油腻，而且健胃提神，令人心旷神怡。

(四) 花茶

花茶，又叫香片，它是以绿茶经过各种香花熏制而成的茶叶。它的最大特点，是冲泡之后芳香扑鼻，口感浓郁，味道鲜嫩。一年四季，都可以饮用花茶。

(五) 砖茶

砖茶，又叫茶砖。它是特意将茶叶压紧之后，制作而成的一种类似砖块形状的茶叶品种。它颇受一些少数民族的喜爱，多用于煮饮，尤其是添加奶、糖等之后煮饮。

(六) 袋茶

袋茶，并不是茶叶的某一个品种，而是为了饮用方便，将绿茶、红茶、乌龙茶或花茶分别装入纸袋之内。饮用时只需将纸袋置于杯内，然后冲泡即可。简而言之，袋茶是一种茶的方便饮品。

二、茶具的选择

饮茶是一种文化，所以在选择茶具时，既要干净、卫生、实用，又要美观、大方、悦目。饮茶之时，所选茶叶的具体品种不同，所需茶具也会有所不同，不过在一般情况下，茶具有以下三类：储茶用具、泡茶用具、饮茶用具。

(一) 储茶用具

储茶用具，指的是平日存放茶叶的专用器皿。它的基本要求是：防潮、避光、隔热、无味。因此，用来存放上佳的茶叶，最好选用特制的茶叶罐，如铝罐、锡罐、竹罐，尽量不要使用不符合要求的玻璃罐、塑料罐，更不要长时间以纸张包装存放茶叶。

(二) 泡茶用具

讲究饮茶的人，对泡茶用具是十分挑剔的。在比较正规的情况下，泡茶用具与饮茶用具往往一分为二，以确保饮茶有滋有味，有模有样。正规的泡茶工具，最常见的是茶壶，其大小各异，外观不同，但多以有助于茶水味道纯正的紫砂陶、陶瓷制成。

(三) 饮茶用具

饮茶用具，这里所指的是饮茶时所用的茶具。在大多数情况下，饮茶用具主要是茶杯、茶碗。好的茶杯，有助于茶汤纯正味道的发挥。如紫砂陶茶杯和陶瓷茶杯。若为了欣赏茶叶的形状与茶汤的清澈，也可以选用玻璃茶杯。

三、茶水礼仪

(一) 红茶的备制

红茶的备制分“清饮法”和“调饮法”。我国大都采用“清饮法”，即不在茶水中加添其他配料。“调饮法”是将泡好的红茶倾入杯中，再冲入适量的糖、牛奶或柠檬汁等。

（二）绿茶的备制

高级绿茶或名茶一般用透明的玻璃杯冲泡，以显示茶叶的品质特色，普通的眉茶、珠茶常用瓷质茶杯冲泡，这样便于保温，也可得到较浓郁的茶汤。

（三）乌龙茶的备制

乌龙茶备制的原料大多是铁观音、武夷茶等上品，用水也是干净的溪水、泉水，配以小巧精致的茶具。制作时应用水壶在炉子上烧水，水烧开后，先用沸水烫茶壶和茶杯，然后冲泡茶叶，再用开水在盖上淋浇。二至三分钟后，把茶水均匀地倒入各个杯里。通常一壶茶分注四杯，每杯先盛半杯，逐渐加至八成，这样能使每杯茶茶气均匀，香味醇厚。

（四）花茶的备制

冲泡花茶，多用瓷杯，取一撮花茶置于杯内，用沸水冲泡，加盖四五分钟，即可饮用，也可用茶壶冲泡好后再倒入茶碗饮用。

（五）斟茶

如用茶壶斟茶，用右手拿壶把，左手轻按壶盖，按先宾后主的顺序斟茶，斟茶后不要把茶壶嘴对着宾客。为宾客斟完茶后，茶壶须重新注满开水，再放回桌上，并置于茶杯右侧。注意，斟茶时不要将茶杯从桌上拿起，不能用手触摸杯口。

四、敬茶的程序

自古以来，中国人待客就有“坐，请坐，请上座；茶，敬茶，敬点茶”的说法，由此可见，以茶敬客在待客之际是一种绝对不可缺少的重要礼仪。

以茶敬客时，最重要的是要注意客人的嗜好、上茶的规矩、敬茶的方法、续水的时机等几个要点。

（一）客人的嗜好

俗语说：“众口难调”，饮茶其实也是如此。有人喜欢喝绿茶，有人喜欢喝红茶，有人喜欢喝凉茶，有人喜欢喝糖茶，有人喜欢喝奶茶。在以茶待客时，若有可能，应尽可能照顾来宾，尤其是主宾的偏好。

尽可能地多备几种茶叶，使客人可以有几种选择。在上茶之前，应先询问一下喜好，并为其提供几种可能的选择。当然，若只有一种茶叶，则要实事求是地说清楚，若客人点出自己没有的茶叶品种，可就难以下台了。

一般认为，饮茶不宜过浓，否则可能使饮用者“醉茶”，即因摄入过量的咖啡因而令人神经过分兴奋，所以若客人没有特殊要求，为之所上的茶水不应过浓。民间以茶待客讲究要上热茶，而且还有“茶满欺人”、“七茶八酒”之说，其含义是说斟茶不可过满，而以七分满为佳，这样热茶便不会从杯中溢出来烫伤人了。

（二）上茶的规矩

上茶时，有下列规矩可循。

1. 奉茶之人

以茶待客时，由何人为来宾奉茶，往往涉及对来宾重视的程度问题。在家中待客时，通常可由家中的晚辈或者家庭服务员为客人上茶。接待重要的客人时，则应由女主人，甚至主人自己为之亲自奉茶。

在工作单位待客时，一般应由秘书、接待人员、专职人员为来客上茶。接到重要的客人时，则应由本单位在场的职位最高者为之上茶。

2. 奉茶顺序

若来访的客人较多时，上茶的先后顺序一定要慎重对待，切不可肆意而为。合乎礼仪的做法应当是：

其一，先为客人上茶，后为主人上茶；

其二，先为主宾上茶，后为次宾上茶；

其三，先为女士上茶，后为男士上茶；

其四，先为长辈上茶，后为晚辈上茶。

如果来宾甚多，且其彼此之间差别不大时，可采取下列四种顺序上茶：

其一，以上茶者为起点，由近而远依次上茶；

其二，以进入客厅之门为起点，按顺时针方向依次上茶；

其二，在上茶时，以客人的先来后到为先后顺序；

其四，上茶时不讲顺序，或者由饮者自己取用。

（三）敬茶的步骤

以茶待客时，一般应当事先将茶沏好，装入茶杯，然后放在茶盘之内端入客厅。如果来宾较多时，务必要多备上几杯茶，以防届时“僧多粥少”，供不应求。

在上茶时，应当借此机会，向客人表达自己的谦恭与敬意。标准的上茶步骤是：双手端着茶盘进入客厅，首先将茶盘放在临近客人的茶几上或备用桌上，然后右手拿着茶杯的杯托，左手附在杯托附近，从客人的右后侧双手将茶杯递上去，置于客人右前方。茶杯放置到位之后，杯耳应朝向右侧。若使用无杯托的茶杯上茶时，亦应双手捧上茶杯。

从客人右后侧为之上茶，意在不妨碍其工作或交谈的思绪。万一条件不允许时，至少也要从其左侧上茶，而尽量不要从其正前方上茶。

可在上茶的同时，轻声告之“请用茶”。若对方向自己道谢，不要忘记答以“不客气”。如果自己的上茶打扰了客人，应对其道一声“对不起”。

为客人敬茶时，一定要注意尽量不用一只手上茶，尤其是不要单用左手上茶。双手奉茶时，切勿将手指搭在茶杯杯口上，或者将其浸入茶水。放置茶杯时不要把茶杯放在客人的文件上，或是其行动时容易撞翻的地方。将茶杯放在客人面前与右手附近，是最适当的做法。

大型会议中，主席台上茶服务的具体要求如下：会前 30 分钟，从最后一排的服务员开始，按顺序排队，统一进入会场。倒水时，步态平稳，动作协调，左手无名指与小指夹住杯盖，中指与食指卡住杯把，大拇指从上面捏紧杯把，将茶杯端至腹前，右手提暖水瓶将水缓缓斟入杯中，八分满为宜。然后将杯子放到垫盘上，盖上杯盖。注意续茶水，第一次隔 30 分钟，之后每 40 分钟续一次即可。

如图 6—28 所示。

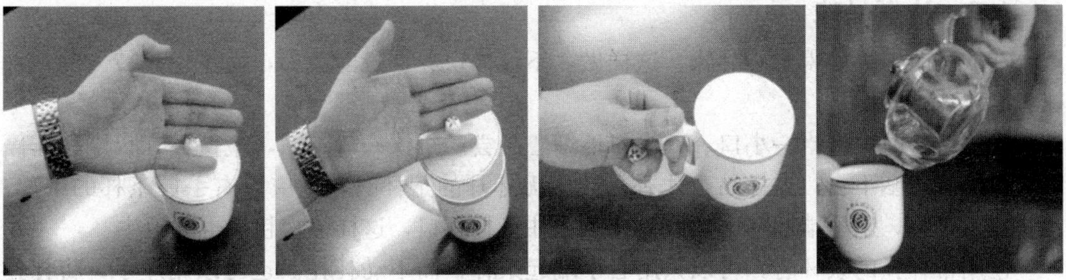

图 6—28　斟茶

（四）续水的时机

为客人端上头一杯茶时，通常不宜斟得过满，得体的做法是应当斟到杯深的 2/3 处，不然就有厌客或逐客之嫌。

主人若是真心诚意地以茶待客，最适当的做法，就是要为客人勤斟茶，勤续水。通常，客人喝过几口茶后，即应为之续上，绝不可以让其杯中茶叶见底。这种做法的寓意是“茶水不尽为客添，慢慢饮来慢慢叙”。

当然，为来宾续水让茶一定要讲主随客便，切勿神态做作，再三再四地以斟茶续水搪塞客人，而始终一言不发。以前，中国人待客有“上茶不过三杯”一说。第一杯叫作敬客茶，第二杯叫续水茶，第三杯叫送客茶。有鉴于此，在以茶招待较为守旧的老年人或海外华人时，切勿再三为之斟茶。

在为客人续水斟茶时，以不妨碍对方为佳。最好不要在其面前进行操作。非得如此不可时，则应一手拿起茶杯，使之远离客人身体、座位、桌子，另一只手将水续入。

五、品茶的方法

在正式的社交场合，饮茶应当文明、礼貌。具体而言，需要在下述两个方面特别加以注意。

（一）态度谦恭

既然以茶待客是一种礼仪，主人在以茶待客时处处以礼待人，作为接受款待的客人在饮茶之时，也应勿失谦恭与敬意。

当主人上茶之前，询问大家“想喝什么”的时候，如果没有特别的禁忌，可以在对方所提供的几种选择之中任选一种，或告之以“随便”。如果自己不习惯饮茶，应及时向主人说明，若自己未及时说明，而主人已上茶，千万不要面露不快，不喝即可。

若主人，特别是女主人或者长辈为自己上茶、续水时，应当即起身站立，双手捧接，并道谢，其他人员为自己上茶、续水时，也应及时以适当的方式道谢。

如果对方为自己上茶、续水时，自己难以起身站立、双手捧接或答以“多谢”时，至少应向其面含微笑，点头致意，或者欠身施礼。不喝的凉茶、剩茶，千万不要随手泼洒在地上。

在社交活动中，交谈时最好不要饮茶。不论是自己或交谈对象正在讲话时，自己要是突然转而饮茶，不但会打断谈话，而且也会显得自己用心不专。

（二）认真品味

在饮茶时，要懂得悉心品味。这样做，不仅体现着自身的教养，而且也是待人的一种礼貌的做法。

在饮茶之时，应当一小口、一小口地细心品尝。每饮一口茶后，应使其在口中稍作停留，再慢慢地咽下去，这样品茶才香。使用无杯耳的茶杯时，则应以右手握茶杯的中部，不要双手捧杯，以手端起杯底，或是用手握住茶杯杯口，这样显得粗鲁也不卫生。

使用带杯托的茶杯时，可以只用右手端起茶杯，而不动杯托。也可以用左手，将杯托连茶杯，托至胸高度，然后以右手端起茶杯饮之。饮茶的时候，忌连茶汤带茶叶一并吞入口中，更不能下手自茶中取出茶叶。万一有茶叶进入口中，切勿将其吐出，或是嚼而食之。

饮盖碗茶时，可用杯盖轻轻将漂浮于茶水之上的茶叶拂去，不要用口去吹。茶太烫的话，也不要去吹，或是用另一只茶杯去折凉茶水，而最好待其自然冷却。

饮用红茶或奶茶时，不要用茶匙舀茶，也不要将茶匙插放在茶杯中，将其放在杯托上即可。

若主人告之所饮的是名茶，则饮用前应仔细观赏一下茶汤，并在饮用后加以赞赏。不要不予理睬，或是随口加以贬低，“喝起来不怎么样”，“这茶有些走味”，或是“没把好茶泡好”之类让主人不快的话。

第六节　咖啡礼仪

长期以来，咖啡一直是欧美国家诸多饮料之中的主角。在那里，咖啡不仅被用来提神、解渴，而且还频频现身于各种各样的社交聚会场所。它所受欢迎的程度，绝对不亚于在中国被视为国粹的茶水。

由于中国人过去对咖啡这种纯西方式的饮料接触不多，所以一些人只知道饮咖啡时髦，却不晓得如何饮用咖啡方为得体。实际上，饮用咖啡，除了其饮料自身的功能之外，更重要的是要借以促进人与人之间的交际，展现个人自身的教养与素质。也就是讲，饮咖啡在很大程度上是一种礼仪活动，越是正式的场合，就越是如此。

根据社交礼仪的惯例，饮用咖啡，需要特别注意饮用的时机、咖啡的种类、饮时的举止三个方面的问题。

一、饮用的时机

饮用咖啡，应当把握适当的时机。具体而言，饮用咖啡的时机即指饮用咖啡的时间与饮用咖啡的地点两个方面的问题。

（一）饮用的时间

如上所言，饮用咖啡，实质上是一种礼仪活动，所以在具体时间的安排与选择上，有必要细心斟酌，切勿贸然而行。一般而言，饮用咖啡的时间，不外乎有如下几种具体选择：

1. 自己饮用

自己饮用咖啡，原则上不必受到时间的限制。想要饮用的话，随时可以悉听尊便。只要记住不要饮用过量，不要因饮用咖啡而过度刺激神经兴奋，从而影响休息即可。

2. 家中待客

在家中以咖啡待客，不论是借饮咖啡这种形式会友，还是纯粹将其视作饮料，大体上不应当超过下午 4 点钟。因为有很多人在此时间之后不习惯再饮咖啡。

3. 外出会客

邀人外出，在咖啡厅会客时饮用咖啡，一般应当避开上午。最佳的时间有二，一是周末，二是午后。可根据具体情况，协商安排。

4. 宴会待客

在正式的西式宴会上，往往以咖啡作为其“压轴戏”。而正式一些的西式宴会大都在晚间举行，故此在宴会上饮用咖啡通常是在晚间。不过为了照顾个人嗜好，在宴会上上咖啡的同时往往还会提供红茶，而由来宾自选其一。

(二) 饮用的地点

饮用咖啡，讲究具体地点的选择。具体地点不同，饮用咖啡时的礼仪要求往往也会有所不同。一般而言，饮用咖啡最常见的地点主要有：客厅、写字间、花园、餐厅、咖啡厅、咖啡座，等等。

1. 客厅

在客厅内饮咖啡，主要适用于招待客人。有些时候，自己与家人喝咖啡也会选择此处。

2. 写字间

在写字间里饮咖啡，主要是在工作间歇自己享用，是为了提神。

3. 花园

在自家花园饮咖啡，固然适合于自己与家人消闲休息。此外，也适于招待客人。西方有一种专供女士社交的咖啡会，就是在主人家的花园或庭院中举行的。它不排位次，时间不长，重在交际与沟通，饮咖啡只不过是其一种表面形式。

4. 餐厅

在西方，咖啡往往是正餐中最后出现的一道“菜点”。在餐厅里用餐时，人们往往会选用咖啡佐餐助兴。

5. 咖啡厅

咖啡厅，有时又叫咖啡屋、咖啡室，它是一种装饰高档、气氛温馨的饮食服务点。除供应咖啡外，还提供其他餐饮。在此处饮咖啡，往往与鲜花、乐曲、红烛相伴，故经常有一些人选择来此会友。

6. 咖啡座

它是一种露天的“咖啡厅”，多设于街道两侧，仅为客人提供桌椅与遮阳伞，适合于自我休息或与友人聊天。在西方国家里，它随处可见，讲究的主要是自由自在，休息观景。

二、咖啡的种类

与茶叶一样，咖啡的种类也非常多。在非正式场合，选择何种咖啡自然无可厚非。但在正式场合，它却不仅仅是一个个人习惯问题，而是一个涉及选择者身份、教养、见识的问题，故此应当对这一问题充分了解，认真对待。

由于依据的标准不同，咖啡可被分为多种多样。目前，区分咖啡的种类，主要依据的是其配料的添加与制作的方法。以下将对此进行简单介绍。

（一）根据配料区分

依据饮咖啡时添加的配料的不同，咖啡可被分为多个品种。其中，最为常见的有下述六种：

1. 黑咖啡

它所指的是既不加糖，也不加牛奶的纯咖啡。在正统的西餐里压轴的，就是这种宜于化解油腻的咖啡。直至今日，饮用这种咖啡，仍被西方人视为身份高贵或出身于上流社会的一个标志。

2. 白咖啡

它指的是饮用之前加入牛奶、奶油或特制的植物粉末的咖啡，有人亦称之法式咖啡。饮用这种咖啡时，加糖与否完全可以自作主张。它适合在各种情况之下，尤其是在非正式场合饮用。

3. 浓黑咖啡

它的全名叫意大利式浓黑咖啡。它以特殊的蒸汽加压的方法制作，极黑极浓，不宜多饮。在饮用时，可加入少量的糖，但不宜加牛奶或奶油。

4. 浓白咖啡

它的全名叫作意大利式浓白咖啡。其制作方法，基本上与浓黑咖啡相类似，只是加入了用牛奶打制出来的奶油或奶皮，故此显得又稠又浓，口味甚佳。在饮用时，不宜再添加牛奶，加入少许用柠檬皮榨取的汁液则是允许的。至于是否加糖，则可由自己来作决断。

5. 爱尔兰式咖啡

爱尔兰式咖啡的最大特点，是在饮用咖啡之前不加入牛奶，而是加入一定数量的威士忌酒。加不加糖，则请君自便。它的味道浓烈，刺激提神。

6. 土耳其式咖啡

土耳其式咖啡大致与白咖啡类似，在咖啡之中可以酌情加入适量的牛奶与糖。但是，与其他种类所不同的是，它的咖啡渣并未除去，而是被装入杯中与咖啡一起上桌，供人饮用。它杯大量大，稍显浑浊，深受中东地区人民的喜爱。

（二）根据制作区分

根据制作方法的不同，咖啡大体上可被分为现煮的咖啡、速溶的咖啡、罐装的咖啡三种。

1. 现煮的咖啡

现煮的咖啡，这里所指的是在饮用咖啡之前，当场将一定数量的咖啡豆放入特制的咖啡具，现磨现煮的咖啡。与速溶咖啡相比，它费时费力，并且不好把握火候，技术水平要求较高。

在习惯饮用咖啡的西方国家里，会不会煮咖啡，是一位家庭主妇是否称职的一大标准。因此，西方人有一个习惯，家里来了客人，若有可能，一定要待之以现磨现煮的咖啡，并且由女主人亲自为客人煮咖啡，上咖啡。这既是一种礼遇，又体现着一种档次。所以，遇上女主人这般厚待时，来宾无论如何都不能忘了当面称道一下女主人为自己所煮的咖啡“味道好极了”，否则就是不礼貌的。

2. 速溶的咖啡

它是以现代工艺将咖啡提纯、结晶、装罐，饮用时只需冲入适量的热开水即可，因此非常方便省事，深受快节奏的现代人的欢迎。不过，它仍属于一种方便食品，口味比较单一，档次上难与现煮的咖啡相提并论。在较为正式的场合，一般难觅其身影。

应当切记，自己喝速溶咖啡与否，无可非议。但在款待重要客人时，却最好不要上这种咖啡，尤其是不要把它视为一种高档咖啡，而正式介绍给客人。

3. 罐装的咖啡

它指的是将煮好的咖啡装入罐内，可随时饮用。其饮用方便，但口味稍差，不适用于待客。

三、饮时的举止

在较为正式的场合，特别是在大庭广众之前、众目睽睽之下饮用咖啡时，务必要在个人举止方面好自为之，处处谨慎，依礼而行。其中最主要的，是要在饮用的数量、配料的添加、饮时的方法三个具体方面多加检点。

（一）饮用的数量

饮用咖啡的具体数量，在正式的场合，应注意如下两点讲究。

1. 杯数要少

在正式场合饮咖啡，与其说咖啡是一种饮料，不如说它是一种休闲或交际的陪衬，所以完全可以说人们饮咖啡时多是“醉翁之意不在酒，在乎山水之间也”。在一般情况下，饮咖啡一杯足矣。

2. 入口要少

饮咖啡既然不是为了充饥解渴，那么在饮用时则切勿饮相粗鲁，令人见笑。端起咖啡杯扬脖一饮而尽，或是大口吞咽咖啡，喝时响声大作，都是十分失礼的。饮咖啡时，一杯咖啡总要喝上十来分钟，并且应分为十来口慢慢地喝。唯有一小口一小口慢慢地品尝咖啡，才能悟出其难言之妙，并且显得自己举止优雅脱俗。

（二）配料的添加

在某些情况下饮咖啡时，需要饮用者自己动手，根据个人需要和爱好，往咖啡里面添加一些诸如牛奶、方糖之类的配料。遇到这类情况，一定要牢记自主添加、文明添加这两项要求。

1. 自主添加

在添加咖啡的配料时，要求自主添加，就是要求大家自己为自己负责，完全自行其是，不要越俎代庖地去为他人添加配料。因为每个人的需要与偏好往往相去甚远，唯有自己才最了解。

2. 文明添加

在添加咖啡的配料时，要求文明添加，就是要求大家在具体操作时自然大方，温文尔雅，尽量避免不卫生、不得体的做法。比如，若大家同时需要添加配料，彼此要相互谦让，不要你争我抢。若某种配料用完，需要补充时，不要大呼大叫，责备侍者。

（三）饮咖啡的礼仪

饮用咖啡时，有许多讲究与禁忌。其中，在礼仪方面的要求主要是，杯的持握、匙的使用，取食甜点、交谈须知四个方面的问题。

1. 杯的持握

饮用咖啡（见图6—29）时，不可以双手握杯，不可以用手托着杯底，不可以俯身就近杯子去喝，不可以用手端着碟子而去吸食放置于其上的杯中的咖啡。持握咖啡杯的得体方法，是应当伸出右手，用拇指与食指握住杯耳之后，再轻缓地端起杯子。若是用一只手大把握住杯身、杯口，或者将手指穿过杯耳之后再握住杯身，都是不正确的方法。

在正式场合，咖啡都是盛入杯中，然后放在碟子上一起端上桌的。碟子的作用，主要是用来放置咖啡匙，并接收溢出杯子的咖啡。若碟中已有溢出的咖啡，切勿泼在地上或倒入口中，可以纸巾将其吸干，或将其倒入杯中。饮咖啡时，是否需要同时端起碟子，不好一概而论。若坐在桌子附近饮咖啡，通常只需端杯子，而不必端碟子。若距桌子较远，或站立、走动时饮咖啡，则应用左手将杯、碟一起端起，至齐胸高度，随后再以右手持杯而饮。这种方法又迷人，又安全。说它迷人，是因为姿势好看。

图6—29　咖啡饮用

2. 匙的使用

作为咖啡具大家族中的重要一员，在正式场合饮咖啡时，人手一只的咖啡匙其实作用不大。如果穷尽其极，它只能够做以下三件小事：

第一，加入牛奶或奶油后，可以之轻轻搅动，使其与咖啡相互融合。

第二，加入方糖之后，可以匙略加搅拌，促使其迅速溶化。

第三，若嫌咖啡太烫，可待其自然冷却，或以匙稍做搅动，促使其变凉。

咖啡匙的使用，有两条非常重要的禁忌：其一，不可以用匙去舀起咖啡来饮用。在公共场合那么做，必定会令人瞠目。其二，不可以让它在咖啡杯中立正，不使用它的时候，可将其平放在咖啡碟里。

3. 取食甜点

在饮用咖啡时，为了不伤肠胃，往往会同时备有一些糕点、果仁、水果之类的小食品，供饮用者自行取用。

需要取甜点时，首先要放下咖啡杯。而在饮用咖啡时，手中也不宜同时拿着甜点品尝。切勿双手左右开弓，一边大吃，一边猛喝。切勿只吃不喝，弄得本末倒置。

4. 交谈须知

在饮用咖啡时，应适时地与交往对象进行交谈。在交谈时，务必要细语柔声，降低音量，千万不要大声喧哗，乱开玩笑，更不要与人动手动脚，追追打打。那样做，会破坏饮咖啡的现场氛围。

不要在他人饮咖啡时，向其提出问题。自己饮过咖啡要讲话以前，最好先用纸巾揩一揩嘴，免得咖啡顺嘴流淌或弄脏嘴角，显得自己模样难看。

基础练习

一、解答题

1. 什么是餐饮礼仪之中的“6M 原则”？
2. 中餐有哪些具体的用餐方式？
3. 用西餐时，必须怎样约束自己的举止行为？
4. 酒会的主要讲究是什么？
5. 敬茶有几道程序？有何注意事项？
6. 饮咖啡时，在举止行为方面有什么禁忌？

二、实训题

1. 请根据餐饮礼仪要求，模拟中餐、西餐宴会场景，包括席位安排、餐具使用、菜单设计、酒水搭配和用餐举止行为等。

2. 结合饮茶礼仪，邀请朋友、家人一起品茶，注重茶叶的备制，茶具的选择，泡茶、斟茶、敬茶和品茶的礼仪。

第七章　涉外礼仪常识

【知识目标】

1. 了解官方迎送礼仪和非官方迎送礼仪。
2. 掌握涉外接待的工作要求，熟悉迎接活动的各项接待礼仪。
3. 了解会见、会谈、礼宾次序与国旗升挂的礼仪规范。
4. 熟悉签字仪式、开幕仪式、谒墓仪式等的礼仪规范。

【能力目标】

1. 能拟定涉外接待方案，能根据不同的仪式的主题和要求安排座次和排位。
2. 能够正确地安排会谈与会见、合影、乘车等的各种座次。
3. 能够运用涉外交往的礼仪知识，做好涉外活动中的迎送、会见与会谈、礼宾次序与国旗升挂的具体工作。

【案例导入】

礼宾次序安排

1995 年 3 月在丹麦哥本哈根召开联合国社会发展世界首脑会议，出席会议的有近百位国家元首和政府首脑。3 月 11 日，与会的各国元首与政府首脑合影。照常规，应该按礼宾次序名单安排好每位元首、政府首脑所站的位置。首先这个名单怎么安排，究竟根据什么原则排列？哪位元首、政府首脑排在最前？哪位元首、政府首脑排在最后？这项工作实际上很难做。丹麦和联合国的礼宾官员只将丹麦首脑（东道国主人）、联合国秘书长、法国总统以及中国、德国总理等安排在第一排，而对其他国家领导人就任其自便了。好事者事后向联合国礼宾官员"请教"，答曰："这是丹麦礼宾官员安排的。"向丹麦礼宾官员核对，回答说："根据丹麦、联合国双方协议，该项活动由联合国礼宾官员负责。"

【案例评析】

国际交往中的礼宾次序非常重要，在国际活动中，如安排不当，或不符合国际惯例，就会招致非议，甚至会引起争议和交涉，影响国与国之间的关系。在礼宾次序安排时，既要做到大体上平等，又要考虑到国家关系，同时也要考虑到活动的性质、内容、参加活动人员的威望、资历、年龄，甚至其宗教信仰、所从事的专业以及当地风俗等。

但礼宾次序不是教条，不能生搬硬套，要灵活运用、见机行事。有时由于时间紧迫，无法从容安排，只能照顾到主要人员。上例就是灵活应用礼宾次序的典型案例。

引言：中国自古是"礼仪之邦"，对外宾向来以礼相待。先秦名著《周礼》早就提出"以宾礼亲邦国"的主张。"宾礼"，即待宾之礼，与吉礼、嘉礼、军礼、凶礼合称"五礼"，是我国古代最基本的礼仪。

释义：人际交往讲礼节、礼貌，外交活动更讲究礼宾、礼仪。礼尚往来，来往尚礼。人与人的交际是如此，国与国的交往更是如此。外交活动的目的是加强了解，增进友谊。

涉外礼仪，是涉外交际礼仪的简称。它所指的是，中国人在对外交往过程中，用以维护自身形象、用以向交往对象表示尊敬与友好的约定俗成的习惯做法。涉外礼仪的基本内容，就是国际交往惯例。所谓国际惯例：即人所共知的常规做法。国际交往惯例，指的就是参与国际交往时，必须认真了解，并且遵守的、常规的、通行的做法。

国际交往活动中的礼尚往来，诸如迎接、会见、宴请、会谈、参观访问、文体活动、直至欢送，从迎到送，自始至终的接待工作均至关重要。国际交往活动中的接待礼仪，政策性强，要求高。这就要求礼宾工作人员具有高度的政治责任心，认真学习并贯彻执行中央的方针政策，熟悉来访宾客国家和地区的情况，有精深的接待礼仪业务水平。因此，学习和掌握涉外礼仪知识，懂得外交礼宾规范是十分必要的。

第一节　接待准备

【案例导入】

小服务赢得大赞誉

"亚行"年会期间，有13个国家和地区的代表团入住国际会议中心，酒店从接待规格到房间布置全部都体现了VIP服务，对入住会议中心的政府官员实行人盯人式的管家服务，处处细心关怀，无微不至。每天，客人房间里都会出现精致的晚安点心，且天天不重样。考虑到可能会有穆斯林客人做祈祷，会议中心还特地准备了一间祈祷室，摆上指南针，撤走了皮制的物品，还专门训练了几名男服务员。其他服务，如提供残疾人车，为客人擦皮鞋、寄存包，根据客人习惯换枕头、做夜床等小细节，酒店都一一为客人想到了。客房部还经过测算，规定了服务员在酒店不同区域走路的时间和步幅，因为以这样的步速，人走起来才是最精神的，才能更好地展现上海这座活力之都的风采。小小的服务赢得了宾客们的称赞。项怀诚部长说，这里是他参加过的ADB会议中最好的地方。

酒店根据各个国家和地区的与会代表的不同风俗和习惯，进行了各方面准备，如客人信息、客人宗教习惯、员工培训、服务准备等，给来宾们带来了令人满意的优质服务，获得宾客们的赞誉。因此在国际宾客的接待中，及时做好相应的准备是非常必要的。不仅包括酒店的准备，还需要做好对人员信息、活动日程、迎送服务等方面的准备。

在各级国家行政机关所从事的诸项日常工作之中，接待工作是平常琐碎，而又严谨重要的。对于广大国家公务员来说，在政务交往之中，你来我往，迎来送往，虽则仅仅是通常所从事的大量的日常性事务之一，然而因其涉及面甚广，所以普遍受到各级政府、各个部门的广泛重视。

接待，亦即招待。在一般情况下，它所指的是对于前来洽谈工作、参观学习、巡视检查或是进行访问的团体或个人表示欢迎，给予照顾，安排活动，以及在此期间予以对方应有的礼遇。就各级政府而言，接待工作做得好坏，往往是同本地区、本单位、本部门留给来访者的第一印象的优劣直接挂钩的，并且还会对宾主双方日后的交往与合作产生相当重要的影响。

通常来讲，外宾来访分为官方和民间两种。接待准备工作主要是由外事部门负责主持、联系和安排。通常，接待准备方面的工作大致包括以下几个方面的内容：

一、详细了解有关情况

为了做好接待工作，应首先做好接待准备工作。属官方的迎送，接待准备工作主要由外事部门负责主持、联系和安排。为了做好对来宾的接待工作，就必须对接待对象的基本状况有一定的了解。具体来说可以分为以下几个方面：

（1）了解来宾尤其是主宾的个人状况。如来访人员的姓名、身份、民族、性别、年龄、生活习惯、宗教信仰、饮食爱好与禁忌等。据此制定具体接待方案，确定接待规格和安排主要活动的日程。

（2）确定来宾的具体人数。在了解来宾的具体人数时，不仅要求准确无误，而且应着重了解对方由何人负责，来宾中有几对夫妇等。

（3）通过外交途径事先了解对方的来访目的与要求，前来的路线与使用的交通工具，抵离的具体时间与地点。

（4）来宾此前有无正式来访的记录。如果来宾，尤其是主宾此前来进行过访问，在接待规格上要注意前后协调一致。无特殊原因一般不宜在接待时升格或降格。

（5）了解来宾所通报的自己一方的计划。例如，来访的目的，来访的行程，来访的要求等。在力所能及的前提之下，应当在迎宾活动之中兼顾来宾一方的特殊要求，尽可能地对对方多加照顾。对于对方的意见、建议，包括以前来访时的意见、建议，要予以高度重视。

二、拟定周密的接待计划

为圆满完成接待任务，在接待来宾，特别是重要来宾之前，有必要先制定周密的接待计划，这样可以避免工作疏漏，减少失误，以便顺利地完成接待任务。拟定接待计划，必须从简务实，一切从实际出发，不摆阔气，不讲排场，不进行攀比。通常，接待计划应由各级政府的专属部门，如接待处、外办、台办、侨办、港澳办，或是办公厅、办公室负责制定，并上报本部门或上级主管批准。

一般而言，接待计划不可能面面俱到，但是根据常规，它至少应当包括迎送方式、接待规格、交通工具、膳宿安排、工作日程、文娱活动、观光游览、会见会谈、礼品准备、经费开支以及接待时的陪同人员等各项基本内容。接待规格的高低按照本国惯例和本国的具体情况，通常是根据来访者的身份、愿望、两国关系来确定的，并由此来安排礼仪活动多少、规模大小、隆重程度以及由哪些领导出席等。接待计划必须要周密完整，定部门和定人员，分工与责任要明确。接待计划在经外事部门的认可后方可实施。

三、充分做好具体的接待准备工作

根据外事部门的要求，结合外事部工作特点，按照拟定的计划，要具体落实和检查：

（1）对参加接待服务的人员要进行必要的教育以及岗位培训。如来宾所在国的概况、宗教信仰、生活习俗与禁忌，强化业务知识，强调服务的规范与技巧，还必须进行保密教育等。

（2）根据已确定的礼宾规格，备齐接待物品。对会见、会谈、宴会、文艺晚会和迎送仪式等，要定地点、定时间、定人员、定座次、定程序、定菜单、定节目，宴会和其他场合上使用的食品、饮料等要专人把关、化验，以确保安全、卫生，防止意外事故发生。

（3）落实安全保卫工作，制定周密的警卫方案，严格按照有关规定控制通讯设备和出入人员。对使用的车辆，途经的道路和会见、会谈、宴请、晚会和仪式活动场所要认真仔细地进行安全检查，不能有任何疏忽或差错。

（4）安排好来宾的下榻处。国宾来访，东道国通常安排住国宾馆，也有的住政府官邸，我国则安排住宾馆。住房分配，可由东道国根据礼宾顺序和具体情况做出安排，然后征询对方意见；也可将住房分布图交给对方，请其自行安排。一般代表团可视身份和接待条件安排住宿。

（5）安排开道和护行接待工作。为欢迎外国国家元首、政府首脑，东道国通常为其座车安排开道车和护行摩托车接送，并在所乘坐的车辆的右前方插上该国国旗。对重要代表团来访，通常也安排开道车接送，以示重视。礼宾官和安全官乘坐的随卫车通常紧随主车之后，其余车辆按礼宾顺序安排。对于大型代表团的随行人员也可安排乘坐大客车。

第二节　迎送宾客

【案例导入】

周总理送客

1957 年国庆节后，周总理去机场送一位外国元首离京，专机起飞后，外国使节、武官的列队依然整齐，对着元首的座机行注目礼，而我国的几位部长和一位将军却迅速地离开了队列，有的想上车里去，有的想抽烟。周总理目睹这一情况后，当即派人把他们叫了回来，一起昂首向机场上空盘旋而起的飞机道别。送走使节和武官后，周总理特地把中国送行的官员都留下来，严肃地给大家上了一课：外国元首的座机起飞后绕机场上空盘旋是表示对东道国的感谢，因此，东道国的成员应当等飞机消失在视线里之后才能离开，否则就是不礼貌的。我们作为政府工作人员和军队的干部，我们的举动代表着我们的国家的形象，虽然只是几分钟的事情，但是如果我们不加以注意，很可能会因小失大，使国家的形象受损。

迎来送往是国际交往中最常见的社交礼节。迎宾，亦称迎接或迎候。它所指的是，在人际交往中，在有约在先的情况下，由主人一方出动专人，前往来访者知晓的某一处所，恭候对方的到来。有时，东道主一方为了表示对来访的重要客人本人的敬意，或是为了表示对对方光临本地一事的高度重视，往往还会在迎宾时举行一种程序约定俗成的仪式。此即所谓的迎宾仪式，亦称欢迎仪式。

在迎送外宾的时候，除了要继承和发扬我国礼待外宾的优良传统，还应借鉴国际上通行的礼宾惯例。在迎送外宾工作中，通常是依据其身份、地位和访问性质以及两国关系等因素，确定相应的迎送活动和礼仪规格。

一、官方外事迎送礼仪

（一）确定迎送规格

确定来宾的迎送规格，主要依据来访者的身份和访问目的，适当地考虑两国关系，同时也要注意国际惯例，综合考虑。一般来说，迎送的人员要与来宾的身份相当，如有特殊情况需要变通时，应从礼貌出发，向对方解释。

（二）人员安排

根据来宾抵达和离开的时间，通知有关迎送人员，请身份相当的领导人和一定数量的高级官员出席，有时也通知各国或部分国家驻当地使节。所有迎送人员都需提前到达。

（三）迎宾护航

现代的许多国家，对乘机前来访问的国宾，往往举行以战斗机队专程迎送的礼仪，俗称“护航式”。护航机队是由若干架战斗机组成的，需飞往离首都约一百公里处迎宾。仪式开始时，护航队长首先向国宾乘坐的主机发出致敬信号，然后编队开始护航，直至飞抵受访国度指令机场的上空。主机降陆后，护航机队要绕机场上空一周，以示敬礼，然后离去。有些国家的护航式是从国宾进入国境时开始的。

中国人民解放军空军的“空中仪仗队”是八一飞行表演大队，空中仪仗队又称空中飞行表演队。空中飞行仪仗队每次需结伴而飞，9 为吉数，9 为大数。飞机与飞机之间飞行密度大，前后左右距离仅 10 米左右，高低距离仅 0.5 米到 1 米，这样密集的距离以 200 米每秒的速度飞行，难度大，但是中国的空中仪仗队还是一次又一次地圆满完成飞行任务。

（四）国宾迎送

当外国元首或政府首脑抵达或离开被访问的国家时，东道国往往在机场、车站、码头、总统府、会议大厦或国宾馆等处，举行迎送式。迎送场上要悬挂两国国旗，领导人所行的路上要铺满红毯，检阅仪仗队。出席仪式的，除身份相当的双方领导人和一定数量的高级官员外，有时还要通知各国或部分国家的使节参加。儿童或女青年向国宾献花之后，乐队奏两国国歌，礼兵鸣礼炮，然后主人陪同国宾检阅仪仗队。有时，双方还分别致迎送词、答词或国宾发表书面讲话。有些国家，正式迎送宾仪式后，还要安排群众载歌载舞夹道迎送的仪式，以表敬宾之礼。

正式的欢迎仪式，主要内容如下：

1. 奏国歌

当东道国元首或政府首脑陪同主宾登上检阅台或其他指定位置站定后，军乐队按照先宾后主的先后顺序，演奏两国国歌。

2. 鸣放礼炮

在演奏两国国歌的同时，开始鸣放礼炮。且两者应当同时进行，即歌起鸣炮，歌落炮停。按照国际惯例，鸣放礼炮的响数应按照受礼人身份的高低而定，通常在欢迎国家元首时鸣礼炮 21 响，这也是最高规格的接待；欢迎政府首脑时鸣礼炮 19 响，欢迎副总理级领导人鸣礼炮 17 响。欢迎其他身份者，鸣礼炮的响数一般要根据其身份递减，在我国一般只为外国元首或政府首脑鸣放礼炮。

3. 检阅仪仗队

当奏完国歌、鸣完礼炮后，仪仗队开始接受来宾的检阅。仪仗队队长趋前报告，请求检阅。来访国宾按“以内为尊”的礼仪，在主人陪同下检阅陆海空三军仪仗队。

4. 主宾介绍

检阅后，主人向来宾介绍前来欢迎的其他高级官员，客人也向主人介绍其主要随从人员，并与欢迎群众见面。一般来访国驻当地外交使节也参加欢迎仪式。

5. 双方分别致辞

检阅完后，东道国和外方元首或首脑分别致欢迎辞和感谢辞。

（五）迎宾献花

献花是许多国家的一种示敬礼节，对高级贵宾安排献花是为了表示对宾客的热烈欢迎。在参加迎送的主要领导人与宾客握手之后，一般由儿童或女青年献上鲜花花束，若没有安排专人献花，可由主人在与宾客握手后，从身后随从手中接过鲜花亲自献上。若来宾不止一人，可向每一来宾逐一献花，也可只向主宾夫妇献花，可先献花给女主宾，也可同时献给男女主宾。向贵宾献花，要先向贵宾敬礼或握手，然后将花献上，有的国家由女主人向女宾献花。此礼所用花必须是鲜花，花束宜整洁鲜艳。在献花时应考虑有些国家的禁忌及偏好。通常，献花时忌用菊花、杜鹃花、石竹花以及各种黄色的花。印度等国，习惯送花环，花环越长越表示对对方尊敬；有的国家习惯送一两枝名贵兰花、玫瑰等；在接待伊斯兰教的来宾时，不宜由女士献花。

（六）迎宾引见

各国在迎接国宾时，宾主要依礼相互引见。当贵宾到来时，外交部礼宾司负责礼宾工作的人员或接待翻译人员，首先将走上前来表示欢迎的人员按其身份依次一一介绍给主宾，然后再把主宾及其随员依次介绍于主人。若宾主早已相识，双方致礼后，主人也可直接将其他前来欢迎的主要人员介绍给主宾。在一般情况下，主人要主动向客人寒暄致意，礼宾人员要主动为客人引见。有的国家的客人习惯于相互交换名片介绍自己的姓名和身份，这也是相互介绍的一种有效的方式。

（七）迎宾陪车

许多国家在迎送国宾时，要举行陪车式。迎送国宾所用的轿车，右边要悬挂一面小型的外宾国旗。当国宾乘车赴宾馆或赴机场、车站时，东道国则安排与主宾的级别相等或相近的主人陪车。陪同客人乘车时，要注意座位次序，小轿座位的礼宾次序通常为“右为上，左为下；后为上，前为下”，即小轿车的后排右座为上座。陪车时，主人要请主宾坐于右后座。车内如有两排座，译员应坐于司机侧边；若有三排座，译员应坐于主人前边的加座上。宾主上车时，客人要从右侧门上，主人从左侧门上。如果客人已先上车并坐在了主人的左位上，则不宜再请客人挪换位子。当主人替客人关上车门前，要先看清客人是否已经坐好，切忌过急关门，以免夹到客人的手脚或衣服。

有时，宾主共乘检阅车，以检阅并致意于夹道欢迎的群众。乘坐车辆，尤其是在乘坐轿车时，位次的排列颇有讲究。下面，主要介绍一下有关轿车排位的情况。

为轿车具体进行排位时，必须注意不同数量座位的轿车，在排位时具体做法各异，而在同一种轿车上，驾车者的具体身份对排位也有一定的影响。

1. 双排五座轿车（见图 7—1）

这种轿车，在国内最为多见。当主人驾车时，其排位自高而低依次应为：副驾驶座、后排右座、后排左座、后排中座。当专职司机驾车时，其排位自高而低则应为：后排右座，后排左座、后排中座、副驾驶座。

图 7—1　双排五座轿车排位

2. 双排六座轿车（见图 7—2）

当主人驾车时，其排位自高而低依次应为：副驾驶座、前排中座、后排右座、后排左座、后排中座。当专职司机驾车时，其排位顺序自高而低则应为：后排右座、后排左座、后排中座、前排右座、前排中座。

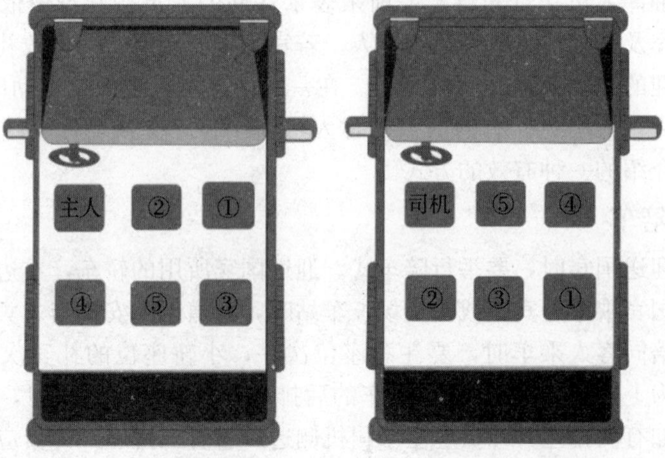

图 7—2　双排六座轿车排位

3. 三排七座轿车（见图 7—3）

当主人驾车时，其排位自高而低依次应为：副驾驶座、后排右座、后排左座、后排中座、中排右座、中排左座。当专职司机驾车时，其排位自高而低则应为：后排右座、后排左座、后排中座、中排右座、中排左座、副驾驶座。

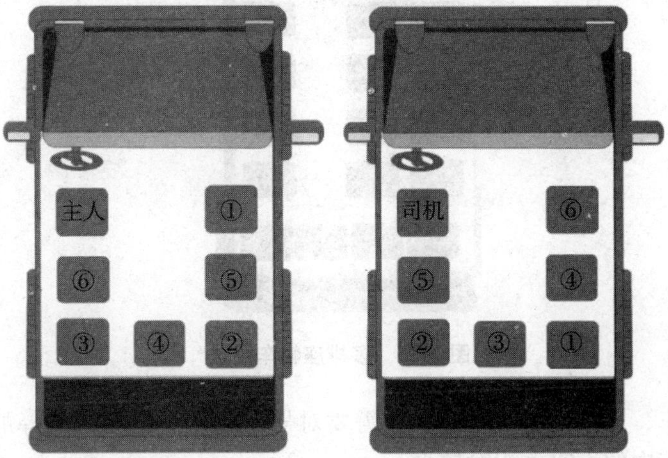

图 7—3 三排七座轿车排位

4. 三排九座轿车（见图 7—4）

当主人驾车时，其排位自高而低应为：前排右座、前排中座、中排右座、中排中座、中排左座、后排右座、后排中座、后排左座。当专职司机驾车时，其排位自高而低依次则为：中排右座、中排中座、中排左座、后排右座、后排中座、后排左座、前排右座、前排中座。

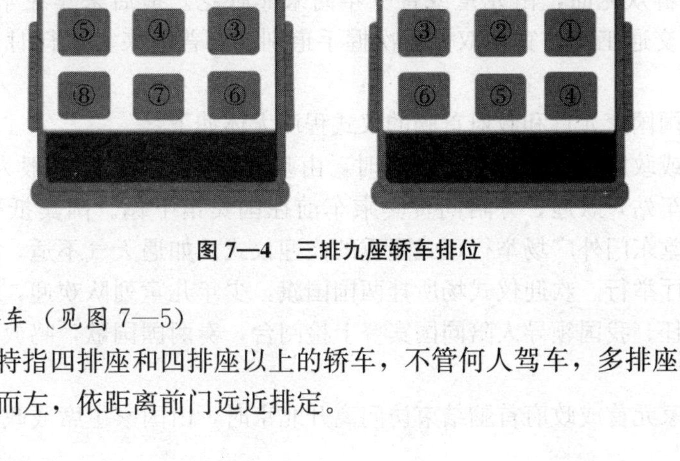

图 7—4 三排九座轿车排位

5. 多排座轿车（见图 7—5）

多排座轿车特指四排座和四排座以上的轿车，不管何人驾车，多排座轿车排位，皆应由前而后，自右而左，依距离前门远近排定。

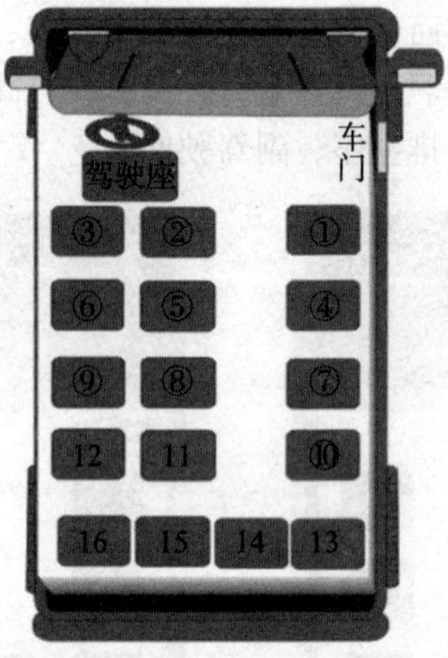

图 7—5　多排座轿车排位

乘坐公共汽车、火车或地铁时，往往需要对号入座，座位可供选择的余地并不太大。比较而言，有关座次的讲究也相对较少。

基本的规矩是：临窗的座位为上座，临近通道的座位为下座。与车辆行驶方向相同的座位为上座，与车辆行驶方向相反的座位为下座。

在有些车辆上，乘客的座位分列于车厢两侧，而使乘客对面而坐。在这种情况下，应以面对车门一侧的座位为上座，以背对车门的一侧为下座。比如火车座次的一般规则是：距火车头越近的车厢，其位次越高，距车厢中部越近的包厢、铺位或座位，其位次便越高，以面对火车行进方向的一侧为上位，反之则为下位；卧铺则下铺高于中铺，中铺高于上铺。在同一排座位之中，以临窗者为上座，以靠通道者为下座。在同一排座位之中，右座高于左座。

(八) 送别

在为外宾送行时，东道主还会安排送行仪式。送行人员要提前列队恭候于送行地点，来宾抵达后，主方人员与主宾相见，随后在主方人员的陪同下，主宾与主方的其他送行人员一一道别，然后主方人员在主宾的陪同下与来宾一方一一道别。接着由主方陪同来宾与送行的群众见面，由儿童或青少年向来宾献花。最后来宾在东道主的陪同下，正式登上自己的交通工具，宾主双方再次握手道别。为普通来宾送行时，一般不举行欢送仪式。

我国欢迎外国国家元首和政府首脑的仪式程序大体如下：

当外国元首或政府首脑来访抵达北京时，由政府陪同团团长（一般为部长或副部长）前往首都机场（车站）欢迎，并陪同贵宾乘车前往国宾馆下榻。国宾抵达北京当日或次日，在人民大会堂东门外广场举行正式隆重的欢迎仪式。如遇天气不适，则改在人民大会堂东门内中央大厅举行。欢迎仪式场所挂两国国旗，少年儿童列队欢迎，向贵宾献花一般也由少年儿童担任。我国领导人陪同国宾登上检阅台，奏两国国歌，鸣放礼炮，宾主检阅三军仪仗队。

当来访的国家元首或政府首脑结束访问离开北京时，由国家主席或政府总理前往宾馆送行，然后由陪同团团长陪车前往机场送行。

二、非官方外事迎送礼仪

（一）一般代表团的迎送

除国家元首和政府首脑外，其他外宾，如议会代表团、内阁部长、地方行政长官以及社会知名人士等的迎送，也应按一定的规格，由邀请单位的负责人或代表出面迎送，一般不举行正式的迎送仪式。

（二）民间团体的迎送

迎接民间团体时，需根据客人的身份，安排对口部门、对等身份的人员前往接待。不举行官方正式欢迎仪式。对身份高的客人，事先在机场（车站、码头）安排贵宾休息室，准备饮料，并预先安排好客人的住房和交通工具。

（三）一般客人的迎送

迎接一般客人，应做到热情、周到、方便、简捷，致礼形式可多样、灵活。如果客人是熟人，则可不必介绍，握手致敬，相互问候；如果客人是首次前来，又不认识，接待人员应主动自我介绍，主动认识；迎接大批客人，可以事先准备特定的标志，如小旗或牌子等，让客人到达时就能看到，便于客主双方联系。

第三节　会见与会谈

【案例导入】

日本人的一次成功谈判

日本的钢铁和煤炭资源短缺，澳大利亚盛产煤和铁，按理说，日本人的谈判地位低一些，而澳大利亚一方在谈判桌上占据主动，可是，日本人却把澳大利亚的谈判者请到日本谈生意。到了日本，日本人谨慎的态度和讲究礼仪的作风，让澳大利亚谈判者很满意，而日本方面和澳大利亚方面在谈判中相对地位也发生了显著的变化。澳大利亚人过惯了富裕而舒适的生活，谈判代表到了日本后几天就急着回去，所以在谈判桌上常常表现出急躁的情绪，而日本代表则不慌不忙地讨价还价，掌握了谈判的主动权。结果日本方面仅仅用了少量款待费作“诱饵”就钓到了“大鱼”，取得了大量难以取得的材料。

【案例评析】

本案例中，日本谈判取得成功的关键有两个方面：首先，谈判地点的选择对日方有利。谈判地点在日本，让日本方感到习惯，也有利于随时向上级领导或专家请教。其次，日本方面对澳大利亚的细心照顾也是使对方愿意合作的原因。

在国际交往中，会见与会谈是常见的外交活动形式，它可以在不同层次和各个不同方面的人员中进行，具有广泛的适用范围。在实际运用中，它既有礼仪性，又具有实质性，具有广泛的适应范围。

一、会见

(一) 会见的含义

会客，也叫会见、会晤、会面。它所指的多是礼节性、一般性的人和人之间的相互见面。

外交会见视宾主身份可分为三种情况。一是会晤。宾主身份相当的会见，通常称为会晤。二是接见。凡身份高的会见身份低的，或者主人会见客人，这种会见，一般称为接见或者召见。三是拜会。凡身份低的会见身份高的，或者客人访问主人，这种会见一般称为拜会、拜见或拜访。拜见君主又称谒见或觐见。我国外交官在国外，一般尊重当地习惯，可作以上区分，但在国内，一律统称会见，接见和拜会后的回访，称回拜。

会见因内容不同，分别为礼节性会见、政治性会见和事务性会见三种。礼节性会见时间较短，话题广泛，多为友好表示。政治性会见大多涉及双边关系、国际局势等重大问题。事务性会见一般为外交事务交涉、业务洽谈等。

(二) 会见的座次排列礼仪

会见因其类型不同，而分为不同的座次礼仪，一般来说会见的座次安排有相对式、并列式、主席式、自由式四种方式。

1. 相对式（见图 7—6）

它的具体做法，是宾主双方面对面而坐。这种排位式显得主次分明，往往显示着双方“公事公办”之意。它多适用于公务性会客。采用相对式安排位次时，通常会碰上两种情况。

(1) 双方就座时一方面对正门，另一方则背对正门。此时的讲究，是“面门为上”，即面对正门为上座，宜请客人就座；背对正门为下座，宜由主人就座。

(2) 双方就座时在室内分为左右两侧，面对面地就座。此时的主要讲究则是进门后“以右为上”，即进门之后，右侧一方为上座，应让与客人；左侧一方为下座，而应留给主人。当宾主双方人员不止一人时，情况亦是如此。

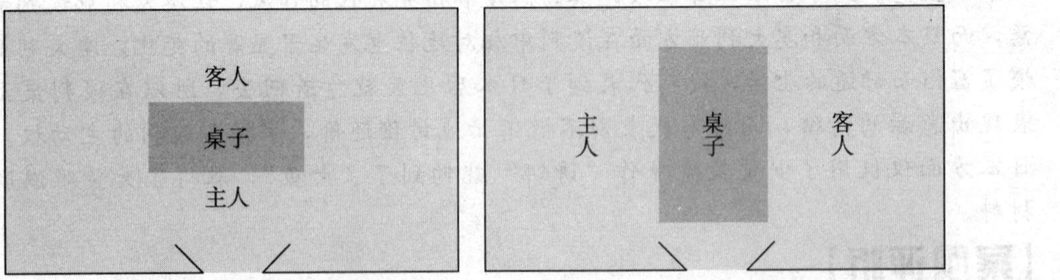

图 7—6　相对式会客排位

2. 并列式（见图 7—7、图 7—8）

它的主要做法，是使宾主双方并排就座，以暗示双方之间“平起平坐”，地位相仿。它多适合用于礼节性会客。并列式排位，主要又分为两种具体做法。

(1) 宾主双方一同面门而坐，此刻，还须讲究“以右为上”，即主人应请客人就座在本人的右侧。若双方人员不止一人时，双方其他人员还可各自分别在主人或主宾的一侧就座。

（2）宾主双方并排就座于室内的右侧或左侧。这时，通常讲究“以远为上”，即距门远处为上座，应留给客人。

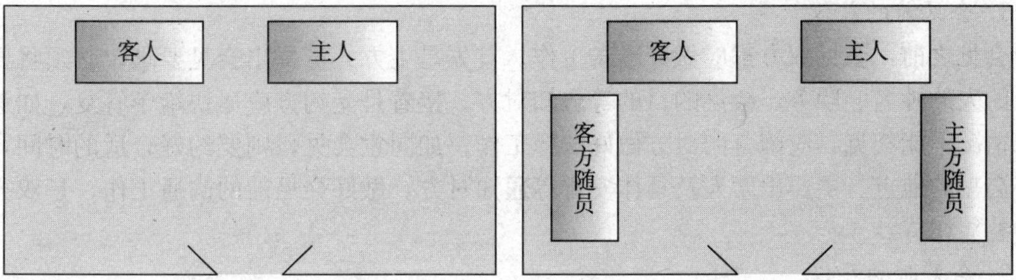

图 7—7　并列式会客排位一

图 7—8　并列式会客排位二

3. 主席式（见图 7—9）

大多适用于主人一方同时会见两方或两方以上的客人。进行这种多方会见时，主人面对正门而座。这一安排，犹如主人正在主持一般，故称为“主席式”。

有时，主人亦可坐在长桌或椭圆桌的尽头，而请客人分坐于其两侧。

图 7—9　主席式会客排位

4. 自由式

它的基本做法，就是宾主双方不分主次，不讲位次，而由大家一律自由择座。进行多方会晤时，此法常被采用。

外国领导人来我国访问，通常会见地点安排在人民大会堂或中南海。会见时的座位安排：一般为主人在左，客人坐在主人的右边，译员和记录员坐在主人和主宾的后面。宾主双方其他人员按礼宾顺序分坐两边，客方人员在主宾右侧就座，主方人员在主人左侧就座。

（三）会见的礼仪常识

1. 会见前的礼仪

会见之前，会见双方都应做好准备工作。首先是主方人员提出会见要求，必须将要求会见的人的姓名、职务、会见的目的等告知对方。接着是受约方应尽快给予答复，如遇到特殊情况不能相见，应婉言向对方做好解释工作；如同意会见，则要约好合适的时间，主动将会见的地点、主要出席人及具体安排等通知对方。做好会见前的沟通工作，是双方的一种礼貌相待。

2. 会见时的礼仪

会见双方都应诚实守约，尤其作为主方人员应提前到达会见地点以迎候客人。迎候时，可以站在会见的大楼正门，也可以在会客厅门口等候。当客人到达时，应主动上前行礼表示欢迎，并引导客人入座。因会见是一项对组织具有重要意义的工作，为表示郑重和便于会见时的交谈，一般事先都有一定的座位安排。

会见场所应安排足够的座位，如会见人数较多，会见场地也较大，此时最好安装扩音器，主、客双方各备一只。

组织领导人之间的会见，除陪见人员、译员、记录员外，其他工作人员安排就绪之后均应退出会场。如允许记者采访，则应在会见开始前几分钟进行，待会见开始即离开。会见期间，应准备饮料、茶水，根据不同的季节以及来访客人的习惯，备有不同的饮品以招待。

3. 合影

为表示友好，会见中常准备有合影这一项目。合影可安排在会见之前或是会见之后。

在正式场合需要合影留念时，参加人员通常应当根据一定的序列来进行排位（见图7—10）。应当说明的是，合影排位时，有内外之别。

在国内活动中进行合影排位（见图 7—11）时，一般的讲究是居中为上，居左为上，居前为上。具体而言，它有着单数与双数之分。

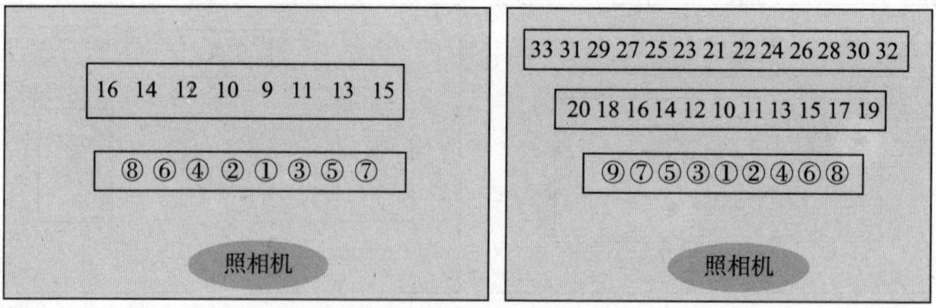

图 7—10　合影排位

在涉外活动中进行合影排位（见图 7—11）时，通常应遵守国际惯例，使主人居中，主宾居于其右侧，即要讲究以右为上，同时两侧还应由主方人员把边。

不管采用哪种方式为合影排位，都首先要以方便拍摄为要。同时，还要兼顾场地大小，人员多少、身材高矮等。

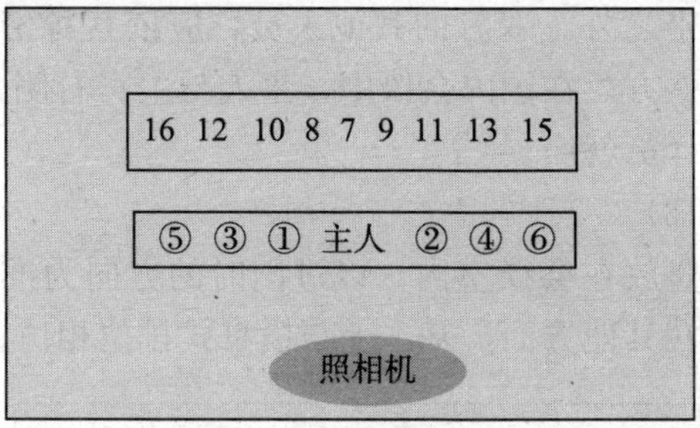

图 7—11　涉外合影排位

4. 会见结束的礼仪

会见结束时，主人应将客人送到车前或门口握手告别，然后目送客人离去。

在一般日常交往中，客人来访后，相隔一段时间应予回访。如果客人是为祝贺节日等喜庆日来访，则不必回访，而应在对方节日时前往拜访，表示祝贺。

二、会谈

(一) 会谈的含义

会谈，又叫谈判、洽谈或磋商，是指有关各方就某些彼此感兴趣的问题进行实质性讨论，以求部分或全部地达成一致，或者订立协议。会谈特点主要是严肃、正规，因此其位次安排很引人瞩目。根据参加者来区分，会谈可分为双边会谈和多边会谈。其位次的具体安排方法有所不同。

双边会谈通常用长方形、椭圆形或圆形桌子，宾主相对而坐，以正门为准，主人背门而坐，客人面向正门。如会谈桌一端正对正门，则以入门方向为准，右方为客席，左侧为主方。会谈双方的主谈人居中，其他人员按照礼宾顺序，于宾主两侧依次而坐。我国习惯把译员安排在主谈人右侧，有的国家则让译员坐在后面，一般客随主便。记录员通常安排在后排座，但如果人员不多，也可安排在会谈桌就座。

多边会谈多用圆桌，以示平等；如是四方会谈，则以方桌为宜。

(二) 会谈的座次排列礼仪

双边会谈，是指由两个方面参与的会谈。它的位次安排，有横桌式与竖桌式两种。

1. 横桌式（见图 7—12）

即将长条桌或椭圆桌横放在会谈室内，客方人员面门而坐，主方人员背门而坐。除主

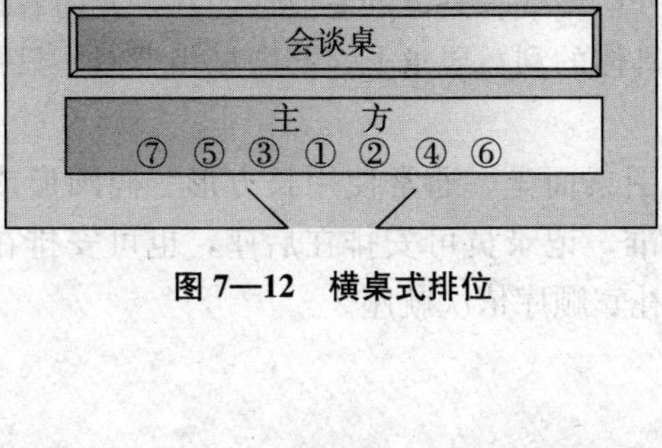

图 7—12　横桌式排位

人、主宾面对面地居中而坐之外，双方的其他人员，应依其身份的高低，各自先右后左、自高而低地分坐于自己的一方。在国内会谈中，主人与主宾右侧，大多是其副手。而在涉外会谈中，此处则可由其译员就座。

2. 竖桌式（见图 7—13）

即将长条桌或椭圆桌竖放在会谈室内。以进门时的方向为准，右侧由客人一方就座，左侧则由主人一方就座。在其他方面，基本上与横桌式排位相仿。

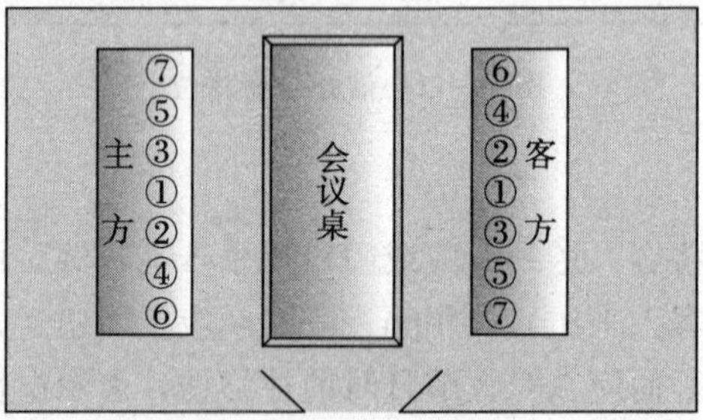

图 7—13　竖桌式排位

多边会谈，通常是指由三方或三方以上的人士参加的会谈，其位次安排（见图 7—14）主要有主席式和自由式两种方式。

(1) 主席式，只不过是在某一方发言时，才可以走上主席之位。

(2) 自由式，即自由入座，不具体安排位次。

多边会谈多用圆桌，以示平等；如是四方会谈，则以方桌为宜。

图 7—14　多边会谈排位

（三）会谈中的礼仪常识

会谈是指双方或多方就某些共同关心的问题相互交换意见、交流看法、展露观点的一种会晤，有时会谈也指公务洽谈或者具体的专业性谈判，其内容比会见更加正式、气氛更加严肃、专业性更强。在具体的利益要求上，与会见相类似，只是在座位的安排和交谈的方式上有一些不同。

在会谈中，双方一般围桌而坐，通常使用长方形、椭圆形或圆形桌子，宾主相对而坐。座位的排列，以门为准，记录员可安排在后座，也可安排在会谈桌就座。若多边会谈，通常使用圆形桌，按礼宾顺序依次就座。

在与客人会谈中，谈话时的仪表、语气、话题都十分重要。出席谈话的人都是各组织的代表，要努力给对方留下一个美好的印象，促使会谈的成功。其间涉及的会谈礼仪有：首先，要注意仪表、仪容。出席会谈的人，衣着要整洁大方，谈话的表情应自然、诚恳，面带笑容。其次，要注意谈话的内容。因为是涉外活动，尤其要注意使自己的言谈符合我国对外政策，掌握谈话的分寸，内外有别，凡是属于国家机密的内容切勿外泄。再次，谈话的态度要诚恳。谈自己的观点时要谦和；他人发言时要认真聆听，不要随意插话；对原则性问题需要坚持或拒绝时，注意态度上不要激烈，可做耐心的解释或婉拒。交谈中，注意使用礼貌用语，如“请”“谢谢”“对不起”等。

三、会议

（一）会议的含义

会议，亦称聚会，是指将人们组织起来，在一起研究、讨论有关问题的一种社会活动形式。我国是社会主义国家，坚持人民民主，贯彻群众路线，是国家公务员依法行政时不可遗忘的基本方针。在这种情况下，举行会议，自然而然地成了国家公务员解决问题，做好工作，发扬人民民主，坚持群众路线的一种常用的工作方法。参加会议对国家公务员而言，是一项公务活动，那么公务员在出席会议时的所作所为，在很大程度上就会影响我们的国家形象。

在此所讲的会议主要是指各种类型的正式聚会，有大型与小型之分。大型会议与小型会议在安排位次时，具体做法各有不同。

（二）会议的座次排列礼仪

1. 大型会议的位次安排

就当前国内性质的会议而言，大型会议的位次需要分为主席台与群众席。在主席台上安排位次时，一是要安排好发言席，二是要安排好主席团成员的坐席。

（1）发言席，又叫讲坛。在正式会议上，发言席的标准位置有二：方式之一，应使之居于主席团正前方；方法之二，应使之居于主席团右前方。如图 7—15 所示。

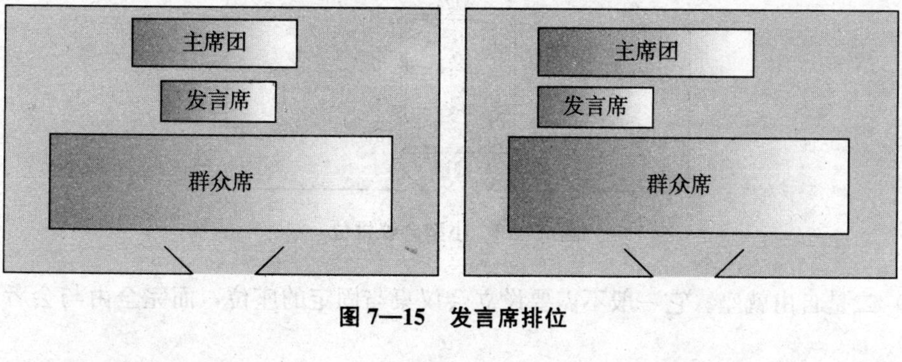

图 7—15　发言席排位

（2）主席团成员的排位（见图 7—16），主要应当遵守三条规则：一是中央高于两侧；二是左侧高于右侧。三是前排高于后排。具体而论，主席团成员的排位，又有单数与双数之分。

（3）群众席的排位（见图 7—17）方式主要有两种。一是自由式，即与会者自行择座，不作统一安排。二是按与会单位的汉字笔画的顺序或汉语拼音字母的顺序排位，其具体做法是或由前向后横排，或自左向右竖排。选择其中任何一种均可，两种方法也可交叉使用。

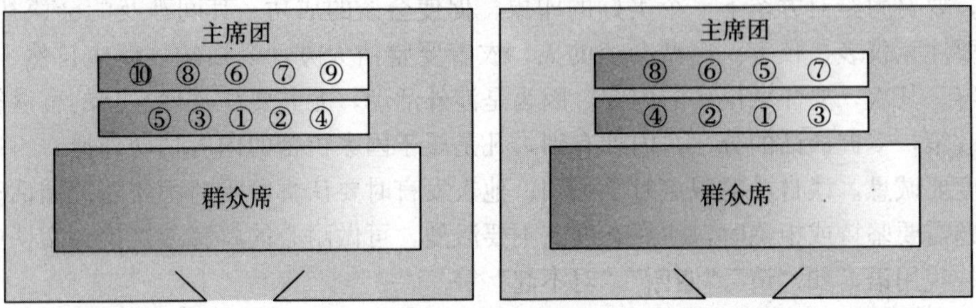

图 7—16　主席团成员排位

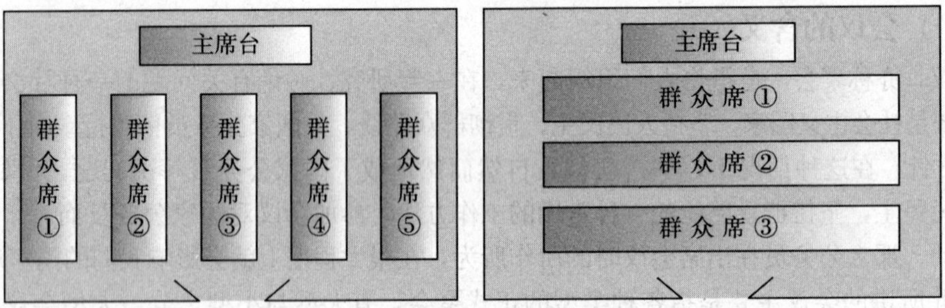

图 7—17　群众席排位

2. 小型会议的位次安排

小型会议举行时，排位（见图 7—18）有两种主要方式。

（1）一是以桌子为准。举行较正式的小型会议时，可请与会者围绕长条桌或椭圆桌就座，在一般情况下，应以距门较远的会议桌的一端为主席之位。可见，它讲究的也是“以远为上”。其他与会者的位次，则应当自左而右依次排列。

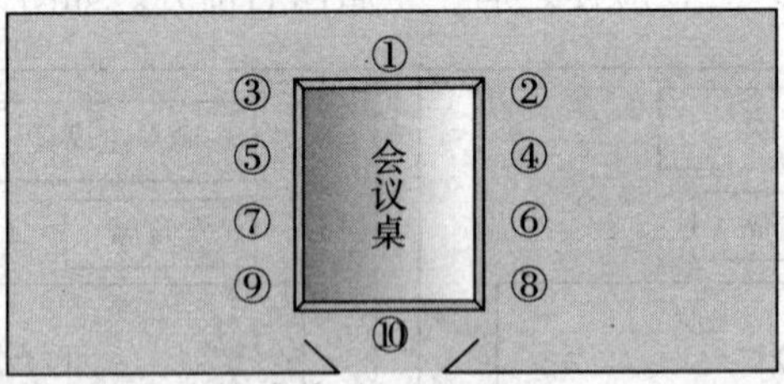

图 7—18　小型会议排位

（2）二是自由就座。它一般不需要设立会议桌与固定的座位，而完全由与会者自由择位而坐。

（三）参加会议的礼仪常识

会议是社会公民经常参加的一种公务活动，在出席会议时，每位公民都应以自己的实际行动，表现出对会议应有的重视。与会者应遵守会议礼仪，需注意以下内容：

1. 规范着装

集会，是一种礼仪色彩颇浓的活动，无论会议内容如何，与会者都要把它看作是一种重要的场合，因此，与会者的着装必须要合乎礼仪规范，有意识地选择具有礼服性质的服装，如制服、西装、西服套裙、中山装等式样庄重、文雅、正式的服装，服饰色彩与图案力求素雅、简洁。

2. 严守时间

与会者应按规定时间出席会议，为了避免意外，应提前到达会场。所谓准时到会，并非正点抵达，本地会议应提前5分钟以上时间到达，异地会议应尽量提前一天报到。

提倡正点开会。正式会议都有起始时间，时间一到，会议应立即开始，不得以任何借口稍有迟延；提倡限时发言。控制会议时长最有效的方法就是要求每一名发言人限时发言，可在发言者发言中以告时牌进行提醒时间；提倡正点散会，会议的全部议程都应在规定时间之内完成，不提倡轻易延长会议时间。

3. 维护秩序

与会者要以自己的实际行动维护正常的会议秩序，以示对会议的尊重。与会者应按照主办单位及会务工作人员的安排，在指定之处就座。会议进行中，不可随处走动，不可随意离场；待发言人讲话时，可适时适当以自己掌声予以鼓励，若对某人发言有异议，不可当场借题发挥，无事生非，公然质疑声讨；会场中，不允许有碍视听的不良举止和噪音，电话应保持静音，不可在会场中食用食物及吸烟。

4. 专心听讲

与会者应专心听讲，做好记录。他人发言时，专心听讲是尊敬对方的表现。与会者尽量避免在他人发言时与旁人交头接耳、窃窃私语，也不要对发言者摇头晃脑、指指点点，大打哈欠。就做主席台的与会者，尤其要注意这些问题，处处为人表率。

第四节　礼宾仪式礼仪

【案例导入】

上海合作组织签字仪式

2001年6月15日，中国、俄罗斯、哈萨克斯坦、吉尔吉斯斯坦、塔吉克斯坦、乌兹别克斯坦六国元首：江泽民、普金、纳扎尔巴耶夫、阿卡耶夫、拉赫莫诺夫、卡里莫夫在上海浦东香格里拉大酒店举行隆重而又庄严的签字仪式，共同签署《“上海合作组织”成立宣言》和《打击恐怖主义、分裂主义和极端主义上海公约》两个重要文件。

签字仪式在酒店三楼会议大厅举行。大厅内主席台上的布景板上，用中、俄两种文字书写的“上海合作组织”会标和会徽赫然醒目。大厅的正前方是六国元首签字的条桌，上面铺着墨绿色的台布，共6米长，1.5米宽。条桌的后面是按各国国家名称英文字母的先后顺序竖着六国国旗，条桌上的小国旗按照同样顺序摆放，元首们将坐在和自己国家的国旗相对应的位置上签字，各国政府要员的座位也对应着各国国家的国旗位置。

上午10点30分，参加签字仪式的六国主要官员陆续进场就座。10点40分，江泽民等六国元首结束了在宴会厅隔壁的会议厅举行的“上海合作组织”成员国元首会议，面带微笑，相互交谈着步入签字仪式的现场。

接着我国外交部礼宾司司长张云宣布：中、俄、哈、吉、塔、乌元首签字仪式开始，共签署《“上海合作组织”成立宣言》和《打击恐怖主义、分裂主义和极端主义上海公约》两个文本。首先请中华人民共和国主席江泽民阁下签署文本……

签字后，六国元首相互握手，并从工作人员手中接过香槟，端起酒杯走到一起，相互祝酒，共同庆贺这一历史性的时刻。

【案例评析】

签字仪式是缔约各方共同签署会谈的最后文件的公开仪式。签字是对特定的书面意见表示确认的行为。签字程序礼仪性极强，所有参加签字仪式的人员都应注意自己的仪表、仪态，穿着打扮要整洁、得体，举止要自然、大方。本案例介绍了上海合作组织签字仪式的相关过程。

一、签字仪式

签字，亦称签字仪式，它是有关各方在正式签署条约、合同或协议时所举行的一项仪式。在外交活动中，国与国之间缔结条约、协定，国家领导人之间互访时，发表联合公报、联合声明，以及两国的政府、组织或企业单位之间就经济、文化、科技、教育、体育、贸易、军事等领域内的某些重大问题达成协议时，一般需要举行签字仪式。各国所举行的签字仪式各有特点，在我国举行的签字仪式通常应遵循以下礼仪：

（一）签字仪式的场所布置

在我国国内举行的签字仪式，事先均应布置好签字厅。通常做法为，签字厅内设一张长方形桌子，桌面覆盖深绿色台呢，为专用签字桌。桌后放两把椅子，为双方签字人座位，主左客右。签字桌上，应于双方桌位处，放置好签字文本，文本前放置签字文具。桌子中间摆一旗架，悬放双方国旗。室内要保持干净、整齐、空气清新。

（二）参签人员的要求

参加签字仪式的双方人数以相等为宜。签字人由签字双方各自确定，但是身份必须与待签文件的性质相符，同时双方签字人的身份和职位应该大体相当。一般情况下，参加仪式的基本上都是双方参加谈判的全部人员。为了表示重视，许多国家的政府、组织或企业常常会派身份更高的人员参加签字仪式。

（三）参签人员的位次安排

我国的惯例是：东道国签字人的座位位于签字桌左侧，客方签字人的座位位于签字桌右侧。双方的助签人员分别站立于各方签字人的外侧，其任务是翻揭签文本，并向签字人指明签字处。双方其他参加签字仪式的人员则应分别按礼宾顺序排列站立于各方签字人员之后。

在国际上，举行签字仪式时，主要有三种具体的排位方式。

1. 并列式（见图 7—19）

这是双边签字仪式举行时最常见的排位方式。基本做法是：签字桌横放，双方人员并排排列，双方签字人员居中面门而坐，主方居左，客方居右。

2. 相对式（见图 7—20）

它也常见于双边签字仪式，大致做法与并列式相同，只是将双边随员席移至签字人的对面。

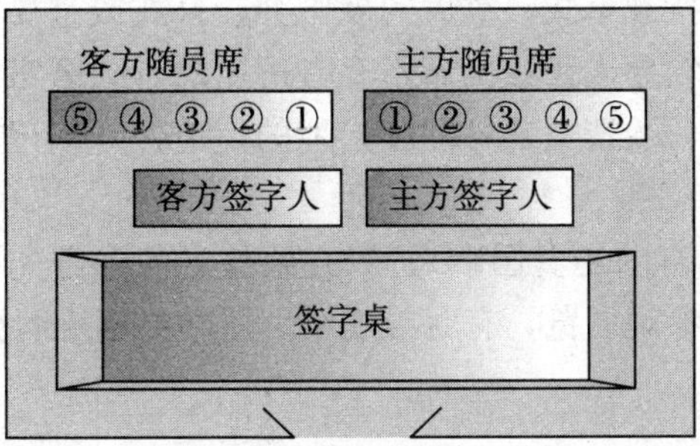

图 7—19　并列式签字排位

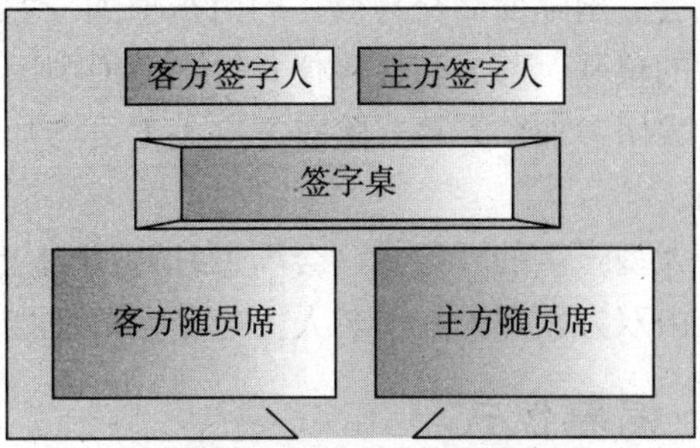

图 7—20　相对式签字排位

3. 主席式（见图 7—21）

它适用于多边签字仪式。签字桌仍然在签字厅之内横放。签字席仍然面对正门，但只设立一个，而且不固定其就座之人。所有有关各方人员，包括各方签字人在内，均背对正门、面向签字席就座。正式签字之时，各方签字人以一定的先后顺序依次走向签字席就座签字。签字之后，即应退回原处就座。

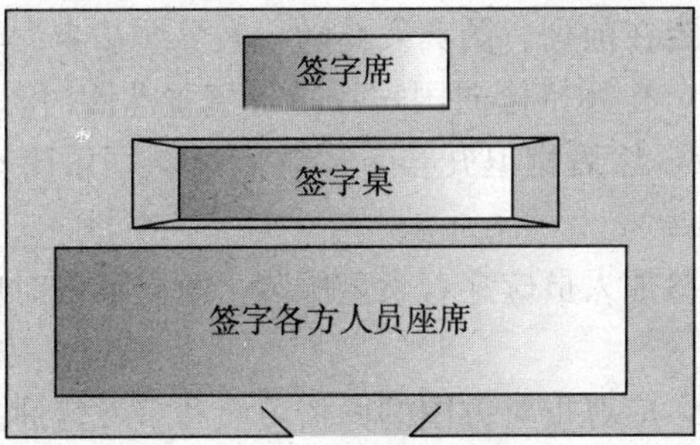

图 7—21　主席式签字排位

（四）签字仪式的程序

双方参加人员到齐后，签字人就座，其他人员各就各位。双方签字人首先在本国保存的文本上签字；再由各自一方的助签人员相互传递文本，请签字人在对方保存的文本上签字；最后由双方签字人交换已签字的文本，并相互握手。此时双方参加签字仪式的其他人员，应以鼓掌表示祝贺，随后上香槟酒，参加签字仪式人员共同举杯相庆。

多边公约的签字，以文本所使用的主要文字为准，各国按国名的字母顺序依次签字。签字仪式上，可只设一个座位，由各国代表轮流上去签字。如签字的只有少数几个国家，也可按数设座。其他程序可参照双边签字仪式的程序。

二、开幕仪式

各种展览会、博览会、交易会，如社会发展成就展览会、科技博览会、进出口商品交易会、文化艺术展览会等，一般都要举行开幕式。各类工程项目的开工、竣工典礼，援建项目的交接、纪念物的落成等仪式，均与开幕式类同。

开幕式通常由经办一方主持。如东道国主办，则由东道国方面主持，邀请有关国家的代表团、使节参加；如系出展国主办，则由展览团主持，邀请东道国有关官员出席。国际博览会、国际商品交易会，均由东道国一方主持开幕式。重大的展览会开幕式或重要工程项目的奠基、落成和交接仪式等，东道国国家领导人往往出席，有时还邀请有关国家派政府代表团参加。开幕式除双方有关人员参加外，酌情邀请各国驻当地的使节、外国记者等参加。

大型隆重的开幕式，会场悬挂两国国旗（有的还奏国歌），双方致辞（主办方先讲），然后由双方领导人或知名人士剪彩揭幕。接着参观展览，有时参观结束还举行招待酒会。

三、谒墓仪式

各国领导人正式出访他国期间，都按各国习惯做法，前往谒陵墓或向纪念碑献花圈，以表示对被访国人民友好亲善的态度和对先烈的敬意。

我国领导人出国访问时，也往往按对方的习惯往谒陵墓或向无名英雄纪念碑献花圈。前来我国访问的国宾和其他重要的外国宾客，根据其意愿，安排向天安门广场人民英雄纪念碑献花或瞻仰毛主席遗容。

来访国宾向人民英雄纪念碑献花圈，由外交部副部长或礼宾司司长陪同。花圈由来访代表团或来访国驻华使馆准备。献花圈仪式程序为：国宾乘车抵达纪念碑前，由中国人民解放军两名礼兵抬扶花圈走在前列。国宾及其随行人员缓步走向纪念碑，军乐团奏乐，陆海空三军仪仗队分列两旁，礼兵持枪向国宾致敬，搁置花圈时，谒墓人往往上前扶一下，或整理一下花圈上的飘带，然后稍退几步，肃立默哀，军乐团奏致敬曲，全体肃立，礼毕，绕纪念碑一周。

谒墓仪式庄严肃穆，参加人员应穿着素色服装，肃立致敬时应脱帽，军人若不脱帽应行举手礼。

参加各国的谒墓仪式，应尊重对方国的民俗习惯和宗教信仰。

四、授勋仪式

许多国家和国际组织设立了各种勋章、奖励基金、奖章、荣誉称号等，授予本国和外国的领导人、社会活动家、学者、专家、使节以及其他知名人士，用以表彰他们在某个方面的卓越贡献或为发展两国之间的友好关系所建立的特殊功绩。

各国在授勋、授奖和授予荣誉称号时，一般都要举行仪式。重要的授勋仪式，在国内一般由国家元首或政府首脑出面授勋，在国外一般委托外交使节出面，有时由元首总理借出国访问之便授予。授予时机，有时安排在各国元首、政府首脑互访时，有关使节离任时、有关人士生日时、或其他有纪念意义的日子进行。有的为此专门举行一定的仪式，有的借会见、宴会或群众大会等场合授予。

一般的授勋仪式，可由授勋人员和受勋者相对而立，相隔适当距离，先由授勋人宣读授勋决定，然后将勋章佩戴在受勋人胸前，再将勋章证书递交给受勋人。有时双方还先后致词。

有的授勋要举行庄严隆重的仪式。授勋大厅设主席台与宾客席，授勋人与受勋人在主席台上相对站立，其他人员在宾客席就座。两国国旗和勋章由仪仗队护卫在军乐声中进入授勋大厅，然后两国国旗竖立于主席台两侧，乐队奏两国国歌，授勋人致词，并将勋章佩挂在受勋人胸前，受勋人致答谢词。

授奖或授予荣誉称号的仪式与授勋大致相同。

第五节　礼宾次序与国旗升挂

【案例导入】

国旗竖挂惹来外交麻烦

2000年2月23日，法国总理若斯潘率政府代表团访问以色列时就差点因国旗的竖挂产生麻烦。当时，为欢迎若斯潘的到访，耶路撒冷的市政工人连夜在该市的主要交通干道上悬挂起红、白、蓝三色旗。23日一早，就有熟知各国国旗的人士提出质疑：明明是法国总理来访，为何要挂荷兰国旗？原来法国国旗和荷兰国旗都是由红、白、蓝三色条纹组成，所不同的是，法国国旗的三色条纹是纵向排列，而荷兰国旗的三色条纹是横向排列。耶路撒冷大街上飘扬的都是横向排列的荷兰国旗。耶路撒冷的市政工人不得不紧急出动，进行紧张的、工程浩大的“换旗”行动。事后，以色列方面将责任推到了法国驻以色列大使馆身上，说他们在向法国使馆就国旗问题进行咨询时，使馆只说是红、白、蓝三色，却没有提醒条纹的排列方向，结果才闹出如此笑话。

【案例评析】

悬挂国旗一般应以国旗的正面面向观众，不能随意交叉悬挂、反挂、竖挂，更不得倒挂。如有必要竖挂或使用国旗的反面，必须按照有关国家的规定办理。如有的国家规定，国旗如需竖挂，必须另外制旗，将图案和文字转正。当需要竖挂和反挂国旗时，一定要向有关方面问清楚细节，不能粗心大意，或则就会招致麻烦。

一、礼宾次序

（一）礼宾次序

所谓礼宾次序，是指在国际交往中对出席活动的国家、团队、各国人士的位次需按一定规则和惯例进行排列的先后次序。一般来说，礼宾次序体现出东道主对各国宾客所给予的礼遇。在一些国际性的集会上则表示各国享有主权平等的地位。礼宾次序安排不当或不符合国际惯例，则会引起不必要的争执与交涉，甚至影响国家之间的关系。因此在组织涉外活动时，对礼宾次序的设定应给予高度的重视。

在现代国际礼仪中，礼宾次序是指在正式的、多边性质的公务接待过程中，东道主对来自不同国家、不同地区、不同团体、不同单位、不同部门、不同身份的多方来宾时，接待方应依照一定的惯例和规则方式，对其在各种场合的尊卑、先后的顺序或位次进行的具体排列，既做到尊卑有序，又要兼顾平等。所以说，礼宾次序体现东道主对各国宾客所给予的礼遇，而在一些国际性的集会上则表示各国主权平等的地位。

（二）礼宾次序排列

礼宾次序的排列，尽管国际上已有一些惯例，但各国有各国的具体做法。有些排列顺序和做法已由国际法或国内法所肯定，如外交代表位次的排列，在《维也纳外交关系公约》中就有专门的规定，很多国家对本国各级官员的排列常用法律形式固定下来，如法国1907年7月16日公布的“关于位次排列的命令”明确规定中央与地方的官方机构、团体和个人参与公共活动的排列顺序。以下介绍几种国际交往中常见的礼宾次序的排列方法。

1. 按身份与职位的高低排列

这是礼宾次序排列的主要依据。一般的官方活动，经常是按身份与职位的高低安排礼宾次序。如按国家元首、副元首、政府总理（首相）、副总理（副首相）、部长、副部长等顺序排列。在通常的外事交往中，各国提供的正式名单或正式通知是确定职务的依据。在国际会议上，可依照各国代表团团长的身份与职务的高低，来安排礼宾顺序。如果外宾的身份、职务相仿，则应以声望、资历和年龄为礼宾次序。

2. 按字母顺序排列

多边活动中的礼宾次序有时按参加国国名字母顺序排列，一般以按英文字母排列居多，少数情况也有按其他语种的字母顺序排列的。这种排列方法多见于国际会议、体育比赛等。在国际会议上，公布与会者名单，悬挂与会国国旗，安排座位，均按各国国名的英文拼写字母的顺序排列。在联合国召开联合国大会，各专门机构的会议和悬挂会员国国旗等均按此法。联合国大会的席位也按英文字母顺序排列，但为了避免一些国家总是占据前排席位，因此每年抽签一次，决定本年度大会席位以哪一个字母打头，以便让各国都有机会排在前列。

3. 按通知代表团组成的日期先后排列

在一些国家举行的多边活动中，按通知代表团组成的日期先后排列礼宾次序是经常采用的办法之一。东道国对同等身份的外国代表团次序排列可采用以下方法：

（1）按派遣国通知代表团组成的日期排列；

（2）按代表团抵达活动地点的时间先后排列；

（3）按派遣国决定应邀派遣代表团参加该活动的答复时间先后排列；

（4）对同级和同时收到通知的代表团则按英文字母顺序排列。

采取何种排列方法，东道国在致各国的邀请书中，都加以明确注明。如秘鲁 1980 年 7 月举行共和国总统权力移交仪式，在邀请各国派遣代表团的注意事项中指出："在级别相同的情况下，代表团团长的礼宾次序将按通知代表团的组成的日期先后确定。如果同时接到两个或两个以上的代表团的组成通知，将按其字母顺序确定先后。"

4. 不进行明显的尊卑顺序的排列

在难以排列礼宾时，干脆不进行排列，也是一种行之有效的方法。国际上通行的"圆桌会议"，所借鉴的实际上就是这种方法。

在大规模的外交活动中，依照约定俗称的礼宾顺序办事，是既公平、省事，又不易招致非议的。

在实际工作中，遇到的情况往往是复杂的，如有的国家不管以上种种习惯，把关系密切的国家的代表排列在最前列。所以礼宾次序的排列常常不能按一种排列方法，而是几种方法的交叉，并考虑其他因素。如在某一多边国际活动中，对与会代表团礼宾次序的排列，首选按正式代表团的规格，即代表团团长的身份高低来确定，这是最基本的；在同级代表团中则按派遣国通知代表团组成日期先后来确定，对同级和同时收到通知的代表团则按国名英文字母顺序排列。

在安排礼宾次序时所考虑的其他因素包括国家之家的关系、所在地区、活动的性质、内容和对于活动的贡献大小，以及参加活动的人员的威望、资历等。例如，常把同一国家集团的、同一地区的、同一宗教信仰的，或关系特殊的国家代表团排在一起。对同一级别的人员，常把威望高、资历高、年龄大者排在前面。有时还考虑业务性质、相互关系、语言交流等因素。如在观礼、观看演出、比赛，特别是在大型宴请时，在考虑身份、职务的前提下，将业务性质对口的、语言相通的、宗教信仰一致的、风俗习惯相近的安排在一起。

总之，在涉外交往实践中，要全面、周到、细致、耐心、慎重，既要参考国际惯例，又要针对具体的情况，反复考虑研究、设想多种方案，以避免因礼宾次序方面的问题引起一些国际上的纠纷。

小贴士

礼宾次序中位次安排的六要素：

以右为尊——国际惯例	以左为上——中国特色
居中为尊——是常规	前排为尊——视线好
面门为尊——安全感	以远为尊——显尊贵

二、国旗悬挂礼仪

国旗，就是为人们最常见的一种世界各国都拥有的本国的象征与标志。准确地说，所谓国旗，乃是一种经由国家法律规定的、具有一定形式和规格的旗帜，它通过国家的正式公告和通报，以及国家与国家之间的相互承认，因而在国际法上得到普遍的承认。

为了维护国家的尊严，加强我国公民的国家观念，发扬爱国主义精神，根据我国宪法的有关规定，我国于 1990 年 6 月 28 日制定了《中华人民共和国国旗法》，并于当年 10 月 1 日起开始施行。

我国国旗法明确规定："中华人民共和国的国旗是五星红旗"，"国旗由省、自治区、直辖市的人民政府指定的企业制作"，其他任何企业与个人均不得擅自制作我国国旗。

根据权威的解释：在五星红旗上，旗面的红色，象征着革命。旗上的五颗五角星及其相互关系，则象征着中国共产党领导下的革命人民大团结。五角星所以使用黄色，是为了在红地上显出光明，而且黄色比白色更为明亮、美丽。而四颗小五角星各有一个角正对着居于其中央的大五角星的中心点，则既是为了在形式上要显得美观紧凑，也是为了表示围绕着一个中心而团结一致。

（一）悬挂国旗的场合及要求

国旗是一个主权国家的象征和标志，它代表着一个国家的地位和尊严。在国际交往中，悬挂国旗表达了宾主对自己祖国的热爱和对他国的尊重。国旗的悬挂有严格的规范。

按国际关系准则，一国国家元首、政府首脑在他国进行访问期间，有权在其住所及使用的交通工具上悬挂本国国旗或元首旗，这是一种外交特权。东道国在接待来访的外国元首、政府首脑时在贵宾下榻的宾馆和乘坐的交通工具上悬挂对方或双方的国旗，这是对贵宾表示敬重的礼遇。此外，国际上还公认，一个国家的外交代表在派驻国境内有权在其寓邸和馆区、办公处以及交通工具上悬挂本国国旗。

在国际会议、国际体育比赛、国际展览会上以及国际组织内等国际性活动场所，均需悬挂与会国国旗。各国政府代表团团长或特使亦可按会议组织者有关规定在相关场所和车辆上悬挂本国国旗。

《中华人民共和国外交部关于涉外升挂和使用国旗的规定》第十四条：在中国国境内，凡同时悬挂多国国旗时，必须同时悬挂中国国旗。在室外或公共场所，只能升挂与中国建立外交关系的国家的国旗。如要升挂未建交国国旗，必须事先征得省、自治区、直辖市人民政府外事办公室批准。

按国际惯例，悬挂国旗，亦必须遵守“礼仪右为大”的原则，即右在先，右为上，右居首，右称尊。需要说明的是，国际礼仪左、右的概念是从事物本身的角度来划分的，而不是以观众的观察角度来区分的。例如两国国旗并挂，以旗本身面向为准，客方国旗在右，本国国旗在左。汽车上挂旗，则以汽车行进方向为准，驾驶员右手为客方，左手为主方。所谓主客，不以活动举行所在国为依据，而以举办活动的主人为依据。例如，外国代表团来访，东道国举行的欢迎宴会，东道国为主人；而来宾举办的答谢宴会，来宾是主人。

在建筑物上，或在室外悬挂国旗，一般是日出升旗，日落降旗。升旗时候，护旗人要托起国旗的一角，国旗触地是极不严肃的。重要的时刻，如外宾来访、国际体育比赛、国庆庆典等，升旗之时需奏国歌，升国旗一定要升至杆顶，司职人员在升降国旗时，要严肃认真，服装整齐，立正行注目礼，表情庄严，肃穆。如需降旗致哀，则先将旗升至杆顶，再下降至离杆顶约相当于杆长三分之一处。日落降旗时，需先将旗升至杆顶，然后再降下。国际上有的国家致哀时不降半旗，而是在国旗上方挂黑纱表示。

悬挂国旗，有并挂、竖挂、交叉挂几种。国旗不能够倒挂、反挂。一些国家的国旗因字母和图案原因，不能竖挂。如果并列悬挂不同规格、尺寸的国旗，应将其中一面放大或缩小，以使旗的面积相等一致。各国国旗的颜色、长宽比例均由本国宪法明文规定，国旗图案不能在商品广告、产品宣传等非正式场合乱用。更不允许撕扯、践踏、焚烧国旗。不能使用破损或污损的国旗。

（二）国旗的悬挂位次

在具体的操作时，我国国旗的悬挂位次，大致会涉及两类主要情况。

1. 悬挂中外国旗

在外事活动之中，需要同时悬挂中外国旗。它又可以分为两种情况。

（1）悬挂中外两国国旗。在我国悬挂中外两国国旗，可采用两种办法。其一，并列悬挂。不论是在墙上并列悬挂中外两国国旗，还是在地面上并列升挂中外两国国旗，皆应该以国旗自身面向为准，使外国国旗居右，我国国旗居左。其二，交叉悬挂。中外两国国旗可以交叉摆放在桌面上，或者交叉悬挂在墙壁之上。

（2）同时悬挂包括我国国旗在内的多国国旗。按照国际惯例，并排悬挂多国国旗时，应以国旗面向为准，自右而左依次排列。东道国国旗有时应居于末位，有时则可采用其他方法排列于其中。

2. 悬挂我国国旗与其他旗帜

在国内活动之中，可以将我国国旗与其他旗帜，如厂旗、店旗、彩旗等同时升挂。

按照有关规定，将我国国旗与其他旗帜同时升挂时，具体排列方法有四。

（1）数面旗帜单行排列，应使我国国旗居于前列。

（2）两面旗帜并排排列，应使我国国旗居于右侧。

（3）多面旗帜并列，应使我国国旗居于中央。

（4）高低并列，应使我国国旗较其他旗帜略高。

三、国歌演奏

国歌如同国旗一样，是一个国家的象征，一般只在正规的迎送场合和仪式上演奏。热爱国歌、尊重国歌、自觉地维护本国国歌的尊严，在世界各国都被视为每一位公民的一项义不容辞的基本义务。

我国国歌产生的经过是这样的：1949 年 9 月 27 日，中国人民政治协商会议第一届全体会议决定，在中华人民共和国国歌未正式制定前，以田汉作词，聂耳作曲的《义勇军进行曲》作为代国歌。1978 年 3 月 5 日，经第五届全国人民代表大会第一次会议通过，配上新词的《义勇军进行曲》被定为我国正式国歌。1982 年 12 月 14 日，第五届全国人民代表大会第五次会议决定，以恢复原词、原曲的《义勇军进行曲》作为我国国歌。

外国元首、政府首脑来访时，在欢迎仪式上，军乐队高奏两国国歌，通常为了表示对客人的尊重，先行演奏外国国歌，在运动会的颁奖仪式上，当升国旗时，伴奏本国国歌。

有些国家规定，在正式场合演奏国歌，本国公民都应跟着旋律轻声应和，有的还要求行举手礼，军人行军礼。我国在这方面没有什么明文规定。但要求在演奏国歌的时候，在场的人要起立，姿态端正，表情严肃，任何人不应嬉笑喧哗，不应在场内随意走动，尤其是在演奏别国国歌时，观众更应肃然起立，以表示对该国的尊重。

国歌的曲调和配器都有着严格的规定，任何人不得擅自更改，不能用在娱乐场所，如在酒吧或歌舞厅里演奏或演唱国歌。

四、仪仗队

国家仪仗队一般由陆海空三军或单一军种的人员组成。人数和使用的场合各国的规定和习惯不尽相同。我国陆海空三军仪仗队组建于 1953 年 5 月，一直担任着迎送外国领导人的礼仪仪仗任务。多次受到党中央、国务院和中央军委的称赞。其巍巍雄风、赫赫风采也受到外国贵宾的赞赏。美国前总统尼克松第一次访华就被中国的三军仪仗队所感奋：“中国仪仗队是我看到过的最出色的一个……”英国女王伊丽莎白二世赞叹道：“中国仪仗队纪律严明，作风过硬，堪称举世无双。”

根据来访国领导人的身份和职务，我国三军仪仗队的接待规格一般如下。

凡来我国进行正式访问的外国国家元首、副元首、政府首脑、副首脑以及相应身份的外国领导人抵达我国时，分别检阅陆海空三军编成的 151 人至 178 人仪仗队；国防部长、三军总参谋长以及相应身份的外国领导人检阅陆海空三军编成的 127 人的仪仗队；陆、海、空主要领导人可分别检阅本军种编成的 104 人的仪仗队。

现我国迎送仪式通常安排在人民大会堂东侧广场举行。当外国领导人到达时，我国主要迎接领导人陪同主宾登上检阅台，主宾站右侧，军乐队奏宾、主两国国歌。奏国歌时，军人行举手礼，非军人立正，国歌奏毕，仪仗队队长向前一步，面向左下达口令：“向右看——举枪!”之后，仪仗队队长正步行至主宾前 5～7 步处，敬礼报告：“×××阁下，中国人民解放军仪仗队列队完毕，请您检阅!”报告后左跨一步，待中外领导人走过，在右后一、二步随陪检阅，阅兵完毕，队长下达口令：“枪放下!”至此检阅程序结束。

基础练习

一、解答题

1. 在官方迎送礼仪中要注意哪些礼节?
2. 如果你是商务谈判的东道主，你将会怎样安排座次?
3. 如何做好与会人员的接待工作?
4. 举行双边会谈时，座次应如何安排?
5. 我国升挂国旗时应遵守哪些要求?中国国旗和外国国旗并列时有哪几种排列方法?

二、实训题

1. 接待中的陪车礼仪训练。
2. 签字场所的布置及签字仪式流程模拟。
3. 会见、会谈、合影的位次安排。
4. 迎送客人的流程模拟。

本书主要参考文献

1. 金秀美．教师礼仪实训教程．北京：科学出版社，2012.

2. 陈福义，覃业银．礼仪实训教程．北京：中国旅游出版社，2008.

3. 劳动和社会保障部教材办公室．餐厅服务知识与技能．北京：中国劳动社会保障出版社，2005.

4. 檠践．礼仪大全．北京：当代世界出版社，2007.

5. 华阳．世界名人给你上的80堂礼仪课．北京：金城出版社，2009.

6. 刘青，邓代玉．世界礼仪文化．北京：时事出版社，2010.

7. 金正昆．公司礼仪．北京：首都经贸大学出版社，2003.

8. 金正昆．涉外礼仪教程．北京：中国人民大学出版社，1999.

9. 金正昆．政务礼仪教程．北京：中国人民大学出版社，1999.

10. 胡静．实用礼仪教程．武汉：武汉大学出版社，2003.

11. 韦克俭．现代礼仪教程．北京：清华大学出版社，2006.

12. 刘长凤．实用服务礼仪培训教程．北京：化学工业出版社，2007.

13. 饶雪梅．会展礼仪．北京：中国劳动社会保障出版社，2006.

14. 兴盛乐．社交礼仪与形象设计．北京：企业管理出版社，2007.

15. 何伶俐．高级商务礼仪指南．北京：企业管理出版社，2003.

16. 孙乐中．导游实用礼仪．北京：中国旅游出版社，2005.

17. 金秀美．秀美形体教学．成都：四川省教育音像出版社，1999.

教师信息反馈表

为了更好地为您服务，提高教学质量，中国人民大学出版社愿意为您提供全面的教学支持，期望与您建立更广泛的合作关系。请您填好下表后以电子邮件或信件的形式反馈给我们。

您使用过或正在使用的我社教材名称		版次	
您希望获得哪些相关教学资料			
您对本书的建议（可附页）			
您的姓名			
您所在的学校、院系			
您所讲授的课程名称			
学生人数			
您的联系地址			
邮政编码		联系电话	
电子邮件（必填）			
您是否为人大社教研网会员	□是，会员卡号：______ □不是，现在申请		
您在相关专业是否有主编或参编教材意向	□是　□否 □不一定		
您所希望参编或主编的教材的基本情况（包括内容、框架结构、特色等，可附页）			

我们的联系方式：北京市西城区马连道南街 12 号

中国人民大学出版社应用技术分社

邮政编码：100055

电话：010-63311862

网址：http://www.crup.com.cn

E-mail：rendayingyong@163.com